AF352538

DE DELICTO SOLLICITATIONIS

EVOLUTIO HISTORICA, DOCUMENTA, COMMENTARIUS

THE CATHOLIC UNIVERSITY OF AMERICA
CANON LAW STUDIES
No. 289

DE DELICTO SOLLICITATIONIS

EVOLUTIO HISTORICA, DOCUMENTA
COMMENTARIUS

DISSERTATIO

*Iudicio Facultatis Iuris Canonici
Universitatis Catholicæ Americæ Septentrionalis
Submissa tamquam Scriptum Publici Periculi Experimentum
ad Lauream in Iure Canonico Assequendam*

Auctore

R. P. IOANNE ORTEGA UHINK

*Societatis Iesu Sacerdote
ex Provincia Mexicana eiusdem Societatis*

THE CATHOLIC UNIVERSITY OF AMERICA PRESS
WASHINGTON, D. C.
1954

NIHIL OBSTAT:

LOUIS MOTRY, S. T. D., J. C. D.

Censor Deputatus

Washingtonii, die 15 Iunii, 1949

IMPRIMI POTEST:

IOSEPH A IESU MARTINEZ AGUIRRE, S. J.

Præpositus Provincialis

Mexici, die 15 Iunii, 1949

IMPRIMATUR:

✠ EDWIN V. BYRNE, D. D.

Archiepiscopus Sanctæ Fidei

Sanctæ Fidei, New Mexico, die 30 Iunii, 1949

A. M. D. G.

INDEX

PARS ALTERA

COMMENTARIUS CANONICO-MORALIS

PROŒMIUM

Delicti sollicitationis historico-iuridicam evolutionem indagare, eiusdemque legislationem hodiernam iuxta normas canonico-morales interpretari, primum fuit propositum in præsenti dissertatione exaranda. Paulatim tamen progrediendo in studio ac lectione documentorum et tractatuum plurimorum, quæ præ manibus licuit habere, necesse fuit modestioribus limitibus propositum restringere. In hoc ergo qualicumque opere, nec rara vel inedita documenta, nec undequaque novæ circa scientiam canonicam conclusiones, neque peremptoria denique solutio circa quæstiones inter auctores acriter disputatas, reperientur.

Quoad evolutionem iuris per historicas vicissitudines, insuperabilis aderat difficultas ad ipsos originales fontes accedendi, tum propter naturam ipsam documentorum secretissimam circa delictum maxime probrosum, tum propterea quod copia illorum operum ex quibus haurire liceret documentorum notitiam, præsto non erat. Hac ergo de causa, mens in conscribendo fuit colligere omnes illos textus sollicitationis delictum respicientes, quorum alii pluries editi et ab auctoribus adhibiti facile et ubique in manualibus libris habentur: alii vero, etsi aliquando publici iuris facti, tamen detectu difficiles hinc inde sparsi vagantur. Hæc igitur omnia in unum ordinata et collecta, brevi notitia adiecta circa eorum authentiam, ostendunt progressum legislationis circa delictum sollicitationis per decreta, constitutiones ac instructiones quæ labentibus sæculis, tum a suprema Pontificia auctoritate, tum a particularibus conciliis, synodis atque locorum Ordinariis emanarunt.

Gressum faciendo ad hodiernam legislationem, quæstio in primis agitatur circa ea documenta quæ tamquam *fontes* iuris hodierni præ cœteris sunt respicienda. Disseritur deinde de natura delicti in iure hodierno. Tandem, ipsius delicti singula elementa atque adiuncta in trutinam revocantur. Commentarius ergo restringitur ad cognoscendum ac definiendum iuxta apostolicas constitutiones sensum genuinum canonis 904 Codicis Iuris

Canonici, qua parte ipsum dumtaxat delictum sollicitationis in se spectatum respicit. De consectariis vero delicti quoad obligationem denuntiandi delinquentem, prout in eodem canone statuitur, et quoad onus confessarii monendi pœnitentem sollicitatum de obligatione denuntiandi delinquentem, nihil in hac dissertatione directe dicetur, etsi plerumque de ipsa obligatione denuntiandi fiat mentio, quatenus ipsum delictum tale onus denuntiandi sibi adnexum habeat. Maximi momenti visum est de ipso tantum delicto commentarium instituere, eo quod cognita eius natura ac perspicue determinatis circumstantiis seu adiunctis in quibus contingere potest, facilius via paratur ad iudicium ferendum de eius existentia in casibus singularibus, ad decisionem dandam de obligatione denuntiandi, necnon ad sententiam dictandam in delinquentem. Itaque, quamvis in hac dissertatione non præbetur novus quidam de sollicitatione tractatus omnibus numeris absolutus, quædam tamen nova etsi minima offertur contributio canonicis studiis in harmonica documentorum collectione atque in conatu dilucidandi sensum et ambitum delicti sollicitationis prout hodie in iure Codicis exhibetur.

Liceat hic gratum animum exhibere erga illos omnes qui consilio, benevolentia ac favore iuvarunt auctorem, tam in studiis canonicis aggrediendis, quam in hac dissertatione conscribenda, corrigenda necnon ad finem usque perficienda. Nominatim vero gratiæ quam maximæ merito persolvendæ sunt RR. PP. Provincialibus ac Sociis Provinciarum Mexicanæ et Marylandiæ, e Societate Iesu, propter eorum indefessam ac fraternam cooperationem, necnon magistris Scholæ Iuris Canonici Universitatis Catholicæ Americæ, qui et huius lucubrationis materiam proposuerunt et in pluribus auctori consilium præbere non defuerunt.

PARS PRIMA

EVOLUTIO HISTORICA
DOCUMENTA

CAPUT I

PERIODUS LEGUM PARTICULARIUM (1227-1622)

Sectio I — Vestigia Antiquiora Peccati Sollicitationis

Mirum sane videtur gravissimi sollicitationis delicti nulla in antiqua Ecclesia vestigia reperiri, sed quasi repente in lucem prodire medietate sæculi XVI, cum Bulla *Cum sicut nuper*, data a Pio IV, die 16 Aprilis 1561. [1]

Silent Concilia, silent Decretales, silet Magister Gratianus necnon medievales Glossatores et Commentatores omnes, adeo ut et ipsi Doctores qui primi, vertente sæculo XVII, circa hoc delictum in tractatibus de re morali et canonica disputarunt, documentum aliud antiquius Bulla Pii IV ignorare videantur. [2]

---

[1] *Codicis Iuris Canonici Fontes*, cura Emi Petri Card. Gasparri editi (9 vol., Romæ [postea Civitate Vaticana]: Typis Polyglottis Vaticanis, 1923-1939. [Vol. VII-IX, ed. cura et studio Emi Iustiniani Card. Serédi]), n. 102 (deinde citatur *Fontes*).

[2] Cf. Inter alios plures: Thomas Del Bene, *De Officio S. Inquisitionis circa Hæresim* (Lugduni, 1666), P. II, dub. 137, sect. 16, p. 602 (deinde citatur *De Officio*); Ioannes Sánchez, *Selectæ et Practicæ Disputationes de Rebus in Administratione Sacramentorum* (Lugduni, 1643), Disp. XI, n. 17, p. 65 (deinde citatur *Selectæ Disputationes*); Antonius de Escobar, *Liber Theologiæ Moralis Viginti et Quatuor Societatis Iesu Doctoribus Reseratus* (Lugduni, 1644), Tr. V, ex. 2, c. 5, p. 545 (deinceps citatur *Theologia Moralis*); Franciscus Bordoni, *Manuale Consultorum in Causis S. Officii* (Parmæ, 1693), sect. XXV (deinde citatur *Manuale Consultorum*); Felix Potestas, *Examen Ecclesiasticum* (Connimbricæ, 1714), II, p. III (deinde citatur *Examen*). Hac de re scribebat cl. prof. Silvius Romani: "Id vere mirandum, quod usque fere sæc. XVI vix aut ne vix quidem abusus fuerint compescendi. Primum forte de re documentum habemus in Pii IV epistola *Cum sicut nuper*, d. d. 16 aprilis 1561".—"De Absolutione Complicis in Peccato Turpi (Historica instituti progressio atque evolutio)", apud *Apollinaris*, VIII (1935), 72. Ut ex dicendis in textu patebit, antiquiora vestigia huius delicti datum est reperire, ac præter documenta a Romani in laudato articulo citata, quæ absolutionem complicis præsertim respiciunt, plura alia hic inde sparsa inveniuntur, ex quibus origo legislationis circa delicta absolutionis complicis et sollicitationis in confessione retrotrahitur ad Aevum Medium.

Origo tamen legislationis circa confessarios sollicitantes ad turpia, reperienda videtur in statutis particularibus episcoporum, inchoato Aevo Medio. Indicia nonnulla, etsi obscura, reperiuntur in primis apud ecclesiasticos scriptores qui, de vita et honestate clericorum agentes, acriter invehuntur in sacerdotes confessarios turpiter peccantes cum ipsorum pœnitentibus; quod peccatum nomine *incestus spiritualis* appellant. In *pœnitentialibus* vero, confessarii sic turpiter cum pœnitentibus peccantes gravissimis diuturnisque pœnis damnantur, in quibus coniecturari licet prima tentamina posterioris legislationis et praxis ecclesiasticæ.

Ad instar exempli, legere iuvabit excerpta quædam ex S. Petro Damiano († 1072) qui, in suo *Libro Gomorrhiano*, hæc inter plura alia scribebat:

> "Si hi morte plectendi sunt qui facientibus ista consentiunt, [illi nempe qui ad corrigenda peccata subditorum contra naturam conivent], quod dignum illis poterit excogitari supplicium, qui cum suis spiritualibus filiis haec mala extrema damnatione punienda committunt? Quis iam in gregibus reperiri valeat fructus, cum pastor in ventrem diaboli, tam profunda sit præcipitatione demersus? Quis iam sub eius imperio maneat, quem tam hostiliter a Deo extraneum non ignorat? Qui de pœnitente facit pellicem, et quem spiritualiter Deo genuerat filium, ferreo diabolicæ tyrannidis imperio per suæ carnis immunditiam subiungat servum?...Sequitur ergo ut eadem sententia digne feriatur et qui carnaliter filiam perdidit, et qui spiritualem sacrilega commistione corrupit... [3]

Quod autem ad pœnas attinet, concludebat S. Doctor:

> "Quia ergo eadem lex est utriusque sexus viris sacris, et clericis: concludamus necesse est ut sicut virginis sacrilegus violator iure deponitur, ita etiam filii spiritualis prostitutor modis omnibus a suo nihilominus arceatur officio". [4]

In eodem tandem sensu, sed aliquomodo clarius, pœnalem praxim defendebat:

---

[3] S. Petrus Damiani, *Opusculum VII—Liber Gomorrhianus, c. VI—*J. P. Migne, *Patrologiæ Cursus Completus, Series Latina* (221 vol., Parisiis, 1844-1864), CXLV, 166, (deinceps citatur *MPL*).

[4] O. c., c. VIII, in fine — *MPL*, CXLV, 168.

"Et ut ad sacros, id est, exsecrabiles confessores adhuc se disputationis sermo retorqueat: si quilibet canonicus præsbyter cum muliere cecidit, cui pœnitentiæ iudicium vel semel indixit, a nemine prorsus ambigitur, quin synodalis censura iudicii degradetur; si autem religiosus cum religioso labitur, cui videlicet vel in danda pœnitentia iudex exstitit, vel in accipiendo iudicatus fuit, numquid non dictante iustitia sui ordinis honore carebit? ...Et sicut is qui cum ea lapsus est ... cui pœnitentiæ iudicium posuit; ita etiam qui cum filio pœnitentiæ per inmunditiam labitur, iustum est ab eo cuius administrator est ordine omnimodis segregetur". [5]

Ex citatis, saltem apparet tempore S. Petri Damiani, nempe s. XI, notum fuisse abusum sacramenti Pœnitentiæ per peccatum turpe confessarium inter et ipsius pœnitentem, sive masculum, sive fœminam, graviterque punitum etiam per depositionem et degradationem. Quod quidem, etsi nondum describitur tamquam delictum qualificatum sollicitationis, prout sæculis posterioribus invenitur, nihilominus eiusdem delicti aliqualem figuram vel similitudinem iam præ se fert.

Indicia similiter inveniuntur apud ipsum Magistrum Gratianum († ca. 1160), qui agendo de spirituali cognatione, damnavit quoque confessarios qui auderent turpiter delinquere cum filiis confessionis. "... Dicitur etiam spiritualis filia sacerdotis, quæ ei peccata confitetur. Harum omnium flagitiosa coniunctio est". [6]

Quod dictum Magister confirmat triplici auctoritate:

"*Unde ait Symmachus Papa*. Omnes quos in pœnitentia suscipimus, ita nostri sunt spirituales filii, ut et ipsi, quos vel nobis suscipientibus, vel trinæ mersionis vocabulo mergentibus, unda sacri baptismatis regeneravit. Sylvester quoque docens admonet unumquemque sacerdotem, ut nullus causa fornicationis ad suam pœnitentem accedat: quia scriptum est [Omnes quos in pœnitentia accipimus,

---

[5] O. c., c. IX — MPL, CXLV, 168 et 169.

[6] In med, dict. Grat. ad c. 8, C. XXX, q. 1. *Corpus Iuris Canonici* (ed. Lipsiensis II, post Aemilii Ludovici Richteri curas... instruxit Aemilius Friedberg, 2 vol., Lipsiæ: Tauchnitz, 1879-1881; ed. anastatice repetita, Lipsiæ: Tauchnitz, 1928), I, 1099.

ita filii nostri sunt, ut in baptismate suscepti.] Quapropter hoc scelus si quis perpetraverit, non solum dignitatis honorem amittat, verum etiam usque ad exitum vitæ suæ iugi pœnitentiæ se subdat." [7]

"*Item Cælestinus.* Si quis sacerdos cum filia spirituali fornicatus fuerit, sciat se grave adulterium commisisse. Idcirco femina, si laica est, omnia derelinquat, et res suas pauperibus tradat, et conversa in monasterio usque ad mortem serviat. Sacerdos autem, qui malum exemplum dedit hominibus, ab omni officio deponatur, et peregrinando duodecim annis pœniteat: postea vero ad monasterium vadat, ibique cunctis diebus vitæ suæ Deo serviat." [8]

"*Item* [ex eodem Cælestino]. Non debet episcopus, aut præsbyter commisceri cum mulieribus, quæ ei sua fuerint confessae peccata. Si forte (quod absit) hoc contigerit; sic pœniteat, quomodo de filia spirituali, episcopus quindecim annos, præsbyter duodecim, et deponatur: si tamen in conscientiam populi devenerit." [9]

Erronee quidem canones huiusmodi tribuuntur Symmacho, Sylvestro et Cælestino Summis Pontificibus, cum sine dubio disciplina in iis canonibus exhibita recentior sit illis Pontificibus, ut fuse demonstrat Berardi († 1768). [10]

---

[7] C. 8, C. XXX, q. 1.

[8] C. 9, C. XXX, q. 1.

[9] C. 10, C. XXX, q. 1.

[10] Carolus Sebastianus Berardi, *Gratiani Canones Genuini ab Apocryphis Discreti* (4 vol., Matriti, 1783), II, 284-287 et 427, (deinde citatur *Gratiani Canones*). Ait cl. Berardi: "Canonem 8. caus. 30. quæst. 1. falso esse Symmacho adscriptum, facile ea demonstrant, quæ iam superius tradidi ad canonem 9 et 10. eadem causa et quæstione." Ibidem autem, hæc, inter alia notavit: "Quotquot eruditissimi viri in canones 9. et 10. caus. 30. quæst. 1. animum intenderunt, in ea omnes fuere sententia, ut a Cælestino primo Pontifice Maximo eosdem abiudicarent, aut saltem de eorum auctoritate plurimum dubitarent."—O. *c.*, II, 284.

Adducit autem pro hac sententia Van Espen († 1728) et P. Coustant († 1721). Ipse autem Berardi rationem huius erroris Magistri, hanc proponit: "... dicendum erit Gratianum ex pravo aliquo codice fuisse deceptum. Is, arbitror, esse potuit codex aliquis Pœnitentialis, Gratiani sæculo editus; et forte Pœnitentialis ille Romanus, quem typis edidit Antonius Augustinus [† 1586]; in eo enim titulo 8. cap. 4 et 5, referuntur iidem Gratiani canones nonus et

Attamen materia in iis canonibus contenta, sive sit desumpta
ex collectione *Polycarpus* dicta, ut Commentatores Romani volue-
re, sive sit desumpta ex *Pœnitentiali Romano*, ut Berardi con-
tendit, [11] non penitus destituenda est omni valore historico ac
doctrinali, pro re præsenti, etenim ex horum canonum tenore saltem demonstratur tempore Gratiani notum et punitum fuisse
abusum sacramenti Pœnitentiæ per peccatum contra Sextum, patratum a confessario cum suis pœnitentibus. Unde ii canones "in
Pœnitentialia publica transducti, haberi cœperunt tamquam optimæ regulæ, quas sequi, si non optimum, honestum saltem Sacerdotibus Sacramentum Pœnitentiæ ministrantibus visum est,...
licet auctor canonum non ille esset, qui vulgo credebatur." [12]

In eodem sensu accipi possunt ea quæ Magister Sententiarum
Petrus Lombardus († 1160) et, post illum, S. Thomas († 1274)
scripserunt, quatenus ostendunt aliquam notitiam peccati turpis
confessarii in coniunctione cum ministratione sacramenti Pœnitentiæ. Magister Sententiarum breviter ea refert quæ in *Decreto* leguntur, circa illam quasi-cognationem spiritualem inter confessa-

---

decimus, et quidem ambo sub nomine Cælestini, non quod revera Cælestini
existerent, sed quod fama erat nonnulla de cognatione spirituali a Cælestino
Papa fuisse constituta, quemadmodum docebat eodem tempore Petrus Lombardus [† 1160] lib. 4. sent. dist. 42. Et sane, postquam in Codicibus Pœnitentialibus Cælestini nomine evulgari cœperunt hi cannones, facile intelligimus,
qua de causa in alios codices hi canones traducerentur, et quidem nomine
eiusdem Cælestini; vel quia codices Pœnitentiales vulgatissimi erant, et assidue
a clericis volutabantur; vel quia iidem codices eximiæ erant apud omnes
auctoritatis."—Berardi, *Gratiani Canones*, II, 284.

Posset insuper notari quod iuxta Correctores Romanos citati canones
desumpti dicuntur ex collectione *Polycarpus* dicta, illa nempe quæ a Cardinali
Gregorio, sub Paschali II (1099-1118), confecta fuit inter annos 1104-1106.
Cf. F. Laurin, *Introductio in Corpus Iuris Canonici* (Friburgi Brisgoviæ, 1889),
c. II, § 13, n. 9, p. 19; et *Decretum Gratiani una cum Glossis*, iussu Gregorii
XIII. Pont. Max. (2 vol., Romæ, 1582), I, *Ea de quibus lectorem principio
visum est admonere*, et *auctoritates* ad cc. 8, 9, 10, C. XXX, q. 1. Iam vero,
huius collectionis *Polycarpus* dictæ duplex exstat recensio, quarum altera
confecta intra annos 1130-1144, plura continet falsa documenta, et qua verisimiliter usus est Magister. Cf. A. Van Hove, *Prolegomena* (2. ed., Mechliniæ:
H. Dessain, 1945), n. 329.

[11] Cf. superius dicta in notula proxime superiore.

[12] Berardi, *Canones Gratiani*, II, 286.

rium et pœnitentem. [13] Doctor vero Angelicus in *Commento in IV Libros Sententiarum,* præterquamquod sensum talis spiritualis coniunctionis accurate determinat, rationem tradit specificæ inhonestatis peccati turpis confessarii cum pœnitente. Audiatur igitur S. Doctor:

> "Ad octavum dicendum, quod per sacramentum pœnitentiæ non contrahitur, proprie loquendo, spiritualis cognatio; ... Sed tamen per poenitentiam contrahitur quoddam fœdus inter sacerdotem et mulierem confitentem, simile cognationi spirituali, ut tantum peccet eam carnaliter cognoscens, ac si esset sua spiritualis filia; et hoc ideo quia maxima familiaritas est inter sacerdotem et confitentem; et ex hoc ista prohibitio est inducta, ut tollatur peccandi occasio." [14]

Eadem repetit in *Summa Theologica.* [15]

Etsi raro, quædam quoque vestigia reperiuntur in statutis episcoporum vel in synodis particularibus. Unum alterumve exemplum citasse sufficiat. In constitutionibus Episcopi Saresberiensis (Salisbury) in Anglia, circa annum 1217, [16] præscriptum fuit:

> "*De pœna eius qui polluerit filiam spiritualem.* Et cum peccans sacerdos peccare faciat populum Dei: maxime a filia sua spirituali et pœnitentiali se abstineat, et ab omnibus quibus dispensaverit ecclesiastica sacramenta: sciens quod in detestationem tanti peccati, secundum canones et

---

[13] Petrus Lombardus, *Sententiarum Libri Quatuor* (*Venetiis*, 1584), IV, dist. XLII, *Qui sint filii spirituales,* initio.

[14] S. Thomas Aquinas, *Opera Omnia* (34 vol., ed. Vivès, Paris, 1872-1880), *Commentum in Quartum Librum Sententiarum,* XI, 262; in IV, dist. XLII, q. 1, art. 2, ad 8.

[15] S. Thomas de Aquino, *Summa Theologica* (5 vol., ed. Instituti Studiorum Medievalium Ottaviensis, Ottawa, Canada: Collège Dominicain, 1945), V, *Supplementum Tertiæ Partis,* Suppl., 2. LVI, art. II, ad 8.

[16] Richardus Poore (the Poor), Episcopus Sarum seu Saresberiensis 1217-1229.—C. Eubel, Sig. Brettle, P. Gauchat, *Hierarchia Catholica Medii et Recentioris Aevi* (4. vol., vol. I et II 2. ed., Monasterii, Typis Librariæ Regensberianæ, 1913-1935), I, 435.

sanctorum patrum statuta, quindecim anni debentur, et postea detrusio in monasterio." [17]

Medietate autem sæculi XIII, in *Synodo Claromontensi,* monebantur confessarii ut:

"mulier ... quæ a proprio sacerdote, vel alio qui eius confessionem audivit, vel eam baptizavit, permisit se cognosci, propter criminis enormitatem, maxime si scandalum inde evenit, ad Episcopum vel eius Pœnitentiarium" mitteretur. [18]

Itemque iubebantur sacerdotes ut in confessionibus, *maiora maioribus reservantes,* mitterent ad Episcopum vel eius Pœnitentiarium, eum qui audiverint *de incestu spirituali,* "videlicet... qui cognovit filiam spiritualem, vel filiolam, vel cuius confessionem audivit." [19]

Ipsi auctores, qui de crimine sollicitationis post pontificias constitutiones ex professo tractarunt, hanc coniunctionem inter sollicitationem et peccatum turpe confessarii cum filia confessionis sat clare perspexerunt, adeo ut plerumque suis de sollicitatione tractatibus disputationem præmittant, nonnumquam sat diffusam, circa peccatum sic dictum *incestus spiritualis,* quod tamquam antesignanum respicitur delicti sollicitationis in confessione. Sub hoc ergo respectu, quin extra debitos limites huiusmodi coniunctio protrahatur, opportunum videtur, ad instar complementum huius sectionis, excerpta quædam ex eisdem auctoribus referre.

Ioannes Escobar a Corro († 1642), censor apostolicus atque præses Fidei Tribunalis Cordubensis, in suo absolutissimo tractatu de sollicitatione, [20] has inter alias agitat quæstiones: *Copula*

---

[17] J. Hardouin, *Acta Conciliorum et Epistolæ Decretales ac Constitutiones Summorum Pontificum, Conciliorum Collectio Regia Maxima,* (12 vol., Parisiis, 1715), VII, 91, C (citandus deinceps *Acta Conciliorum*).

[18] *Statuta Synodalia Claromontensis Ecclesiæ,* VII, *De Pœnitentia cum suis periculis* — Hardouin, *Acta Conciliorum,* VII, 596, D.

[19] *Statuta, l. c.* — Hardouin, *Acta Conciliorum,* VII, 600, B.

[20] *Tractatus de Confessariis Sollicitantibus Pœnitentes ad Venerea* (Lugduni, 1737), P. I, q. I, n. 18 et ss. (deinde citatur *De Confessariis Sollicitantibus*).

cum filia spirituali non transit in aliam speciem... sed gravius peccatum constituit... Filia spiritualis sollicitata extra confessionem denuntiare non tenetur... Inquisitores non possunt procedere contra Confessarios rem habentes cum filiabus spiritualibus. Addit tamen cl. auctor punitionem copulæ habitæ cum filia spirituali ad Inquisitores pertinere posse indirecte saltem. En eius verba:

> "Si peccatum carnale habeatur cum filia spirituali extra Sacramentum Pœnitentiæ, nec immediate, eius punitio non pertinet ad Inquisitores. ...Poterit tamen ad eos indirecte saltem pertinere, ut *inde aliquam deducant contra confessarium suspicionem, et ad corroborandas alias probationes, et ad aggravandum confessarii facinus, et consuetudinem delinquendi in hac criminis specie."* [21]

Perspicue autem explicat Escobar rationem coniunctionis et rationem distinctionis quæ adest inter peccatum cum filia spirituali *extra sacramentum,* et peccatum *in ipso actu* sacramenti. In utroque adest eadem circumstantia aggravans, in sollicitatione insuper adest circumstantia mutans speciem ob actualem nempe ministrationem sacramenti. Quæstio enim proponitur respectu confessarii ipsius *sui munere ratione, et respectu sacramenti Pœnitentiæ.*

> "In prima specie" —ait Escobar— "adest circumstantia aggravans tantum, tum ratione officii pastoralis, tum quia copula confessarii cum filia spirituali habita non transit in speciem aliam, nec mutat essentiam criminis ... Unde cum confessarius, qui sub cura sua suscepit pœnitentem, cura resauciet, gravius peccatum reddit, non vero mutat ... Si vero loquamur ex parte Sacramenti Pœnitentiæ, quod iniuria patitur ex sollicitantis turpitudine, quia eius splendor velut denigratur, oritur circumstantia sacrilegii ex rei sacra violatione, ut communis omnium est sententia paucis refragantibus, ex P. Th. Sancio ... licet

---

[21] Typis italicis notantur verba quæ ostendunt quomodo peccatum cum filia spirituali *extra confessionem* coniungi possit cum sollicitatione qualificata, de qua Inquisitores directe iudicare debebant. *De Confessariis Sollicitantibus,* P. I, q. I, n. 25.

idem admittat in actu sollicitationis extra confessionem, quod nos negamus. . . ." [22]

Atque concludit:

> "Ex quibus ... colliges, circumstantiam sollicitationis, et actus venerei in confessione habiti, quia mutat speciem, necessario esse fatendam ... circumstantiam copulæ a confessario habitæ cum filia spirituali extra confessionem fatendam omnino esse, saltem attenta illorum opinione, qui asserunt circumstantiam aggravantem in eadem specie peccati necessario esse a pœnitente exprimendam. Attenta vero contraria opinione, nisi ex consilio, nullo modo." [23]

Ioannes Sánchez († 1624) eamdem quæstionem longe lateque agitavit in suis *Selectis Disputationibus*, quarum undecima enuntiatur: *An confessarius, habens copulam cum filia confessionis, teneatur confiteri illam circumstantiam?* In solutione autem danda, prout notatur in *Summario* disputationis, *alia adducuntur pertinentia ad sollicitationem fœminarum in confessione*, ex quibus apparet auctorem respexisse coniunctionem inter utramque quæstionem. Re quidem vera, postquam sententias doctorum in trutinam revocavit, ait Sánchez:

> "Fateor tamen fore circumstantiam notabiliter aggravantem confessarium copulare sibi carnaliter suam filiam [spiritualem]; eo quod notabiliter aggravet quod ille, qui sub cura suscipit pœnitentem curare, sauciet (ob quod Cardinalem Roxas Archiepiscopus Toletanus, in constitutionibus synodalibus in casibus reservatis antiquis, reservationem huius casus a prædecessoribus inductam, innovavit)." [24]

Paulo infra probat idem relate ad *filium* confessionis, et argumentum desumit præcise ex lege contra sollicitantes:

> ". . .etsi iura de commistione cum fœminis confessionis filiabus solum loquantur, eadem omnino ratio procedit respectu virorum pœnitentiæ filiorum et eadem irrogatur

---

[22] *De Confessariis Sollicitantibus*, P. I, q. I, nn. 17-23.
[23] *De Confessariis Sollicitantibus*, ibid., nn. 22 et 23.
[24] *Selectæ Disputationes*, Disp. XI, n. 6.

iniuria Sacramento. Unde licet in pœnalibus non fiat extensio, etiam ex identitate, seu maioritate rationis, ut dicemus, id intelligendum in criminibus diversi generis, non in eiusdem ... eo modo quo crimen confessarii sollicitantis virum in confessione ad carnalia deferendum est ad Inquisitionis Tribunal, licet Bulla Pii Papæ IV ... solum loquatur de confessariis sollicitantibus fœminas in actu confessionis, cum ratio in ipsis constitutionibus expressa, ibi, *Ne Sacramentis ab Ecclesia Dei institutis abutantur, aut illis iniuriam faciant,* conveniat etiam huic casui." [25]

Notanda sunt verba ultimo loco posita, nempe, *"ratio in ipsis constitutionibus expressa ...* conveniat etiam huic casui", quæ satis ostendunt auctorem clare respexisse coniunctionem inter utrumque genus criminum. Quod clarius adhuc elucet ex illis quæ contra Acuñam († 1643) scripsit idem cl. auctor:

"Unde sine consequentia loqui Acuñam quisque iudicabit, censentem ex una parte verba Brevis contra sollicitantes extendi ad sollicitantes viros in confessione; ex alia docentem iura prohibentia commistionem cum filiabus spiritualibus confessionis ad viros non extendi: parem enim rationem in utroque casu deceret illum iudicare: cum tam Breve quam iura de solis fœminis sollicitatis loquantur, tum quia leges pœnales ad similia frequentissime extendantur, specialiter ubi ipsissima reperitur legis ratio." [26]

Salmanticenses eamdem proponunt quæstionem: *"An si confessarius omnino extra confessionem, et sine ullo ordine ad illam casu carnaliter filiam confessionis cognoscat, debeat explicare hanc circumstantiam in confessione?".* [27]

Explicata et reiecta sententia illorum qui negant adesse circumstantiam in confessione aperiendam, exponitur ab auctoribus altera sententia, quam ut probabiliorem defendunt:

"Secunda vero et probabilior sententia affirmat, Confessarium, qui omnino extra actum confessionis cum pœnitente, qui est filius, aut filia confessionis, fornificatus

---

[25] Io. Sánchez, *Selectæ Disputationes,* Disp. XI, n. 21.

[26] *Selectæ Disputationes, l.c.*

[27] Salmanticenses, *Cursus Theologiæ Moralis* (2. ed., 6 vol., Matriti, 1724), VI, Tr. XXVI, c. V, punct. V, n. 42 (deinceps citabitur Salmanticenses).

est, debere explicare circumstantiam pœnitentis, quia addit
speciem incestus aut sacrilegii. Hæc sententia suadetur
primo ex diversis Iuris canonici textibus: Nam licet inter
Confessarium et filiam confessionis non contrahatur cog‑
natio spiritualis in ordine ad dirimendum matrimonium...
attamen contrahitur aliqua cognatio spiritualis, etsi me‑
taphorica et impropria, sufficiens vero ut copula carnalis
inter ipsos habeat quamdam deformitatem specialem con‑
tra reverentiam debitam filiæ confessionis, et pœnitentiæ
sacramento". [28]

Quæ quidem ulterius explicantur argumento rationis:

"Negari non potest quod inter Confessarium et filiam
confessionis, ut ait D. Thomas, contrahitur quædam fa‑
miliaritas et fœdus, quale non contrahitur inter alios, etiam
amicissimos (ipsi enim manifestantur peccata, et alia
occulta, quæ nec amicis propalare quis auderet; necnon
ipsius directioni salutem spiritualem animæ commitimus),
sed hæc omnia non possunt non magnam confidentiam
et dilectionem inter pœnitentes et Confessorem gene‑
rare". [29]

Ex dictis iterum apparet Salmanticenses quoque respexisse
similitudinem et coniunctionem inter duo delicta, et simul pers‑
picue indicasse rationem distinctionis, eo quod in peccato turpi
cum filia confessionis quæstio est de pœnitente "non formaliter,
sed tantum materialiter tali, hoc est extra omnem occasionem
aut titulum confessionis," [30] aliter vero in sollicitatione qualificata,
in qua priori delicto additur circumstantia actualis confessionis
vel saltem actualis relatio ad illam, unde præter circumstantiam
certo notabiliter aggravantem adest etiam certo, nemine refragan‑
te, circumstantia sacrilegii.

Alexander Natalis († 1724) expressis verbis ostendit conso‑
nantiam inter utrumque delictum:

"Sacrilegium sacerdotis cum filia spirituali pœniten‑
te fœdiorem quamdam, et magis horrendam deformitatem
habet, quam cum alia muliere: graviusque adhuc pecca‑

---

[28] *Ibid.*, n. 43.
[29] Ibid., n. 46.
[30] Ibid., n. 42.

tum est, si in Pœnitentiæ Sacramento, aut illius occasione, vel prætextu, illam ad turpia sollicitat. Trahit enim illam in peccatum, vel cum ea peccatum committit, quam ex officio revocare tenetur: et *spirituale stuprum* (ut loquitur S. Thomas), perpetrat". [31]

Affert deinde excerpta ex constitutionibus Pontificiis contra sollicitantes, atque concludit: "*Constitutiones Pontificum mox laudatæ, antiquis Canonibus omnino consonæ sunt.*" Et transcribit eosdem canones ex *Decreto*, qui supra relati manent. [32]

Videri possunt insuper, inter plures alios magni nominis doctores, Thomas Sánchez († 1610), [33] Augustinus Barbosa († 1649), princeps inter canonistas, [34] et Antoninus Diana († 1663). [35]

SECTIO II — PRIMA LEX DIOECESANA CIRCA SOLLICITATIONEM

Est opinio communis auctorum de sollicitatione scribentium, legislationem circa confessarios sollicitantes ad turpia originem habuisse in Hispania, probabiliter sæculo XVI, et quidem per particularia statuta Inquisitionis, cui anno 1561 accessit Bulla Pii IV *Cum sicut nuper* tamquam prima lex pontificia, etsi particularis tantum, pro Regnis Hispaniæ nempe lata. Nihilominus in medievali Imperio Germanico, et quidem in metropolitana sede Trevirensi, quærenda est origo huius legislationis, ac maxima cum probabilitate affirmari potest omnium antiquissimum talis legislationis exemplar, hodie saltem cognitum, inter decem et septem Capitula Concilii Provincialis Trevirensis, celebrati mense Martio

---

[31] Alexander Natalis, *Theologia Dogmatico-Moralis* (ed. novissima, 2 vol., Venetiis, 1772), II, lib. III, c. VIII, art. III, reg. XXIV.

[32] Cf. *supra* pp. 5 et 6.

[33] *De Sancto Matrimonii Sacramento* (3 vol., Viterbii, 1754), II, lib. VII, disp. 55.

[34] *De Officio et Potestate Parochi* (Lugduni, 1665), P. II, c. XIX, n. 48 et ss.

[35] *Resolutiones Morales* (ed. coordinata per Martinum de Alcolea, 10 vol., Venetiis, 1728), I, tr. VII, resol. XLV, XLVI, XLVII, XLVIII.

1227, inveniri. En verba quæ ex capitulo VIII illius Concilii ad rem faciunt:

> VIII ...Item, caveant sibi sacerdotes sub privatione honoris sui ne sollicitent aliquam personam in confessione, quod et verbis fieri prohibemus, contrarium facientes excommunicamus. [36]

Hæc cum sit prima lex hodie cognita circa delictum sollicitationis, non exigui momenti erit aliquantulum immorari, quasdam proponendo quæstiones circa documenti notitiam, authentiam atque tenorem.

Acta seu Capitula Concilii Trevirensis nobis transmissa sunt a duobus clari nominis collectoribus, Hartzheim (1694-1763) nempe, in opere Concilia Germaniæ, [37] et Martène (1654-1739) in sua *Amplissima Collectione*. [38] Quæritur autem, uter eorum habendus sit primus editor MS Trevirensis? Fatetur Hartzheim [39] se acta concilii transcripsisse ex codice pergameno MS. Abbatiæ Benedictinæ S. Matthiæ prope Treveros. Ex his verbis Mansi († 1769), [40] qui ab illo mutuatur textus Concilii Trevirensis insertus in sua *Collectione*, præpropere, ut videtur, audet affirmare Hartzheim fuisse primum qui huiusmodi acta publici iuris fecit. Martène autem, in observatione quam præmisit actis Trevirensibus, simpliciter etiam fatetur se concilium descripsisse "ex veteri Codice MS. insignis Monasterii S. Matthiæ Trevirensis, ante annos 400 exarato." [41]

Habetur igitur duplex editio independens eiusdem fontis originalis. Sed contra id quod Mansi affirmat, Martène præivit in editione MS Trevirensis; quod concludere necesse est ex eo quod

---

[36] Edmundus Martène et Ursinus Durand, *Veterum Scriptorum et Monumentorum Historicorum, Dogmaticorum, Moralium Amplissima Collectio* (9 vol., Parisiis, 1724-1733), VII, 116, A (deinde citatur *Amplissima Collectio*); J. Hartzheim, *Concilia Germaniæ* (11 vol., Coloniæ Augustæ Agrippinensium, 1759-1790), III, 531 (deinde citatur *Concilia*); J. D. Mansi, *Sacrorum Conciliorum Nova et Amplissima Collectio* (53 vol., in 60, Parisiis, 1901-1927), XXIII, 26 (deinde citatur *Concilia*).

[37] *L. c.*

[38] *L. c.*

[39] *Concilia*, III, 531.

[40] *Concilia*, XXIII, 26.

[41] Martène, *Amplissima Collectio*, VII, 116.

Martène suam *Amplissimam Collectionem* in lucem dabat ab
anno 1724 ad annum 1733, [42] dum Hartzheim non nisi sexdecim
post annos *Concilia Germaniæ* typis mandare incepit, anno nempe 1759, ut videre est in capite utriusque editionis principis. [43]
Hæc autem opinio confirmatur et sustinetur a Hefele (1809-1893)
qui obiter notavit Martène fuisse primum in edendis actis Trevirensibus. [44]

Maioris quidem momenti est quæstio de authentia actorum
Trevirensis Concilii. Iam ipse Martène in dubium revocavit annum
celebrationis Concilii, dum scribebat: "... celebratum dicitur
Treviris in Ecclesia S. Mariæ Maioris, anno Domini MCCXXVII.
cal. Martii. Sed vereor ne omissa littera L. error sit in numero, et
legendum sit MCCLXXVII. Et certe, hic fit mentio Lugdun.
Concilii, quod anno MCCLXXIV celebratum est." [45]

---

[42] H. Hurter, *Nomenclator Literarius Theologiæ Catholicæ* (3. ed., 5
vol., in 6, Oeniponte, 1903-1913), IV, 1156 (deinde citatur *Nomenclator*); cf.
etiam J. Brandot, "Martène, Edmond", art. apud *Dictionnaire de Théologie
Catholique* (ed. A. Vacant, E. Mangenot, E. Aman, Paris: Letouzey et Ané,
1903), X, P. I, 179; H. Leclercq, "Martène, Dom Edmond", art. apud *Dictionnaire d'Archéologie Chrétienne et de Liturgie* (ed. F. Cabrol et H.
Leclercq, Paris: Letouzey et Ané, 1907), X, P. II, 2297.

[43] Hurter, *Nomenclator*, IV, 1518; Carl Sommervogel, *Bibliothèque des
Écrivains de la Compagnie de Jésus* (3. ed., 10 vol., Bruxelles, 1890-1909),
IV, 125-132 (deinde citatur *Bibliothèque*).

[44] Hefele-Leclercq, *Histoire des Conciles* (10 vol., in 19, Paris: Letouzey
et Ané, 1907-1938), V, P. II, 1454 (deinceps citatur *Histoire*). Legitur in hoc
loco: "Martène a donné pour la première fois, dans le VII volume de sa
Collectio Amplissima, les Actes de ce Synod, extraits d'un manuscrit de
Trèves".

[45] Martène, *Amplissima Collectio*, VII, 116, *Observatio Prævia*. Huiusmodi citatio Concilii Lugdunensis bis invenitur in capitulis Trevirensibus. Alia
in c. VII, n. 57 "habentes beneficia curam animarum habentia, ... secundum
quod constitutum est in Concilio Lugdunensi, infra annum se faciant in
præsbyteros ordinari", quæ verba videntur referri ad ea quæ leguntur in constitutionibus concilii œcumenici Lugdunensis II, c. XIII. (Mansi, *Concilia*, XXIV,
91). In capite autem VIII, n. 66, concilii Trevirensis, alia legitur citatio:
"Quæstionarii prædicatores, formam prædicandi in Generali Concilio Lugdunensi promulgatam excedentes... redarguantur." Hæc autem, etsi obscure, quodammodo respicere videntur ea quæ habentur in *Extractionibus*, P. III, c.
VIII, eiusdem Lugdunensis Concilii II, prout videri possunt apud Mansi (*Concilia*, XXIV, 131, D-E).

Mansi autem, postquam retulerat textum Trevirensem a Hartzheim desumptum, [46] nihil ibidem dicens de hoc dubio, iterum textum eiusdem concilii inscripsit in volumine XXIV suæ *Collectionis,* [47] illum a Martène desumendo. In hoc autem altero loco, breviter adnotavit: "Anno, ut creditur, 1277 habitum." Attamen nihil addidit de origine vel ratione dubii.

Alibi denique, in notula quadam ad *Historiam Ecclesiasticam* Alexandri Natalis, [48] Mansi iterum suam circa Trevirense concilium opinionem, sed uberius, evolvit scribens: "Anno 1277. In concilio Trevirensis Provinciæ Canones 144 conditi feruntur, recitanturque; quamquam de anno incertum est, cum in unico MS. codice reperti, annum mendose præseferat 1227; mendose inquam, nam Concilium Generale Lugdunense anni 1274 in illis commemoratur." Notetur quod Mansi simpliciter affirmat C o n c i l i u m *mendose* annum præseferre, quin solutionem ullam proponat, nec dubitare audeat mendum potius irrepsisse in citatione Concilii Lugdunensis. Iam vero, si solutionem quærimus, sincere fatendum est haud facile esse quidquam accurate opinari in hac quæstione quin ipsum originale MS. examini subiiciatur.

Hac ergo de causa, proponenda videtur solutio quam Hefele proposuit, [49] objectiones solvendo illorum qui acta Trevirensia tam-

---

Nihilominus iuxta Hefele (*Histoire,* V, P. II, 1460, in nota 2) utraque citatio potius habenda est tamquam interpollatio posterius introducta, vel error amanuensium, ita ut legendum sit *Lateranensis,* non autem *Lugdunensis.* "Fortasse", ait Hefele, "in originali MS. Trevirensi legebatur *in generali concilio L.,* et transcriptor scripsit *Lugdunensi* pro *Lateranensi*". ("Interpolation ou erreur de copie ultérieure" o. c. V. P. II, p. 1460, nota 2; et in nota 1, p. 1461: "Peut-être y avait-il dans le manuscrit de Trèves: *in generali concilio L.,* et le copiste aura écrit *Lugdunensi* au lieu de *Lateranensi*"). Eodem modo videtur sentire Binterim (1779-1855), citatus a Hefele, *Deutsche Concilien,* t. IV, 494, 495.

[46] *Concilia,* XXIII, 25.

[47] *Concilia,* XXIV, 191.

[48] Alexander Natalis, *Historia Ecclesiastica* (ed. novissima notis et animadversionibus Constantini Roncaglia et Ioannis Dominici Mansi castigata et illustrata, 11 vol., Venetiis, 1776), VIII, 153, col. A, nota.

[49] Hefele-Leclercq, *Histoire,* V, P. II, 1454.

[50] Hefele-Leclercq, *Histoire,* V. P. II, 1456, in nota: "Ainsi toutes les objections, aussi bien prises séparément que dans leur ensemble, ne prouvent

quam spuria reiecerunt, adductis præsertim difficultatibus nuper expositis conciliandi annum celebrationis cum citationibus Concilii Lugdunensis II. Ait ergo Hefele: "Objectiones omnes, tum singillatim, tum simul sumptæ, minime probant huiusmodi acta apocrypha esse; ad summum posset concludi MS. Trevirense non esse actorum originale, sed eiusdem transcriptio serius exarata; non autem ostendunt non-existentiam Concilii. Aliunde autem, aliud invenio ego argumentum convincens pro authenticitate actorum ex facto quod inde ab anno 1233, in quodam concilio Moguntino, iam inveniuntur allusiones plures et certæ ad Concilium nostrum." [50]

In tuto collocata, saltem cum solida probabilitate, authentia actorum Trevirensium, inspicienda est materia primi illius statuti circa sollicitationem in confessione. Nemo qui attente statutum hoc legat substantialia elementa futuræ et magis determinatæ legislationis circa sollicitationis delictum potest non videre. Adest in primis specifica determinatio peccati turpis confessarii cum pœnitente,

---

pas que ces actes sont apocryphes; tout au plus, pourraient elles faire penser que le manuscrit de Trèves n'est pas l'original des Actes, mais seulement une copie postérieure; elles ne démontrent pas la non-existence du concile. D'autre part, je vois une autre preuve convaincante de son authenticité dans ce fait que, dès 1233, un concile de Mayence contient de nombreuses références aux décissions de nôtre concile."

Animadvertendum tamen quod, quamquam inter eos qui de authentia actorum Trevirensium dubitant Hefele recensuit Alexandrum Natalem et Msgr. Phillipum de Lorenzi († 1898), primus tamen non est adversariis adnumerandus. Videtur enim Hefele parum accurate citasse locum *Historiæ Ecclesiasticæ* Alexandri Natalis, in quo non ipse auctor, sed editores posteriores, Mansi († 1769) nempe et Roncaglia († 1737) in adnotationibus ab eisdem additis, quæstionem agitarunt, ut supra notatum est. Ait Hefele (*Histoire*, V, P. II, 1454, nota 1): "Déjà Noël Alexandre, *Hist. Eccles.*, t. XV, p. 356, a mis en doute l'authenticité de ce concile, parce que son 7è canon reproduit le 13è canon du IIè concile de Lyon de 1274."

At citata adnotatio non est Alexandri Natalis, sed Mansi; non enim invenitur in editionibus Historiæ Ecclesiasticæ quae, vivente auctore, in lucem prodiere. Insuper, Alexander Natalis e vivis ereptus est anno 1724, et anno 1713 postremam editionem *Historiæ* suæ publici iuris fecit, quo tempore nondum Martène ediderat MS. Trevirense, utpote editum anno 1724. Re quidem vera, nec mentio Trevirensis Concilii reperitur in primis editionibus *Historiæ* Alexandri Natalis; e contra, addita invenitur in illis quæ a Mansi adnotatis, medio sæculo XVIII, edi cœperunt.

qua malitia ipsius delicti propria qualificatur, sollicitatio nempe in ipsa administratione sacramenti Pœnitentiæ: *caveant sibi sacerdotes ... ne sollicitent ... in confessione.* Determinatur subiectum activum, *sacerdotes* nempe *qua confessarii;* itemque *passivum,* et quidem absque limitatione sexus: *...aliquam personam,* quod maxime notandum est, cum non restringatur ad solas mulieres. Additur denique sanctio pœnalis, qua iuridice delictum constituitur violatio præcepti non sollicitandi in confessione. Huiusmodi autem pœna duplex est, scl. *privatio honoris sui et excommunicatio:... caveant ... sub privatione honoris sui..., contrarium facientes excommunicamus.* [51]

Etsi omnimoda certitudine nequit constare de sensu exacto huius *privationis honoris sui* propter magnam diversitatem terminologiæ pœnalis usque ad tempus Bonifacii VIII (1294-1303), potest tamen cum probabilitate affirmari hanc privationem honoris referri ad *depositionem,* quæ solebat diversimode exprimi. Ità, exempli gratia, in Concilio Illiberitano (circa 306), contra violantem legem cœlibatus decretum fuit ut *ab honore clericatus exterminaretur.* [52]

Præterea, in Concilio Agathensi (Agde, in Gallia Narbonensi, circa 506), clerici rei alienationis illicitæ bonorum ecclesiasticorum erant *ab honore depositi.* [53] Similiter in Concilio Wormatiensi, anno 868, pro depositione legitur: *ab honore clericatus pellantur.* [54] Demum, Concilium IV Toletanum (633), iubebat ut clericus superstitioni deditus *ab honore dignitatis suæ depositus monasterii pœnam exciperet.* [55]

Haec pœna depositionis, in legislatione posteriore circa sollicitantes, erit sanctio infligenda, ut infra videbitur, in casibus

---

[51] Concilium Trevirense, c. VIII, n. 77 Martène, *Amplissima Collectio,* VII, 116, A.

[52] Canon 33, —— Mansi, *Concilia,* II, 11; Denzinger-Bannwart-Umberg, *Enchiridion Symbolorum Definitionum et Declarationum de Rebus Fidei et Morum* (ed. 21-23, Friburgi Brisgoviæ: Herder, 1937), 52c (citandus deinceps Denzinger).

[53] Canon 49 —— Hardouin, *Acta Conciliorum,* II, 1003.

[54] Canon 9 —— Hardouin, *Acta Conciliorum,* V, 739.

[55] Hardouin, *Acta Conciliorum,* III, 586.

gravioribus. Pœna vero excommunicationis contra sollicitantes non nisi in hoc uno documento invenitur.

Sectio III — Prima Lex Pontifica Circa Sollicitationem

Ingens adest lacuna in historia legislationis circa sollicitantes a Concilio Trevirense ad usque Bullam Pii IV, quæ ab auctoribus communiter exhibetur tamquam prima lex pontificia in hac materia. Num alia statuta diœcesana edita fuerint, dubitatur. Levia tamen indicia inveniuntur ex quibus inferri potest leges particulares hinc inde latas fuisse ad sacrilegum confessionis abusum coërcendum. Hanc opinionem aliquomodo suadere videntur verba Kober († 1897) qui, mentione statuti Treverensis facta, immediate subiungit sequentia sæcula vidisse in hac materia sollicitationis propriam ac magis determinatam legislationem, quam tandem Summi Pontificies strictioribus quibusdam normis firmaverunt. [56]

Hæc autem confirmantur aliquomodo ex iis quæ circa activitatem Tribunalis Sanctæ Inquisitionis, præsertim in Regno Hispanico, archivia ipsius Tribunalis asservant. Triginta enim annis ante editam Bullam Pii IV nonnullæ iam causæ sacerdotum in confessione sollicitantium iudicatæ a Tribunali Inquisitoriali Toletano reperiuntur. [57] Inter causas ibidem notatas, omnium antiquissima illa invenitur quæ anno 1530 in iudicium delata fuit, et cui qualificatio *incompleta* apponitur. Eadem causa, sequenti anno usque ad sententiam fuit deducta atque reus damnatus fuit. [58] Anno 1535 alia legitur causa quæ *incompleta* quoque dicitur. [59]

---

[56] En verba Kober: "Aber die nachfolgenden Jahrhunderte sahen auf diesem Gebiete eine eigene, genau ausgebildete Gesetzgebung entstehen und die Päpste mit den strengsten Maszregeln einschreiten". —— *Die Deposition und Degradation nach den Grundsätzen des kirchlichen Rechts* (Tübingen, 1867), p. 776.

[57] Archivo Histórico Nacional, *Catálogo de las Causas contra la Fe, seguidas ante el Tribunal del Santo Oficio de la Inquisición de Toledo* (Madrid: Tipografía de la Revista de Archivos, Bibliotecas y Museos, 1903), Solicitantes, p. 313 (deinceps citatur *Catálogo*).

[58] *Catálogo*, p. 320, n. del legajo 231, n. de orden 72: *Pareja (Bachiller Antonio de)*, *clérigo natural de Huete* — Condenado.

[59] *Catálogo*, p. 323, legajo 232, n. de orden 100. *Valdelomar (Alonso de)*,

Activitas autem Inquisitionis Hispanicæ circa sollicitantes mirum in modum crescit inde a litteris Pii IV, ita ut in opere nuper citato centum et sex causæ numerentur delatæ ad Tribunal Toletanum ab anno 1576 ad annum 1816. Quæ cum ita sint, non erit absonum affirmare summa cum probabilitate iam ante annum 1561, quo Bulla *Cum sicut nuper* publicata fuit, particularia decreta vel statuta exstitisse, quibus pœnales sanctiones et processus inquisitorialis regebatur pro casibus sacerdotum qui, rei de sollicitatione, apud Tribunal Fidei deferebantur.

Tempore Concilii Tridentini (1545-1563), in orationibus ac petitionibus delegatorum patrum pro reformatione generali disciplinæ ecclesiasticæ, nonnullas quoque fas est reperire allusiones ad confessarios sollicitantes, ex quibus apparet tunc temporis non solum in Hispania, sed etiam in Germania et in Lusitania, turpes exstitisse abusus sacramenti Pœnitentiæ, simulque pastores sategisse opportunis remediis tam gravibus malis occurrere. Scribebat Conradus Brunus († 1563), insignis iuris peritus ac cancellarius Cardinalis Augustani, Ottonis Truchsess (Waldburg, 1514-1573):[60]

> "In sacramento pœnitentiæ abusus est, quod sacerdotes et quidam petulantes monachi in confessione sacramentali curiosis quibusdam interrogatiunculis confitentium muliercularum affectum explorarunt". [61]

Ex Lusitania autem, ipse archiepiscopus et primas Bracharensis, Bartholomæus a Martyribus († 1590), præsens in Concilio anno 1561 petitiones scripsit quas in Concilio facere intendebat. Has inter, sequens legebatur: *Quod confessarius sollicitans ad turpia filiam spiritualem ipso facto maneat suspensus et excommunicatus, et sic de revelante confessionem.* [62]

---

clérigo, presbitero y capellán de la Villa de Almodóvar del Campo — Incompleta.

[60] Hurter, *Nomenclator*, II, 1523-1525.

[61] *Resolutio quæstionis, an Germania ab hæresibus et sectis …liberari et ad unitatem catholicæ ecclesiæ reduci possit, pars IV, I;* — *Concilium Tridentinum — Diariorum, Actorum, Epistularum, Tractatuum Nova Collectio* (ed. Societatis Gœrresianæ, Tom. XIII, *Tractatuum Pars Altera,* ed. Hubertus Jedin, Friburgi Brisgoviæ: Herder, 1938), Tom. XIII, Vol. I, 404 (citatur deinceps Conc. Tridentinum — *Nova Collectio*).

[62] *Petitiones,* VII, *Quoad Sacerdotes et Sacramenta,* n. 13; — Conc. Tridentinum — *Nova Collectio,* Tom. XIII, Vol. I, 543.

In actis vero atque in disciplinaribus canonibus de reformatione nihil directe neque explicite circa sollicitationem ad turpia
Concilium Tridentinum legislavit. Hoc tamen tempore Romani
Pontifices, prima vice, contra sollicitantes legem, etsi particularem
adhuc, promulgarunt.

Commune fuit apud canonistas et moralistas de hac re scribentes afferre tamquam primum pontificium documentum de
sollicitatione Pii IV Bullam *Cum sicut nuper,* datam die 16 aprilis
1561. Scripsit Wernz: "... inter Rom. Pontifices prima vice Pius
IV ...legem contra sacerdotes sollicitantes promulgavit." [63] Et
recentius Cerato afirmavit "crimen sollicitationis in ius pœnale
inductum fuisse a Pio IV." [64] Similiter, quamvis cum hæsita-
tione quadam, notavit cl. Professor Silvius Romani: "Primum forte de re documentum habemus Pii IV epistulam *Cum sicut nuper.*" [65] Et generatim ita sentiunt omnes moderni ductu Cardinalis
Gasparri qui, in collecione *Fontium,* tamquam primum de re documentum pontificium epistolam Pii IV inseruit. [66]

Iis tamen affirmationibus contradicere videbantur ea quæ in
regestis historicis Societatis Iesu leguntur de quodam pontificio
documento a Paulo IV (1555-1559) dato anno 1559 ad Inquisitionem Granatensem in Hispania, occasione cuiusdam accusationis
contra sacerdotes eiusdem Societatis, eo quod ipsi imponerent pœnitentibus sollicitatis ad turpia ab aliquo confessario, obligationem,
ex iure naturæ, denuntiandi sollicitantem. [67]

---

[63]   F. X. Wernz, *Ius Decretalium* (3. ed., 6 vol., Prati: Giacchetti, 1913),
VI, n. 469, *Notæ Historicæ;* F. X. Wernz, P. Vidal, *Ius Canonicum* (7 vol.
in 8., Romæ: Universitas Gregoriana, 1923-1938), VII, n. 507, *Notæ Historicæ.*

[64]   *De Delicto Sollicitationis* (Patavii: Typis Seminarii, 1932), n. 5, 2.

[65]   "De Absolutioné Complicis in Peccato Turpi (Historica instituti
progressio atque evolutio)" — *Apollinaris,* VIII (1935), 72-85, n. 2

[66]   *Fontes,* n. 102.

[67]   En verba quæ P. Petrus de Ribadeneira, S. J., hac de re scribebat
ad Inquisitorem Generalem in Hispania: "El primer breve que concedió Paulo
IV el año 1559 al Sto. Oficio en que se hace caso de inquisición en el arço-
bispado de Granada la solicitación en la confesión, le alcançó el P. Mtro.
Laínez, General de la Compañía, a ruegos de D. Pedro Guerrero, arçobispo
de Granada, porque después de haber tomado muchos medios, no se halló

Duplici ex capite accusabantur sacerdotes Societatis Iesu: nempe, quia dicebantur revelare confessiones et quia inquirebant in nomen complicis. Archiepiscopus vero Granatensis, Petrus Guerrero (1546-1573), qui de Societate optime sentiebat, confessarios Societatis strenue defendit. Hac ergo de causa litteras misit ad Sanctam Sedem enixe expostulans a Paulo IV ut suprema sua auctoritate decerneret sollicitantes denuntiari debere Sancto Officio Inquisitionis atque ab eodem sacro Tribunali posse pro delicti gravitate puniri.

Archiepiscopus autem pro toto hoc negotio celerius et efficacius expediendo, usus fuit mediatione Præpositi Generalis Societatis Iesu, Didaci Laínez (1558-1565), cui commisit ut Summo Pontifici Paulo IV rem penitius exponeret. Ita factum est ut laudatus Pontifex, annuens petitioni Archiepiscopi Granatensis, breve curaret rescribendum ad eumdem Archiepiscopum necnon ad Inquisitores Regni Granatæ in Hispania. Huiusmodi documentum, nulla mentione facta de quærela Iesuitarum, disciplinam in posterum sequendam circa delinquentes sollicitantes, apostolica auctoritate ordinat atque decernit. [68]

Odericus Raynaldus († 1671), in continuatione *Annalium*

---

otro eficáz para remediar la disolución y estrago que en esta materia avía en Andalucía." — *Monumenta Historica Societatis Iesu* (a Patribus eiusdem Societatis edita, 69 vol., Matriti: Monumenta Historica, 1894-1932; Romæ: Monumenta Historica, 1932—), XLVI, Ribadeneira II, 340-341. Cf. quoque, Antonio Astraín, *Historia de la Compañía de Jesús en la Asistencia de España* (7 vol., Madrid; Razón y Fe, 1902-1927), II, 86-93.

[68] Notanda sunt ea quæ Archiepiscopus Guerrero scribebat ad Paulum IV: "Lo que ahora por ésta suplico será fácil a Vuestra Santidad concederlo, según el santo celo que siempre ha tenido y tiene cada día mayor del bien de la Iglesia. Y por no ser prolijo en ésta, me refiero a lo que el P. General de la Compañía de Jesús dirá a Vuestra Santidad, porque son cosas que tienen gran necesidad de remedio, y acá no lo podemos poner sin la Autoridad de Vuestra Santidad.

En lo que el P. General no hablará a Vuestra Santidad, por tocar a su Religión, quiero yo especialmente suplicar, que es el favor para la mesma Compañía, pues Vuestra Santidad mejor que nadie, aunque acá también lo vemos, sabe el fruto que hacen y que tienen de la verdadera cristiandad, y aun también es evidente señal desto ser perseguidos, sin haber ni poderse averiguar que haya en ellos cosa que sea mala." — Astraín, *Historia de la Compañía de Jesús en la Asistencia de España*, II, 92.

Ecclesiasticorum Cæsaris Baronii († 1607), summatim mentionem fecit eiusmodi Brevis Pauli IV, cuius initium et excerpta quædam partis expositivæ refert. [69]

Ex iis omnibus, nullum dubium moveri potest circa existentiam documenti antiquioris Bulla Pii IV. Deperditis tamen, ex parte saltem, Granatensibus archiviis inquisitorialibus, difficile videbatur reperire integrum textum originalem Pauli IV. Felici eventu nihilominus; originalis epistula, de manu breviatoris exarata cum correctionibus marginalibus, reperta est in sic dictis *Armadiis* tabularii Vaticani. [70]

Hæc igitur epistula, quæ directa fuit ad Inquisitores Regni Granatæ, die 18 februarii 1559, habenda est tamquam primum pontificium documentum circa confessarios sollicitantes pœnitentes ad turpia. In sequentibus, textus ipsius integre in lucem datur simulque originalis MS. facsimile photostatice repetitum inseritur. [71]

Quamquam huiusmodi epistula vix quidquam novi, vel ne vix quidem, addat legislationi pontificiæ circa sollicitantes prout ad hæc usque tempora cognitæ erat, peculiare nihilominus momentum hoc documentum habere dicendum est eo quod, tum ex se ipso, tum ex adiunctis quæ illi originem dederunt, evolutio et progressus legislationis novam lucem accipiant: et quidem, crimen sollicitationis inducitur in ius pœnale pontificium a Paulo IV, cuius epistula constituit primum pontificium fontem hac super re,

---

[69] Cæsar Boronius, Odericus Raynaldus, Jacobus Laderchius, *Annales Ecclesiastici* (ed. denuo et accurate excusi ab Augustino Theiner, 37 vol., Barri-Ducis — Parisiis, 1864-1883), XXXIV, Pauli IV annus 5, n. 17, 29, A. Contiuatio *Annalium* ab Oderico Raynaldo facta complectitur a. 1199-1565. Cf. Hurter, *Nomenclator*, III, 537-538 et IV, 177.

[70] Archivium Vaticanum, Armadium XLII, 12, fol. 53. Ab auctore huius dissertationis fraterne rogatus, R. P. Petrus de Leturia, S. J., in Facultate Historiæ Universitatis Gregorianæ professor, diligentissime laborem suscepit locandi huiusmodi MS., quod cum reperiret, photographice reproductum ad auctorem transmisit.

[71] In transcriptione MS. servatur orthographia originalis; in notulis autem indicantur verba *del* (eta), *ins* (erta), vel *corr* (ecta) in *marg* (ine) *ex* (terno). Abbreviationes nonnullæ servantur in textu, quarum lectio, cœteroquin obvia, in notula datur.

attamen ius adhuc particulare solummodo creat et quidem non pro universo territorio Inquisitionis Hispanicæ, sed pro Regno dumtaxat Granatense.

Illa autem, quæ circa contentum iuridicum epistulæ examinare oportet, infra notabuntur cum de litteris Pii IV sermo redibit. [72]

In pagellis 26-29 exhibetur facsimile constitutionis Pauli IV et eius interpretatio.

---

[72] Cf. *infra*, p. 30 et ss.

369

53

Dilectis [illegible] [illegible] [illegible] bonos [illegible]
[illegible] [illegible] [illegible] animi nec
molestie accipimus [illegible] [illegible] vi [illegible] de duas dies [illegible]
[illegible] dictas [illegible] [illegible] per alios [illegible] amicos audientes con-
fessorum penitentium deprecari ut tandem peccatorum [illegible] [illegible] sacramentis penitentie [illegible] nec illa [illegible] illud [illegible] dno deo et
salvatore [illegible] [illegible] [illegible] [illegible] fratres [illegible] [illegible] [illegible]
ad actus [illegible] [illegible] [illegible] [illegible] [illegible] [illegible]
[illegible] [illegible] [illegible] ac leto corpore [illegible] sacramentum
[illegible] [illegible] [illegible] [illegible] [illegible] [illegible] [illegible]
[illegible] in manus diaboli [illegible] in divino [illegible]
offensam in ara[illegible] [illegible] ac scandalum christifidelium scandaly-
[illegible] [illegible] [illegible] q de fide catholica recte [illegible]
[illegible] [illegible] [illegible] [illegible] [illegible] iudicis abusum [illegible]
[illegible] faciam vobis de quo probato [illegible] [illegible] [illegible]
[illegible] de [illegible] committimus et mandamus quatenus vos [illegible]
[illegible] [illegible] per vos vel alterum seu alios contra eos [illegible] sacerdotes
[illegible] [illegible] [illegible] [illegible] [illegible] quoscunque [illegible] [illegible]
[illegible] [illegible] [illegible] [illegible] subiectorq ordinum regularium [illegible]
[illegible] gradus ordinis conditionis [illegible] [illegible]
[illegible] [illegible] [illegible] tam super premissis q super fide catholica [illegible] [illegible] [illegible] diligenter [illegible] [illegible]
[illegible] [illegible] aut de [illegible] suspectos [illegible] [illegible]
[illegible] [illegible] [illegible] [illegible] [illegible] ac culpas
[illegible] [illegible] [illegible] [illegible] [illegible] [illegible] omnia vota
[illegible] [illegible] de luce [illegible] [illegible]; debita [illegible] degradatione
[illegible] [illegible] [illegible] [illegible] [illegible] [illegible] [illegible] non obstante [illegible] [illegible] [illegible] [illegible] [illegible] [illegible] [illegible] ordinans
[illegible] [illegible] sacris de eis [illegible] de ipse eos cap. vel qu fre al eo sin [illegible]

Dilectis (a) filijs heretice prauitatis
jn Regno Granate Jnquisitoribus et eorum cuilibet
Dilecti (b) filij, salutem. Cum, sicut nuper non sine animi nostri
molestia accepimus diuersi sacerdotes in ciuitate et diecesi Granatensi.
5   curam animarum habentes seu eam pro alijs exercentes aut alias audiendis
confessionibus penitentium deputati in tantam proruperint jniquitatem
     vt sacra-
mento penitentie abutantur, nec illi, et qui illud jnstituit Dno Deo et
Saluatori ntro Jesu chro, (c) jniuriam facere vereantur, mulieres penitentes
ad actus jnhonestos alliciendo et prouocando, seu allicere et (d) prouocare
10 tentando et procurando (e) ac, loco earum per sacramentum
huiusmodi creatori ntro reconciliationis, grauiori peccatorum mole onerando et in manus diaboli tradendo, jn diuine maiestatis
offensam et animarum perniciem ac (f) christifidelium scandalum
Nos, [jn animum jnducere nequeuntes quod] (g) qui de fide catholica
     recte sentiunt
15 sacramentis [in ecclesia a Deo] (h) jnstitutis abutantur aut jllis
jniuriam faciant, vobis, de quorum pietate, virtute et doctrina plurimum
in Dno confidimus, per presentes committimus et mandamus quatenus
     vos et
quilibet vestrum per vos uel alium seu alios, contra omnes et singulos
     sacerdotes
de premissis diffamatos, (i) tam seculares quam quorumuis etiam
     exemptorum
20 et sedi apostolice jmmediate (j) subiectorum ordinum regulares, cu-
     iuscumque
dignitatis, status, gradus, ordinis, conditionis et preeminentie existant, (k)
tam super premissis quam super fide catho-
lica et quid de ea sentiant diligenter [inquiratis] (1) et juxta facul-
     tatum vobis
contra hereticos aut de heresi suspectos (m)
25 a sede apostolica concessarum continentiam et tenorem procedatis ac
     culpabi-
les juxta excessuum suorum qualitatem prout juris fuerit puniatis, eos etiam,
si et prout de jure fuerit faciendum, debita precedente degradatione
secularis iudicis arbitrio puniendos tradendo seu dimittendo. Non obstantibus constitutionibus et ordinationibus apostolicis ac ecclesiarum et monas-
     teriorum necnon ordinum
30 quorum ipsi sacerdotes fuerint etiam jur. con. ap. vel qu. fir. al. ro.
     sta. et con. (n)

(a) Venerabili fratri Archiepiscopo Granatensi et dilectis *del.* (b) Ve-
nerabilis frater, Salutem et *del.* (c) nostro Jesu christo (d) procurare *del.*
(e) nec non eas que *del.* (f) scandalum *del.* (g) [] *corr. in marg. ex.* uix
credi posse censemus ut *del.* (h) [] *corr, in in marg. ex.* ab (in) ecclesia (?)
et illius sponso Jesu christo *del.* (i) *verbum del. illegibile ins.* (j) *verbum del.*
illegibile ins. (k) et quamquam (?) detegantur inquiras *del.* (1) [] *corr.*
in marg. ex. verbum illegibile del. (m) tam de juris ordine (?) competen-
tium quam *del.* (n) ... juramento, confirmatione apostolica vel quavis firmi-
tate alia roboratis statutis et consuetudinibus ...

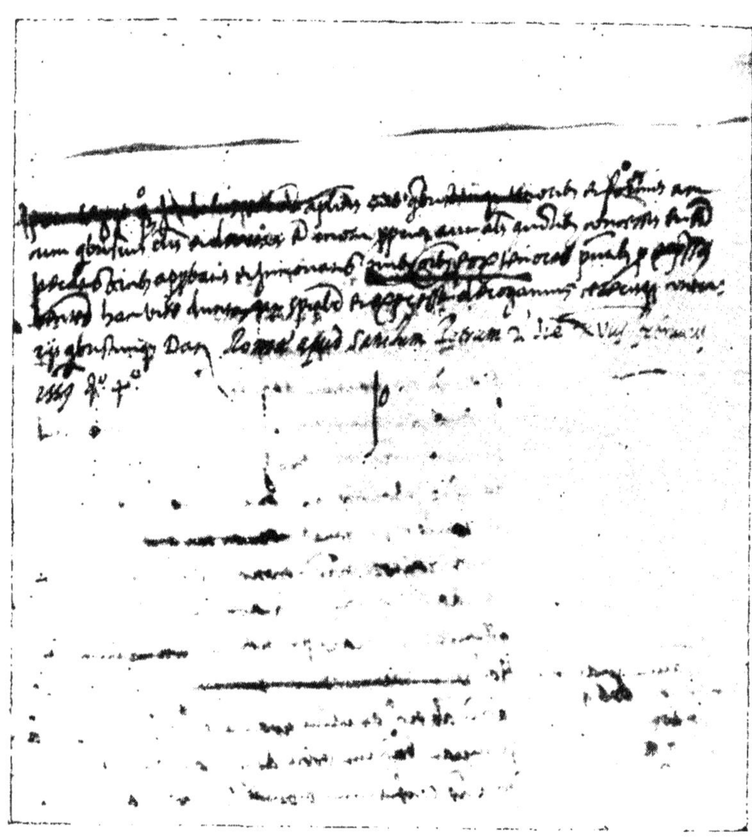

privilegijs quoque indultis et litteris apostolicis sub quibuscumque
  tenoribus et formis ac
cum quibusvis clausulis et decretis, etiam motu proprio aut alias
  quomodolibet concessis et etiam
jteratis vicibus approbatis ac innouatis, quibus omnibus, eorum
  tenores presentibus pro expressis
habentes, hac vice dumtaxat specialiter et expresse derogamus,
  ceterisque contra-
5 rijs quibuscumque. Datum Romæ apud Sanctum Petrum ? (o)
  die XVIII februarii
1559. Po. 4o.

P.

---

o) etcet. (?) Dubia manet hæc abbreviatio; ex stylo ordinario Cancellariæ deberet legi: "anno incarnationis dominicæ millesimo..., die..., pontificatus nostri anno quarto."

SECTIO IV — CONSTITUTIO PII IV (1561)

Sacrilegi abusus sacramenti Pœnitentiæ aliis quoque in regionibus Hispaniæ serpebant, ideoque, Pius IV (1559-1565) necesse
iudicavit constitutionem prædecessoris sui ad alias quoque extendere provincias Regnorum Hispaniarum, ac die 16 aprilis 1561,
eamdem Pauli IV epistulam *Cum sicut nuper*, paucis immutatis,
dabat Archiepiscopo Hispalensi in Regnis Hispaniarum hæreticæ
pravitatis Inquisitori Generali. [73]

En tenorem huius documenti:

"Cum sicut nuper, non sine animi nostri molestia,
accepimus, diversos sacerdotes in Regnis Hispaniarum,
atque etiam in eorum Civitatibus et Diœcesibus curam
habentes, sive eam pro aliis exercentes, aut alias audiendis
confessionibus pœnitentium deputatos, in tantam prorupe-

---

[73] *Fontes*, n. 102; *Bullarum, Diplomatum et Privilegiorum S. R. Pontificum Taurinensis Editio* (24 vol., et *Appendix*, Augustæ Taurinorum, 1857-
1872), IV, 77; Laërtius Cherubini, *Magnum Bullarium Romanum* (5 vol.,
Lugduni, 1697), II, 318.

rint iniquitatem, ut Sacramento Pœnitentiæ in actu audiendi confessiones abutantur, nec illi, et qui id instituit Domino Deo, et Salvatori Nostro Iesu Christo iniuriam facere vereantur: mulieres videlicet pœnitentes ad actus inhonestos, dum earum audiunt confessiones alliciendo, et provocando, seu a llicere, et provocare tentando, et procurando, ac loco earum per Sacramentum huiusmodi Creatori nostro reconciliationis, graviori peccatorum mole eas onerando, et in manus diaboli tradendo, in Divinæ Maiestatis offensam, et animarum perniciem, et Christifidelium scandalum non modicum.

§ 1. Nos in animum inducere nequeuntes, quod qui de Fide Catholica recte sentiunt, Sacramentis in Ecclesia Dei institutis abutantur, aut illis iniuriam faciant, fraternitati tuæ, de cuius eximia pietate, virtute, atque doctrina plurimum in Domino confidimus, per præsentes committimus et mandamus, quatenus per te, vel per alium, seu alios a te deputandum, seu deputandos contra omnes et singulos Sacerdotes dictorum Regnorum, ac illarum Civitatum, et Dioecesium de præmissis quomodolibet diffamatos. tam sæculares, quam quorumvis etiam exemptorum, ac Sedi Apostolicæ immediate subiectorum Ordinum Regulares, cuiuscumque dignitatis, status, gradus, ordinis, conditionis, et præeminentiæ existant, tam super præmissis, quam super Fide Catholica, et quid de ea sentiant, diligenter inquiras, et iuxta facultatum tibi contra hæreticos, aut de hæresi quovis modo suspectos a Sede Apostolica concessarum continentiam et tenorem, procedas, ac culpabiles repertos iuxta excessuum suorum qualitatem, prout iuris fuerit, punias, eos etiam si, et prout de iure fuerit faciendum, debita præcedente degradatione sæcularis Iudicis arbitrio puniendos tradendo.

§ 2. Non obstantibus, etc..." [74]

Maximi momenti, tum pro historia tum pro studio legislationis circa delictum sollicitationis, sunt hæ duæ epistulæ ponti-

---

[74] *Fontes,* n. 102.

ficiæ, quæ etsi particularem dumtaxat legem condant, fontem tamen iuris pontificii constituunt primum ex quo, sæculis subsequentibus, universale ius suam traxit originem. Plura notatu digna sunt in utroque documento: delictum in primis circa quod lex versatur claris iam verbis definitur, agitur nempe de abusu sacramenti Pœnitentiæ a sacerdotibus commisso *in actu audiendi confessiones,* i. e. *dum eorum* [mulierum scl.] *audiunt confessiones* per sollicitationem. Sensus autem verbi *sollicitare* eiusque ambitus penitus explicatur, ita ut vocabulum iam adhibitum in capitulo Trevirensi nunc certis et claris limitibus circumscriptum sit, ut ex sequentibus liquet: *"ad actus inhonestos alliciendo et provôcando, seu allicere et provocare tentando et procurando."*

Subiectum passivum videtur restringi ad *mulieres videlicet pœnitentes* tantum, in quo differt a Concilio Trevirensi, iuxta quod delictum committi poterat tum quoad mulieres tum etiam quoad viros. [75] Postea nihilominus, declaratum fuit a Paulo V (1605-1621) *comprehendi etiam sollicitatos masculos ex vi constitutionis Pii IV.* [76]

Subiectum autem activum, seu persona confessarii sollicitantis, qua cum amplitudine intelligi debeat accurate declaratur, ne ob dignitatem, vel ob exemptionem a iurisdictione Ordinarii loci, vel ob tenuitatem rumoris ex quo suspicio de crimine commisso oriatur, faciliter exceptiones supponantur; ideoque Pontifex, districtis verbis, committit et mandat quatenus "... contra omnes et singulos sacerdotes de præmissis quomodolibet diffamatos, tam sæculares, quam quorumvis exemptorum ac Sedi Apostolicæ immediate subiectorum ordinum Regulares, cuiuscumque dignitatis, status, gradus, ordinis conditionis et præeminentiæ existant", diligenter inquiratur et, si culpabiles reperiantur, procedatur.

Ipse tandem modus processus indicatur, inquisitorialis nempe, simulque pœnæ quibus delinquentes puniendi erunt severissime statuuntur: "...culpabiles repertos iuxta excessuum suorum qualitatem, prout iuris fuerit, punias, eos etiam si, et prout de iure fuerit faciendum, debita præcedente degradatione sæcularis Iudicis

---

[75] Cf. *supra,* p. 15. Legebatur in c. VIII Concilii Trevirensis: "...ne sollicitent *aliquam personam* in confessione..." utrumque sexum respiciens.

[76] Ubaldus Giraldi, *Expositio Iuris Pontificii* (2 vol., Romæ 1829-1830), P. I, lib. V, tit. 7, p. 641, n. 1 (deinceps citatur *Expositio*). Cf. *infra,* p. 37.

arbitrio puniendos tradendo." Nihil tamen præcipitur quoad obligationem pœnitentis sollicitati denuntiandi confessarium sollicitantem, prout postea statutum fuit. Nec memoratur pœna excommunicationis, qua, iuxta Trevirense capitulum, et iuxta postulationes Bartholomæi a Martyribus, Primatis Lusitani, sollicitantes plectendi erant. [77]

Brevi post, exortis dubiis circa sensum vel extensionem quorundam præscriptorum Bullæ *Cum sicut nuper*, competens auctoritas satis illis fecit, ex cuius responsionibus, interpretatione declarativa vel etiam extensiva, statuta Bullæ nonnihil immutata fuere, ac sensim sine sensu via parabatur futuræ Gregorii XV constitutioni. Inter responsiones seu declarationes quæ hodie apud scriptores vel commentatores de re canonica dumtaxat citatæ reperiuntur, chronologice prima est illa quam Congregatio Sacræ Romanæ et Universalis Inquisitionis, [78] die 2 decembris, 1562, dabat respondendo dubio sequenti: "An si confessarius punitus ob crimen sollicitationis gratiam obtineat, censeatur restitutus, ut iterum possit audire confessiones?" Responsum fuit: "Illustrissimi Doctores Cardinales Inquisitores Generales decreverunt quod per quamcumque gratiam factam vel fiendam, quibusvis aliis decretis non intendunt eum restituere, ut iterum possit confessiones aliquorum audire." [79]

Notetur in iis verbis initium futuræ pœnæ *inhabilitatis* ad confessiones audiendas, quæ postea erit decernenda in convictos de sollicitatione. [80]

Super idem dubium nova fuit data responsio, prout Del Bene († 1673) notavit: "Idemque confirmatum reperitur in Actis Sancti Officii, sub die 15 novembris 1565, cum addito seu declaratione,

---

[77] Cf. *supra, pp.* 15 et 21.

[78] N. B. Hæc Sacra Congregatio quæ suprema omnium Congregationum, Tribunalium atque Officiorum Curiæ Romanæ habetur, prima vice, a Paulo III (1534-1549), const. *Licet*, 21 iul. 1542, instituta est; in Codice autem, can. 247, § 1, designatur nomine *Congregationis S. Officii*. In decursu huius dissertationis, breviter de ipsa mentio fiet appellatione *S. Officii*; in citationibus autem documentorum adhibentur sigla S. C. S. Off.

[79] Del Bene, *De Officio*, P. II, dub. 237, sect. 21, p. 609.

[80] can. 2368, § 1. Qui sollicitationis crimen... commiserit, suspendadatur... ab audiendis confessionibus vel etiam pro delicti gravitate inhabilis ad ipsas excipiendas declaretur...

quod si qui abiurant secrete vel publice, vel alias quomodocumque, non iterum admittantur ad audiendas confessiones sæcularium." [81]

Pœna ergo contra sollicitantes, iuxta litteras Pii IV, comprehendebat suspensionem ferendæ sententiæ ab audiendis confessionibus, saltem ad tempus. Inde, subortis dubiis, declaratur talem suspensionem intelligi debere in perpetuum: *"non iterum admittantur ad audiendas confessiones."* Immo vero, non videtur improbabile iam tunc extitisse pœnam perpetuæ inhabilitatis ad confessiones excipiendas, iuxta responsiones nuper citatas, etsi nondum verbis expressis inveniatur in decretis. Aperte tamen constat de summa severitate qua procedebatur in causis de sollicitatione.

Aliud exortum fuit dubium, præcise ex ipso tenore præcedentis declarationis: *"non iterum admittantur ad audiendas confessiones sæcularium."* Numquid delinquentes, qui gratiam obtinerent, confessiones aliarum personarum quæ non essent *sæculares* audire permitterentur? Dubium non videtur solutum fuisse tunc temporis, etsi tendentia ad absolutam inhabilitatem relate ad confessiones quarumcumque personarum iam satis expresse innui videbatur, eo vel magis quod ipsa degradatio non erat exclusa pro casibus gravioribus.

A tempore decretorum præcedentium ad usque annum 1622, quo Gregorius XV (1621-1623) edidit suam constitutionem contra sollicitantes, magna adest confusio circa documenta varia quæ apud auctores reperiuntur: eadem documenta nunc huic, nunc illi Pontifici adscribuntur; dies et annus eorumdem diversimode apud diversos auctores citantur. Hinc maxima difficultas ad ipsorum ordinem, connexionem et progressum determinandum. In sequentibus igitur, sit satis illa transcribere prout ab uno vel a pluribus doctoribus citata leguntur, dimissa discussione circa tempus et auctorem.

Ordine chronologico servato, Salmanticenses mentionem faciunt cuiusdam decreti Clementis VIII (1592-1605), quo confirmatur Bulla Pii IV:

---

[81] *L. c.* — Ibidem, Decreti laudati fons citatur: *"Sic enim habetur inter Decreta Sancti Officii in fine Judicial. Inquisit. Romæ impressis anno 1570, fol. 476."*

"Adest decretum Clementis VIII, quo prædictam Bullam [Pii IV, *Cum sicut nuper*] approbat, et *declarat omnes christifideles teneri sic* delinquentes denuntiare Tribunali S. Inquisitionis. [82]

Quod decretum incipit *In nomine Domini. Amen. etc...* Fuitque publicatum anno 1592, die 3 Decembris." [83]

Potius quam ipsius Pontificis decretum, dicendum est Congregationis Sanctæ Romanæ et Universalis Inquisitionis, prout bene notavit Ioannes Sánchez († 1624) a quo textus integer transcribitur: [84]

"In nomine Domini. Amen. Per hoc præsens publicum Decreti instrumentum cunctis pateat evidenter, et sit notum, quod in Generali Congregatione Officii Sanctæ Romanæ et Universalis Inquisitionis, habita coram Sanctissimo D. N. Clemente Papa VIII. ac Illustrissimis et Reverendissimis DD. ... S. Romanæ Ecclesiaæ Cardinalibus, in universa Republica Christiana adversus hæreticam pravitatem Generalibus Inquisitoribus. In negotio Sanctæ Inquisitionis Hispaniarum, super litteris felicissimæ recordationis Pauli Papæ IV. [85] et Pii Papæ IV. [86] facultatis procedendi contra Præsbyteros sæculares, et Regulares, in Sacramento Pœnitentiæ, seu in actu Confessionis Sacramentalis sollicitantes mulieres pœnitentes ad impudicitiam, seu peccata carnis, Inquisitori Generali Hispaniarum alias concessæ, an privative, vel cumulative, quoad superiores Regularium dicta Inquisitio contra huiusmodi delinquentes procedere possit.

S. D. N. re deligenter ac mature discussa, authoritate sua Apostolica declaravit, et decrevit, declarat, et decernit, circa huiusmodi facultatem procedendi nihil esse attentandum, aut innovandum: sed Inquisitionem prædictam in omnibus Regnis, et Provinciis, sibi subiectis, ea

---

[82] Typi cursivi ponuntur ab auctore, ob momentum declarationis.
[83] Salmanticenses, V, Tr. XXI, c. IV, punct. III, § 1, n. 16.
[84] *Selectæ Disputationes*, Disp. XI, n. 19, p. 67.
[85] Cr. *supra*. p 26.
[86] Cf. *supra* p. 29.

iudicialiter uti posse, et debere, sicut in aliis causis ad Sanctissimum Inquisitionis Officium pertinentibus, ut hactenus fecit, etiam privative quoad Superiores Regularium cuiusvis Ordinis, et Congregationis, etiamsi Mendicantium existant, ipsosque Regulares non eximi ab onere deferendi, seu denuntiandi huiusmodi delinquentes eidem Sancto Officio, quemadmodum in aliis casibus, et causis Sanctæ Inquisitionis, in quibus alii Christifideles de iure tenentur; sed ad ipsum, sicut alios teneri, et obligatos esse. Et ita Sanctitas sua declaravit, et decrevit, atque perpetuo servandum esse statuit, omni meliori modo et forma, quibus poterit, potestque, et debet.

Latum, datum, et pronuntiatum fuit supra dictum decretum per supra dictum S. D. N. D. Clementem VIII. pro Tribunali sedentem in solio Maiestatis suæ, in Generali Congregatione sancti Officii, habita Romæ in Palatio Apostolico, apud Sanctum Petrum, Anno a Nativatate Domini Nostri Iesu Christi millesimo quingentesimo nonagesimo secundo, die vero tertio mensis Decembris, feria 5. Pontificatus prælibati Domini nostri Clementis Divina Providentia Papæ VIII. Anno primo; ibidem præsentibus Reverendissimis etc...". [87]

Momentum huius decreti in eo maxime est quod prima vice explicite mentio fit de onere denuntiandi confessarios sollicitantes; nam estsi lege ac praxi generali Inquisitionis deferendi erant quatenus suspecti de hæresi, prout a Paulo IV et Pio IV statutum fuerat in Bulla *Cum sicut nuper*, nihilominus in hoc præsenti decreto explicite mentio fit de hac obligatione relate ad delictum sollicitationis, et imponitur quidem non solum ipsis pœnitentibus sollicitatis, sed indiscriminatim omnibus christifidelibus, ipsis religiosis non exceptis. Tempore posteriore hæc obligatio magis magisque determinatur, tum quoad ipsam obligationem, tum quoad personas quæ obligantur diversa ratione, tum demum quoad tem-

---

[87] Textus integer eiusdem decreti videri quoque potest apud Antoninum Diana, *Resolutiones Morales*, V, tr. XII, *Decreta et Constitutiones Recentiorum Pontificum ad Tribunal S. Officii spectantes*, p. 397.

pus et modum adimplendi eamdem obligationem et quoad sanctiones contra negligentes. [88]

Refert deinde Cardinalis Albitius (1593-1684) [89] resolutiones
S. Officii, quæ videntur iterato datæ ad quæstionem particularem
circa obligationem denuntiandi, quando pœnitens sollicitata,
propter verecundiam, nequit induci ad denuntiandum. En textum:

> "Fuit resolutum (29 Iun. 1597, 28 Febr. 1598, et 15
> Apr. 1612) quod quando mulier est nobilis et verecunda,
> nec induci potest ad deponendum, in Urbe consulatur S.
> Congregatio. Si vero extra Urbem, consulatur Episcopus
> vel Inquisitor; qui, si habent difficultatem, consulant S.
> Congregationem, sin minus dent facultatem confessariis
> absolvendi pœnitentem, quæ iustis de causis denuntiare re-
> cusat; quæ tunc debet absolvi sub condicione quod, cessanti-
> bus causis, teneatur hoc facere, ac etiam non adire amplius
> confessarium a quo sollicitata fuit."

Huiusmodi resolutio, ut patet ex eius tenore, plura continet
et supponit quæ decretis præcedentibus, quædam cognita, alia
incognita, statuta fuere: supponit quidem obligationem denuntiandi confessarium sollicitantem et legem vetantem absolvere pœnitentem recusantem denuntiare sollicitatorem, prout constat
ex decreto citato S. Officii, 3 dec. 1592; supponit Romæ aliisque in locis, præter Regnum Hispanicum, aliquam circa sollicitationis delictum disciplinam iam vigere, quod certo constat de
Regno Lusitaniæ, ut ex dicendis statim patebit. Denique, ostenditur qua cum severitate intelligenda erat obligatio denuntiandi
delinquentes.

Durante pontificatu Pauli V (1605-1621), non pauca decreta,

---

[88] Cf. *infra*, pp. 71 et ss.

[89] F. Cardinalis Albitius (Albizzi), *De Inconstantia in Fide* (Romæ,
1698), P. I, c. 35, apud Antonium Ballerini, *Opus Theologicum Morale* (3. ed.,
7 vol., Prati, 1898-1901), V, n. 746 (deinceps citatur Ballerini). Cf. etiam
Aemilium Berardi, *De Sollicitatione et Absolutione* Complicis (2. ed., Faventiæ, 1897), n. 312 (deinceps citatur *De Sollicitatione*). Hic postremus auctor
has resolutiones refert inter illa documenta quæ ipse vocat *Decreta Authentica*,
quin alium fontem indicet præter Albitium. Eadem documenta videri quoque possunt apud Prosdocimum Cerato, *De Delicto Sollicitationis*, n. 110.

in re præsenti, lata fuere, quæ diversimode tribui solent tum ipsi
Pontifici, tum Sancto Officio, cuius præses iam ab initio institutio-
nis huius Sacræ Congregationis fuit ipsemet Romanus Pontifex,
unde ratio diversitatis in modo loquendi. Mentio fit in primis de
aliqua constitutione data die 16 Septembris, 1608, qua Summus
Pontifex Paulus V extendit ad Inquisitionem Portogalliæ eadem
præscripta olim data pro Regno Hispanico. Documenti notitia
invenitur apud Salmanticenses:

"Exstat Bulla Pauli V ad Inquisitorem Generalem in Regnis
Portogalliæ, quæ incipit *Dilecte Fili,* etc... In quo prædicto pro
sibi subiectis Regnis concedit facultatem procedendi contra sacerdotes in confessione sollicitantes, aut provocare tentantes mulieres
ad actus inhonestos..." [90]

Magni momenti pro evolutione iuridica legum circa sollicitantes notanda venit declaratio quædam data a Paulo V, die 29
Novembris, 1612, iuxta quam actio sollicitandi non tantum quoad
feminas, sed etiam quoad pœnitentes masculos, attendenda est,
prout olim a Concilio Trevirensi fuerat intellectum. Notitia huius
declarationis videri potest apud Escobar a Corro († 1642), [91]
Thesauro († 1655) —Giraldi († 1775), [92] et Giraldi, qui in sua
Expositione [93] animadvertit Paulum V in hac resolutione decla-

---

[90] Salmanticenses, V, tr. XXI, c. IV, punct. III, § 1, n. 16. Remittitur
ibidem ad Leandrum a SSmo Sacramento († 1663) qui in sua *Summa Novem
Partium,* tr. V. *De Pœnitentia,* disp. 3, q. 1, refert Bullam Pauli V ex integro.
Confirmatur existentia huius documenti ab auctore anonymo articuli "Commentaire sur la Constitution *Apostolicæ Sedis,* de Pie IX — Excommunications
non Reservées," apud *Nouvelle Revue Théologique* (Paris, 1869—), XII (1880),
12 (deinde citabitur NRT). En eius verba: "Le 16 Septembre 1608, le Pape
Paul V investit des mêmes pouvoris [ceux que Pie V avait déjà donné à
l'Inquisiteur Espagnol] à l'Inquisiteur Général du Royaume de Portugal. Le
Portugais Sousa a donné un commentaire assez estimé de la Constitution de
Paul V."

[91] *De Confessariis Sollicitantibus,* P. I, q. III, § I, n. 14: "*Magnum existit dubium* [de obligatione procedendi contra confessarios sollicitantes mascu-
los]...attenta constitutione Pii IV, non vero ex noviori decreto Pauli V, 29
Novembris anni 1612, quo etiam hoc dubium pro parte affirmativa sublatum
habemus."

[92] *De Pœnis Ecclesiasticis* (Romæ, 1760), P. II, *Sollicitantes ad Turpia,
Notæ,* p. 412.

[93] P. I, lib. V, tit. 7, p. 641, n. 1.

rasse *comprehendi etiam sollicitatos masculos ex vi constitutionis eius* (datæ 16 sept. 1608) *et constitutionis Pii IV* (datæ 16 apr. 1561). [94]

Reperitur tandem mentio duorum decretorum S. Officii, in quibus ulterius explicatur sensus verborum *in actu confessionis*. Apud Berardi (1854-1916) [95] hæc legitur notitia circa primum decretum: "Hac de re scripsit Cozza (n. 24) in Supremo Tribunali (27 ian. 1613) decretum fuisse, quod Confessarius qui mulierem pœnitentem ante suos pedes signo crucis munitam sollicitat, dicens ei nolle illius confessionem audire pro tunc, ut commodius sollicitet, sit denunciandus". Idem decretum et ex eodem fonte depromptum, refertur apud Antoine (1679-1743) in declaratione addita a Carboneano. [96]

In altero autem decreto, extensiva interpretatione, declaratur adesse delictum denuntiandum etiam in turpiloquio habito in confessionali, etsi extra actum ipsum confessionis:

> "Feria Quinta, Die decima Julii, Millesimo Sexcentesimo Decimoquarto in Generali Congregatione Sanctæ Romanæ, et Universalis Inquisitionis, habita in Palatio Apostolico Montis Quirinalis coram Sanctissimo Domino nostro Domino Paulo, Divina Providentia Papa Quinto, ac Illustrissimis, etc. ...Facta relatione, quod multi Confessarii tractant cum Mulieribus in Confessionali extra occasionem Confessionis de rebus inhonestis Sanctissime [!] de-

---

[94] Eadem declaratio citata invenitur apud alios auctores, qui tamen discrepant in notatione diei et anni. Sic, e. g. Scortia (1553-1627), *In Selectas Summorum Pontificum Constitutiones Epitome ac Theoremata* (Lugduni, 1625), Epit. 77, th. 197 — citatus in NRT, XII (1880), 12; scripsit declarationem fuisse datam die 6 Februarii 1619. Verisimiliter discrepantia errori tribuenda est, prout nimis frequenter contingit in similibus citationibus documentorum apud scriptores ss. XVI et XVII.

[95] *De Sollicitatione*, n. 43.

[96] Gabriel Antoine, *Theologia Moralis Universa* (ed. amplificata a Philippo de Carboneano et a Bonaventura Steidel, 2 vol., Matriti, 1790), II, *Tr. de Pœnitentia, Appendix de Sollicitatione, Regula Decima*, p. † 296. Ibidem dicitur hoc decretum desumptum ex Laurentio Cozza, *Dubbia Selecta circa Sollicitationem in Confessione Sacramentali* (Romæ 1709), p. 91.

crevit ut contra huiusmodi Confessarios procedatur in Sancto Officio." [97]

Notetur hoc decretum non dici fuisse datum dumtaxat ad Inquisitores Hispaniæ, sed e contra simpliciter latum *in Congregatione Generali Sanctæ Romanæ et Universalis Inquisitionis;* insuper, motivum decreti est relatio facta quod *multi confessarii* tractant in confessionali de·rebus inhonestis, unde decernitur ut contra huiusmodi confessarios *procedatur in Sancto Officio.* Iam vero, hic generalis modus loquendi videtur indicare decretum fuisse generaliter latum, absque determinatione territorii. Non ergo absonum erit affirmare in citato decreto haberi *primam legem generalem* seu *universalem* pro universa Ecclesia in materia sollicitationis.

Clauditur hæc periodus nova quadam declaratione cuius notitiam tradit Diana († 1663), [98] dicens "...invenio ante Constitutionem Gregorii XV Paulum V *die 6 Februarii* 1619 decrevisse expresse Confessarios sollicitantes pueros inclusos esse in Bullis, et per consequens denuntiandos, et ita testatur Ioan. Baptista Scortia [† 1627]." [99]

Præter hæc decreta, quæ a SS. Pontificibus vel a Sancto Officio lata fuerunt, exstant decreta, instructiones ac resolutiones quæ a Consilio Inquisitionis Hispanicæ emanarunt, in quibus generatim dubia solvuntur circa modum procedendi in iudicandis causis sollicitantium. Quamquam processus iis causis proprius nondum habebatur, et modus idem servabatur ac in reliquis causis fidei, nihilominus, propter indolem omnino peculiarem

---

[97] Escobar a Corro, *De Confessariis Sollicitantibus,* P. I, q. IIII, § I, n. 35. Citatur etiam apud Lucium Ferraris, *Bibliotheca Canonica, Iuridica, Moralis, Theologica, necnon Ascetica, Polemica, Rubricistica, Historica* (8 vol., Romæ, 1885-1892; *Supplementum,* ed. Ianuarius Bucceroni, Romæ, 1899), art. "Confessarius", n. 27 (deinde citabitur *Bibliotheca*); cf. etiam Io. Sánchez, *Selectæ Disputationes,* Disp. XI, n. 66.

[98] *Resolutiones Morales,* V, tr. IX, resol. LXXIX, § 1.

[99] *In Selectas SS. Pontificum Constitutiones Epitome ac Theoremata,* Epit, 77, th. 197.

huius delicti necesse fuit quasdam etiam peculiares normas præ-
scribere, quæ videri possunt apud Escobar a Corro. [100]

In fine igitur pontificatus Pauli V, legislatio contra sollicitantes extendebatur iam ad alia territoria præter Regna Hispanica. Interpretatione declarativa et extensiva novis elementis
aucta erat: quoad subiectum passivum, sollicitatio respiciebatur
tum quoad feminas, tum quoad masculos, etiam pueros; imposita
erat, saltem prout in aliis causis Inquisitionem spectantibus, obligatio denuntiandi confessarium sollicitantem; delictum committi
dicebatur, non modo per actus sed etiam per verba seu tractatus
de rebus inhonestis, et hoc etiam extra ipsum actum confessionis, modo fieret in ipsa sede confessionali; unde sollicitatio
ad turpia intelligebatur qualificari non modo per ipsum actum
confessionis sacramentalis, sed etiam per quamdam moralem
coniunctionem ad illum. Et ita, periodus hæc, in qua lex circa
confessarios sollicitantes adhuc particularis est, absolvitur.

---

[100] *De Confessariis Sollicitantibus*, P. III, *Quæ Pertinent ad Ordinem
iudicialem*, — Agendo de probationum difficultate in hoc genere causarum,
ait cl. auctor (*ibid.*, P. III, q. IV, § III, n. 6): "Specialiter vero in crimine
sollicitationis constitutum habemus quod, licet debeat fieri informatio qualita-
tum testium, ut in Epistola generali, *lata Matriti, 4. Iulii, anni 1576. ad omnes
Inquisitiones* [*Hispanas*], ibi: *Informar al Consejo de la calidad de las mugeres, que delante testificaren contra los Confesores; de aver cometido este delito, y del crédito que se les debe dar,* fieri tamen sufficit verbaliter,... ut
expresse continetur in alia epistola eiusdem Supremi Senatus, 17. *Martii anni*
1568, ubi in cap. 2. ita deciditur: *Item, quanto a la calidad de los testigos, y
crédito, que se les debe dar, adviertan, si son mugeres deshonestas, y apasio-
nadas y a los demás defectos, que podrán tener; de lo cual se informarán de
palabra de personas graves, y sin sospecha con todo recato.*"

CAPUT II

PERIODUS CONSTITUTIONIS GREGORII XV (1622-1741)

In documentis supra recensitis Ius Canonicum circa delictum sollicitationis valde adhuc est imperfectum: etenim, leges particulares dumtaxat comprehendit, earumque obiectum, in genere, quamcumque provocationem ad turpia in confessione, vel in sede confessionali, respicit. Inquirendum utique est in delinquentes, atque imponitur obligatio illos denuntiandi, sed processualis legislatio ac pœnæ in delinquentes infligendæ eædem sunt ac illæ quibus Inquisitio tunc temporis hæreticos vel de hæresi suspectos prosequi solebat. [1]

Nova in periodo, quæ nunc examinanda venit, præterquam quod legislatio ad universam extenditur Ecclesiam, singularis Sancti Officii activitas in sollicitantes deprehenditur, ita ut a Gregorio XV deinceps ius processuale necnon pœnale in sollicitantes, certis iam atque propriis limitibus descriptum, ecclesiasticum ius et augendo compleat et complendo perficiat.

Duplici sectione huius periodi documenta recensentur: quarum in altera Gregoriana Constitutio integre transcribitur eique brevis in fine analysis adiicitur. In altera autem decreta authentica, eamdem Constitutionem declarantia, ordine systematico digesta proponuntur, quo fiet ut ex ipsis declarationibus Constitutionis momentum atque totius iuris progressus clariori luce perspiciatur.

SECTIO I — CONSTITUTIO GREGORIANA (1622)

Brevi suo pontificatu, Gregorius XV (1621-1623) [2] constitu-

---

[1] Paulus IV, const. *Cum sicut nuper*; Pius IV, const. *Cum sicut nuper*, § 1; S. C. S. Off., decr. *In nomine Domini*, 3 dec. 1592; Paulus V, const. *Dilecte Fili*, 16 sept. 1608; Paulus V, decr. 29 nov. 1612; S. C. S. Off., decr. 27 ian. 1613.

[2] Gregorius XV, Bononiensis, Alexander antea dictus, Pompeii de Lu-

tione quæ incipit *Universi Dominici gregis*, data die 30 Augusti,
1622, confirmavit et ad universam Ecclesiam extendit Pii IV constitutionem *Cum sicut nuper*. Hac de causa factum est ut a momento promulgationis Gregoriana constitutio iuris norma et primarius fons legislationis universalis circa sollicitantes evaserit.
Textus transcribitur prout apud *Fontes* exhibetur. [3] Illæ autem
sectiones quæ, sive ex toto, sive ex parte, ex præviis documentis
desumptæ reperiuntur, *typis italicis* in textu notantur, atque notulis ad calcem referuntur ad suos fontes.

> · "Universi Dominici gregis curam, quamquam imme-
> riti, cœlesti dispositione gerentes, sedulo invigilare tenemur,
> ut ab omnibus pravis contagiis conservetur immunis, mul-
> toque maiori studio providere, ut omnis pestis ab iis aver-
> tatur, quibus aliis sanandi officium est commissum, ne
> quod Evangelica scripta Nos admonent, sale infatuato non
> sit, in quo saliatur, et ad nihilum prosit ultra, nisi ut mit-
> tatur foras, et conculcetur ab hominibus.
>
> § 1. Quoniam a Romanis Pontificibus Prædecessoribus
> nostris [4] quibusdam locis [5] provisum fuit, ut impium ac
> nefandum scelus, quod non solum inter Christifideles non
> esse, sed nec etiam nominari debet, procul ab iis arceatur,
> videlicet, ut aliquis Sacerdos ad sacras audiendas confes-
> siones deputatus, sacrosancto Pœnitentiæ Sacramento, sol-
> licitando Pœnitentes ad turpia, abutatur, ac pro medicina
> venenum, pro pane aspidem porrigat, et ex cœlesti me-
> dico infernalis veneficus, ex patre spirituali proditor exsecra-
> bilis animarum reddatur; idcirco Nos ea, quæ his perni-

---

dovisiis filius, præsbyter Card. Tit. S. Mariæ Transpontinæ et Archiespisco-
pus Bononiensis, creatus fuit Pontifex die 8 Februarii, anno 1621. Vixit in
pontificatu annos duos, menses quinque, diem unum. Obiit Romæ die 8
Iulii, anno 1623. Alia inter acta de re canonica præstantissima, Constitutionem
Aeterni Patris necnon *Cæremoniale* circa Romani Pontificis electionem edidit;
illam, die 26 Novembris, 1621; *Cæremoniale* autem die 2 Aprilis, 1622. Cf.
Codex Iuris Canonici, Documentum I; *Magnum Bullarium Romanum* (Cherubini), III, 396 et 405.

[3] n. 201. Cf. etiam *Bullarium* (ed. Taurinensis), V, 54; *Magnum Bullarium Romanum* (Cherubini), III, 432.

[4] Scl. a Paulo IV, Pio IV, Clemente VIII, et Paulo V.

[5] Pro Regnis Hispaniarum et Portogalliæ, ut certo constat ex supra
dictis, pp. 36 et. 39.

ciosissimis diaboli insidiis arcendis certis locis salubriter constituta sunt, ut nullibi desiderentur, quantum ex alto conceditur, providenda duximus.

§ 2. Alias siquidem a fel. rec. Pio Papa IV Prædecessore Nostro emanarunt litteræ tenoris subsequentis, videlicet: Pius Papa IV, Venerabili Fatri, Archiepiscopo Hispalensi, in Regnis Hispaniarum hæreticæ pravitatis Inquisitori Generali, *Cum sicut nuper, etc.* [6] § 3. Igitur, ut litteræ prædictæ perpetuis futuris temporibus, et ubique locorum inviolabiliter observentur Motu proprio, et ex certa scientia, ac matura deliberatione nostra, ac de consilio Venerabilium Fratrum nostrorum S. R. E. Cardinalium contra hæreticam pravitatem Generalium Inquisitorum præinsertas litteras huiusmodi, ac omnia, et singula in eis contenta Apostolica auctoritate tenore præsentium approbamus, et confirmamus, illisque omnibus, et singulis inviolabilis Apostolicæ firmitatis robur adiicimus, illasque non solum in prædictis Hispaniarum Regnis, sed in quibusvis Christiani Orbis partibus firmiter, et inviolabiliter observari præcipimus, et mandamus.

§ 4. Ac præterea ne in futurum de pœna his delinquentibus imponenda, et de modo contra eosdem procedendi ab aliquo dubitari possit, statuimus, decernimus, et declaramus, quod *omnes, et singuli Sacerdotes, tam sæculares, quam quorumvis, etiam quomodolibet exemptorum, ac Sedi Apostolicæ immediate subiectorum Ordinum,* Institutorum, Societatum et Congregationum *Regulares cuiuscumque dignitatis, et præeminentiæ,* aut quovis privilegio muniti *existant,* [7] *qui personas, quæcumque illæ sint,* [8] ad inhonesta, sive inter se, sive cum aliis quomodolibet perpetranda in actu Sacramentalis confessionis, [9] sive antea, vel post immediate, seu occasione, vel prætextu confessionis huiusmodi etiam ipsa confessione non secuta, sive *extra occasionem confessionis in Confessionario,* [10] aut in loco quocumque, ubi confessiones Sacramentales audiuntur, seu ad confessionem audiendam electo, simulantes ibidem confessiones audire, *sollicitare, vel provocare tentaverint,* aut cum eis illicitos, et *inhonestos sermones,* sive *tractatus*

---

[6] Transcribitur textus citatæ constitutionis. Cf. *Fontes,* n. 102, et *supra,* p. 29.

[7] Ex const. Pii IV, *Cum sicut nuper, l. c.*

[8] Ex Pauli V resolutione, 29 nov. 1612. Cf. *supra,* p. 37.

[9] Pius IV, const. *Cum sicut nuper.*

[10] Ex decreto Pauli V, 10 iul. 1614; cf. *supra,* p. 38.

habuerint, [11] in Officio Sanctæ Inquisitionis severissime, ut infra, puniantur. Et præterea omnes hæreticæ pravitatis Inquisitores, et locorum Ordinarios omnium Regnorum, Provinciarum, Civitatum, Dominiorum, et locorum universi Orbis Christiani in suis quemque Diœcesibus, et Territoriis per has nostras litteras, etiam privative quoad omnes alios specialiter, ac perpetuo Iudices delegamus, ut *super his* contra prædictos, simul, vel separatim in omnibus, prout in causis fidei iuxta Sacrorum Canonum formam, necnon Officii Inquisitionis huiusmodi Constitutiones, privilegia, consuetudines, et decreta diligenter inquirant, et procedant; et *quos* in aliquo·ex huiusmodi nefariis excessibus *culpabiles repererint*, in eos *pro criminum qualitate,* [12] et circumstantiis, suspensionis ab executione ordinis, privationis beneficiorum, dignitatum, et officiorum quorumcumque, ac perpetuæ inhabilitatis ad illa, necnon vocis activæ, et passivæ, si Regulares fuerint, exilii, damnationis ad triremes, et carceres etiam in perpetuum absque ulla spe gratiæ, pœnas decernant, eos quoque si pro delicti enormitate graviores pœnas meruerint, *debita præcedente degradatione, Curiæ sæculari puniendos tradant.* [13]

§ 5. Dantes etiam facultatem Venerabilibus Fratribus Nostris S. R. E. Cardinalibus Generalibus Inquisitoribus, ne delictum tam enorme, et Ecclesiæ Dei tam perniciosum remaneat, ob probationum defectum, impunitum (cum difficilis sit probationis), testibus etiam singularibus concurrentibus, præsumptionibus, indiciis, et aliis adminiculis, delictum probatum esse arbitrio suo iudicandi, et Curiæ sæculari, ut præfertur, reum tradendum esse, pronuntiandi.

§ 6. Non obstantibus omnibus, quæ dictus Prædecessor in suis litteris prædictis voluit non obstare, cæterisque contrariis quibuscumque.

§ 7. Mandantes omnibus Confessariis, ut suos pœnitentes, quos noverint fuisse ab aliis, ut supra, sollicitatos, *moneant de obligatione denunciandi sollicitantes,* seu, ut præfertur, *tractantes, Inquisitoribus* seu locorum Ordinariis prædictis; [14] quod si hoc officium prætermiserint, vel pœ-

---

[11] Pius IV, *l. c.* et Paulus V, in decreto 10 iul. 1614, in quo specifice mentionem fecit de illis confessariis qui *"tractant* cum mulieribus in confessionali extra occasionem confessionis *de rebus inhonestis."* Cf. *supra,* p. 38.

[12] Pius IV, const. *Cum sicut nuper,* § 1.

[13] Pius IV, const. *Cum sicut nuper, l. c.*

[14] Ex decreto Clementis VIII, 3. dec. 1592; cf. *supra,* pp. 34 et 35.

nitentes docuerint non teneri ad denunciandum Confessarios sollicitantes, seu tractantes, ut supra, iidem locorum Ordinarii, et Inquisitores illos pro modo culpæ punire non negligant.

§ 8. Volumus autem, ut præsentium transumptis, etiam impressis, manu alicuius Notarii publici subscriptis, et sigillo alicuius Personæ in dignitate Ecclesiastica constitutæ munitis, eadem prorsus fides in iudicio et extra ubique habeatur, quæ præsentibus haberetur, si forent exhibitæ vel ostensæ.

§ 9. Quodque eædem præsentes litteræ seu illarum exempla ad valvas Basilicarum Sancti Ioan. Lateranen. ac Principis Apostolorum de Urbe et in Acie Campi Floræ affixæ, omnes ita arctent et afficiant, ac si unicuique personaliter intimatæ fuissent.

Dat. Romæ, apud Sanctam Mariam Maiorem, sub anulo Piscatoris, die 30 Augusti 1622, Pontif. nostri anno II."

Hucusque Gregorii XV Constitutio, cuius brevis analysis, ad instar summarii eorum quæ maxime notanda sunt, in sequentibus proponitur.

Præcipuas clausulas eiusdem constitutionis attente percurrendo, uno quasi intuitu, progressus iuris apparebit, simulque, novæ legis elementis singillatim perspectis, via paratur quatenus decreta constitutionem subsequentia facilius ad ipsam referri possint.

1. Extensio Legis. Gregoriana constitutio est in primis *lex universalis*. Ait enim Pontifex: "Ea quæ... certis in locis salubriter constituta sunt, ut *nullibi* desiderentur... providenda duximus." Et paulo infra: "...ut litteræ prædictæ [nempe Pii IV] perpetuis et futuris temporibus *ubique locorum* inviolabiliter observentur... præinsertas litteras huiusmodi, ac omnia et singula in eis contenta Apostolica auctoritate tenore præsentium confirmamus..., illasque, non solum in prædictis Hispaniarum Regnis, sed *in quibusvis Christiani Orbis partibus*, firmiter et inviolabiliter observari præcipimus, et mandamus." [15] Denique, "...omnes hæreticæ pravitatis Inquisitores et locorum Ordinarios... *universi*

---

[15] Const. *Universi Dominici gregis*, § 1, in fine, et § 3.

Orbis Christiani. . . per has litteras nostras. . . specialiter ac perpetuo Iudices delegamus. . ." [16]

2. De Persona Sollicitante. Persona obnoxia iuri et pœnis, de quibus constitutio, est "Sacerdos ad sacras audiendas confessiones deputatus", seu "omnes et singuli Sacerdotes, tam sæculares, quam quorumvis, etiam quomodolibet exemptorum, ac Sedi Apostolicæ immediate subiectorum Ordinum . . . et Congregationum Regulares, cuiuscumque dignitatis, et præeminentiæ, aut quovis privilegio muniti." [17]

3. De Persona Sollicitata. Subiectum passivum sollicitationis, iuxta constitutionem Gregorianam, complectitur personas utriusque sexus: " . . .personas, quæcumque illæ sint . . ." [18]

In constitutione Pii IV, masculi expresse non comprehendebantur, unde plures dubitarunt num lex ad illos esset extendenda, tum quia lex pœnalis non patitur extensionem de uno genere personarum ad aliud, tum quia casus omissus in littera pro omisso habetur in dispositione. Attamen dubium sublatum fuit a Paulo V, ut supra ostensum manet, [19] atque in præsenti constitutione quæstio ita deciditur ut deinceps nulli dubium esse possit.

4. Materia Sollicitationis. Sub verbis *provocare ad inhonesta, vel ad turpia,* [20] iam adhibita in præviis documentis, indicatur in genere materia sollicitationis. Uberius tamen id evolvit constitutio Gregoriana, cum statuat puniendos esse illos confessarios qui "ad inhonesta, sive inter se, sive cum aliis, quomodolibet perpetranda. . . sollicitare vel provocare tentaverint, aut cum eis [pœnitentibus scl.] illicitos et inhonestos sermones habuerint. . ." [21]

Ex quibus infertur materiam delicti comprehendere actus et verba, graviter turpes in se vel ex intentione agentis, in genere luxuriæ. Hæc tamen gravitas, necessaria quidem ad delictum

---

[16] *Ibid.,* § 4.
[17] Const. *Universi Dominici gregis,* §§ 1 et 4.
[18] *Ibid.,* § 4.
[19] Per decretum 29 nov. 1612; cf. *supra,* p. 37.
[20] Const. *Universi Dominici gregis,* §§ 4 et 1.
[21] *Ibid.,* § 4.

constituendum, non requiritur in ipsis actibus et verbis quibus mediantibus provocatio fit, sed certo requiritur *in termino ad quem*
sollicitationis vel provocationis, quod quidem sat clare videtur
innuere constitutio cum hanc provocationem *crimen* appellat.
Dubium quidem fuit apud commentatores, et pro praxi, num lex
Gregoriana respiceret etiam actus inhonestos leviter illicitos.

At, relicta pro nunc hac controversia, quæ suum proprium
locum obtinebit in commentario canonico-morali, hic notasse sufficiat verba constitutionis importare, saltem in fine seu in termino
sollicitationis, lethale peccatum in genere luxuriæ. Gravitatem
enim importare locutiones sequentes, nemo est qui non videat:
"...*impium ac nefandum scelus*..."; "*Sacramento Pœnitentiæ
abuti...*"; "...*pro medicina venenum, pro pane aspidem...*" porrigere; "...*ex cœlesti medico infernalis veneficus, ex patre spirituali proditor exsecrabilis animarum*" reddi. [22] Gravitas etiam infertur ex pœnis quæ contra delinquentes constitutio decrevit, de
quibus statim erit dicendum, "...*ne delictum tam enorme et
Ecclesiæ Dei tam perniciosum...*" impunitum maneret. [23]

5. De Diversis Modis Sollicitandi. Factum, seu ipsa actio
inhonesta, vel confessarii provocatio ad factum perpetrandum
cum proprio pœnitente, vel cum aliis, varii sunt modi sollicitandi in constitutione considerati, prout ex sequentibus effertur:
"...*ad inhonesta inter se, sive cum aliis, quomodolibet perpetranda*... sollicitare vel provocare tentaverint, aut cum eis [pœ-
nitentibus scl.] illicitos et inhonestos sermones, sive tractatus,
habuerint....*" [24]

Non igitur ipsum factum dumtaxat, quod forte perpetratur
in circumstantiis propriis delicti, sed etiam mera provocatio ad
turpia, constituit delictum qualificatum sollicitationis propria lege
puniendum. Non ergo requiritur consummatio facti ad delictum
constituendum, sed ipsa attentatio, seu provocatio, delictum est,
unde suum nomen derivat hocce delictum, et ideo appellatur
delictum sollicitationis antonomastice. Notetur tamen quod fac-

---

[22] Const. *Universi Dominici gregis*, § 1.
[23] *Ibid.*, § 5.
[24] Const. *Universi Dominici gregis*, § 4.

tum turpe, seu saltem provocatio ad illud, omnino intelligi debet
in hac materia, servata connexione cum sacramento Pœnitentiæ,
prout statim in sequenti numero declaratur.

6. DE CIRCUMSTANTIIS ESSENTIALIBUS SOLLICITATIONIS. Quoad
hoc punctum præcipue Gregoriana constitutio legem contra sollicitantes perfecit. In constitutionibus et decretis Pauli IV, Pii IV
et Pauli V duplex solummodo circumstantia considerata fuerat,
quæ requirebatur ad delictum consummandum: nempe, *in actu
Sacramentalis confessionis vel in confessionali extra occasionem
confessionis.* [25] Huiusmodi tamen circumstantiæ sat latam admi-
serunt interpretationem, usquedum Gregorius XV sua constitutione authentice easdem declaravit et alias circumstantias adiecit
atque determinavit, quibus delicti limites proprios definivit, ita
ut deinceps non nisi strictam interpretationem receperint.

Iuxta constitutionem igitur Gregorii XV tunc tantum intelligitur sacerdos abuti sacramento Pœnitentiæ sollicitando ad turpia,
si et in quantum provocatio ad turpia vel sermones aut tractatus
inhonesti habentur in circumstantiis sequentibus: a) *in actu Sacramentalis confessionis;* b) *sive antea sive postea immediate;* c)
vel prætextu confessionis . . . etiam ipsa confessione non secuta; d)
*sive extra occasionem confessionis, in confessionario, aut in loco
quocumque ad audiendam confessionem electo, simulantes ibidem confessiones audire.* [26]

Ergo, ut delictum habeatur, requiritur vel ipsa sacramentalis
confessio, vel saltem quædam ad ipsa relatio. Hæc autem relatio
adesse potest ratione sive temporis sive loci, vel saltem ratione
nexus cuiusdam ideologici inter confessionem et sollicitationem.
Canonistæ et moralistæ, tempore labente, semel et iterum circa
sensum atque extensionem harum clausularum quæstiones agitarunt. Illorum dubiis respondendo, aut opiniones confirmando vel
respuendo, S. Officium plura ac repetita edidit decreta, quæ infra
passim afferentur.

7. DE OBLIGATIONE DENUNTIANDI. Quod iam pridem iuxta
leges generales inquisitoriales in usu fuerat, atque deinde quodam-

---

[25] Cf. *supra,* p. 40.
[26] Const. *Universi Dominici gregis,* § 4. Cf. *supra,* p. 43.

modo specifice a Clemente VIII præscriptum, [27] id nunc a Gregorio XV expressis verbis iubetur, obligatio nempe pænitentium denuntiandi confessarios a quibus sollicitati fuerint. En verba Gregoriana: *"mandantes omnibus Confessariis ut suos pœnitentes quos noverint fuisse ab aliis, ut supra, sollicitatos, moneant de obligatione denunciandi sollicitantes."* [28]

Voluit insuper Gregorius XV ut confessarii hoc officium negligentes punirentur: *"quod si hoc officium prætermiserint [confessarii], vel Pœnitentes docuerint non teneri ad denunciandum Confessarios sollicitantes seu tractantes ut supra, iidem locorum Ordinarii et Inquisitores illos pro modo culpæ punire non negligant."* [29]

Obligatio ergo denuntiandi sollicitantes ex hac lege positiva restringitur ad solos pœnitentes sollicitatos. Hæc tamen restrictio intelligenda est dumtaxat de lege positiva, relicta intacta obligatione quæ pro omnibus oritur ex lege naturæ.

8. DE PŒNIS IN SOLLICITANTES. Constitutio in primis normas statuit generales: culpabiles debent *severissime et pro criminum qualitate et circumstantiis puniri.* [30] Negotium deinde pœnas proportionaliter aptandi qualitati criminum, Iudicibus competentibus, i. e. Inquisitoribus et locorum Ordinariis, committitur. Quædam tamen norma gradationis pœnarum quæ omnes sunt *ferendæ sententiæ,* stabilitur: "quos culpabiles repererint [iudices]... in eos suspensionis ab executione Ordinis, privationis beneficiorum, dignitatum, et officiorum quorumcumque, ac perpetuæ inhabilitatis ad illa, necnon vocis activæ, et passivæ, si Regulares fuerint, exilii, damnationis ad triremes, et carceres etiam in perpetuum absque ulla spe gratiæ, pœnas decernant, eos quoque, si pro delicti enormitate graviores pœnas meruerint, debita præcedente degradatione, Curiæ sæculari puniendos tradant." [31]

Pro penitiore intelligentia dictorum et ad illustrandum mo-

---

27 Decr. *In nomine Domini,* 3 dec. 1592; cf. *supra,* p. 34.
28 Const. *Universi Dominici gregis,* § 7.
29 L. c.
30 Const. *Universi Dominici gregis,* § 4.
31 Const. *Universi Dominici gregis,* § 4.

dum quo Inquisitio procedere solebat in iis pœnis applicandis, non abs re erit legere ea quæ Salmanticenses scripserunt circa quæstionem: *Quibus pœnis hoc crimen* [sollicitationis scl.] *ab Inquisitoribus puniatur:* [32]

"Cum pœnæ debeant culpis proportionari, quo culpa maior est, eo gravior debet esse pœna. Culpa ergo, ut diximus, Tr. XIII, c. I, punct. II, est quadruplex, scilicet *levis, lata, latior, et latissima;* unde sollicitatio potest esse, *levis, lata, latior, et latissima;* seu *levis, gravis, gravior, et gravissima;* quibus similes pœnæ correspondent. Pœna *levis* est, v. g. ieiunium, recitatio aliquarum precum, disciplinæ privatæ et similia, quæ post acrem reprehensionem imponuntur a Dominis Inquisitoribus his qui voluntarie ex animo pœnitenti comparent, et de prima unica sollicitatione se accusant.

Pœna *gravis* est privatio audiendi confessiones et *abiuratio de levi,* [33] privatio beneficiorum et vocis activæ et passivæ, quæ correspondent gravi sollicitationi, qualis est sollicitare ad venerea in confessionario, aut in loco ad audiendas confessiones electo, dum ipsas audit confessiones, quamvis actus non fuerit consummatus, et de hac culpa est plene convictus.

Pœna *gravior* est damnatio ad triremes, aut carceris perpetuæ, quæ correspondet sollicitationi pluries repetitæ cum scandalo, etiam postquam ab Inquisitoribus fuit semel punitus.

Pœna *gravissima* est degradatio, ut tradatur bracchio sæculari morte puniendus, sed hæc pœna non imponitur, nisi pro sollicitationibus gravissimis, ut si pœnitentem sollicitaret et renuentem occideret, aut si matrem, vel filiam

---

[32] *Cursus Theologiæ Moralis,* V, Tr. XXI, c. IV, punct. V, n. 106.

[33] Abiuratio in processu pœnali inquisitoriali characterem habuit pœnalem, reus enim ita damnatus publicæ infamiæ exponebatur, simulque, in casu reincidentiæ, pœnis gravissimis subiectus manebat. Huiusmodi pœna plectebantur delinquentes in delictis suspicionis de hæresi; unde pro gradu suspicionis triplex solebat distingui abiuratio, videlicet: *abiuratio de levi,* si suspicio oriebatur ex levibus indiciis; *abiuratio de vehementi,* si suspicio ex gravibus indiciis proveniebat; tandem, *abiuratio violenta seu formalis,* cum suspiciones nitebantur præsumptionibus *iuris et de iure,* ita ut reus tamquam hæreticus damnabatur. Cf. Ferdinandum Castro Palao, *Opus Morale* (7 vol., Venetiis, 1721), I, tr. IV, disp. VII, punct. I, nn. 8-12.

per vim carnaliter in ipso confessionis actu cognovisset, aut
si puerum nefando coitu per vim etiam oppressisset...
Alii addunt, si privatus audiendi confessiones, adhuc illas
audiat ob eumdem finem: cum iste sit iam incorrigibilis,
ultimo proinde supplicio puniendus est."

9. De Modo Procedendi Contra Sollicitantes. Legislatio
contra sollicitantes incompleta esset absque respectivo iure pro-
cessuali. Iam inde a Pio IV sollicitatio ad turpia in confessione
inter casus *suspicionis de hæresi* tractari solebat. In const. *Cum
sicut nuper* scribebat Pontifex ad Archiepiscopum Hispalensem:

"Nos in animum inducere nequeuntes, quod qui de
Fide Catholica recte sentiunt, Sacramentis in Ecclesia Dei
institutis abutantur... fraternitati tuæ... committimus et
mandamus, quatenus per te, vel per alium... contra Sacerdotes... de præmissis [de sollicitatione] quomodolibet
diffamatos... tam super præmissis, quam super Fide Catholica, et quid de ea sentiant, diligenter inquiras, et iuxta
facultatum tibi contra hæreticos, aut de hæresi quovis
modo suspectos, a Sede Apostolica concessarum continentiam, et tenorem procedas..." [34]

Gregorius XV ad universam Ecclesiam extendens legislationem de sollicitatione, præter Inquisitores *locorum Ordinarios ...
in suis quemque Diœcesibus... specialiter ac perpetuo Iudices*
delegavit quatenus diffamatos de sollicitatione iudicarent atque
punirent, simulque confirmavit prædecessorum Pontificum normas ad processum in eosdem delinquentes instruendum *prout in
causis fidei, iuxta sacrorum Canonum formam, necnon Officii
Inquisitionis... constitutiones, privilegia, consuetudines et decreta.* [35]

Attamen, quoad probationem huius delicti, Gregoriana constitutio dedit "facultatem... S. R. E. Cardinalibus Inquisitoribus
Generalibus ne delictum tam perniciosum, ob probationum defectum impunitum maneat (cum difficilis sit probationis), testibus

---

[34] § 1. Cf. *supra*, p. 30.
[35] Const. *Universi Dominici gregis*, § 4.

etiam singularibus, concurrentibus præsumptionibus, indiciis, et aliis adminiculis, delictum probatum esse arbitrio suo iudicandi, et Curiæ sæculari... reum tradendum esse pronunciandi." [36]

Animadvertatur verba mox citata continere et perspicue definire sic dictam *probationem æquipollentem*, ea nempe quæ minime obtinetur ex singulorum dumtaxat testium depositionibus, sed in qua prædictæ depositiones recipiuntur, ut monet Rota († 1879) "tamquam indicia præbentes quæ cum aliis indiciis et præsumptionibus, in iudicio habitis, cumulari possint, et sic efformetur probatio æquipollens." [37] Huiusmodi probandi modus necesse fuit ut admitteretur, siquidem ex sollicitationis delicti natura perdifficile est, ne dicam impossibile, ordinariam legitimam probationem obtinere. Notetur, tamen, facultatem iudicandi confessarium esse convictum de crimine sollicitationis per dictam probationem, ita ut deinde posset tradi bracchio sæculari, fuisse datam solis *Cardinalibus Inquisitoribus Generalibus*. [38]

Sectio II — Decreta et Resolutiones (1622-1741)

Articulus I — Fontes

Suborientibus quæstionibus et dubiis circa sensum clausularum constitutionis Gregorianæ, Sancta Sedes, præsertim ope Congregationis S. Officii, plura edidit decreta, plurimosque casus tum ab Ordinariis, tum a theologis vel Iuris Canonici peritis propositos resolvit. Arduum sane munus est huiusmodi documenta colligere; etenim, horum decretorum ac resolutionum indoles, in re admodum salebrosa, sæpe sæpius secretissima est; in eisdem plerumque privatæ tantum responsiones continentur, ad usum illorum qui a Supremo Tribunali Inquisitionis casuum in praxi occurren-

---

[36] Const. *Universi Dominici gregis*, § 5.

[37] Petrus Rota, *Enchiridion Confessarii et Iudicis Ecclesiastici* (Augustæ Taurinorum, 1884), P. II, sect, V, c. 4, n. 675 (deinceps citatur *Enchiridion*).

[38] Hoc autem expresse a S. Officio declaratum fuit anno 1626; cf. *infra*, p. 79.

tium solutionem expostulabant, unde eorum authentica exemplaria vix umquam publici iuris facta fuere.

Hæc etiam ratio est discrepantiæ inter auctores qui de re scripserunt, apud quos parum constat sive de origine, sive de tempore, sive, nonnumquam, de ipso textu documentorum. Hisce ergo habitis præ oculis, documentorum textus infra transcribendus raro ex ipsis fontibus desumitur; quandoque brevis solummodo synopsis datur, alias vero integra decreta exhibentur, prout citantur ab illis auctoribus, qui vel documentorum tempori propinquiores, vel in subiecta materia tractanda accuratiores de sollicitatione scripserunt. [39]

----

[39] Alphonsus de Liguori, *Theologia Moralis* (ed. L. Gaudé, 4 vol., Romæ: Typis Polyglottis Vaticanis, 1905-1912), III, lib. VI, *Appendix* ad c. III, nn. 675-704; Antoine, *Theologia Moralis Universa*, II, p. II, *Appendix ad Tr. de Pœnitentia*; Ballerini, V, tr. X, sect. 5, *Appendix*, nn. 708-750; Berardi, *De Sollicitatione*, nn. 1-16; Bordoni, *Manuale Consultorum*, sect. XXV; Ianuarius Bucceroni, *Commentarii de Casibus Reservatis, de Censuris, de Const. Pii IX* APOSTOLICÆ SEDIS, *de Const. Benedicti* XIV SACRAMENTUM PŒNITENTIÆ, *de Absolutione danda, differenda, deneganda* (5. ed., Romæ, 1899), *de Const. Benedicti* XIV SACRAMENTUM PŒNITENTIÆ, Pars Prima, *De Sollicitatione in Confessione* (deinde citandus *Commentarius de Sollicitatione*); Felix Cappello, *Tractatus Canonico-Moralis de Sacramentis*, Vol. II. *De Pœnitentia* (3. ed. Romæ: Marietti, 1938), c. XII, art. II, nn. 640-723 (deinde citatur *De Pœnitentia*): Castro-Palao, *Opus Morale*, I, tr. IV, disp. IX; Prosdocimus Cerato, *De Delicto Sollicitationis*; Iosephus D'Annibale, *In Constitutionem* APOSTOLICÆ SEDIS *Commentarii* (4. ed., Prati, 1894), nn. 179-185 (citatur deinde *Commentarii*); Iosephus D'Annibale, *Summula Theologiæ Moralis* (4. ed., 3 vol., Romæ, 1897), III, nn. 365-370 (deinde citatur *Theologia Moralis*); Del Bene, *De Officio*, P. II, dub. 237, sect. 220; Aloysius De Smet, *De Absolutione Complicis et Sollicitatione* (2. ed., Brugis: Beyaert, 1921); Diana, *Resolutiones Morales*, V, tr. IX; Escobar a Corro, *De Confessariis Sollicitantibus*; Ferraris, *Bibliotheca*, II, "Confessarius" art. 7; VIII, "Sollicitatio ad Turpia"; IX, *Supplementum*, "Sollicitatio"; Giraldi, *Expositio*, P. I, lib. V, tit. 7, *Appendix* ad sect. 139; Ioannes Petrus Gury, *Compendium Theologiæ Moralis* (3. ed., 2 vol., Romæ, 1874-1875), II, *Appendix* II ad *Tr. de Pœnitentia*, nn. 590-598 (citatur deinde *Theologia Moralis*); B. H. Merkelbach, *Quæstiones de Pœnitentiæ Ministro eiusque Officiis* (2. ed., Liège: La Pensée Catholique, 1935), c. V, quæst. II, pp. 114-133 (deinde citatur *De Pœnitentiæ Ministro*); Potestas, *Examen*, II, p. III; Ioseph Pennachi, *Commentaria in Constitutionem* APOSTOLICÆ SEDIS (2 vol., Romæ 1883), II, *Appendix* XXXVII (citatur deinceps *Commentaria*); Rota, *Enchiridion*, P. I, sect. V; Salmanticenses, V, Tr. XXI, c. IV, punct. III, IV et V; Io. Sánchez,

Præter documenta sic collecta, duplex adhibetur series decretorum vel resolutionum: altera continens *sexdecim responsa S. Officii*; altera autem quæ sub titulo *Collectionis Decretorum Responsorumque S. Officii* ab editoribus ephemeridum *Analecta Ecclesiastica* publici iuris facta fuit. Pauca circa utramque seriem opportunum erit præmittere.

1 — SEXDECIM RESPONSA S. OFFICII (1661)

Quoad *sexdecim responsa S. Officii* quæ data fuere die 11 Februarii, 1661, ea refert Franciscus Cardinalis Albitius (†1684) in suo opere *De Inconstantia in Fide* [40] prout traditur a Giraldi in sua *Expositione.* [41] Notitia absque textu harum responsionum invenitur in constitutione Benedicti XIV, *Sacramentum Pœnitentiæ,* [42] qui dicta decreta seu responsiones approbat et confirmat. [43]

Selectæ Disputationes, Disp. XI; Petrus Scavini, *Theologia Moralis Universa* (15. ed., 4 vol., Mediolani, 1896), III, nn. 399-405 et 513-518; Thesauro-Giraldi, *De Pœnis Ecclesiasticis,* P. II, *Sollicitantes ad Turpia.*

[40] Opus solet vario modo citari: Hurter (*Nomenclator,* IV, 594) duas refert editiones eiusdem operis, quarum altera sub titulo *De Inconstantia in Iure admittenda vel non* (Amstelodami, 1683); altera *De Inconstantia in Iudiciis, additis S. R. Rotæ Decisionibus* (Romæ, 1698). P. Richard, apud *Dictionnaire d'Histoire et de Géographie Ecclesiastique* (ed. A. Baudrillart, A. Vogt, U. Rouziés, P. Richard, A. de Meyer, E. Van Cauwenbergh, Paris: Lotouzey et Ané, 1912), "Albizzi (Francesco)" habet *De Inconstantia in Fide Admittenda vel non* (Romæ, 1698). Wetzer und Welte, *Kirchenlexikon* (2. ed., begonnen von I. Card. Hergenröther, fortgesetzt von F. Kaulen, 12 vol., Freiburg im Brisgau, 1882-1903), "Albizzi (Albizi), Franz" citat *De Inconstantia in Iure Admittenda vel non* (Amstelod. 1683). In textu desumitur citatio prout transcribitur a Giraldi, *Expositio,* P. I, lib. V, tit. 7, ubi affirmat se decreta afferre prout dantur ab Albitio, *De Inconstantia in Fide,* P. I, c. 35, n. 66.

[41] *L. c.*

[42] *Codex Iuris Canonici,* Documentum V, § 1.

[43] Ait Benedictus XIV: "...deinceps, ad earum litterarum [Gregorii XV, nempe, *Universi Dominici gregis*] interpretationem ac declarationem, plura subinde a Congregatione Venerabilium Fratrum Nostrorum S. R. E. Cardinalium adversus hæreticam pravitatem Generalium Inquisitorum sub die XI mensis Februarii, Anno Domini MDCLXI, prodierunt decreta... Nos itaque... præfatas litteras huiusmodi, ac omnia et singula decreta prædicta... tenore præsentium, approbamus et confirmamus..." *l. c.*

Ex iis ergo solidum habetur fundamentum quoad existentiam et authentiam horum decretorum. Infra, in commentario, quæstio denuo proponetur circa eorum valorem ut *fontes* iuris hodierni. Iis positis, en textus, prout apud Giraldi invenitur:

> Cum me instante [ait Albizzi][44] fuissent proposita [in Suprema Inquisitione Romana] infrascripta dubia, facto per Qualificatores accurato eorum examine, in infrascriptam devenerunt sententiam, quam eadem S. Congregatio Supremæ et Universalis Inquisitionis approbavit, et servari mandavit die 11 Februarii 1661.

I. An sit denuntiandus Confessarius, qui dat pœnitenti chartam in confessione postea domi legendam, in qua ad venerem sollicitabat? *Domini Qualificatores censuerunt esse denuntiandum, et negativam opinionem non esse probabilem.* [45]

II. An Confessarius consentientem sollicitationi, sed statim desistens de illa turpi materia loqui, differendo illius complementum ad aliud tempus, et non præbendo absolutionem pœnitenti, incidat in pœnas contentas in Bulla *Gregorii*, et sit denuntiandus? *Censuerunt incidere, et Confessarium esse denuntiandum, reiecta opinione contraria, quam non esse probabilem censuerunt.*

III. An Confessarius, sollicitando propter parvitatem materiæ sit denuntiandus? *Cum in rebus venereis non detur parvitas materiæ, et, si daretur, in re præsenti non datur, censuerunt esse denuntiandum et opinionem contrariam non esse probabilem.*

IV. An Confessarius, qui fœminæ in confessionario dicenti [46] se velle in crastinum confiteri, [illam] sollicitat, et a confessione dissuadet, sit denuntiandus? *Si sollicitatio fiat extra locum confessionis et absque prætextus confessionis, censuerunt negativam opinionem esse probabilem; secus si in confessionario seu in loco confessionis.*

V. An sacerdos carens iurisdictione, si sollicitat in confessione pœnitentem, sit denuntiandum? *Censuerunt esse*

---

[44] Fuit enim Assessor S. Officii.

[45] Probabilitas hic intelligitur non utcumque et levis, sed qua tuto in praxi quis se gerere possit ac debeat, ut advertit Giraldi, *Expositio*, P. I, lib. V, tit. 7, p. 637.

[46] Ita legitur apud Giraldi, *ibid.*, p. 632. Attamen alia habetur lectio, accuratior ut videtur, apud Scavini, III, 513, 4: "...qui *fœminam* in confessionario *dicentem* ..."

*denuntiandum, et opinionem negativam non esse proba-
bilem.*

VI.   An interpres, si sollicitet in confessione pœnitentem,
sit denuntiandus? *Censuerunt opinionem negativam non
carere probabilitate.*

VII.   An mandans Confessario ut in confessione sollicitet,
sit denuntiandus? *Censuerunt opinionem negativam non
carere probabilitate.*

VIII.   An quando Confessarius et pœnitens se invicem
sollicitant, Confessarius sit denuntiandus? *Affirmative responderunt, et opinionem negativam non esse probabilem.*

IX.   An Confessarius sollicitatus, si metu inductus sollicitationi consentiat, sit denuntiandus? *Censuerunt esse
denuntiandum, et negativam opinionem non esse probabilem.*

X.   An Confessarius incidat in pœnas Constitutionis Apostolicæ contra sollicitantes, si sollicitet mulierem in aliis
Sacramentis, scilicet Baptismi, Matrimonii, et sit denuntiandus, et denuntiatus possit puniri ab Inquisitoribus?
*Quoad utrumque articulum censuerunt opinionem nega-
tivam esse probabilem.*

XI.   An Confessarius, qui sollicitat pœnitentem ad actus
illicitos extra actus venereos, sit denuntiandus? *Censuerunt
opinionem negativam esse probabilem.*

XII.   An Confessarius, si laudet pœnitentem de pulchritudine et venustate, dicatur illam sollicitare, et ideo sit
denuntiandus? *Censuerunt, si laus illa sit seria, et nihil
pravæ intentionis redoleat, negativam opinionem esse probabilem; si vero secus, non esse probabilem.*

XIII.   An sit denuntiandus Confessarius, qui propter sollicitationem alterius abiuravit? *Censuerunt opinionem negativam non esse probabilem: quod etiam fuit resolutum
die 26 Iulii 1628.*

XIV.   An quis teneatur denuntiare Confessarium sollicitantem, si hoc audivit a non fide dignis, sed solum a levibus
personis? *Censuerunt opinionem negativam non carere probabilitate.*

XV.   An sit denuntiandus Confessarius, qui sedens in
confessionario sollicitat mulierem stantem ante confessionarium, non simulando confessionem? *Censuerunt opinionem negativam non carere probabilitate.*

XVI.   An denuntiandus Confessarius, qui audiens confessionem dat donum mulieri, ita ut hoc facto dicatur illam sollicitasse? *Idem responderunt quod ad XII.* [47]

2 — Collectio Cardenalis Casanata

Altera series decretorum circa sollicitationem, ex qua plura mox citanda reperiuntur, illa est quæ apud ephemerides *Analecta Ecclesiastica*, titulo *Collectio Decretorum Responsorumque S. Officii*, edita fuit. [48]

Quoad valorem historicum et doctrinalem horum decretorum, nonnulla animadvertere iuvabit. Hæc series decretorum, quæ olim studio et cura Cardinalis Casanata († 1700) [49] collecta fuit, una cum pluribus aliis decretis Congregationis S. Officii, s. XVII et XVIII, edidit F. Cadène, in *Analecta Ecclesiastica*. De eius valore transcribere sufficiat, fere ad verbum, ea quæ editor ipse scribebat in *Analecta*. Cardinalis Casanata, ecclesiasticarum scientiarum optime meritus, considerans ex una parte omnes qui Congregationis S. Officii auctoritatem agnoscunt, ipsius S. Officii Decreta et Responsa cognoscere cupere; ex alia vero parte, considerans eiusdem S. Officii decisiones, scitu perutiles, plerumque sub secreto comprimi, "exscripsit S. Inquisitionis decisiones alphabetico ordine digestas, quas ipse, dum esset assessor, in archivo exegerat. Decreta de verbo ad verbum referre potuisset compilator, sed in nimium codicem devenisset, unde, saltem generatim, sensum tantum exacte exprimit. De cœtero, accurate notat diem,

---

[47] In hac postrema responsione, Giraldi (*Expositio*, P. I, lib. V, tit. 7) omittit verba *"hoc facto"*; ea tamen leguntur apud Scavini (*Theologia Moralis Universa*, III, n. 513, 16) et sensum clariorem reddunt. Hæc series responsionum inveniri quoque potest integre citata apud Ballerini, V, n. 710, in notula (a); Berardi, *De Sollicitatione, Documentum* V, p. 4; Augustinus Lehmkuhl, *Theologia Moralis* (12. ed., 2 vol., Friburgi Brisgoviæ; Herder, 1914), II, n. 1253, nota ad calcem 1.

[48] *Analecta Ecclesiastica seu Romana Collectanea*, IV (1896), 361-364. Hæc series deinceps citabitur *Collectio*, et indicabitur simul numerus ibidem notatus.

[49] Hieronymus Cardinalis Casanata, sub Alexandro VII, inquisitoris munere functus in Malta, fuit deinde Consultor Inquisitionis Romanæ; sub Clemente IX, Secretarius Congregationis de Propaganda Fide et Assessor Su-

annum et folium, ut, data occasione, ad fontes pateat expeditus aditus." [50]

Hæc tamen commendatio, nequit omnibus in suis partibus subscribi. Nam etsi accurate quandoque summa decretorum offeratur in *Collectione,* sæpe sæpius scientifica methodus desideratur, ita ut tum quoad diem et annum, tum præsertim quoad fontes, nonnumquam etiam quoad contentum, plura deficiant. Ideoque etsi exigui valoris sit huiusmodi *Collectio* quoad partem doctrinalem, tamen, sub aspecto historico æstimanda est, eo quod saltem series responsionum demonstrat activitatem et agendi modum S. Officii usque ad finem sæculi XVII, indeque iuris progressus aliquatenus dignosci potest.

Articulus II — Obiectum Decretorum et Resolutionum

Iis præsuppositis, in sequentibus decreta et responsiones illo ordine systematico digesta referuntur, quo in superiore articulo variæ clausulæ constitutionis Gregorianæ fuerunt expositæ, unde, congrua congruis referendo, iuris evolutio patefiet.

1. Circa Extensionem Legis Contra Sollicitantes. Etsi expressis verbis cons. *Universi Dominici gregis* lata fuit ut lex generalis pro universa Ecclesia, ita ut vim suam extenderet ad omnes nationes, [51] non defuerunt tamen qui, diversis innixi rationibus, in dubium vocaverint utrum præscriptiones pontificiæ contra sollicitantes ubique terrarum essent observandæ. Ad hæc dubia solvenda S. Officium iteratis decretis declaravit legislatoris voluntatem fuisse condere legem universalem, ita ut nulla regio, nullus Episcopus exciperetur, etiamsi sermo esset de locis missionum. En ipsa decreta:

---

premæ Congregationis S. Officii; deinde Secretarius Congregationis Episcoporum et Regularium et tandem, sub Innocentio XII, Bibliothecarius Vaticanus. Ipsi quoque debetur Bibliotheca Casanatensis dicta, quam ultima voluntate reliquit curæ perpetuæ Ordini Prædicatorum. Cf. H. Grisar, apud Wetzer und Welte, *Kirchenlexikon,* "Casanate".

[50] *Analecta Ecclesiastica,* II (1894), 318 Cf. quoque A. Van Hove, *Prolegomena,* n. 399, 1.

[51] § 1, in fine; § § 3 et 4; cf. *supra, pp.* 43 et 44.

S. C. S. Off. 13 iun. 1710. Constitutiones Pontificiæ datæ *contra* sollicitantes comprehendunt omnes nationes, ideoque ita obligant Graecos sicut Armenos. [52]

Iampridem aliud decretum datum fuerat, ex quo *indirecte* idem asserebatur, normas scl. dando pro casibus in quibus obligatio denuntiandi delinquentes non possent imponi ob rationes peculiares. Decretum a Giraldi sequentibus verbis refertur:

S. C. S. Off., 21 febr. 1630. Qui in partibus Schismaticorum et Mahumetanorum degunt, *licet subiecti sint Constitutionibus contra sollicitantes,* [53] tamen in iis locorum circumstantiis in quibus nulla spes adsit punitionis denuntiati, atque mulieres sine periculo et infamia denuntiare nequeant, denuntiatos vero facile pœnam declinare posse credatur, recurrendo vel ad Episcopos schismaticos, vel ad laicos iudices infideles, ex decreto Sac. Cong. S. Officii, die 21 Febr. 1630, attentis supra dictis causis, absolvendi sunt, et liberandi, ab huiusmodi onere denuntiandi; moneri tamen debent ut *cessantibus* supranarratis periculis, et impedimentis, teneantur denuntiare. [54]

Obligatio constitutionis Gregorianæ, etiam in locis missionum, eruitur quoque ex responso dato Patri Carolo Iosepho Spediæ, Præfecto Missionum Pernambucci, in America:

S. C. S. Off. 22 ian. 1727. Mulieres sollicitatas non teneri ad denunciationem, si ministri Inquisitionis et Vicarii Episcopi in longinquis regionibus degentes, sine gravi incommodo adiri nequeant. [55]

Magna autem controversia fuit inter Inquisitores et commentatores, utrum constitutio Gregorii XV vim suam extenderet in Hispaniam, tum ex eo quod ibi non fuerit sufficienter promulgata, tum præsertim quia non constare videtur ibidem ab Inquisitoribus fuisse receptam. Prima ratio est omnino reiicienda. Notavit

---

[52] *Collectanea S. Congregationis de Propaganda Fide* (2 vol., Romæ: Typographia Polyglotta, S. C. de Propaganda Fide, 1907), n. 279 (deinde citabitur *Coll. S. C. P. F.*). Cf. etiam *Fontes,* n. 775, in quo loco italice legitur: "Le Costituzioni Pontificie emanate *contra sollicitantes* comprendono tutte le nazioni, ed in consequenza cosi obbligano i greci come gli armeni."

[53] Typi *italici* non inveniuntur apud Giraldi.

[54] *Expositio,* P. I, lib. V, tit. 7, p. 640.

[55] Giraldi, *ibid.,* p. 641; *Fontes,* n. 787; *Coll. S. C. P. F.,* n. 308.

enim Castro-Palao (1581-1633): [56] "Sufficit Romæ publicatam esse [const. Greg.], ut post sex menses Hispanos liget." Quod vero ab Inquisitoribus Hispanis non fuerit recepta, etsi factum certum esset, id tamen nihil derogat universalitati constitutionis Gregorianæ in se sumptæ, utpote quæ expresse respiciebat *"omnes hæreticæ pravitatis Inquisitores et locorum Ordinarios ... universi Orbis Christiani."* [57] Per accidens enim est ut, præsertim apud Hispanos, usu recepta non fuerint statuta constitutionis ob difficultates in eorum exsecutione, de quibus mentio habetur apud Salmanticenses [58] et apud Castro-Palao. [59]

Sed mirum videtur auctores agitasse hanc quæstionem, cum constet dubium fuisse solutum tum ab ipso Gregorio XV, tum a Supremo Inquisitore in Hispania, eo sensu quod Inquisitores uti-

---

[56]   *Opus Morale,* I, tr. IV, disp. IX, punct. I, n. 9.

[57]   Const. *Universi Dominici gregis,* § 4.

[58]   VI, tr. XXI, c. IV, punct. III, § I, n. 19.

[59]   *Opus Morale,* tr. V, disp. IX, punct. I, n. 9. Exponit ibidem cl. auctor rationes cur in Hispania const. Gregoriana non fuerit recepta: In primis quia "cum in Bulla Gregorii Inquisitores locorum Ordinariis æquales fiant... illis [Inquisitoribus scl.] in hac parte derogat iurisdictioni concessæ a Pio IV... ut ipsi soli de hoc crimine cognoscant. ...Deinde, hæc Bulla Gregorii parum vel nihil iurisdictionem Inquisitorum extendebat... nam iam ipsi Hispaniarum Inquisitores... iurisdictionem... etiam ad viros sollicitatos extendebant... Denique, non levis est difficultas, qua ratione sacerdos simulans audire confessiones et pœnitentem sollicitans debeat a pœnitente denuntiari. Nam vel pœnitens cooperatur vel non. Si socius est simulationis, nullo modo obligari potest denuntiare sacerdotem, quia obligaretur denuntiare seipsum: quod si ... non cooperatur, sed sacerdos fingens se paratum confessiones audire, pœnitentem bona fide accedentem sollicitat, iam hic sacerdos in confessione, seu proxime ad illam, censetur sollicitare; de quo casu Hispaniarum Inquisitores cognoscunt, et pœnitentes obligati sunt denuntiare confessarium sic sollicitantem."

Ad has autem rationes breviter notandum est: primum et alterum argumentum esse quid facti, et in facto consistere. Omnibus sat cognitæ sunt pugnæ in materia iurisdictionis apud Hispanos Inquisitores, quandoque supra modum suam potestatem extendentes. Ad tertium argumentum quod attinet, concessa difficultate denuntiationis faciendæ cum ipse pœnitens sollicitationi, vel simulationi confessarii cooperatur, neganda tamen videtur conclusio. Pœnitentes enim solummodo tenentur denuntiare confessarium sollicitantem, non autem dicere tenentur se consensum præbuisse; ideoque, nec Inquisitores, nec Ordinarii locorum, circa consensum sollicitati interrogare possunt; et si improvide interrogarent, non teneretur denuntians respondere, siquidem non

que privative cognoscerent de causis sollicitationis in Hispania, sed iuxta tenorem constitutionis Gregorianæ, quæ tamen suam vim exercere debebat etiam in Regnis Hispaniarum. Ita constat ex *vivæ vocis oraculo* Gregorii XV, dato probabiliter versus finem anni 1622, aut inchoato anno 1623, prout eruitur ex litteris Inquisitoris Generalis in Hispaniis, Andreæ Pacheco († 1626), Episcopi Conchensis, datis Matriti 6 Septembris 1624, et ex alia epistola Consiliarii Supremi et Regii Senatus Inquisitionis ad omnes Inquisitores, data Matriti 6 Maii 1624, in quibus servari iubetur constitutio Gregoriana, *absque discrimine ullo, et sic exstat appositum in dictis generalibus Inquisitorum,* ut notavit Escobar a Corro. [60]

In Germania quoque, iuxta S. Alphonsum (1696-1787), [61] const. Gregorii XV non fuit recepta; et citat Anacletum Reiffenstuel (1642-1703), qui vicissim provocans ad dicta aliorum [62] scripsit "Et quidem, quod in partibus Infidelium, ubi non servatur decretum S. Officii, absolvuntur recusantes denuntiare sollicitantes in Confessione, refert Iacobus Pignatelli [† ca. 1695]. [63] Id ipsum de Germania sentire videtur Georgius Gobat [1600-1679]." [64]

---

legitime interrogatur. Hæc insuper difficultas, a Card. Millino, ex S. C. S. Off., enodata fuit, litteris 27 sept. 1624, de quibus *infra,* p. 72, sermo recurret.

[60] *De Confessariis Sollicitantibus,* P. II, q. II, § I, nn. 13 et 21. Ibidem, hispanice refert Escobar substantiam declarationis *vivæ vocis oraculo* datæ: "Que no ha sido su intención [Gregorii XV scl.], ni voluntad alterar en los tales Reynos el estilo, y costumbre, que las Inquisiciones tenían de proceder privativamente contra los Sollicitantes. Y que en esto se guardase el modo, y término que se avia tenido hasta el día que se publicó el dicho Breve Apostólico [const. nempe *Universi Dominici gregis*]". Epistola autem 19 Maii 1624, sic legitur: "Consultado con el Illustrissimo Señor Cardenal Inquisidor General, ha parecido que se execute [const. Gregorii XV] en los casos que se ofrecieren; advirtiendo, que aunque en él suena, que se da Iurisdicio acumulativamente al Santo Oficio, ha declarado Su Santidad, que no se entienda esta acumulacion en las Inquisiciones de los Reynos de Su Magestad; y si algún Ordinario se entrometiere a conocer del dicho delito [sollicitationis, scl.], se inihibirá, dando luego aviso dello al Consejo."

[61] *Theologia Moralis,* III, lib. VI, tr. VI, n. 675.

[62] *Theologia Moralis* (Mutinæ, 1739), Tr. XVI, dist. VIII, q. 5, n. 67.

[63] *Novissimæ Consultationes Canonicæ,* (2 vol., Romæ, 1711), I, cons. 225, n. 14, vers. *In partibus* (deinde citatur *Consultationes*).

[64] *Experientiæ Theologicæ de Septem Sacramentis* (2 vol., Venetiis, 1672), II, nn. 575 et 576.

Hæc tamen duplex assertio, non obstante extrinseca auctoritate, nequit simpliciter susteneri, saltem in tota sua amplitudine. Nam, quoad *partes Infidelium*, decreta S. Officii supra relata sat evidenter demonstrant contrarium. Quod vero ad Germaniam attinet, Synodus Diœcesana Coloniensis, anno 1662 celebrata, constitutionis Gregorii XV contra sollicitantes observantiam urgebat. En quædam excerpta ex Synodi statutis: "Confessarius porro, qui occasione vel specie Sacramentalis Confessionis pœnitentium ad turpia sollicitat, severissime puniatur, iuxta Const. Gregorii Papæ XV, cuius hæc verba sunt: *Statuimus ... quod omnes et singulos sacerdotes ... etc ... pro modo culpæ punire non negligant*". [65] Et ad modum conclusionis eadem Synodus monebat confessarios: "Caveant itaque Confessarii, ne familiares sint fœminis sibi confitentibus; prolixiora colloquia earumdem evitent, neque illas ad nimis frequenter sibi confitendum invitent". [66]

2. CIRCA PERSONAM SOLLICITANTEM. Præcipuæ circa hoc punctum quæstiones ortæ fuere ex sensu, apparenter nimis generali, clausulæ *omnes et singuli sacerdotes*, prout legitur in constitutione Gregoriana. Et quamvis in ipsa constitutione, pluribus in locis, principia inveniantur ad sensum genuinum definiendum, tamen, dubiis circa hoc caput propositis, S. Officium respondit ad mentem legislatoris accuratius et auctoritative declarandam. Sequuntur dubia proposita et S. Officii responsa.

S. C. S. Off. anno 1627. Pœnitentes sollicitantes Confessarios in confessione, ac renuentes illos deponere, non puniuntur in S. Officio. [67]

Etsi sensus huius responsionis aliquatenus vagus apparet, hoc unum certum licet concludere: pœnitentes, qui ipsi sunt qui sollicitant in confessione, non puniri in S. Officio. Id clarius patet ex mox citandis.

---

[65] *Statuta Synodalia Diœceseos Coloniensis, P. II,* tit. V, c. 7, *Pœnitentem ad turpia sollicitantis pœna,* § 2.—Hartzheim, *Concilia,* IX, 982.
[66] *L. c.*
[67] *Collectio,* n. 1572.

S. C. S. Off. 11 febr. 1661. An Confessarius, consentiens sollicitationi, sed statim desistens de illa materia turpi
loqui, differendo illius complementum ad aliud tempus et
non præbendo absolutionem pœnitenti, incidat in pœnas
contentas in Bulla Gregorii, et sit denuntiandus? *Censue-*
runt [Qualificatores] incidere, et Confessarium esse de-
nuntiandum, reiecta opinione contraria, quam non esse
probabilem censuerunt. [68]

An Sacerdos carens iurisdictione, si sollicitat in confessione pœnitentem sit denuntiandus? *Censuerunt esse*
denuntiandum, et opinionem negativam non esse proba-
bilem. [69]

An interpres, si sollicitet in confessione pœnitentem,
sit denuntiandus? *Censuerunt opinionem negativam non ca-*
rere probabilitate. [70]

An mandans Confessario, ut in confessione sollicitet,
sit denuntiandus? *Censuerunt opinionem negativam non*
carere probabilitate. [71]

An quando Confessarius et pœnitens se invicem sollicitant, Confessarius sit denuntiandus? *Affirmative res-*
ponderunt, et opinionem negativam non esse probabilem. [72]

An Confessarius sollicitatus, si metu inductus consentiat sollicitationi, sit denuntiandus? *Censuerunt esse denun-*
tiandum, et negativam opinionem non esse probabilem. [73]

Ex quibus declarationibus eruuntur sequentia: Omnis et
solus sacerdos, etsi iurisdictione careat, qui in confessione sollicitat
pœnitentem, vel qui consentiat sollicitationi incœptæ a pœnitente,
est denuntiandus. E contra, non est denuntiandus pœnitens
qui forte sollicitat confessarium; nec mandans confessario ut sollicitet; nec interpres qui sollicitat.

3. Circa Personam Sollicitatam. Sub terminis constitutionis *"personas quæcumque illæ sint"* [sollicitare], [74] ex proprietate ipsorum verborum et ex præviis documentis pontificiis,
clare intelliguntur comprehendi tum masculi tum feminæ. Nec

---

[68] Ex sexdecim propositionibus Cardinalis Albizzi, ad II; cf. *supra*, p. 55.
[69] S. C. S. Off., 11 febr. 1661, ad. V.
[70] *Ibid.* ad VI.
[71] *Ibid.*, ad VII.
[72] *Ibid.*, ad VII.
[73] *Ibid.*, ad IX.
[74] Const. *Universi Dominici gregis*, § 4.

de hoc videtur ullum dubium fuisse post constitutionem Gregorianam. Verum est declarationes et decreta, ut plurimum, loqui de mulieribus, quando de persona sollicitata agitur; ratio tamen ex eo petenda est quod leges respiciunt ea quæ frequentius fieri contingit. Sollicitatio ordinarie relate ad feminas fit. [75] Ineptum ergo esset alias personas sollicitatas recensere. Dubium tamen fuit utrum inter personas sollicitatas comprehenderentur quoque *pueri* et *puellæ*, nondum usu completo rationis gaudentes. Quæstio soluta fuit:

> S. C. S. Off., 11 maii, 1707. Puellam in simplicitate constitutam, et absque notitia inhonestatis, teneri denuntiare sollicitantem, postquam compos effecta fuerit et notitiam præteritæ sollicitationis acquisiverit. [76]

4. Circa Materiam Sollicitationis. Duplex circa hoc punctum invenitur responsum: alterum respiciens gravitatem, alterum qualitatem materiæ sollicitationis. Quæsitum fuit:

> An Confessarius, sollicitando propter parvitatem materiæ sit denuntiandus? *Cum in rebus venereis non detur parvitas materiæ, et, si daretur, in re præsenti non datur, censuerunt* [Qualificatores] *esse denuntiandum, et opinionem contrariam non esse probabilem.* [77]

Acris fuit disputatio, inter auctores de re morali tractantes, circa parvitatem materiæ in re venerea, tum in se considerata, tum relate ad delicta ex abusu sacramenti Pœnitentiæ. Responsum mox citatum, minime difficultatem undequaque e medio sustulit, maxime quoad sermones vel tractatus, et quoad aliquas actiones quæ, extra genus luxuriæ, in se sunt indifferentes, sed quæ nihilominus sollicitationem possunt quandoque continere. De iis quæstio erit infra in commentario. [78]

Quoad *qualitatem* seu speciem moralem, quæsitum fuit:

---

[75] Rota, *Enchiridion*, P. I, sect. V, c. 11, n. 265.

[76] Giraldi, *Expositio*, II, P. I, lib. V, tit. 7. p. 641, ad VIII. Cf. quoque Berardi, *De Sollicitatione*, n. 251.

[77] S. C. S. Off., 11 febr. 1661, ad III.

[78] Cf. p. 185 et ss.

An Confessarius qui sollicitat pœnitentem ad actus illicitos extra actus venereos, sit denuntiandus? *Censuerunt* [Qualificatores] *opinionem negativam esse probabilem.* [79]

Et de hoc nullum amplius dubium exstitit.

5. CIRCA DIVERSOS SOLLICITANDI MODOS. Auctores scribentes post constitutionem Gregorianam in minutissima exempla descendunt de modis sollicitandi, de quibus nonnumquam dubium fuit utrum sollicitationem re vera continerent an non. Casus in praxi frequentiores in colloquiis vel sermonibus contingunt, at non semper facile iudicium ferri potest utrum in illis certa, vel dubia, vel nulla sollicitatio sit contenta. Doctores igitur in trutinam revocarunt singulas expressiones, singulosque modos, ne in re maxime odiosa innocentes confessarii, ex levibus dictis pœnitentis, maxime si feminæ sint, probrosam subirent denuntiationem, sicque sacramenti Pœnitentiæ administratio periculosa nimis atque formidanda redderetur.

Nec semper, ut patet, fuit una omnium sententia, in re adeo subtili, quæque non raro ex sola intentione confessarii agentis potest plane et certo resolvi. Attamen normas quasdam stabilire in pluribus necesse erat, ut prudentia confessariorum regeretur in imponenda obligatione denuntiándi, atque iudicis sententia tuto proferri posset. Huiusmodi normæ ex repetitis resolutionibus S. Officii paulatim ortæ sunt, ita ut laxismus ex una parte arceretur, rigidioresque interpretationes ex alia corrigerentur. Sequuntur igitur responsiones quæ sub hoc respectu cognoscuntur latæ a S. Officio post constitutionem Gregorianam.

S. C. S. Off., anno 1625. Sollicitationis species est quando mulieri, quæ aliis fœminis associata solet adire Confessarii domum, dicit Confessarius in Confessione, ut sola domum ipsius adeat, et postea divertit et copula carnalis sequuta est. [80]

S. C. S. Off., anno 1632. Inquisitor consulit an procedere debeat contra Fra., N., qui post confessionem mu-

---

[79] S. C. S. Off., 11 febr. 1661, ad XI.
[80] *Collectio*, n. 1566.

lieris et absolutionem, illam requisierat de lenocinio? Fuit affirmative responsum, cum sit comprehensus in Bulla contra sollicitantes. [81]

S. C. S. Off., anno 1649. Proposito dubio an Confessarius qui in actu confessionis dicit mulieri *"si ego essem laicus sumerem te in sponsam...",* SSmus, auditis votis, decrevit Confessarium prædicta verba proferentem esse denuntiandum S. Officio, iniungendumque alicui ex scriptoribus moralibus ut hoc decretum inserat in suis operibus, reprobata Bordoni opinione. [82]

Franciscus Bordoni († 1671) scripserat: "Quæritur II. Quibus verbis inducatur sollicitatio? Et quid dicendum in sequentibus exemplis? ... Secundum. *Si essem sæcularis, ducerem te in uxorem* ... Secundo respondetur, nihil omnino sollicitationis importat, significat enim pudicum amoris affectum, qui reperitur inter coniuges." [83] Et infra, [84] eamdem iterum proponit quæstionem: "Quæritur 16. An hæc verba: *Si essem sæcularis* (inquit Confessarius mulieri se confitenti) *ducerem te in uxorem,* sint sollicitatoria in Bulla interdicta? Respondi sub n. 67, non esse sollicitatoria; sed quia postmodum legi in Diana, (P. 9, tract. 9, resol. 32) ubi citat Escobar (q. 3, n. 38) qui ambo tenent esse verba sollicitationis, ideo ℞. Iterum, ea verba nullatenus esse sollicitationis significativa, non enim sunt inhonesta nec expresse, nec tacite, cum aliud pro obiecto non habeant nisi contractum conditionatum Matrimonii, quod sine dubio est honestum, ergo et verba ipsum exprimentia."

Prævaluit tamen opinio contraria. S. Officii declaratione firmata, ut videri potest apud probatos auctores. [85]

S. C. S. Off., 11 febr. 1661, ad I. An sit denuntiandus Confessarius, qui dat pœnitenti chartam in confessione postea domi legendam, in qua ad venerem sollicitabat? *Domini Qualificatores censuerunt esse denuntiandum, et negativam opinionem non esse probabilem.* [86]

---

[81]　*Collectio,* n. 1576.
[82]　*Collectio,* n. 1589.
[83]　*Manuale Consultorum,* sect. XXV, nn. 65 et 67.
[84]　*Ibid.,* n. 104.
[85]　Cf. S. Alphonsum, *Theologia Moralis,* III, VI, n. 704, ad I.
[86]　Ex sexdecim propositionibus Cardinalis Albizzi. Cf. *supra,* p. 55.

An Confessarius, si laudet pœnitentem de pulchritudine et venustate, dicatur illam sollicitare, et ideo sit denuntiandus? *Censuerunt, si laus illa sit seria, et nihil pravæ intentionis redoleat, negativam opinionem esse probabilem; si vero secus, non esse probabilem.* [87]

An denuntiandus sit Confessarius, qui audiens confessionem dat donum mulieri, ita ut hoc facto dicatur illam sollicitasse? *Idem responderunt quod ad XII.* [88]

Anno 1665, Alexander VII (1655-1667), iterum confirmavit primam ex responsionibus nuper citatis, anni 1661, damnando propositionem sequentem:

"Confessarius, qui in sacramentali confessione tribuit pœnitenti chartam postea legendam, in qua ad venerem incitat, non censetur sollicitare in confessione, ac proinde non est denuntiandus." [89]

In iis declarationibus continetur *extensio* quædam legis ad casus *sollicitationis palliatæ* seu *implicitæ.* De iis longas scripserunt dissertationes commentatores constitutionum contra sollicitantes, sæculis XVII et XVIII, quos iuvat legisse pro penitiore intelligentia delicti. Cf. inter alios Castro Palao (1581-1633), [90] Diana (1585-1663), [91] Bordoni (1597-1671), [92] Salmanticenses (1665-1724). [93]

5. Circa Sollicitationis Circumstantias. Clausulæ constitutionis Gregorianæ "*immediate ante — immediate post — occasione confessionis — in confessionario — in loco ad audiendas confessiones electo*", aditum aperuerunt novis ac pluribus interpretationibus doctrinalibus, quibus aliquando sanctio auctoritativa S. Officii accessit, per decreta et declarationes, quæ hic, ordine chronologico transcripta invenientur:

---

[87] *Ibid.,* ad XII.

[88] *Ibid.,* ad XVI.

[89] *Propositiones damnatæ ab Alexandro VIII,* 24 sept. 1665, prop. 6 — *Fontes,* n. 734; cf. etiam Denzinger, n. 1106.

[90] *Opus Morale,* I, tr. IV, disp. IX, punct. 4 et 5.

[91] *Resolutiones Morales,* V, tr. IX, resol. XLVI, XLVII, XLIX, L et LII.

[92] *Manuale Consultorum,* sect. XXV, nn. 65-118.

[93] V, tr. XXI, c. IV, punct. III, § 3, nn. 32-34.

S. C. S. Off., anno 1631. Inquisitor N. consulit 1⁹ an procedere debeat contra præsbyterum qui sub ficto prætextu deferendi Sacramentum Eucharistiæ mulieri infirmæ eamque communicandi, cum ea carnalem copulam habuit. 2⁹ An pariter procedere debeat contra sacerdotem extra locum et occasionem confessionis dicentem mulieri eidem confiteri volenti, ut accedat domum illius præsbyteri, et profectam carnaliter cognoverit, et an huiusmodi casus sit comprehensus in Const. contra sollicitantes? SSmus mandavit circa 1um. rescribi Inquisitori, ut cognitionem causæ relinquat Ordinario, qui severe dictum præsbyterum puniat. Circa 2um. non esse casum comprehensum in Bulla contra sollicitantes. [94]

S. C. S. Off., anno 1632. Inquisitor consulit an procedere debeat contra N., nobilem curatum, qui post requisitam mulierem an vellet confiteri, negative respondendo, sollicitavit ad turpia, deposita prius stola ac remoto a confessionario; fuit dictum huiusmodi casum non spectare ad S. Off. [95]

S. C. S. Off., 11 febr. 1661. An Confessarius consentiens sollicitationi, sed statim desistens de illa turpi materia loqui, differendo illius complementum ad aliud tempus, et non præbendo absolutionem pœnitenti, incidat in pœnas contentas in Bulla Gregorii, et sit denuntiandus? *Censuerunt [Qualificatores] incidere, et Confessarium esse denuntiandum, reiecta opinione contraria, quam non esse probabilem censuerunt.* [96]

An Confessarius qui fœminam, in confessionario dicentem se velle in crastinum confiteri, sollicitet, et a confessione dissuadet, sit denuntiandus? *Si sollicitatio fiat extra locum confessionis et absque prætextu confessionis, censuerunt negativam opinionem esse probabilem; secus si in confessionario seu in loco confessionis.* [97]

An Confessarius incidat in pœnas Constitutionis Apostolicæ contrá sollicitantes, si sollicitet mulierem in aliis Sacramentis? ... *censuerunt opinionem negativam esse probabilem.* [98]

An sit denuntiandus Confessarius, qui sedens in confessionario sollicitat mulierem stantem ante confessionarium,

---

[94] *Collectio*, n. 1575.
[95] *Collectio*, n. 1577.
[96] Ex sexdecim propositionibus Cardinalis Albizzi, ad II. *Cf.* p. 55.
[97] *Ibid.*, ad IV.
[98] *Ibid.*, ad X.

non simulando confessionem? *Censuerunt opinionem negativam non carere probabilitate.* [99]

Apparens contradictio quæ videtur interesse inter hoc postremum responsum et quod responsum fuit ad IV, potest solvi si attenditur quod, quando exclusa fuit *simulatio*, ut in responso ad XV, S. Officium respondet non adesse casum denuntiandum; quando vero quodammodo seu æquivalenter simulatio adest, ut in quæsito IV, responsio est affirmativa. [100]

S. C. S. Off., *Edictum*, anno 1677. Revelandi ac iuridice notificandi sunt S. Officio, qui contra Decreta et Constitutiones Apostolicas abusi fuerint vel abutantur Sacramento Pœnitentiæ, adhibentes confessionem et confessionale ad inhonestos fines, sollicitando in ipsis pœnitentes ad turpia. [101]

S. C. S. Off., 29 apr. 1700. Duplex invenitur quæsitum cuius versio latina datur:

1. An per verba *simulantes confessiones audire* (in Bulla Gregorii XV contra sollicitantes) requiratur copulative sollicitatio et confessio, sive vera sive simulata, ita ut huiusmodi duabus circumstantiis non concurrentibus non adsit obligatio denuntiandi. 2. An quando confessionarium in monasteriis adhibetur a confessario tamquam collocutorium, casu quo ibidem sollicitationes contigerint, sit obligatio denuntiandi. R. Ad 1. *Sufficere concursum alterutrius.* Ad 2. *Affirmative.* [102]

7. CIRCA OBLIGATIONEM DENUNTIANDI. Plura ex hucus-

---

[99] *Ibid.*, ad XV.

[100] Cf. Rota, *Enchiridion*, P. I, sect. V, c. 16, n. 299.

[101] S. C. S. Off., 10 mart. 1677 — Potestas, *Examen*, II, p. II, c. I, n. 226; Berardi, *De Sollicitatione*, n. 3; Rota, *Enchiridion*, P. I, sect. V, c. 16, n. 297.

[102] "Se per le parole *simulantes confessiones audire* (...) si ricerchi copulativamente e la sollecitazione e la confessione vera o simulata, a segno che, non concorrendovi queste due circostanze, non vi sia l'obbligo di denunziare. 2. Se quando il confessionario dei monasteri serve anche di collocutorio al confessore, in caso che seguano ivi sollecitazioni, vi sia l'obbligo di denunziare." *Fontes*, n. 763.

que citatis responsionibus hanc denuntiandi obligationem quodammodo tangunt, eamque supponunt, urgent, vel negant, prout detur necne sollicitatio in confessione. Alia autem plura exstant decreta vel responsa quæ obligationem denuntiandi *directe* respiciunt, ac generatim referuntur ad rationes quas hinc inde Ordinarii vel Inquisitores allegabant ut pœnitentes sollicitatos ab onere denuntiandi dispensarent, vel eosdem excusatos declararent ob causas plus minusve graves. Prout ex responsionibus mox afferendis patebit, raro, si umquam, allata excusationis causa ita fuit a Romana Inquisitione accepta, ut sollicitati pœnitentes absque condicione a denuntiatione facienda penitus absolverentur. En ipsa decreta chronologice disposita.

Circa terminum intra quem denuntiatio fieri debebat S. Officio solet afferri sequens decretum, in quo præscribitur tempus intra quod quicumque hæretici aut de hæresi suspecti denuntiari debebant Inquisitioni Romanæ. Non ergo agitur de specifico quodam decreto relate ad sollicitantes, attamen decretum huiusmodi normam constituit sequendam etiam relate ad sollicitantes quippe qui suspecti de hæresi habebantur inde a litteris Pii IV.

S. C. S. Off., 3 ian. 1623. Universis et singulis Christifidelibus tam ecclesiasticis, quam sæcularibus utriusque sexus, cuiusvis gradus ordinis, conditionis et præeminentiæ existentibus, et quacumque dignitate et auctoritate etiam maxima fulgentibus, harum serie et tenore, auctoritate nostra et huiusmodi nostri Officii, qua fungimur in hac parte, præcipimus et mandamus, quatenus infra duodecim dies proxime computandos quorum primos quatuor pro primo, et reliquos quatuor immediatos pro secundo, et ultimos quatuor pro tertio termino peremptorio, ac trina monitione canonica assignamus, omnes et singulos hæreticos, seu de hæresi quomodolibet suspectos, de quibus notitiam habuerint, debeant nobis, vel Reverendo Commissario nostro quo ad habitantes in Urbe, quo vero ad alios extra Urbem, et ubivis locorum degentes Inquisitoribus, vel locorum Ordinariis, vel eorum Vicariis Generalibus, sub excommunicationis maioris latæ sententiæ pœna, quam in contrarium facientes ipso facto incurrant, iudicialiter propalare, cuius excommunicationis maioris absolutionem S. D. N. Papæ et Nobis reservamus, certificantes huiusmodi conscientiæ suæ immemores, ac dictam excommunicationis pœnam contemnentes, quod contra ipsos tamquam contra hæreticorum fautores, alias prout melius visum et iudicatum fuerit, procedatur, ideo, etc. Datum in nostra et S. Officii S. Roman. Univ. Inquisit. Congregatione die 3 ianuar. 1623. [103]

S. C. S. Off., 13 sept. 1623. In Supremo Tribunali declaratum fuit: Quoties mulier nobilis et verecunda intra Urbem induci non potest ad denuntiandum, consulatur Sacra Congregatio; si vero extra Urbem, consulatur Episcopus vel Inquisitor, qui, si habent difficultatem, isti quoque consulant Sacram Congregationem; sin minus, dent facultatem confessariis absolvendi pœnitentes, quæ iustis de causis denuntiare recusant, quæ tamen absolvi debent sub condicione, quatenus cessantibus causis teneantur denuntiare, atque interim non adeant amplius Confessarium a quo fuerant sollicitatæ. Et ita in præsenti casu, quo qui timet notabile damnum ex denuntiatione, ut induci non possit ad denuntiandum, sequenda est praxis huius decreti, nimirum, si intra Urbem, Confessarius consulat S. C. S. Officii; si vero extra Urbem, Episcopum consulat, vel Inquisitorem respective, atque ab eis mandatum accipiat quomodo se cum tali pœnitenti gerere debeat: nec de suo capite hanc

---

[103] Ferraris, *Bibliotheca*, "*Denunciatio*", n. 10; Diana, *Resolutiones Morales*, V, tr. XIII, *Decreta*, p. 398. In aliis Inquisitionibus varie solebat definiri tempus intra quod denuntiatio fieri debebat. Ita, in Hispanica Inquisitione solebant assignari *sex dies*. Hoc autem habetur iam directe et expresse statutum relate ad sollicitantes in edicto anni 1633. En eius verba:

"Mandamos a cualquiera que supiere, o hubiere oído dezir que algún Confesor, o Confesores, Clérigos, o Religiosos, de cualquier estado o condición que sean, en el acto de la Confesión, o próximamente a ella, ayan solicitado a sus hijas de Confesión, o provocándolas, o induciéndolas con hechos, o palabras para actos torpes, y deshonestos, sin comunicarlo con persona alguna, venga y parezca ante el Tribunal de los Inquisidores, o ante su Comisario, a dezirlo, y manifestarlo dentro de seis días. Y así mismo mandamos, y prohibimos so pena de excomunión, a todos y cualesquiera Confesores, Clérigos, o Religiosos, que no absuelvan a persona alguna, que cerca de lo susodicho esté culpada, o no huviere dicho o manifestado en el Santo Oficio lo que de ello supiere, o huviere oido dezir, ante le remitan ante Nos, etc..." —Salmanticenses, V, tr. XXI, c. IV, punct. IV, § I, n. 64.

Edictum huiusmodi dicitur datum 29 nov. 1633. Idem repetitur in sequentibus edictis, in quibus nonnulla adduntur ad magis urgendam obligationem, necnon ad dubia quædam solvenda. Videri possunt apud Salmanticenses. (*Ibid.* n. 68).

vel illam sententiam sequendo, ab obligatione denuntiandi eam eximere audeat; nam in hac materia semper est spectandum Superiorum mandatum. [104]

25 iul. 1624 et 27 sept. 1624. Litteræ Card. Millino, ex S. Officio, ad Archiepiscopum Mediolanensem, et ad Archiepiscopum Neapolitanum, in quibus refertur decretum eiusdem S. Officii.

Dopo essersi avuto lunga e matura considerazione sopra il dubio significato da piu bande, se i penitenti siano obbligati a denunziare i confessori, dai quali sono stati sollecitati nel luogo, o nell' atto della confessione, quando hanno consentito alla sollecitazione, nostro Signore, a questi miei Signori Illustrissimi, nella Congregazione tenuta avanti Sua Santità, ai 25 di Luglio passato, dopo d'aver anche sentito il parere d'una particolar Congregazione deputata per questo effetto, hanno risoluto, che qual si voglia penitente è tenuto a denunziare il confessore, ancorchè gli abbia consentito, e non è tenuto a propalare il proprio consenso, nè sopracciò s'interroghi dal Vescovo o dall'Inquisitore, o dai loro Vicari, avanti dei quali deporrà; nè meno il confessore denunciato, procedendosi poi contro di lui nei constituti, che gli si faranno, s'interroghi sopra detto consenso, e in caso ch'egli volesse dirlo da sè, non si scriva il suo detto, come in ordine alla persona sollecitata non spettante all' Officio della Inquisizione. Le parti adunque di V. S. Illustrissima sono di significare la detta risoluzione ai confessori, e incaricargliene strettamente l'osservanza, acciochè nei casi, che occorrono alla giornata, conforme al tenore della Constituzione pubblicata di Gregorio XV, di s. m., contro i confessori sollecitanti, significhino, a' penitenti l'obbligo, che hanno di denunciare i confessori, da' quali saranno stati sollecitati, e avendoli consentito, e facendo difficoltà in scoprire il proprio consenso, conforme alla risoluzione che si è fata, dicano loro apertamente, che non sono tenuti a propalare il detto consenso, e che tanto essi penitenti, quanto i confessori sollecitanti procedendosi contro di essi, non saranno de ciò interrogati, e dicendo da sè, non si scriverà il loro detto. E quando il penitente tuttavia persistesse nella medessima renitenza, nostro Signore si contenta, che dal Vescovo o dall'Inquisitore si dia autorità al

---

[104] Ferraris, *Bibliotheca*, "Confessarius", art. V, n. 40, nota ad calcem, 3.

confessore di recéver per scrittura, o con giuramento, la denuncia per portarla subito a chi avrà data l'autorità di pigliarla. E se oltre le cose suddette occorrerà altro grave caso, per lo quale non si possa il penitente indurre a denunciare, vuole Sua Santità, che se ne scriva, qui, e s'aspeti la risposta, e in tanto si sopasseda nell'assolutione, e tanto si contenterá V. S. Illustrissima di far osservare nella sua diocesi, facendo registrare la presente negli atti di cotesta Corte per informazione sua e dei suoi successori, i quali dovranno aver mira, che la presente risoluzione riguarda solo quei penitenti, che per avere acconsentito, fanno difficoltá di denunciare; ma quei, che non hanno acconsentito, o avendo acconsentito non sono in ciò renitenti, no dee il confessore pórre difficoltà alcuna, ma lasciare che indifferentemente e liberamente sodisfacciano all' obbligo, che hanno di denunciare, conforme alla detta Constituzione, compiacendosi anche V. S. Illustrissima di mandar copie della presente a' Vescovi suoi suffraganei, accioché da essi ancora sia fatta osservare la suddetta risoluzione... ." [105]

S. C. S. Off., 17 nov. 1624. Sollicitantes in Confessione non sunt adstringendi ad seipsos denuntiandum. [106]

S. C. S. Off., 11 mai. 1626. In Supremo Tribunali decretum fuit: Ne Episcopi, sive Inquisitores, sint valde solliciti, et proclives in danda Confessariis facultate absolvendi pœnitentes sollicitatas sine prævia denunciatione, sed solum hoc faciant, dum adest magna causa excusans ab onere denunciandi; semper tamen sub præfata condicione, ut cessante causa, teneantur denunciare. [107]

---

[105] Ferraris, *Bibliotheca*, "Sollicitatio", n. 78; Diana, *Resolutiones Morales*. V, tr. IX, resol. LIV,. § 1. Notat Diana (*l. c.*) opinionem quam defendit Sousa († post 1627), (*De Confessariis Sollicitantibus*, Ulyssipone, 1623, Tr. I, c. 7, n. 4), iuxta quem feminam si consentiat sollicitationi, et veniat in actum peccati, præsertim in confessione, non teneri denunciare. Ex alia parte, Freita († post 1625), (*De Confessariis Sollicitantibus*, Vallisoleti, 1632, q. X. n. 40), qui docuit in tali casu feminam non solum teneri ad denuntiandum, quod confirmatur decreto S. Officii, sed etiam teneri aperire copulam, et si hoc non faciat, Inquisitores posse illam interrogare de omnibus circumstantiis sollicitationis, quæ omnia sunt contra citatam responsionem et decretum.

[106] *Collectio*, n. 1562; Ferraris, *Bibliotheca*, "Sollicitatio", n. 69.

[107] Ferraris, *Bibliotheca*, "Confessarius", art. V, n. 40, nota 3; cf. etiam Berardi, *De Sollicitatione*, n. 61; *Collectio*, n. 156.

S. C. S. Off., anno 1627. Episcopi et Inquisitores possunt tribuere licentiam Confessariis recipiendi medio iuramento denunciationes mulierum, quæ, factis diligentiis, induci non possunt ad denunciandum in S. Officio. Ita scribitur Archiepiscopo Firmi. [108]

S. C. S. Off., 26 jul. 1628. Declaravit: Mulierem sollicitatam teneri ad denunciandum etiam si sciret sollicitantem sponte comparuisse. [109]

S. C. S. Off., 21 febr. 1630. Qui in partibus Schismaticorum et Mahumetanorum degunt, licet subiecti sint Constitutioni contra sollicitantes, tamen in iis locorum circumstantiis, in quibus nulla spes adsit punitionis denuntiati, atque mulieres sine periculo et infamia denuntiare nequeant, denuntiatos vero facile pœnas declinare posse credatur, recurrendo vel ad Episcopos schismaticos, vel ad laicos Iudices Infideles, ex decreto S. C. S. O. die 21 Febr. 1630, attentis supra dictis causis, absolvendi sunt, et liberandi, ab huiusmodi onere denuntiandi; moneri tamen debent ut cessantibus supranarratis periculis et impedimentis teneantur denuntiare. [110]

S. C. S. Off., 2 febr. 1635. Lecto memoriali aliquorum Confessariorum in Urbe et extra, sine eorum nominibus, in quo instant quod sicut provisum fuit contra Confessarios sollicitantes, ita etiam provideatur ut sollicitati easdem teneantur denuntiare sollicitantes. Providetur etiam contra Confessarios habentes carnale commercium cum filiabus spiritualibus, et ordinetur ut huiusmodi confessiones sint nullæ, et peccata huiusmodi sint reservata saltem Ordinario. Et præscribatur forma servanda in approbandis Sacerdotibus ad audiendas confessiones sacramentales pœnitentium. Fuit dictum non spectare ad. S. Officium. [111]

---

[108] *Collectio,* n. 1564.

[109] *Collectio,* n. 1573; Berardi, *De Sollicitatione,* n. 236; confirmatur Decreto S. C. S. Off., 11 febr. 1661, ad XIII, cf. *supra* p. 56.

[110] Giraldi, *Exposito,* II, P. I, lib. V, tit. 7, p. 640; Berardi, *De Sollicitatione,* n. 247; *Collectio,* n. 1574.

[111] *Collectio,* n. 1579. Notetur eo tempore nondum exstitisse legem universalem contra absolventes complicem in peccato turpi, etsi in quibusdam regionibus leges synodales iam id providerent. Cf. L. I. Linahen, *De Absolutione Complicis in Peccato Turpi* (The Catholic University of America Canon Law Studies, n. 164, Washington, D. C.: The Catholic University of America Press, 1942), c. II. Prima lex universalis habetur in const. Benedicti XIV, *Sacramentum Pœnitentiæ,* data die 1 Iunii, 1741, in cuius prima parte

S. C. S. Off., anno 1635 [vel 1636]. Mulier vult denuntiare Confessarium sollicitantem dummodo ei promittatur se non amplius vocaturam in S. Off. Decretum est ut procuretur eam disponere ad denuntiandum, nihil tamen ei promittens, sed solum informetur de secreto S. Officii. [112]

S. C. S. Off., anno 1642. Circa vero mulieres sollicitatas renuentes ob dignos respectus denuntiare Confessarios sollicitantes, iuxta solitum mittant huc earum petitiones et supplicationes, et dabuntur Ordinariis facultates necessariæ pro earum absolutione. [113]

S. C. S. Off., 31 oct. 1656. Mulier sollicitata, si non consenserit, tenetur denuntiare Confessarium, si vero consenserit, tenetur denuntiare sollicitationem ac verba et actus turpes Confessarii, et tacere suum consensum quem non propalare tenetur nec respondere, etiam interrogata ab Episcopo, vel Inquisitore, et si dubitet consensum posse a Confessario propalari, moneatur Confessarium non posse de hoc interrogari, et si ex se Confessario fateatur, non esse scribendum. [114]

S. C. S. Off., 8 iul. 1660, sub Alexandro VII, rescripsit: Sanctissimus declaravit præfatos subditos... etiam nulla fraterna correctione vel alia monitio præmissa fuerit, omnino teneri et obligatos esse accedere ad denuntiandum Ordinariis vel Inquisitoribus locorum, quoscumque... quos noverint de fide quomodolibet etiam leviter suspectos (et proinde etiam reos sollicitationis); ac propterea eosdem debere omnes et quoscumque etiam alios a se consilium, ut supra, petentes, monere et obligare ad denuntiandum; nec posse illos a denuntiando sub... quolibet prætextu retrahere aut retardare. [115]

---

contra sollicitantes decernitur, in altera autem contra absolventes complicem in peccato turpi.

[112] *Collectio*, n. 1586.

[113] *Collectio*, n. 1585.

[114] *Collectio*, n. 1561.

[115] Berardi, *De Sollicitatione*, n. 255. Animadvertitur hic quæstionem fieri de obligatione denuntiandi sollicitantes, non modo a pœnitentibus, sed a quibuscumque de ea notitiam habuerint. De hac autem obligatione, de qua in generalibus legibus inquisitorialibus, ac in tractatibus, nulla facta est mentio in decretis Pontificiis post constitutionem Gregorianam; tamen opinio communis evasit etiam non sollicitatos tenere ad denuntiandum, non modo ex lege naturali, sed etiam ex lege positiva. Post hoc vero decretum, 8 iul. 1660, alia data fuere in eodem sensu, ita ut obligatio positiva, etiam pro non sollicitatis, esset sustinenda.

S. C. S. Off., 11 febr. 1661. An denuntiandus Confessarius qui propter sollicitationem alterius abiuravit? *Censuerunt* [Qualificatores] opinionem negativam non esse probabilem, quod etiam fuit resolutum die 26 Iulii, 1628. [116]

24 sept. 1665. *Propositio VII damnata* ab Alexandro VII: Modus evadendi obligationem denuntiandæ sollicitationis est, si sollicitatus confiteatur cum sollicitante: hic potest eum absolvere absque onere denuntiandi. [117]

S. C. S. Off., 10 mart. 1677. Comandiamo in virtu di santa obbedienza e sotto pena di scommunica di lata sentenza... a tutti ciascuna persona di qualunque stato ecc., che fra il termine di un mese... debbano rivelare e giuridicamente notificare al S. Officio, ovvero agli Ordinari, tutti e ciascuno di quelli, dei quali sappiano, o abbiano avuto, o avranno notizia... che contro i decreti e costituzioni apostoliche abbiano abusato, o abusino del Sacramento della Penitenza, servendosi della confessione o confessionario a fini dishonesti, sollecitando in essi i penitenti *ad turpia* od avendo con essi discorsi di cose illecite e non convenienti al fine per il quale e stato istituito. [118]

Animadvertendum est hoc esse primum documentum in quo iubetur denuntiatio facienda *intra mensem*, sub pœna excommunicationis latæ sententiæ, et denegandæ absolutionis. Quod deinde insertum fuit in constitutione Benedicti XIV, *Sacramentum Pœnitentiæ*. [119]

S. C. S. Off., 1 mart. 1690. S. Congregatio decrevit quod mulier, quando ipsa Confessarium sollicitaverit, vel ipsa fuerit sollicitata et sollicitationi consenserit, suam turpitudinem propalare non tenetur, sed Confessarii sollicitationem tantum denuntiare debet, et ideo esse hortandam quod suam obligationem adimpleat, cum eius nomen et cognomen numquam propalatur, et quatenus ipsa requirat, da-

---

[116] Ex sexdecim propositionibus Cardinalis Albizzi, ad XIII. Cf. *supra,* p. 56 et p. 74. Cf. etiam Berardi, *De Sollicitatione,* n. 236.

[117] *Fontes,* n. 734; Denzinger, n. 1107.

[118] Potestas, *Examen,* II, P. II, c. I, n. 226; Berardi, *De Sollicitatione,* n. 7.

[119] Cf. *supra,* p. 70, de obligatione denuntiandi intra *duodecim dies* ex decreto S. C. S. Off., 3 ian. 1623, quod refertur in genere ad hæreticos aut de hæresi suspectos. Insuper, cf. *infra,* p. 88, quoad const. Benedicti XIV.

bitur facultas Confessario suam denuntiationem etiam sine notario recipiendi. Si autem hoc non obstante in obstinatione perstiterit, tunc concedatur facultas illam absolvendi pro illa vice tantum. [120]

S. C. S. Off., 11 maii, 1707. Puellam in simplicitate constitutam, et absque notitia inhonestatis, teneri denuntiare sollicitantem, postquam compos effecta fuerit et notitiam præteritæ sollicitationis acquisiverit. [121]

S. C. S. Off., 22 ian. 1727, Patri Carolo Spediæ, Præfecto Missionum Pernambucci in America, responsum dedit:

Mulieres sollicitatas non teneri ad denunciationem si Ministri Inquisitionis et Vicarii Episcopi in longinquis regionibus degentes, sine gravi incommodo adiri nequeunt. [122]

8. Circa Pœnas in Sollicitantes. Unum alterumve tantum decretum relate ad pœnas invenitur. De cœtero, sat clare in ipsa constitutione Gregorii XV erant statutæ et iudicio Inquisitorum vel Episcoporum, iuxta gravitatem delicti applicandæ.

S. C. S. Off., anno 1635. Fr. N. sponte comparens in S. Officio, de sollicitatione in confessione, abiurat de vehementi, ac mediantibus suis Superioribus removetur a loco delicti (gravis erat causa) iniuncto eis ut habitationis locum certiorarent, et nullatenus concedatur licentia audiendi confessiones. [123]

S. C. S. Off., anno 1645. Confessarii sollicitantes in Confessione non intelliguntur privari suis beneficiis curatis. [124]

9. Circa Processum Contra Sollicitantes. Difficultas probandi delictum, utpote maxime occultum et intime connexum cum sacramentali sigillo, semper fuit ac est crux processus contra delinquentes in hac materia. Accedit quoque nativa sollicitati pœnitentis oppositio ad denuntiandum vel deponendum circa

---

[120] *Collectio*, n. 1597. Cf. *supra*, pp. 71 et 72, decreta S. C. S. Off., 13 sept. 1623, 25 iul. 1624 et 27 sept. 1624.

[121] Giraldi, *Expositio*, II, P. I, lib. V, tit. 7, p. 641, ad VIII; Berardi, *De Sollicitatione*, n. 251.

[122] *Fontes*, n. 787; *Coll. S. C. P. F.*, n. 308.

[123] *Collectio*, n. 1578. Notatur (*ibid.*) eodem anno adfuisse casus similes.

[124] *Collectio*, n. 1582.

circumstantias sollicitationis, ex qua plerumque timet ne propria fama lædatur. Tandem, limites iurisdictionis Ordinariorum et Inquisitorum, tunc temporis non adeo præcise determinati, originem dederunt perplurimis controversiis, tum in hac tum in aliis causis, inter Episcopos et Inquisitores. Hinc repetitæ ad S. Sedem quæstiones ad lites iurisdictionales dirimendas. Quædam saltem ex iis poterunt cognosci ex tenore documentorum sequentium.

S. C. S. Off. anno 1622. Inquisitor N. mandat Confessariis ut interrogent mulieres pœnitentes an fuerint umquam a Confessariis ad inhonesta sollicitatas, quod tamen Eminentissimi non approbarunt. [125]

17 iul. 1624, dantur litteræ Cardinalis Millino, ex S. C. S. Off., ad Vicarium Generalem Salernitanum:

Acciochè più fondatamente si proceda contro i sollecitanti in confessione, questa Suprema Congregazione ordina, che per lo detto d'una sola donna non venga a constituire il preteso reo, senza prima darne qui aviso con relatione della qualità della donna, del denunciante e del denunciato, ed allora si scriverà a V. S. se debba o no procedere a constituirlo e carcerarlo. Sarà anche V. S. contenta di signjficare questo medessimo ordine ai Vescovi suoi comprovinciali, acciochè ancora da essi sia eseguito. Il Signor Iddio, ecc...." [126]

S. C. S. Off., 10 aug. 1624. An denuntians ex se et non interrogatus, exprimendo in dennuntiatione consensum præstitum, sit ipse scribendus ad effectum dignoscendi cuius qualitatis et gravitatis sit sollicitatio, et per consequens sollicitans qua pœna esset plectendus? Decretum ut mittantur per manus litteræ circulares in tali proposito emanatæ. [127]

---

[125] *Collecio*, n. 1558.

[126] Ferraris, *Biblitheca*, "Sollicitatio", n. 80.

[127] *Colectio*, n. 1591. Notandum est hoc quæsitum pluries propositum fuisse, prout eruitur ex eiusdem *Collectionis* responsionibus, anno 1656 (*ibid.*, n. 1561), et anno 1657 (*ibid.*, n. 1691). In litteris autem de quibus hic mentio fit, quæ vocantur *circulares*, et *per manus mittuntur*, sic legebatur: "Mulier sollicitata, si non consenserit, tenetur denuntiare Confessarium, si vero consenserit, tenetur denuntiare sollicitationem ac verba et tactus turpes Confessarii, et tacere suum consensum, quem non propalare tenetur nec respondere, etiam interrogata ab Episcopo vel Inquisitore, et si dubitet consensum posse a Con-

S. C. S. Off., anno 1625. Contra denunciatum ab una muliere de sollicitatione in confessione S. Officium non procedit quando non concurrunt alia adminicula, vid. adsit mala fama confessarii, et bona mulieris. In quibus est certioranda S. Congregatio. [128]

S. C. S. Off., anno 1626. Facultas iudicandi an Confessarius a pluribus testibus de sollicitatione in confessione sacramentali sit convictus ut possit tradi Curiæ Sæculari, iuxta Bullam Gregorii XV est reservata S. Congregationi Cardinalium Generalium Inquisitorum. [129]

S. C. S. Off., 13 maii 1626. Inquisitor Arimini consulit an denunciationes tam in Tribunali S. Officii quam Episcopi, in materia sollicitationis datæ contra eamdem personam, insimul communicari possint? Decretum ut nullius scripturæ copiam communicent Episcopo, sed in casibus particularibus consulat S. Congr., significando qualitates denuntiati et indiciorum necnon eorum quæ exstant in Tribunali Episcopali, et quis prævenit. [130]

S. C. S. Off., anno 1627. Inquisitoribus omnibus scribitur, ne ad denunciationem unius mulieris procedant ad carcerationem denuntiati, nisi constiterit de mala fama ipsius, et certiorata S. Congregatione. [131]

S. C. S. Off., anno 1627. Contra sollicitantes procedunt Episcopi et Inquisitores cumulative, et tenentur inter se communicare, ne ob defectum probationum delictum impunitum remaneat; sed tamen, prius mittant dispositiones ad Urbem, et resolutionem spectent. [132]

S. C. S. Off., 27 nov. 1636. Inquisitor N. consulit an consultores sæculares intervenire debeant Congregationibus. S. Officii, in quibus agitantur causæ reorum inquisitorum de sollicitatione? SSmus, iussit rescribi quod huiusmodi ca-

---

fessario propalari, moneatur Confessarium de hoc non posse interrogari, et si ex se Confessarius fateatur, non esse scribendum.—*Collectio*, n. 1561.

[128] *Collectio*, n. 1567. Recodari iuvat ipsam constitutionem Gregorianam (§ 5) iam normas tradere circa valorem testimonii unius mulieris in huiusmodi causis. Cf. *supra*, p. 51.

[129] *Collectio*, n. 1569; const. *Universi Dominici gregis*, § 5; cf. *supra*, p. 44.

[130] *Collectio*, nn. 1594 et 1570.

[131] Collectio, n. 1568. Simile responsum datum fuerat in Litteris Card. Millino, 17 iul. 1624; cf. *supra*, p. 78; Ferraris, *Bibliotheca* "Sollicitatio", n. 80.

[132] *Collectio*, n. 1571. Cf. *supra*, responsum 13 maii 1626.

sus in Congregationibus Consultorum non proponat, sed ad hoc Supremum Tribunal terminandas transcribat, eidemque significari quod in aliis locis mandet observari. [133]

S. C. S. Off., 1 oct. 1642. S. Congregatio mandavit rescribi Archiepiscopo Neapoli, ut advertat quod sola denuntiatio in materia sollicitationis non facit denuntiatum delicti reum, et ideo oportet in hac materia circumspecte agere. [134]

S. C. S. Off., 11 maii 1647. De sollicitatione ab una muliere delatus et præventus, [si] de eadem sollicitatione se sponte accusat, contra ipsum fit causa prout iuris, et sic pluries fuit in usu in S. Officio Romæ, et inde P. Inquisitori Romigi S. Congregatio sic rescribi mandavit. [135]

S. C. S. Off., 13 iul. 1652. Decretum generale datur de eadem materia: Contra sollicitantem præventum ab una muliere et postea ipse sponte comparens proceditur prout iuris. [136]

S. C. S. Off., 27 sep. 1686. In una *Papiensi sive Romana*, S. Congregatio resolvit sponte comparentem qui confessus est se sollicitasse, licet fuerit præventum ab una dumtaxat fœmina sollicitata, esse carcerandum, quia depositio sollicitatæ erat adminiculata ex confessione extraiudiciali sollicitantis ac aliis coniecturis deductis in actis, ante spontaneam comparitionem sollicitantis. [137]

S. C. S. Off., 7 iul. 1725. *Instructionem* dedit, in qua determinatur quandonam et quomodo possint delegari sacerdotes confessarii ad recipiendas denuntiationes absque notario, in rebus spectantibus ad S. Officium.

Questa Sacra Congregazione del S. Offizio, con sue circolari de' 27 Settembre 1624. [138] e 24 Gennaro 1667, che si conserveranno in contesta Cancellaria, ha già conceduta a' Vescovi ed Inquisitori la facoltà in materia di sollecitazione, di delegare in casi particolari i Confessori, quando le persone sollecitate non possono disporsi a denunziare nella forma giuridica ordinaria, per ricevere anco senza Notaro le denunzie, con istruirli del modo di ben riceverle, e darli il giuramento *de silentio servando et fideliter munus sibi commissum exercendo*. Ora Sua Santità, sentito il voto

---

[133] *Collectio*, n. 1581.
[134] *Collectio*, n. 1587.
[135] *Collectio*, n. 1588.
[136] *Collectio*, n. 1590.
[137] *Collectio*, n. 1596.
[138] Cf. *supra*, p. 72.

di questi Eminentissimi Colleghi, ha confermate, e novamente concedute a' Vescovi ed inquisitori le predette facoltà di delegare, come sopra, qualsiasi Sacerdote approvato per le confessioni sacramentali; ma V. S. si prevalerà di dette facoltà parcamente, e dopo aver procurato che le donne sollecitate denunzino nella forma giuridica ordinaria. E Dio la prosperi. Di V. S. Roma, 7 Luglio, 1725. Come Fratello. F. Card. Giudice. [139]

S. C. S. Off., 23 mart. 1726. *Instructio* ad Episcopos et Inquisitores Italiæ, circa custodiam sigilli in materia denuntiationum de sollicitatione in confessione:

La Santità di N. S· e questi miei Eminentissimi Colleghi Generali Inquisitori considerando, che i rei di sollecitazione nelle sagramentali confessioni facilmente possono incorrere, o nelle spontanee comparse, o nei constituti, nella rivelazione delle confessioni sagramentali senza fare riflessione alla violazione del sigillo sagramentale, che è de iure divino, e indispensabile per qualsisia gravissima causa anco di eresia, hanno perciò stimato spediente di rinovare a cautela gli avvertimenti altre volte datisi a V. S., si chè a tutti gli altri Vescovi, ed Inquisitori d'Italia, acciò che nelli processi di sollecitazione nelle sagramentali confessioni li pretesi rei sollecitanti, o sia nelle spontanee comparse, o nei constituti, non rivelino, anco innocentemente le confessioni, con dire: Confessandosi da me la tale di pensieri, o attti disonesti, le disi etc... Ma procedendo V. S. colla solita sua attenzione, ammonirà li sponte comparenti, o rei constituti a non deporre cosa alcuna, che concerna il sigillo delle sagramentali confessioni de' penitenti, ma di riferire solamente ciò, che riguarda il detto, o fatto di essi sollecitanti, in ocassione de aver amministrato il Sacramento della Penitenza, o immediatamente avanti, o dopo, o nel confessionario, o sotto prestesto di confessione, e perciò dovranno semplicemente i sollecitanti deporre: confessandosi da me N. N. le disi etc. o feci etc. senza dir altro in ordine alla confessione de' penitenti, e se cadessero nel detto errore di rivelare le confessioni, non si dovrà la loro deposizione in questa parte scrivere in processo, e se mai per inavvertenza di qualche ministro, che acremente coregerà, si trovasse scritta in qualche processo, si dovranno cassare dalli

---

[139] Giraldi, *Expositio*, II, P. I, lib. V, tit. 7, p. 643, ad XVII et XVIII.

processi originali tutte quelle circostanze, che riguardano la detta rivelazione di confessioni sagramentali; così colla sua solita attenzione dovrà V. S. regolarsi, e il presente avvertimento comunicherà a tutti i suoi Vicari, che hanno facoltà di far processi in materia di Fede, acciò colla dovuta attenzione invigilino all' esecuzione del presente ordine, e Dio la prosperi. Di V. S. Roma, 23 Marzo 1726. *Come Fratello* F. Card. Palucci. [140]

Congeries documentorum hactenus exposita, satis abunde demonstrat S. Officii activitatem in legislatione contra sollicitantes urgenda, accuratius determinanda, perficienda. Diversæ vero indolis alia nonnulla exstant decreta, quibus Supremus Tribunal pastorales quasdam normas tradidit pro diligenti observantia constitutionis Gregorianæ, unde ex una parte confessarii certiores fierent de obligatione denuntiandi imponenda pœnitentibus quos noverant fuisse ab aliis sollicitatos; ex alia autem parte, iidem confessarii conscii de gravitate delicti, monebantur ne, incaute imprudenterque ministerium exercentes, ansam præberent malitiosis interpretationibus pœnitentium, neque enormitatis criminis ignari sacramento Pœnitentiæ abuterentur in propriam ac plurimorum fidelium ruinam. In hoc sensu leguntur sequentia decreta:

S. C. S. Off., 3 oct. 1626. Iussu Urbani VIII (1623-1644), litteræ subscriptæ a Card. Millino datæ fuerunt, in quibus:

Iubetur omnibus Ordinariis, quod in actu approbationis Confessariorum, vel sint sæculares, vel regulares, legere faciant Constitutionem Gregorii XV, præcipue 7 versic. *Mandantes,* ut sciant omnes Confessarii pœnas sollicitantibus impositas, et obligationem quam habent, monendi filias spirituales sollicitatas ab aliis Confessariis, quod eos denuntient, et quod secus facientes punientur per Inquisitores. [141]

---

[140] Giraldi, *Expositio*, II, P. I. lib. V, tit. 7, p. 642.

[141] Escobar a Corro, *De Confessariis Sollicitantibus*, P. II, q. II, § II, n. 32; Diana, *Resolutiones Morales*, V, tr. IX, LIV, § 3. Ad hoc fortasse decretum refertur illud quod legitur in *Collectione* Cardinalis Casanata, sub n. 1559: "Ordinarii approbando Confessarios illis iniungant observantiam Bullæ Gregorii XV contra sollicitantes in Confessione, ne alias incidant in illius pœnas."

S. C. S. Off., 7 iun. 1633. Decretum Urbani VIII:
...Sanctissimus Dominus noster sedulo incumbens, ut ea, quæ salubriter Apostolicis decretis, et constitutionibus statuta, et ordinata sunt, præsertim quoad Sanctum Officium Inquisitionis contra hæreticam pravitatem pertinent, inviolabiliter observentur, et omnimodam sortiantur exsecutionem, districte mandat et præcipit, ut omnes Superiores cuiusvis Ordinis, Congregationis, Societatis, etiam necessitate exprimendæ Regularis, aut cuiusvis alterius instituti, etiam quantumvis exempti, et privilegiati, teneantur sub pœna privationis officii, ac vocis activæ et passivæ ipso facto incurrenda, aliisque arbitrio Sanctitatis Suæ infligendis, in perpetuum semel in anno, id est, feria sexta post Octavam Assumptionis Beatæ Mariæ Virginis, in pública mensa, vel in Capitulo ad hoc specialiter convocato, et insuper in quocumque Generali, ac Provinciali Capitulo, Conventu, Dieta, vel alio quovis nomine nuncupato Capitulari congressu, suos subditos, ac Religiosos commonere de iniuncta omnibus observantia, et executione earumdem Apostolicarum constitutionum, et decretorum, ad S. Officium Inquisitionis adversus hæreticam pravitatem continentium, ac præsertim: ...

Pii IV. constit. 91. incipit, *Cum sicut nuper*, contra Sacerdotes, qui pœnitentes mulieres in actu sacramentalis confessionis ad inhonestos actus provocare, et allicere tentant, et sollicitant.

Et Gregorii XV. constit. 34. incipit, *Universi Domici gregis*, ampliative circa huius criminis probationes, et extensive contra Confessarios, qui personas (quæcumque illae sint) ad inhonesta, sive inter se, sive cum aliis, quomodolibet perpetranda in actu sacramentalis confessionis, sive ante, sive post immediate, seu occasione, vel prætextu confessionis, vel extra occasionem confessionis in confessionario, aut in alio loco, ad audiendam confessionem electo, sollicitare, vel provocare tentaverint, aut cum eis illicitos, et inhonestos sermones, sive tractatus habuerint. Et contra Confessarios non monentes eos, quos sciunt ab aliis Confessariis sollicitatos esse, ut Inquisitoribus, vel Ordinariis sollicitantes denuncient; vel docentes eos ad ita denunciandum non teneri.

Et insuper, iidem Superiores teneantur curare et efficere, ut huius decreti exempla aliquo loco apud eos publico affigantur, et affixa conserventur, ita ut ab eisdem subditis Religiosis omnibus videri, ac legi commode queant, deque huiusmodi commonitione publico documento statim certiorem facere Congregationem Sanctissimæ Inquisitionis in Urbe. Et ita mandat, et præcipit, Sanctitas Sua. [142]

Alia duo decreta, absque anno, afferuntur a Card. Casanata:

Iterum eis (Ordinariis) præcipitur ut in dicta approbatione [confessariorum, scl.] faciant legi Confessariis et intimari dicta Bulla, ita ut nedum sciant pœnas in ea contentas contra sollicitantes, sed etiam puniendos fore si pœnitentes sollicitatas non hortabuntur ad satisfaciendum dictæ Bullæ, denuntiando sollicitantes; et eorum remittitur arbitrio hoc facere etiam cum approbatis. [143]

Aliud autem decretum legitur:

Non permittatur in concionibus insinuari populo huiusmodi defectum in Confessariis sollicitantibus, ne scandalizentur laici. Fiant continuæ missiones Confessariorum extraordinariorum ubi adest necessitas. [144]

---

[142] Apud Diana, *Resolutiones Morales*, V, tr. XIII, *Decreta et Constitutiones Pontificum*, pp. 367 et 368.

[143] *Collectio*, n. 1560.

[144] *Collectio*, n. 1584.

CAPUT III

PERIODUS CONSTITUTIONIS BENEDICTI XIV (1741-1917)

Centum undeviginti post annos a promulgata constitutione *Universi Dominici gregis*, perplurima lata fuerant documenta circa delictum sollicitationis, tum pro particularibus territoriis, tum pro universa Ecclesia. Supremum Tribunal Sacræ Romanæ et Universalis Inquisitionis dubiis respondendo, vel privatas doctorum opiniones approbando vel reiiciendo, iteratas ediderat declarationes, resolutiones et decreta circa clausulas constitutionis Gregorianæ, prout in superiore sectione expositæ manent.

Ulterioribus tamen discussionibus et abusibus exsurgentibus, tum ex falsis interpretationibus propter varias verborum significationes, tum ex improbitate clericorum in Pœnitentiæ sacramento administrando, tum denique ex aliorum hominum perversitate qui in innocentes sacerdotes apud Iudices ecclesiasticos falso sollicitationis insimulare audebant, operæ prætium fuit, nova quadam Pontificia constitutione, ius contra sollicitantes temporum exigentiis aptare et noviter definire. Hoc opus aggressus est Benedictus XIV (1740-1758), [1] constitutione *Sacramentum Pœnitentiæ*, data 1 Iunii, 1741.

In hac igitur tertia periodo, constitutio Benedictina atque ad ipsam declarationes ab eodem Summo Pontifice datæ, in prima huius capitis sectione referuntur; in altera autem sectione summa iuris Benedicti XIV circa sollicitantes exhibetur; in tertia denique sectione, post-benedictinæ responsiones et decreta usque ad Codicem Iuris Canonici chronolgice disposita reperientur.

---

[1] Natus Bononiæ anno 1675, Prosper dictus ex Lambertinorum gente, Benedictus XIV optime meritus est de re canonica prout eius opera, potissimum *De servorum Dei beatificatione et beatorum canonizatione; De Synodo Diœcesana; Quæstiones Canonicæ et Institutiones Ecclesiasticæ* (*Opera Omnia*, 15 vol., Venetiis, 1767), egregie testantur. Ad supremum pontificatum evectus anno 1740, obiit 3 Maii, 1758.

SECTIO I — CONSTITUTIO ET DECLARATIONES BENEDICTI XIV

Cum ex tenore can. 904 [2] præcipuum caput et fundamentum totius iuris positivi vigentis circa delictum sollicitationis sit constitutio Benedictina, in sequentibus illa dumtaxat pars eiusdem constitutionis transcribitur, in qua lex circa sollicitantes refertur, relictis aliis sectionibus in quibus de absolutione complicis in peccato turpi tractatur. Illæ clausulæ quæ legem Gregorianam declarant vel extendunt ad calcem indicantur, notulis in textu interiectis. In fine, denique, summa capita novi iuris ex ipsa constitutione excerpta colligentur, ut veluti in tabula habeatur id quod fundamentum et fontem principem iuris hodierni in hac materia constituit.

1. Constitutio *Sacramentum Pœnitentiæ*.

Sacramentum Pœnitentiæ, quam secundam, post naufragium deperditæ gratiæ, tabulam sancti Patres apte nuncuparunt, Nos licet immerentes ad universi dominici gregis curam superna dispositione vocati, omne studium, et pastoralem sollicitudinem adhibere tenemur, ne quod post amissam baptismi innocentiam datum est divina benignitate perfugium, per dæmonum fraudem, et hominum Dei beneficiis perverse utentium malitiam, naufragis ac miseris peccatoribus luctuosum evadat exitium; et quod in salutem, et curationem animarum, a Deo, qui dives est in misericordia, institutum est, execrabili scelestorum quorumdam sacerdotum improbitate, in earum perniciem, atque interitum vertatur.

§ 1. Dudum quidem a fel. record. Gregorio Papa XV Prædecessore Nostro per suas litteras in forma Brevium sub datum Romæ apud Sanctam Mariam Maiorem die XXX Augusti MDCXXII, Pontificatus sui anno secundo, [3] sapienter provisum fuit contra quoscumque sacerdotes audiendis confessionibus deputatos ad turpia et inhonesta sollicitantes; et deinceps successivis temporibus, ad earum litterarum interpretationem ac declarationem, plura subinde a Congregatione Venerabilium Fratrum Nostrorum Sanctæ

---

[2] "Ad normam constitutionum apostolicarum et nominatim constitutionis Benedicti XIV, *Sacramentum Pœnitentiæ*, etc..."

[3] Const. *Universi Dominici gregis*; cf. *supra*, p. 42.

Romanæ Ecclesiæ Cardinalium adversus hæreticam pravitatem generalium Inquisitorum sub die XI mensis Februarii Anno Domini MDCLXI, prodierunt, decreta, [4] et a rec. mem. Alexandro PP. VII pariter prædecessore Nostro in Congregatione Generali Sanctæ Romanæ et Universalis Inquisitionis die XXIV Septembris MDCLXV coram eo habita inter alias ab Evangelica veritate, et sanctorum Patrum doctrina alienas et dissonas propositiones, sexta videlicet et septima, huc revocandæ, damnatæ, et prohibitæ fuerunt. [5]

Nos itaque mature perpendentes quanti momenti sit ad æternam animarum salutem ea ubique exacte observari, et quanti ad infirmas oves curandas, et decorem Sanctæ Ecclesiæ Dei retinendum, intersit, ne aliqui sacerdotes Pœnitentiæ Sacramento nefarie abutentes, pœnitentibus pro curatione vulnus, pro pane lapidem, pro pisce serpentem, pro medicina venenum porrigant, sed animo secum recolentes, se a Christo Domino præsides, et iudices animarum constitutos, ea sanctitate, quæ sublimitati ac dignitati muneris convenit, tam venerandum Sacramentum administrent: Motu proprio, et ex certa scientia, ac matura deliberatione Nostra, præfatas litteras huiusmodi, ac omnia, et singula decreta prædicta ad illarum interpretationem et declarationem emanata, Apostolica auctoritate tenore præsentium approbamus et confirmamus, illisque omnibus et singulis inviolabilis Apostolicæ firmitatis robur adiicimus; atque etiam, quatenus opus sit, denuo committimus et mandamus omnibus hæreticæ pravitatis Inquisitoribus, et locorum Ordinariis omnium regnorum, provinciarum, civitatum, dominiorum, et locorum universi Orbis Christiani, in suis respective diœcesibus, ut diligenter, omnique humano respectu posthabito, inquirant, et procedant contra omnes et singulos sacerdotes tam sæculares, quam regulares quomodolibet exemptos, ac Sedi Apostolicæ immediate subiectos, quorumcumque Ordinum, Institutorum, Societatum, et Congregationum, et cuiuscumque dignitatis, et præeminentiæ, aut quovis privilegio, et indulto munitos, qui *aliquem pœnitentem, quæcumque persona illa sit,* [6]

---

[4] Responsiones, scl., ad sexdecim propositiones Card. Albizzi; cf. *supra,* p. 55.

[5] Cf. *supra,* pp. 67 et 76; Denzinger, nn. 1106 et 1107.

[6] In const. Gregorii XV, § 4, legebatur: *qui personas, quæcumque illæ sint.*

vel in actu sacramentalis confessionis *vel ante, vel immediate post confessionem,* [7] vel occasione, *aut prætextu confessionis,* [8] vel etiam extra occasionem confessionis in confessionali, *sive in alio loco ad confessiones audiendas destinato, aut electo, cum simulatione audiendi ibidem confessionem,* [9] ad inhonesta, et turpia sollicitare, vel provocare, sive verbis, sive signis, sive nutibus, sive tactu, [10] sive per scripturam, aut tunc aut postea legendam, [11] tentaverint, *aut cum eis illicitos, et inhonestos sermones, vel tractatus ausu temerario habuerint;* [12] et quos in aliquo ex huiusmodi nefariis excessibus culpabiles repererint, in eos pro criminum qualitate et circumstantiis, severe animadvertant, per condignas pœnas, iuxta memoratam Gregorii Prædecessoris Nostri constitutionem, quam hic de verbo ad verbum pro inserta haberi volumus: dantes etiam, si opus sit, et rursus concedentes facultatem, ne delictum tam enorme, et Ecclesiæ Dei iniuriosum, remaneat, ob probationum defectum, impunitum, iam alias in præfata constitutione tributam, procedendi cum testibus etiam singularibus, dummodo præsumptiones, indicia et alia adminicula concurrant. [13]

§ 2. Meminerint præterea omnes et singuli sacerdotes ad confessiones audiendas constituti, teneri se ac obligari, suos pœnitentes, quos noverint fuisse ab aliis, ut supra, sollicitatos, sedulo monere, iuxta occurrentium casuum circumstantias de obligatione denuntiandi Inquisitoribus, sive locorum Ordinariis prædictis, personam, quæ sollicitationem commiserit, etiamsi sacerdos sit, qui iurisdictione ad absolutionem valide impertiendam careat, aut sollicitatio inter confessarium, et pœnitentem mutua fuerit, sive sollicitationi pœnitens consenserit, sive consensum minime præstiterit, vel longum tempus post ipsam sollicitationem iam

---

[7] In Gregoriana: *sive ante, sive post immediate.*

[8] In Gregoriana: *prætextu confessionis huiusmodi, etiam ipsa confessione non secuta.*

[9] In Gregoriana: *in confessionario, aut in loco quocumque, ubi confessiones sacramentales audiuntur, seu ad confessionem audiendam electo, simulantes ibidem confessiones audire.*

[10] Huiusmodi accurata enumeratio nova est.

[11] S. C. S. Off., 11 febr. 1661, ad I; prop. VI damnata ab Alexandro VII, 24 sept. 1665.

[12] In Gregoriana desunt verba *ausu temerario.*

[13] Const. *Universi Dominici gregis,* § 5.

effluxerit, aut sollicitatio a confessario, non pro se ipso, sed pro alia persona peracta fuerit. Caveant insuper diligentèr confessarii, ne pœnitentibus, quos noverint iam ab alio sollicitatos, sacramentalem absolutionem impertiant, nisi prius denunciationem prædictam ad effectum perducentes, delinquentem indicaverint competenti iudici, vel saltem se, cum primum poterunt, delaturos spondeant ac promittant. [14]

§ 3. Et quoniam improbi quidem homines reperiuntur, qui vel odio, vel ira, vel alia indigna causa commoti, vel aliorum impiis suasionibus, aut promissis, aut blanditiis, aut alio quovis modo incitati, tremendo Dei iudicio posthabito, et Ecclesiæ auctoritate contempta, innoxios sacerdotes apud ecclesiasticos iudices falso sollicitationis insimulant: [15] ut igitur tam nefaria audacia, et tam detestabile facinus metu magnitudinis pœnæ coërceatur, quæcumque persona, quæ exsecrabili huiusmodi flagitio se inquinaverit, vel per se ipsam innocentes sacerdotes calumniando, vel sceleste procurando, ut id ab aliis fiat, a quocumque sacerdote quovis privilegio, auctoritate, et dignitate munito, præterquam a Nobis, Nostrisque Successoribus, nisi in fine vitæ, et excepto mortis articulo, spe absolutionis obtinendæ, quam Nobis et Successoribus prædictis reservamus, perpetuo careat. [16]

§ 6. Volumus demum ac præcipimus, ut omnes locorum Ordinarii, tam præsentes quam futuri pro tempore

---

[14] Ex lectione huius paragraphi, collatæ cum responsionibus citatis in postrema sectione præcedentis capitis, clare apparet omnes illas resolutiones a Benedicto XIV auctoritative incorporatas fuisse iuri de sollicitatione in confessione.

[15] Iis verbis descriptum manet, prima vice in legislatione pœnali Ecclesiæ, delictum eorum qui confessarium innocentem de sollicitationis crimine apud iudices ecclesiasticos falso denuntiant, de quo *Codex Iuris Canonici* in can. 894 et 2363. Cf. de hac re Herbert Linenberger, *The False Denunciation of an Innocent Confessor*, The Catholic University of America Canon Law Studies, n. 236 (Washington, D. C.: The Catholic University of America Press, 1949).

[16] In iure *Codicis* hodierni, iuxta can. 894, "unicum peccatum ratione sui reservatum Sanctæ Sedi est falsa delatio, qua sacerdos innocens accusatur de crimine sollicitationis apud iudices ecclesiasticos." Præterea, iuxta can. 2363, plectitur excommunicatione, ipso facto incurrenda, speciali modo Sedi Apostolicæ reservata.

existentes, in approbatione confessariorum, tam prædictam Constitutionem Gregorii Prædecessoris, quam præsentem hanc Nostram, ab omnibus sacerdotibus approbandis attente legi et accurate observari curent, moneantque eos in Domino atque hortentur, ut sacrum ministerium ipsorum fidei commissum summa animi innocentia, morum puritate, iudicii integritate peragant, exhibeantque semetipsos ut ministros Christi et dispensatores mysteriorum Dei. Memores præterea sint se locum tenere, ac vices obire summi atque æterni Sacerdotis, qui sanctus, innocens, impollutus, per Spiritum Sanctum semetipsum obtulit immaculatum Deo, ut emundaret conscientiam nostram ab operibus mortuis, ad serviendum Deo viventi: sedulo igitur studeant diligenterque caveant, ne quærentibus et pulsantibus eorum culpa cælum claudatur; ne deperditæ oves ad ovile dominicum redire properantes, eorum manibus ferarum dentibus dilaniandæ tradantur; ne prodigi filii egentes et saucii ad cœlestem Patrem revertentes, nefaria eorum improbitate, gravioribus peccatorum vulneribus, dum adhuc in via sunt, confodiantur. [17]

Paragraphi 4 et 5 constitutionis, in quibus de absolutione complicis in peccato turpi, omissæ fuere. [18]

2. Constitutio *Etsi Pastoralis*, die 26 Maii, 1742. [19]

In huiusmodi constitutione ad Orientales directa, declarat Benedictus XIV constitutiones contra sollicitantes comprehendere quoque Orientales:

"§ IX, n. V: Tum subiectio ommibus, et singulis Romanorum Pontificum Constitutionibus, contra sollicitantes præsertim in confessione editis, quæ in singulas nationes universim vires suas extendunt, ac Latinos æque, ac Græcos sua amplitudine comprehendunt". [20]

---

[17] Præscriptum legendi constitutiones contra sollicitantes, a sacerdotibus in actu approbationis ad audiendas confessiones iampridem datum fuerat ab Urbano VIII, 3 oct. 1626; cf. *supra*, p. 83. Cf. etiam resolutiones quæ sub nn. 1559 et 1560 inveniuntur in *Collectione* Card. Casanata, *supra*, p. 84.

[18] Cf. *Documentum V, Codicis Iuris Canonici*. Circa absolutionem complicis, utiliter consuli potest Linahen, *De Absolutione Complicis in Peccato Turpi*, cc. I et IV.

[19] *Fontes*, n. 328.

[20] Idipsum declaratum iam fuerat a Clemente XI, per decretum S. C.

3. Constitutio *Apostolici muneris*, die 8 Februarii, 1745. Per hanc constitutionem Benedictus XIV confirmavit constitutionem *Sacramentum Pœnitentiæ* in genere, eamdemque speciatim declaravit quoad ademptam confessario facultatem absolvendi complicem in peccato turpi, etiam in articulo mortis, extra casum necessitatis. Non est ideoque ratio cur hic in extenso referatur. [21]

4. *Decretum, die 5 Augusti*, 1745, per quod Benedictus XIV confirmat pœnas contra sollicitantes iampridem latas, atque insuper decernit in eosdem pœnam perpetuæ inhabilitatis ad Sacrificium Missæ celebrandum:

In Generali Congregatione Sanctæ Romanæ, et Universalis Inquisitionis habita in Palatio Apostolico Quirinali coram Sanctissimo Domino Nostro Domino Benedicto Divina Providentia Papa XIV, et Eminentiss., ac Reverendiss. DD. S. R. E. Cardinalibus adversus hæreticam pravitatem Inquisitoribus Generalibus a Sancta Sede Apostolica specialiter deputatis:

Sanctissimus Dominus Noster sollicite animadvertens, quam grave sit delictum illorum perditorum hominum, qui Sacrosancto Missæ Sacrificio ac Salutaris Pœnitentiæ Sacramento, ad Animarum reparationem a Christo Domino institutis, in illarum perniciem, et damnationem abutantur, decrevit, quod in posterum Sacerdotes tam Sæculares, quam Regulares cuiuscumque Ordinis, Instituti, Congregationis, et Societatis etiam de necessitate exprimendæ, vel in actu sacramentalis confessionis, sive illius occasione, aut prætextu, ad turpia sollicitantes, vel Sacrificio Missæ abutentes ad sortilegia, præter pœnas a Iure et Apostolicis Constitutionibus, ac signanter san. mem. Sixti V [22] et Gregorii XV [23] contra eosdem inflictas, perpetuam etiam inhabilitationem incurrant ad præfati Sacrificii celebrationem; quodque eius-

---

S. Off., 13 iun. 1710, prout *supra*, p. 59, notatum manet. In illo autem decreto dicebatur: "*Constitutiones Pontificiæ... ita obligant Græcos sicut et Armenos.*" — *Fontes*, n. 775.

[21] *Fontes*, n. 355; cf. quoque Linahen, *De Absolutione Complicis in Peccato Turpi*, p. 4.

[22] Const. *Cœli et Terræ,* 5 ian. 1586, contra abutentes Sacrificio Missæ ad sortilegia. Cf. *Fontes*, n. 157.

[23] Const. *Universi Dominici gregis,* contra sollicitantes; cf. supra, p. 44, § 4, versus finem; — *Fontes*, n. 201.

modi Decretum significetur singulis cuiuscumque Ordinis Superioribus, ac Præpositis, ad hoc ut de illo, sicut et de prædictis, aliisque Summorum Pontificum Constitutionibus, iuxta præscriptum in Generali Decreto Supremæ Inquisitionis diei 15 Decembris 1633, [24] semel saltem in anno, Feria VI post Octavam Assumptionis B. M. Virginis in publica mensa, vel in Capitulo ad hoc specialiter convocato, ac insuper in quocumque Generali, vel Provinciali Capitulo, vel alio quovis nomine nuncupato Capitulari Congressu suos subditos, ac religiosos commonendos curent, eiusdemque commonitionis coram Suprema Congregatione iuratum testimonium exhibeant. [25]

5. Epistola ad P. Emmanuelem de Azevedo, S. J., data die 11 Novembris, 1748. Præter publica documenta mox allata, adest epistola quædam privata Benedicti XIV ad P. Emmanuelem de Azevedo, in qua Romanus Pontifex respondet quibusdam quæsitis circa pœnam degradationis infligendam sollicitantibus. En quæ ad rem faciunt:

Dilecte Fili. Miraris quod in Tractatu nostro de *Synodo Diœcesana*, lib. 9, cap. 6, num. 7 et seq. de his delictis disserentes, ob quæ Persona Ecclesiastica a susceptis Ordinibus degradari potest et Curiæ sæculari tradi, quæ deinde illam capitali pœna punit, sollicitationem in Sacramentali Confessione non recensuerimus; tametsi Gregorius XV Prædecessor Noster, post renovatam præcedentem constit. Pii IV, præter alias exilii, triremium, et perpetui carceris pœnas, facultatem quoque Iudicibus indulserit reos in aliquo casu degradandi, eosque Curiæ sæculari tradendi. *Eos quoque, si pro delicti enormitate maiores pœnas meruerint, debita præcedente degradatione, Curiæ sæculari puniendos tradant,* ut legitur in Constit. laudat. Gregorii, quæ incipit *Universi Dominici.*

Breviter autem respondemus nos in citato Tractatus nostri loco nullam Gregorianæ Constitutionis fecisse mentionem, quod ibi pœna degradationis, et traditionis Curiæ sæculari imposita fuit *ad terrorem:* neque unquam subinde executioni mandata est, et quidem merito: Cum enim sollicitationis crimen non nisi testibus singularibus probari

---

[24] Cf. *supra,* p. 82, ubi mentio facta est de eodem vel simili decreto, dato sub Urbano VIII, 7 iun. 1633.

[25] *Fontes,* n. 795.

queat, grave fuisset, atque intolerabile ad degradationem
et Curiæ sæculari traditionem procedere ob id delictum,
quod etsi grave, per testes tamen tantum singulares confirmari potest.

Ita testatur Card. Alibizius, qui plurimis annis Assessor, et inde S. Officii Card. fuit, in suo Tractatu *de Inconstantia in Fide*, part. I, cap. 15, n. 13. *Non obstat Bulla
Gregorii XV contra sollicitantes, qua datur arbitrium su-
premis Inquisitoribus condemnandi Sacerdotes sollicitantes
in pœnam traditionis bracchio sæculari ex depositione
testium singularium, quia Bulla in ea parte fuit condita
potius ad terrorem, quam ut executioni mandetur. Et ego
possum testari, quod licet tempus mei Assessoratus succes-
serint casus enormes in hac materia, numquam tamen illud
arbitrium vidi practicatum. Et quidem Nos quoque testa-
mur qui in Tribunali S. Inquisitionis antiquissimi su-
mus...* " [26]

SECTIO II — SUMMA IURIS BENEDICTI XIV
CIRCA SOLLICITANTES

Ex constitutione *Sacramentum Pœnitentiæ*, una cum declarationibus ab ipso Pontifice Benedicto XIV emanatis, quæ sequuntur, tamquam summa totius iuris contra sollicitantes, possunt
colligi:

1. DEFINITUR DELICTUM SOLLICITATIONIS. Iuxta constitutionem Benedictinam *delictum sollicitationis est quævis provocatio
ad turpia a quocumque sacerdote facta tamquam confessario*. [27]
Et quidem, a) *provocatio quævis*, intelligitur studiosa et malitiosa
inductio ad peccandum, facta sive verbis, sive signis, sive nutibus,
sive tactu, sive per scripturam in confessione aut postea legendam, aut per illicitos et inhonestos sermones vel tractatus. Pro
malitiosa intentione adhibentur in constitutione verba *ausu temerario*, ut excludantur ea omnia quæ, etsi imprudenter fortasse a
confessario facta, vel dicta, tamen, ex probitate personæ, vel ex
contextu sermonis vel tractatus, vel ex circumstantiis aut con-

---

[26] Benedictus XIV, *Opera Omnia*, XV, 135.
[27] Cf. Const. *Sacramentum Pœnitentiæ*, § 1.

sectariis, nihil mali redolent, vel minime produnt perversam intentionem in ea dicenti vel facienti. [28]

b) *Ad turpia,* i. e., ad peccata quæcumque externa, gravia, contra sextum Decalogi præceptum, ut patet ex sensu verbi *turpia,* prout in usu erat et est apud auctores de re morali scribentes, et ex decreto citato et confirmato in constitutione Benedictina. [29]

c) *Facta a quocumque sacerdote,* ita ut comprehendantur omnes et singuli qui sunt sacerdotes, tum Latini, tum Orientales, cuiuscumque dignitatis et præeminentiæ, aut quovis privilegio muniti, sive sæculares, sive regulares, quomodolibet exempti, quorumcumque Ordinum, Institutorum, et Congregationum, etiamsi ad audiendas confessiones iurisdictione careant. [30] Sed excluduntur non sacerdotes, et sacerdotes qui non tamquam confessarii fortasse sollicitaverint.

d) *Tamquam a confessario,* quia requiritur ad delictum constituendum ut provocatio ad turpia facta sit cum determinata aliqua relatione ad confessionem. Hæc autem relatio determinatur in ipsa constitutione: aderit delictum si provocatio contingat vel in actu sacramentalis confessionis, vel ante, vel immediate post confessionem, vel occasione, aut prætextu confessionis, vel etiam extra occasionem confessionis, in confessionali, sive in alio loco ad confessiones audiendas destinato, aut electo, cum simulatione audiendi ibidem confessionem. [31]

2. Præceptum Denuntiandi Delinquentes. a) Hæc obligatio, ex iure positivo, prout a Benedicto XIV declaratur, respicit solummodo personam, quæcumque illa sit, pœnitentis sollicitati, etiamsi mutua fuerit sollicitatio inter confessarium et pœnitentem, vel sollicitationi pœnitens consenserit, vel longum tempus

---

[28] Sic concludere licet ex ipsis verbis *ausu temerario,* una cum responsionibus decreti S. C. S. Off., 11 febr. 1661, ad XII et ad XVI, quod decretum citatur et confirmatur in laudata constitutione.

[29] S. C. S. Off., 11 febr. 1661, ad III et ad IX.

[30] Const. *Sacramentum Pœnitentiæ,* §§ 1 et 2; const. *Etsi Pastoralis,* § IX, n. V; S. C. S. Off., 11 febr. 1661, ad V, VI, et VII.

[31] Cons. *Sacramentum Pœnitentiæ,* § 1; S. C. S. Off., 11 febr. 1661, ad IV et XV.

post sollicitationem iam effluxerit, aut' sollicitatio a confessario facta, non pro se ipso, sed pro alia persona intendatur. [32]

b) Obligatio imponenda est a confessario, cum noverit pœnitentem fuisse ab alio sollicitatum; nec ei poterit absolutionem impertire, nisi pœnitens prius denuntiationem ad effectum perduxerit, et delinquentem indicaverit competenti iudici, vel saltem se, cum primum poterit, delaturum spondeat ac promittat. [33]

3. ADUMBRATUR PROCESSUS CONTRA DELINQUENTES. a) Iudices sunt Inquisitores et locorum Ordinarii, etiam pro causis regularium. b) Modus procedendi est inquisitorialis, prout in causis fidei, iuxta statuta in constitutione Gregorii XV. Unde, c) procedere poterunt etiam cum testibus singularibus, dummodo præsumptiones, indicia et alia adminicula concurrant. [34]

4. STATUUNTUR PŒNÆ CONTRA CULPABILES. a) Sunt eædem ac illæ statutæ in constitutione Gregoriana; [35] b) omnes sunt *ferendæ sententiæ*, siquidem imponendæ sunt a iudice post probationem delicti; c) insuper infligenda erit pœna perpetuæ inhabilitatis ad Missæ Sacrificium celebrandum; [36] d) pœna degradationis et traditionis Curiæ sæculari non erit imponenda, [37] de qua in præcedentibus constitutionibus mentio erat potius ad terrorem incutiendum.

5. DEFINITUR DELICTUM FALSÆ DELATIONIS ET CONTRA CALUMNIANTES PŒNA STATUITUR. a) Committitur ab eo qui, vel per se, vel per alios, quacumque de causa motus, innoxium sacerdotem apud iudices ecclesiasticos falso sollicitationis insimulet; [38]

----

[32] Const. *Sacramentum Pœnitentiæ*, § 2; S. C. S. Off., 11 febr. 1661, ad VIII et XIII.

[33] Const. *Sacramentum Pœnitentiæ*, § 2.

[34] Const. *Sacramentum Pœnitentiæ*, § 1; const. *Universi Dominici gregis*, § 5.

[35] *Ibid.*, § 4.

[36] Decretum Benedicti XIV, 5 aug. 1745, *supra*, p. 91.

[37] Epistola Benedicti XIV ad. Emmanuelem de Azevedo, 11 nov. 1748, *supra*, p. 92.

[38] Const. *Sacramentum Pœnitentiæ*, § 3.

b) pœna contra sic calumiantes innocentem sacerdotem erit dene-
gatio absolutionis, quæ reservatur uni Romano Pontifici, excepto
mortis articulo. [39]

Sectio III — Declarationes et Responsiones Post-Benedictinæ

Pauciora documenta quam in præcedenti periodo reperiuntur ad declarandam doctrinam, quæ iam sat perspicue atque
perfecte exposita invenitur in constitutione Benedictina. A primis
ergo in novissima ordinata, nova decreta ab apostolica auctoritate
emanata in hac sectione referuntur, sicque complebitur historica
evolutio legislationis circa delictum sollicitationis, usque ad vigentem hodie disciplinam.

S. C. S. Off., 14 iul. 1753. Vicarii [Generales] Episcoporum non habent per mandatum generalem, facultatem recipiendi denunciationes, neque facultatem delegandi
confessariis ad illas recipiendas. ... Ipsi tantum Sancto
Officio ius est deputandi alios pro recipiendis denunciationibus ubi de sollicitatione agitur... [40]

Apud Thesauro-Giraldi, legitur notitia sequentis decreti
S. Officii:

S. C. S. Off., 9 mart. 1758. Omittentes [intra præfi-
xum tempus] denunciationem, in Urbe, et eius districtu
incurrunt excommunicationem (quæ prius reservata erat S.
Inquisitioni) a qua tamen hodie absolvi poterunt a quocumque confessario, postquam denuntiaverint... Extra
Urbem, eiusque districtum, nonnisi ab Episcopo, vel peculiare Inquisitore, si tamen eam sibi, et peccatum reserva-

---

[39] *L. c.*

[40] Giraldi, *Expositio*, I, lib. V. tit. 7, n. XVIII; Berardi, *De Sollicitatione*,
n. 195; Ferraris, *Bibliotheca*, "Confessarius", n. 58, notula ad calcem 1, in
medio; De Smet, *De Absolutione Complicis et Sollicitatione*, n. 188; Merkelbach, *De Pœnitentiæ Ministro*, 125, A; S. Officium, anno 1901, per rescriptum particulare concessit Episcopo N. ut, ipso absente vel impedito, Vicarius Generalis valeret delegare confessariis facultatem recipiendi denuntiationes. Cf. *Acta Sanctæ Sedis* (41 vol., Romæ, 1865-1908), XXXIII (1900-1901),
353-354 (citatur deinceps ASS). Cf. *infra*, p. 103.

verint: alias post denunciationem factam absolvi poterunt
a quolibet confessario... [41]

S. C. de Prop. Fide., 6 aug. 1775, ad quæsita Vicarii
Apostolici Cocincinæ: 1. An Constitutio Benedicti XIV
adversus sollicitantes, obliget etiam missionarios franciscanos, qui ministerium exercent in Cocincina? 2. An eadem
Constitutio restringi possit ac moderari in aliquo casu, ob
magnam Confessariorum penuriam in eodem Regno Cocincinæ? Iussu Pii VI, opportuna Instructione, respondit:
Ad 1, *affirmative*; ad 2, *negative*. [42]

Instructio autem quæ missa est ad Vicarium Apostolicum Cocincinæ simul cum responsionibus citatis, sic sonat:

> Constitutio novissima Benedicti XIV cuius initium est
> *Sacramentum Pœnitentiæ*, æque ac ceteræ a pluribus Pon-
> tificibus editæ adversus sacerdotes ad turpia sollicitantes
> in actu sacramentalis Confessionis, vel eius occasione et
> prætextu, et prout præscribitur in iisdem Constitutionibus,
> afficit absolute, et absque ulla limitatione omnes confes-
> sarios etiam cuiuscumque Ordinis et Instituti, in quibus-
> cumque orbis partibus huiusmodi facinora perpetrantes.
> Hinc est quod ad dubia a te proposita, Sanctitas Sua, re
> mature perpensa, ad *primum* affirmative, ad *secundum* ne-
> gative respondit.
>
> Verum cum non ubique datum sit in huiusmodi de-
> licti prosecutione ea omnia deducere ad praxim, quæ ex
> eisdem Apostolicis Constitutionibus, et tribunalium insti-
> tutis sancita sunt, hinc est quod Sanctitas Sua, pro sua
> eximia sapientia, mandavit ut tibi aliqua præscribatur me-
> thodus, iuxta quam in re huiusmodi procedere possis, in
> quantum harum regionum circumstantiæ tibi permittent,
> ad impediendum, saltem ex parte, ne tam immane facinus
> late serpat, neque altius radices agat in perniciem fidelium
> animarum tuæ curæ concreditarum, atque in maximum
> scandalum infidelium et detrimentum christianæ religionis
> et fidei.
>
> In primis tibi pro regula tenendum est, quod omnia
> iura vetant ne ad criminum punitionem deveniatur nisi
> prius per probationes a lege præscriptas constet de delicti
> perpetratione.

---

[41] *De Pœnis Ecclesiasticis*, P. II, "Denuntiare delinquentem obligati",
164, *Nota* III.

[42] *Coll. S. C. P. F.*, n. 509; ASS, III (1867-1868), 500.

A lege statutum est ut probationes huiusmodi habeantur tantum vel ex rei confessione, vel ex attestatione duorum saltem testium probatæ fidei, qui dictis vel factis, de quibus testimonium ferunt, una simul præsentes adfuisse nitide et absolute testentur.

Privilegium tamen est in causis quæ instituuntur de crimine sollicitationis, quod, ut plurimum, remotis arbitris secreto perpetratur, ut ad plenam probationem faciendam admittantur etiam attestationes singulares mulierum vel virorum de facto proprio denuntiantium, dummodo tamen numerum trium personarum attingant. Huiusmodi denuntiationes tibi tamquam Superiori iurisdictionem habenti secreto deferri debent, neque a nemine omitti possunt absque culpa lethali.

Sed cum in summa difficultate itinerum in his regionibus, fere impossibile erit ut personæ sollicitatæ ad tuam audientiam accedant, ut rite deferant suas denuntiationes, tunc tibi permissum erit delegare ad eas recipiendas, modo ut supra enuntiato, aliquem sacerdotem probatæ fidei, qui tamen non sit de ipsa sollicitatione vel suspectus vel denuntiatus.

Acceptis per te, uno vel altero modo, denuntiationibus, quæ semper debent esse iuramento firmatæ, earum pondus, qualitates et circumstantias serio et accurate perpendas necesse est, et præsertim ullam curam non prætermittes ut tibi perspectum et exploratum evadat, quod mulieres vel viri denuntiantes sint boni nominis, neque ad accusandum vel odio, vel inimicitia, vel alio humano affectu adducantur. Oportet enim ut testes huiusmodi singulares ab omnibus privatis affectionibus, sint immunes, ut ipsis integra fides haberi possit.

Præmissis his, et audito reo eo modo quo commode fieri poterit, si ex ommibus rite et accurate perpensis, tibi satis perspecta evadat admissi criminis veritas, tunc demum poteris devenire ad illi interdicendum in perpetuum ne confessiones excipiat, subtrahendo omnes et quascumque facultates in id muneris eidem, etiam per quodcumque privilegium, vel etiam ab ipsa S. Sede impertitas. Præterea, declarare poteris eum reum obnoxium esse ceteris pœnis spiritualibus in Constitutionibus, et præsertim in Gregoriana sancitis. Tibi quoque fas erit illum suspendere a sacrosancti Sacrificii celebratione.

Cum vero difficillimum erit, in his tam dissitis et disparatis regionibus, hæc omnia adamussim servare, et cum, si aliqua ex his omittantur, iustitia non patiatur ut pœnæ infligantur adversus reos de quorum crimine tali pacto adhuc sufficienter non constat, tunc consultius fortasse ages, si in huiusmodi causis extra iudicii ordinem procedas ad occurrendum tanto malo mediis quos tibi suggeret in casibus particularibus tua perspecta prudentia cum animarum zelo coniuncta, et cura quam debes habere præcipuam de conservanda pace et concordia inter operarios apostolicos, præsertim diversi Instituti et nationis. [43]

S. Pœnit. Ap., anno 1832. Canonicus pœnitentiarius Andriensis Ecclesiæ... quæsivit a S. Pœnitentiaria: 1. An confessarius sollicitans ipso facto incurrat in privationem, seu inhabilitationem ad celebrationem Missæ? 2. An qui non denuntiaverit infra mensem hæreticum, possit denuntiatione secuta, a quolibet absolvi?

Respondit: Ad 1um. Pœnam perpetuæ inhabilitationis ad sacrificii Missæ celebrationem a Benedicto XIV contra sacerdotes sollicitantes ad turpia inflictam, non incurri in foro conscientiæ, nisi post iuridicam denuntiationem et condemnationem. Ad 2um. Facta denuntiatione, licet post tempus ab ecclesiastica lege præscriptum, cessare reservationem, et casum cum adnexa censura absolvi posse a quocumque confessario. [44]

S. C. S. Off., 6 mart. 1839. Ad quæsitum: Se debba farsi la denunzia (di sollecitazione) ancorchè il sollecitante sia defunto. R. *Negative*, dummodo sollicitatio cum certa ac formali hæresi non coniungatur. [45]

S. C. S. Off., litt 20 maii, 1842. Il P. Provinciale dell' Ordine Agostiniano d'Irlanda ha inoltrato un'istanza... per essere accertato dell' esistenza del decreto della S. C. del S. O. sull' obbligo di denunziare i sollicitanti riportato nella *Nota* alla Bulla di Benedetto XIV, *Sacramentum Pœnitentiæ*, nella Teologia Morale del P. Antoine. Questa Suprema ha risposto: "essere genuino il Decreto." [46]

---

[43] *Coll. S. C. P. F.*, n. 509.

[44] Scavini, *Theologia Moralis Universa,* III, n. 514.

[45] *Fontes*, n. 878.

[46] *Fontes*, n. 889. Decretum de quo hic quæritur est illud datum a S. Officio, 21 febr. 1630 —Antoine, *Theologia Morales Universea*, II, 297, *nota.* Cf. etiam *supra*, p. 59. Refertur ad absolvendas mulieres sollicitatas, absque onere denuntiandi, ob peculiares circumstantias in partibus Schismaticorum, Hæreticorum et Mahumetanorum.

S. C. S. Off., 13 sept. 1859, (Cincinnatensis) ... 3.
An quilibet Confessarius valeat absolvere sacerdotem, qui
sollicitaverit in actu, aut in loco sacramentalis confessionis?
4. Quando Confessarius censeri possit reus peccati turpis,
ita ut, si complicem absolverit, in pœnas et censuras incur-
rerit comminatas a Constitutionibus Benedicti XIV *Sacramentum Pœnitentiæ* et *Apostolici muneris?*

R. Ad III. Cum sollicitatio dummodo fuerit simplex, [47]
nullo iure S. Sedi reservatur, nihil obstat quominus sacerdos sollicitans, aliunde rite dispositus, a quovis confessario absolvi possitt.

Ad IV. Ad dignoscendum quando confessarius censeri
debeat reus peccati turpis externi et in genere suo gravis,
ita ut si attentaverit complicem absolvere, pœnis et censuris per Constitutiones Benedicti XIV inflictis innodatus
censeri debeat, consulat probatos auctores et præsertim S.
Alphonsum de Ligorio. [48]

S. C. S. Off., 18 mart. 1863. Quum perpendissent an
pœna inhabilitatis ad celebrandam S. Missam, præscripta
contra reos sollicitationis, per Decr. Bendicti XIV, diei 5
Augusti 1745, sit latæ *sententiæ*, aut tantum *ferendae*,
inhærentes anteactis resolutionibus huius S. Congregationis Supremæ et declarationibus S. Pœnitentiariæ, Emi. Inquisitores generales censuerunt pœnam prædictam esse tantum *ferendæ sententiæ*. Facta autem de hoc relatione S.
Patri ab Assessore S. Officii, Sanctitas Sua dignata est hanc
confirmare declarationem, et ordinare ut ipsa notificetur
S. Congregationi de Propaganda Fide, quæ eam commu-
nicet Vicariis Apostolicis et Superioribus Missionum, eos
monendo eidem inhærere in praxi, non obstante quocumque alio responso contrario in subiecta materia dato. [49]

S. C. S. Off., 27 iun. 1866. Decr. SSmus D. N. Pius
Papa IX, in solita audientia R. P. D. Adsessori S. O. Impertita, auditis suffragiis Emorum PP. Cardinalium Inquisitorum generalium, attentis rerum et temporum circum-

---

[47] *Simplex* dicitur sollicitatio quæ nullum alius speciei crimen admixtum
habet cuius absolutio esset aliunde reservata. V. g. si sollicitationi adiungere-
tur absolutio complicis, fractio sigilli sacramentalis vel hæresis formalis. Cf.
Merkelbach, *De Pœnitentiæ Ministro*, pp. 129-130.

[48] *Coll. S. C. P. F.*, n. 1181; *Fontes*, n. 955; Ferraris, *Bibliotheca*, IX,
Supplementum, "Sollicitatio", p. 738, n. 6.

[49] ASS., XXV (1892-1893), 450; *Fontes*, n. 974, ubi italice refertur;
Coll. S. C. P. F., n. 1237, italice etiam refertur.

stantiis, decrevit, in facultatibus quibus Episcopi aliique
locorum Ordinarii ex Concessione Apostolica pollent absolvendi ab omnibus casibus Sanctæ Sedi reservatis, excipiendos semper in posterum, et exceptos habendos esse casus
reservatos in Bulla Bened. XIV quæ incipit *Sacrametum
Pœnitentiæ*. Et Sacræ Congregationi de Propaganda Fide
iniunctum voluit, ut in expediendis facultatibus formula-
rum, post verba *absolvendi ab omnibus casibus Apostolicæ
Sedi reservatis etiam in Bulla Cœnæ*, addatur *exceptis casibus reservatis in bulla Bened. XIV quæ incipit* "Sacramentum Pœnitentiæ". [50]

Pius IX, const. *Apostolicæ Sedis*, 12 oct. 1869. § IV,
4: [Excommunicationi latæ sententiæ nemini reservatæ
subiacere declaramus] Negligentes sive culpabiliter omittentes denunciare infra mensem Confessarios sive Sacerdotes a
quibus sollicitati fuerint ad turpia in quibuslibet casibus
expressis a Prædecessoribus Nostris Gregorio XV, Const.
Universi, 30 Aug. 1622, et Benedicto XIV, Const. *Sacramentum Pœnitentiæ*, 1 Iunii, 1741. [51]

Animadvertendum est in hoc documento prima vice decerni
pœnam excommunicationis latæ sententiæ in ommittentes denuntiationem, quod quidem iam invenitur in decreto S. Officii, mart.
1677, sed ibidem pœna fertur non tantum in ipsos pœnitentes
sollicitatos, sed in quamcumque personam qui noverit de sollicitatione, et omittat denuntiare delinquentem, ac præterea illud decretum probabiliter latum dumtaxat fuit pro iurisdictione Inquisitionis in Italia, ita ut de hac pœna nihil dicatur in constitutione Benedicti XIV. Ideoque affirmandum est, constitutione Pii
IX, *Apostolicæ Sedis* hanc pœnam introductam fuisse in legislationem contra sollicitantes.

Ordini chronologico stricte inhærendo, hic citari debuisset
Instructio S. C. S. Off., data 20 Februarii, 1867. Tamen recensio
huius *Instructionis*, una cum aliis duabus ab eadem S. Congregatione editis, amandatur ad caput sequens.

S. C. S. Off., 25 Nov. 1874. 1. An loca in quibus excipi solent confessiones monialium habenda sint ut loca destinata ad audiendas confessiones, vel ut vera confessionalia.

---

[50] *Fontes*, n. 995; *Coll. S. C. P. F.*, n. 1294; ASS., II (1866-1867), 673.
[51] *Fontes*, n. 552.

2. An idem dicendum sit de locis constructis ad formam eorum in quibus excipi solent confessiones monialium claustralium, in quibus excipiuntur confessiones mulierum degentium in locis quæ vulgo dicuntur *conservatorii, ritiri.*

3. Quatenus habenda sint ut vera confessionalia, utrum talia censenda sint solum quoad moniales, et alias degentes·in prædictis locis, an etiam quoad alias mulieres externas.

R. Ad tria dubia prout exponuntur: Affirmative. [52]

S. C. de Prop. Fide, litt. encycl., iul 1883. Quo propositis huic S. C. dubiis fieret satis, a Sacra Supremæ Inquisitionis Congr. quæsitum fuit: *An Vicarii Ap. absque speciali facultate possint excipere denunciationes in materia sollicitationis ad turpia, et an, eiusmodi denunciationibus acceptis, teneantur eas ad S. Officium deferre.* Emi PP. Inquisitores Generales, in fer. IV 20 Iunii curr. anni, respondendum censuerunt: *Supplicandum SSmo pro extensione ad omnes Vicarios App. Instructionis pro Vicario Ap. Cocincinæ diei 1 Iunii 1775, cum addito quod remittant ad S. Officium, per medium S. C. de Propaganda Fide in epistula clausa, nomina sollicitantium.* Cum autem Summus Pontifex Leo XIII in audientia eiusdem feriæ ac diei, decretum Emorum PP. approbare dignatus sit, et petitam concedere extensionem, hinc prædictam Instructionem, quæ Vicario Ap. Cocincinæ data fuit per epistolam diei 26 Aug. 1775 [53] ad A. T. mitto ex qua Instructione eadem A. T. intelliget, qua ratione se gerere debeat si quando, quod Deus avertat, huius casus occurrant. [54]

S. C. de Prop. Fide, litt. encycl., 6 aug. 1885. Essendo stato promosso il dubbio se gli orientali siano soggeti alla Costituzione *Apostolicæ Sedis* pubblicata dalla f. m. di Pio IX, in data dei 12 Ottobre 1869, la Suprema Congregazione del s. Officio con successiva approvazione della Santità di N. S. ha dichiarato quanto segue nella feria IV. 15 Luglio corrente anno:

"1. Per Constitutionem *Apostolicæ Sedis* nihil esse innovatum circa censuras earumque reservationes pro fidelibus rituum orientalium.

---

[52] *Coll. S. C. P. F.,* n. 1424; *Fontes,* n. 1033.

[53] Cf. *supra,* p. 97.

[54] *Coll. S. C. P. F.,* n. 1604; *Fontes,* n. 4902.

2. Eosdem fideles subiici omnibus censuris ab Apostolica Sede latis in materia dogmatum et in Constitutionibus in quibus implicite de iis disponitur, nempe ubi materia ipsa demonstrat eos comprehendi, quatenus non lege mere ecclesiastica agitur, sed ius naturale et divinum declaratur".

Vuole poi la sudd. Supr. Congregazione che per mezzo dei Rmi Delegati Apostolici siano notificate queste disposizioni a tutti i Patriarchi, Arcivescovi e Vescovi di rito orientali compresi nella rispettiva loro Delegazione, e chè si ricordi loro: "illos fideles subiici nominatim nedum censuris, sed etiam Apostolicis reservationibus latis in Const. Benedicti XIV *Sacramentum Pœnitentiæ*, et in Constitutionibus contra sectæ massonicæ aliisque similibus addictos". [55]

S. C. S. Off., 20-22 mart. 1901. Rescriptum. Archiepiscopus N. N., ad pedes Sanctitatis Vestræ provolutus humiliter quæ sequuntur exponit:

Instructio S. C. Inquisitionis 14 Iulii, 1753, negat Vicariis Episcoporum facultatem delegandi confessarium ut denuntiationem excipiat sollicitationis ad turpia. [56] Iam vero, sæpe occurrit, vel occurrere potest, ut Episcopus ab Urbe residentiali absit, vel domi ægrotet, vel alio quocumque modo impediatur, et interim casus sit urgentior, ita ut confessarius qui delegationem petit, nequeat eum adire. Hac de causa a Sanctitate Vestra humiliter rogo prædictam facultatem, qua Vicarii Generales huius Archidiœceseos delegare possint in casibus necessariis simplices confessarios ut denuntiationes excipiant.

Feria IV, die 20 Martii 1901. In Congregatione Generali S. R. et U. Inquisitionis ab Emis ac Rmis DD. Cardinalibus Generalibus Inquisitoribus habita, propositis supradictis precibus, præhabitoque RR. DD. Consultorum voto, iidem EE. ac RR. Patres rescribendum mandarunt: *Supplicandum SSmo iuxta preces.*

Sequenti vero feria VI, die 22 eiusdem mensis et anni, in solita audientia SS. D. N. Leonis Div. Prov. Pp. XIII, a R. P. D. Adsessore S. Officii habita, SSmus D. N. petitam gratiam benigne concessit. [57]

---

[55] *Coll. S. C. P. F.*, n. 1640; *Fontes*, n. 4910.

[56] Cf. *supra*, p. 96.

[57] ASS, XXXIII (1900-1901), 553-554. Circa hanc concessionem notabat Card. Gennari: "Con questa concessione confermasi la regola, che ai soli Vescovi, come inquisitori nati, non già ai loro Vicarii Generali, compete il

S. C. S. Off., 15 mai. 1901. Uti pluries a Summis Pontificibus sancitum est, in rebus ad S. Officium spectantibus nullo modo ad Superiores Regulares pertinere subditorum suorum causas cognoscere, nulloque proinde titulo aut prætextu posse eos vel debere, nisi de expresso S. Congregationis mandato, de his inquirere, denunciationes recipere, testes interrogare, reos excutere, iudicium instituere, sententiam ferre, aut alia quavis ratione vel modo in eis sese immiscere vel manus apponere: sed quos Religiosi viri ex suis subditis vel confratribus vel etiam superioribus huiusmodi criminum (præsertim quod ad abusum sacramentalis Confessionis spectat) reos vel suspectos noverint, strictim teneri, absque ulla cum aliis quibuscumque communicatione, nulla petita venia, nullaque fraterna correptione aut monitione præmissa, eos S. Officio aut locorum Ordinariis incunctanter denuntiare. Ne vero sanctissimæ hæ leges ex ignorantia, vel malitia (quod Deus avertat) negligi aut infringi contingant, Superioribus grave onus incumbere eas, quo opportuniori putaverint modo, ad subditorum suorum certam et distinctam identidem deferre notitiam, eorumque ab eis plenam observantiam urgere. [58]

Solet denique ab auctoribus afferri tamquam documentum pertinens ad legislationem contra sollicitantes, quoddam responsum datum die 2 Septembris, 1904, a S. Pœnitentiaria:

Tibullus, excipiens confessiones mulierum, quarum viri sæpe abesse solent, et quæ non facile se continent, docet et suadet easdem mulieres non peccare in sequentibus: 1⁰ Si desiderando proprium virum absentem, patiantur commotionem sensualem seu pollutionem; 2⁰ Si desiderent hanc eamdem pollutionem in se experiri ex ardenti desiderio viri absentis; 3⁰ Si pollutionem in se excitent tactibus secum habitis, dummodo hos actus referant ad virum absentem.

Sacra Pœnitentiaria dilecto in Christo ... scribenti subiungit: "iam bis hac super re ab hoc sacro Tribunali

---

diritto di delegare ad altri la facoltà di ricevere le denunzie di sollecitazione e che tal diritto i Vescovi non possono trasferirlo a' detti loro Vicarii, neanche in caso di necessità. Per fare ciò fino che non sia provveduto con generale decreto è mestiere recorrere alla Suprema Congr. del S. Offizio." — *Il Monitore Ecclesiastico* (Roma, 1876—) XIII (1901), 7.

[58] *Coll. S. C. P. F.*, n. 2112

responsum fuisse, et actus huiusmodi esse graviter illicitos, et confessarium eos probantem esse denuntiandum." [59]

Tamen huiusmodi documentum, prout sonat, non videtur datum eo quod contineatur sollicitatio in casu proposito, sed quia confessarius talia docens graviter errat, et ex eius errore gravis iniuria infertur sacramento, et magnum damnum sequitur pœnitentibus. Ex denuntiatione eiusmodi confessarii, quæ facienda est vi huius præcepti S. Pœnitentiariæ, minime sequitur confessarium esse denuntiandum tamquam reum sollicitationis: denuntiatio enim minime præscribitur pro casibus dumtaxat sollicitationis, sed aliis in materiis etiam præcipitur a iure, ita v. g. fit quoad scripta perniciosa, [60] quoad clericos et religiosos sectæ massonicæ et similibus associationibus nomen dantes, [61] et Codex loquitur præterea de denuntiationibus faciendis in processu criminali atque in causis de nullitate matrimonii. [62]

Nec videntur probari ea quæ leguntur apud Cappello ad modum rationis: "Si confessarius docet pœnitentem non esse grave peccatum pollutionem aut fornicationem, censetur haberi delictum sollicitationis, quia præsumitur velle pœnitentem ad huiusmodi peccata inducere. Huc spectat responsum S. Pœnitentiariæ, 2 sept. an. 1904." [63] Argumentum enim claudicare videtur: ex eo quod confessarius *doceat*, nequit inferri fieri *dolose, cum ausu temerario*, seu *cum turpi affectu*, prout requiritur ad hoc ut sollicitatio implicite contineatur. Hac ergo de causa, huiusmodi responsum non videtur pertinere ad materiam sollicitationis. Huic opinioni annuit Dalpiaz, qui contra Jone casum et conclusionem accurate discussit. [64]

---

[59] Hartmann Batzill, *Decisiones Sanctæ Sedis de Usu et Abusu Matrimonii* (2 ed., Taurini: Marietti, 1944), p. 33; Dominicus M. Prümmer, *Manuale Theologiæ Moralis* (10. ed., 3 vol., Barcelona: Herder, 1946), III, n. 461, nota 451 (deinde citandus *Theologia Moralis*); Cappello, *De Pœnitentia*, n. 657.

[60] *Codicis Iuris Canonici*, can. 1397.

[61] *Ibid.*, can. 2336, § 2.

[62] *Ibid.*, can. 1933-1938; 1942, § 2; et can. 1971, § 2.

[63] Cappello, *De pœnitentia*, n. 657.

[64] Cf. Dalpiaz, "De Abusu Matrimonii et Crimine Sollicitationis" —*Apollinaris* (Commentarium Iuridico-Canonicum, Romæ, 1928—), VI (1933), 244-249.

CAPUT IV

INSTRUCTIONES S. C. SANCTI OFFICII

Veluti recapitulatio dictorum in præcedentibus capitibus, in præsenti proprium suum locum obtinent tres Sancti Officii Instructiones, ex quibus poterit cognosci status evolutionis ad quem legislatio circa sollicitantes pervenerat ante Codicis promulgationem. Magni etiam momenti erit horum documentorum cognitio, pro commentario canonico-morali in sequentibus capitibus perficiendo: etenim, non modo huiusmodi Instructiones declarant Apostolicas Constitutiones præcedentes easque complent, sed peculiari quodam ordine et perspicuitate procedendo, tradunt summa iuris processualis in causis de sollicitatione tractandis, ita ut etiam post Codicem, paucis immutatis, normam sequendam constituant iuxta quam, tum confessarii, tum Ordinarii, procedere teneantur in cognoscendis causis eiusdem delicti.

1. S. C. S. Off., Instructio, 20 Februari, 1867, [1] circa observantiam constitutionis Benedicti XIV, *Sacramentum Pœnitentiæ*:

---

[1] *Fontes*, n. 990; *Coll. S. C. P. F.*, n. 1282; ASS, III (1867-1868), 499-505. Animadvertendum est annum diversimode apponi in *Fontibus* et apud *Collectanea*, in quibus *Instructio* fertur data 20 Februarii, 1866. Sequenda nihilominus videtur notatio prout invenitur in ASS. In ipsa enim *Instructione* fit mentio cuiusdam decreti Pii IX, dati sub feria IV. die 27 Iunii, 1866 (cf. *supra*, p. 100, et *infra*, p. 108); unde *Instructio* "data die 20 Februarii" pertinet reapse ad annum 1867. Cappello præfert datam anni 1866, et contra Boudinhon, qui defendit *Instructionem* pertinere ad annum 1867 (*Le Canoniste Contemporain* [Paris, 1878-1922], XXXVI [1913], 388), scripsit: "At non recte affirmatur. Sane tam in *Collect. S. C. de Prop. Fide* (I, n. 1282) quam in *Codice* inter Fontes ad can. 904 et 2368, § 1, refertur ad annum 1866"—*De Pœnitentia*, n. 643, nota 2. Cappello tamen non sibi constat, cf. *ibid.*, n. 666 nota 36; n. 695; n. 699, nota 105; n. 710, nota 136. Inter auctores qui sustinent datam anni 1867, videri possunt Palmieri apud Ballerini, V, n. 712 (a); Berardi, *De Sollicitatione, Documentum IX*, p. 8; Bucceroni, *Commentarius de Sollicitatione*, n. 11; D'Annibale, *Theologia Moralis*, III, n. 365, nota 5; Lehmkuhl *Theologia*

Quæ Supremus Pontifex gl. mem. Benedictus XIV in Constitutione die 1 Iunii 1741 edita cuius initium est: *Sacramentum Pœnitentiæ*, confirmavit ac decrevit, ea ad hæc quatuor maxime capita reducuntur. In primis, quemadmodum iam antea sancitum fuerat, præsertim a Gregorio XV Constitutione quæ, sub die 30 Augusti 1622 data, incipit: *Universi*, omnes locorum Ordinarii æque ac Inquisitores deputantur iudices ad inquirendum et procedendum et condignis pœnis animadvertendum contra sollicitantes ad turpia in confessione, quamvis ab ordinaria iurisdictione quomodolibet exemptos. Itidem omnes Sacerdotes ad audiendas sacras confessiones constituti, sicut antea quoque præscriptum erat, obligantur monere suos pœnitentes, ut sollicitantes huiusmodi, quamprimum poterunt, Inquisitoribus aut locorum Ordinariis deferant; eosdemque pœnitentes non absolvere, qui huic adimplendo muneri parere recusent. Præterea tertio loco Apostolicæ Sedi reservatur, excepto mortis articulo, eorum casus qui innoxios sacerdotes apud ecclesiasticos iudices falso sollicitationis insimulant, vel sceleste procurant ut id ab aliis fiat. Quarto denique sacerdoti cuilibet omnis facultas et iurisdictio ad sacramentales confessiones personæ complicis in peccato turpi contra sextum decalogi præceptum commisso excipiendas adimitur, nisi extrema prorsus urgeat necessitas, nimirum si ipsius mortis articulo alter sacerdos desit, qui confessarii munere fungatur, vel sine gravi aliqua exoritura infamia vel scandalo vocari aut accedere nequeat. [2] Et Apostolicæ Sedi reservatur eorum confessariorum casus, qui complicem in peccato turpi absolvere ausi fuerint.

Nullum sane dubium est, quin hæ præscriptiones, prohibitiones, reservationes omnes et singulæ in cunctas nationes universim vires suas extendant, et ubique terrarum *inconcusse ac inviolabiliter* observandæ sint. Quod quidem vel legenti Gregorii XV et Benedicti XIV Constitutiones evidentissime patet: et idipsum consequentium Pontificum suffragio, prout se dedit occasio, ad hanc usque diem con-

---

Moralis (12. ed., 2 vol., Friburgi Brisgoviæ: Herder, 1914), II, n. 1257; De Smet, *De Absolutione Complicis et Sollicitatione*, n. 196; Iorio, *Theologia Moralis* (3. ed., 3 vol., Neapoli: d'Auria, 1947), III, n. 526, NB f); Wernz-Vidal, *Ius Canonicum*, VII, n. 507, nota 25.

[2] Const. eiusdem. S. P. Benedicti XIV, *Apostolici muneris*, die 8 febr. 1745 —*Fontes*, n. 355.

firmatum est. Et re quidem vera Vicario Apostolico Cocincinæ sciscitanti: 1. *An Constitutio Bened. XIV adversus sollicitantes obliget etiam missionarios franciscanos, qui ministerium exercent in Cocincina.* 2. *An eadem Constitutio restringi possit ac moderari in aliquo casu ob magnam confessariorum penuriam in eodem regno Cocincinæ;* iussu Pii VI anno 1775 opportuna instructione responsum fuit: *Ad 1. affirmative. Ad 2. negative.* Et proxime SSmus D. N. Pius Papa IX decreto huius supremæ Inquisitionis sub feria IV, die 27 Iunii anno 1866 edixit, *in facultatibus quibus Episcopi aliique locorum Ordinarii ex concessione Apostolica pollent absolvendi ab omnibus casibus Apostolicæ Sedi reservatis excipiendos semper in posterum et exceptos habendos esse casus reservatos in bulla Benedicti XIV, quæ incipit: "Sacramentum Pœnitentiæ".* Hoc decretum vero omnibus ubique terrarum Ordinariis prædicta absolvendi facultate donatis absque ulla exceptione significandum mandavit.

Quamobrem omnibus locorum Ordinariis enitendum summopere est, ne eorum vigor, quæ in prædicta Constitutione salubriter providentur, paulatim uspiam elangueat. At Emi PP. Cardinales supremi Inquisitores nuper cognoverunt, eamdem Constitutionem non ubique, sicuti par esset, executioni tradi, atque in aliquibus locis nonnullos tum in denunciationis onere adimplendo, tum in iudicio contra sollicitantes instituendo, irrepsisse abusus, qui sine iustitiæ ac providæ severitatis discrimine tolerari minime possent. Itaque neque inopportunum, neque ipsis locorum Ordinariis ingratum fore iudicarunt, si quæ contra eosdem abusus ab hac suprema Congregatione ad tramites sacrorum canonum decreta fuerunt, in unum collecta præ oculis habeantur. Ad quem effectum præsentem instructionem edi mandarunt.

1. Personæ sive mares sive feminæ, quæcumque illæ sint, ad turpia sollicitatæ in Confessione vel occasione aut prætextu Confessionis, quemadmodum enucleate in memorata Constitutione præcipitur, rem ad Sanctam Sedem vel ad loci Ordinarium deferre debent.

2. Denunciare oportet quemcumque sacerdotem etiam carentem iurisdictione, sollicitantem in confessione, vel etiam pœnitentis sollicitationi consentientem, quamvis statim dissentientem de turpi materia loqui, illius comple-

mentum ad aliud tempus differentem, et non præbentem absolutionem pœnitenti. [3]

3. Huiusmodi denuntiationes a nemine absque culpa lethali omitti possunt. Qua de re pœnitentes debent admoneri, neque ab iis admonendis instruendisque eorum bona fides excusat.

4. Sacerdotes ad sacras audiendas confessiones constituti, qui de hac obligatione pœnitentes suos non admonent, debent puniri. [4]

5. Pœnitentes admoniti, et omnino renuentes nequeunt absolvi; qui vero ob iustam causam denunciationem differre debent, eamque quo citius poterunt faciendam spondent serioque promittunt, possunt absolvi.

6. Denunciationes anonymæ contra sollicitantes ad turpia nullam vim habent: denunciationes enim fieri debent in iudicio, nempe coram Episcopo eiusve delegato cum interventu ecclesiastici viri, qui notarii partes teneat, et cum iuramento, et cum expressione et subscriptione sui nominis; nec sufficit si fiat per apochas vel litteras sine nomine et cognomine auctoris. [5] Ceterum prohibetur, ne recipiendis denunciationibus præter iudicem et notarium, virum utrumque ecclesiasticum, speciali et scripto exarata Episcopi deputatione munitum, testes intersint. Cavendum quoque ne ex denunciantibus quæratur, num sollicitationi consenserint: et convenientissimum foret, si de huiusmodi consensu, quámtumvis sponte manifestato, nihil notetur in tabulis.

7. Denuntiationis onus est personale et ab ipsa persona sollicitata adimplendum. Verum si gravissimis difficultatibus impediatur, quominus hoc perficere ipsa possit tunc vel per se, vel per epistolam, vel per aliam personam sibi benevisam suum adeat Ordinarium, vel Sanctam Se-

---

[3] Ex declar. diei 11 febr. 1661, confirmata in Const. *Sacramentum Pœnitentiæ*. Cf. *supra*, pp. 68 et 86.

[4] Ex declar. sub diebus 20 mar. 1624 et 1 oct. 1626, penes Albitium, *De Inconstantia in Fide*, cap. 35, n. 17. ·

[5] Albitius *ibid.*, n. 21.

[6] Ex declar. Urbani VIII sub fer. V, die 17 Aprilis 1624.

dem per sacram Pœnitentiariam, vel etiam per hanc supremam Inquisitionem, expositis omnibus circumstantiis, et deinde se gerat iuxta instructionem quam erit acceptura. Si vero necessitas urgeat, se gerat iuxta consilia et monita sui confessarii. Ast si nullo impedimento detenta denunciationem omnino renuat, in hoc casu aliisque supra memoratis, laudandus est confessarius, qui operam suam pœnitenti non denegaverit, et vel Ordinarium vel Sanctam Sedem pro opportunis providentiis consuluerit, suppresso tamen pœnitentis nomine. Formulas autem hisce in casibus adhibendas tradunt probati auctores, quos inter Pignatelli. consult. 104, Carena, Albitius, etc.

8. Non infrequenter occurrit casus, ut confessarius aliusve ecclesiasticus vir ab Episcopis (quorum utique hæc potestas est) deputetur ad denunciationes recipiendas in re ad sollicitationis crimen spectante absque interventu notarii. Huic instructioni folium adiicitur circa modum, quo hisce in casibus confici denunciatio debet. Qui enim ad hoc gravissimum munus viri maxime idonei destinantur, de actu denunciationis iudiciaria ratione assumendo instrui debent, ac moneri, ut statim a recepta denuciatione eam ad ipsum Episcopum, a quo fuerunt deputati, caute transmittant, neque confecti actus exemplum vel vestigium aliquod sibi retineant. Atque in hunc fere modum haud difficulter denuciandi munus adimpletur. Profecto a locorum Ordinariis efficiendum est, ne ad loca suæ iurisdictioni subiecta applicare oporteat quod pro Missionibus Pernambucci in America die 22 Ianuarii an. 1627 declaratum fuit: *Mulieres videlicet sollicitatas non teneri ad denunciationem si ministri Inquisitionis vel vicarii Episcopi, in longinquis regionibus degentes, sine gravi incommodo adiri nequeant.*

9. Si in denunciationibus, quod non raro contingit, aliæ indicantur personæ forte pariter sollicitatæ, vel quæ de hoc crimine testimonium ferre aliqua ratione possint, hæ quoque omnes et seorsim iudiciaria forma superius enunciata examinandæ sunt: et per *generalia*, deinde per gradus, quoad ita res ferat, ad *particularia* deveniendo, interrogari debent, utrum et quomodo revera fuerint ipsæ sollicitatæ, vel alias personas fuisse sollicitatas viderint vel audierint.

10. Accepta denunciatione, non illico proceditur sed, a superiore ecclesiastico inquiri sedulo debet, utrum per-

sona denuncians sit fide digna. Sollicitationis crimen ut plurimum secreto perpetratur; hinc privilegium est, ut in causis quæ contra hoc crimen instituuntur, ad plenam probationem faciendam attestationes etiam singulares admittantur. At in memoratis summorum Pontificum Constitutionibus præscribitur, ne cum testibus singularibus procedatur, nisi præsumptiones, indicia et alia adminicula concurrant. Pondus igitur cuiusque denunciationis, qualitates et circumstantiæ serio accurateque perpendendæ sunt, et, antequam contra denunciatum procedatur, perspectum exploratumque iudici esse debet, quod mulieres vel viri denuntiantes sint boni nominis, neque ad accusandum vel inimicitia vel alio humano affectu adducantur. Oportet enim, ut testes huiusmodi singulares ab omnibus privatis affectionibus sint immunes, ut ipsis integra fides haberi possit. [7]

11. Ea est huius supremæ Inquisitionis consuetudo, ut .post unam alteramve denunciationem rescribatur, quod denunciatus *observetur*, ita videlicet super delato crimine suspectus habeatur, ut quum primum per novas denunciationes res explorata erit, in iudicium vocandus sit. Ut plurimum nonnisi a tertia denunciatione procedi solet. Ad formale examen vocantur parochi, vel probatæ fidei spectatæque virtutis viri, præsertim ecclesiastici, qui cum iuramento de veritate dicenda et de secreto servando super qualitatibus denunciati, et super mutuis eorum odiis et inimicitiis examinentur. Hisce peractis diligentiis, reus in iudicium adducitur, et coram iudice cum interventu ecclesiastici viri, qui notarii partes agat, super singulis cuiusque denunciationis et examinis adiunctis, iuramento dicendæ veritatis obstrictus respondere debet. Cavetur solertissime, ne denunciantium nomina reo manifestentur et ne sacramentale sigillum quoquomodo violetur.

12. Quando perspecta evaserit patrati criminis veritas, reo ad defensionem, prout iura exposcunt, admisso, deveniendum erit ad illi interdicendum in perpetuum, ne confessiones excipiat, subtrahendo omnes et quascumque facultates ad id muneris eidem etiam per quodcumque privilegium vel ab ipsa Sancta Sede impertitas. Huiusmodi sententiam Episcopus ipse, et non alius ab eo delegatus, proferat; et pro modo culpæ, atque omnibus attentis circumstan-

---

[7] Ex Instructione iussu Pii VI anno 1775 ad Vicar. Ap. Cocincinæ data.

tiis cæteras quoque poenas reo irroget quæ in supradictis pontificiis Constitutionibus decernuntur. Præterea si reus in iudicio crimen confessus fuerit, congruam debet emittere abiurationem, ut se ita purget ab ea, quam incurrit, hæresis suspicione: et hac quoque pœna in ipsa sententia mulctetur. Notandum est, pœnas huiusmodi omnes, et ipsam inhabilitatem ad sacrosanctum Missæ sacrificium celebrandum in decreto Benedicti XIV die 5 Augusti an. 1745 præscriptam, esse tantum *ferendæ sententiæ*. Abstinendum tamen erit ab infligenda degradatione et traditione brachio sæculari. Id nimirum a Gregorio XV statutum fuit: ceterum *ad terrorem* potius impositum haberi debet quam ut executioni mandetur. [8]

13. Qui nullis omnino super hoc crimine preventi denunciationibus, conscientia victi, Ordinario loci eiusve delegato se sistunt, patrata a se sollicitationis flagitia sponte confitentur, et veniam petunt, dimitti debent cum congrua abiuratione et pœnitentiis dumtaxat salutaribus, adiecto consilio vel præcepto, ut ab excipiendis personarum sollicitatarum sacris confessionibus se abstineant: nec cœteris pœnis antea dictis, accedentibus licet postmodum denunciationibus, afficiantur. Qui vero iudiciaria forma iam præventi, sed nondum citati, sua sponte se sistunt; et ii pariter, quos veritatem non integram sed diminutam in spontanea apparitione confessos esse Ordinarius loci ex acceptis postea denunciationibus deprehenderit, beneficio impunitatis non gaudent, verumtamen pro ipsius Ordinarii prudentia mitius puniantur.

14. Quod in hisce causis vel ex commissione Apostolica, vel ex iure Episcoporum proprio, tractandis maiorem in modum curari et observari debet illud est, ut eædem causæ utpote ad fidem attinentes, secretissime peragantur, et postquam fuerint finitæ et executioni iam traditæ, perpetuo silentio omnino premantur. Omnes curiæ ecclesiasticæ administri, et quicumque alii ad has pertractandas, vel patroni ad defendendas causas assumuntur, iusiurandum de secreto servando debent emittere, et ipsi Episcopi aliique locorum Ordinarii ad servandum secretum obstringuntur, prout in iure cautum est cap. *Statuta* fin., de hæret. in 6,

---

[8] Albitius, o. c. cap. 15, n. 13, et Benedictus XIV in privata epistola die 11 Novembris anno 1748, data ad Emmanuelem de Azevedo, S. I. presbyterum.

et in Clementina *Multorum*, § *Porro*, de hæreticis. Qui vero denunciationis oneri satisfaciunt, quippe in hisce causis examini subiiciuntur, iuramentum ab initio de veritate dicenda, et, actu expleto, de secreto servando, tactis sacrosanctis Dei Evangeliis, etiamsi sint sacerdotes, præstare tenentur. Hæc si caute sancteque teneantur, nullum invidiæ infamiæque vel aliud quodvis periculum timeri potest, quod vel testes a dicenda veritate, vel competentes iudices ab investigando et condignis pœnis animadvertendo sollicitationis crimine contineat.

15. Indultum fuit a Pio VI in instructione, de qua antea dictum est, anno 1775 ad Vicarium Apostolicum Cocincinæ data, ut cum difficillimum sit in illis tam dissitis ac disparatis regionibus ea omnia adamussim servare, quæ in hisce causis servanda sunt; et cum si aliqua ex his omittantur, iustitia non patiatur, ut pœnæ infligantur adversus reos, de quorum crimine iudiciaria ratione adhuc sufficienter non constat, tunc consultius fortasse esset si extra iudicii ordinem procedatur ad occurrendum tanto malo mediis et modis magis facilibus et expeditis, quos in casibus particularibus Vicarii Apostolici prudentia cum animarum zelo coniuncta suggeret. Iam vero quisque videt hanc indulgentiam pro locis adeo dissitis, ac disparatis factam, neque omnibus esse communem, neque absque Apostolicæ Sedis auctoritate iure posse ubivis induci.

16· Ceterum si locorum Ordinarii in conficiendis processibus, vel etiam, confecto processu, in proferenda sententia contra sollicitantes ad turpia in confessione gravioribus involvantur difficultatibus, rem, transmissis actis, deferre poterunt ad hanc supremam Congregationem, quæ peculiares instructiones singulis casibus accommodatas, ut sæpe fit, tradet, ac definitivam sententiam, si expediens fuerit, ipsa proferet.

Hæc sunt quæ ad prædictam pontificiam Constitutionem caute recteque exequendam conducunt, quæque utpote ubique locorum observatu facilia, sacra hæc Congregatio supremæ et universalis Inquisitionis pastorali·Ordinariorum zelo ac sollicitudini vehementer commendat.

Omittitur *Modus* traditus una cum instructione ad denunciationes recipiendas, siquidem de novo confectus, cum formulariis adnexis sequentibus instructionibus alius traditus fuit a sacra Congregatione. [9]

2. S. C. S. Off., Instructio, 20 Iulii, 1890. Traduntur normæ pro examinibus pœnitentium in denunciationibus contra sollicitantes. [10]

Non raro ad hanc Congregationem Sanctæ Romanæ et Universalis Inquisitionis transmittuntur ab Ordinariis vel a Sacra Pœnitentiaria denunciationes contra confessarios sollicitantes pœnitentes ad turpia: et sæpe accidit ut in denunciationibus ipsis inducantur aliæ pœnitentes vel uti certo ad turpia sollicitatæ, vel tantum ex indiciis inductæ, quæ tamen obligationi de denuntiatione emittenda iuxta sacros canones satis non fecerunt. Ne autem crimen tam infandum absque debitis animadversionibus maneat, Sacra Congregatio ad tramitem Apostolicarum Constitutionum indicit locorum Ordinariis, ut inductas pœnitentes opportuno examine subiiciant, ut inde legales probationes in processualibus tabulis resultent.

Verum experientia compertum est huiusmodi examina non ita scite seu legaliter assumi a iudicibus delegatis; ita ut sæpius causas ipsas, alioquin graviores in damnum ac scandalum fidelium vertentes, prosequi datum non sit.

Quapropter ne in posterum ex enunciatis defectibus in examinibus assumendis causæ contra sollicitantes infectæ remaneant, Sacra Suprema hæc Congregatio opportunum, immo necessarium censet locorum Ordinariis instructionem iuxta decreta ac ordinationes alias editas exaratam transmittere, qua examina pœnitentium per generalia rite et legaliter prosequi valeant.

Prænotandum quod nimia circumspectione utendum est in personis ad examen invitandis; etenim non semper opportunum erit eas ad publicum Cancellariæ locum convenire, præsertim si examini subiiciendæ sint vel puellæ, vel uxoratæ, aut famulatui addictæ; tunc enim consultum erit eas vel in sacrariis, vel alibi iuxta prudentem Ordinarii seu iudicis æstimationem caute convocare ad earum exa-

---

[9] Cf. *ASS*, III (1867-1868), 505: *Modus quo recipi debent denunciationes in re ad sollicitationem spectante ab iis, qui denunciationem aliquam absque interventu notarii recipiendam delegantur.*

[10] *Fontes*, n. 1123; *Coll. S. C. P. F.*, n. 1732; *ASS*, XXV (1892-1893), 451-454.

men assumendum. Quod si examinandæ vel in monasteriis, aut nosocomiis, seu in piis puellarum domibus existant, tunc magna cum diligentia et diversis diebus iuxta circumstantias peculiares vocandæ erunt.

Insuper animadvertant iudices ad examina assumenda deputati quod in eorum et cancellarii seu notarii (qui semper ecclesiastici esse debent) præsentia examinanda exclusive compareat absque socia, absque teste: etenim omnia sub inviolabili secreto perfici necesse est.

Tandèm de actibus inde assumptis Ordinarii debent transmittere ad hanc Supremam Congregationem exemplar authenticum et cum suo originali collatum.

Hisce generatim præmonitis, subnectitur norma examinis conficiendi:

Modula Examinis per Generalia Assumendi

Vigore epistolæ Sacræ Supremæ Congregationis datæ sub die... (vel vigore decreti illustrissimi ac Reverendissimi Domini Archiepiscopi Ordinarii) vocata personaliter comparuit coram Illustrissimo ac Reverendissimo Domino N. N. sistente in Cancellaria (vel in sacrario, aut in collocutorio monialium seu piæ domus) in meique etc...

N. N. nubilis (vel uxorata) degens in hac civitate N. N. in parœcia N. N., filia (vel uxor) N. N, ætatis suæ... conditionis civilis (aut agricolæ, aut famulatui addictæ) cui delato iuramento veritatis dicendæ, quod præstitit tactis SS. Dei Evangeliis, fuit *Interrog.* An sciat vel imaginetur causam suæ vocationis et præsentis examinis?—Resp... *Inter.* A quot annis usa sit accedere ad sacramentum Pœnitentiæ?—Resp... *Inter.* An semper apud unum eumdemque confessarium sacramentum Pœnitentiæ receperit, vel apud plures sacerdotes: insuper an in una eademque ecclesia, vel in pluribus ecclesiis?—Resp... *Inter.* An a singulis quibus confessa est sacerdotibus exceperit sanctas admonitiones, et opportuna præcepta, quæ ipsam examinatam ædificarent, et a malo arcerent, et quatenus etc. —Resp... *Notandum:* si responsio fuerit affirmativa, id est si dicat, se bene semper fuisse directam, tunc interrogatur sequenti modo: *Inter.* An sciat vel meminerit aliquando dixisse vel audivisse, quod quidam confessarius non ita sancte et honeste sese gesserit erga pœnitentes, quin murmurationes, seu verba contemptibilia contra ipsum confessarium prolata fuerint: ex. gr. quod ipsa examinata, ab uno vel a pluribus pœnitentibus, atque ab uno abhinc anno, vel a quatuor, aut tribus mensibus similia audierit?—*Notandum*: Si post hanc interrogationem et animadversionem examinata negare pergat, claudatur actus consueta forma, quæ ad calcem huius instructionis prostat. —At si quidquam circa aliquem confessarium, iuxta ea de quibus interrogatur, aperuerit, ulterius interrogabitur prout sequitur: *Inter.* Ut exponat nomen, cognomen, officium, ætatem confessarii, et locum seu sedem Confessionis; an sit præsbyter sæcularis vel regularis, et quatenus etc.—Resp... *Inter.* Ut exponat seriatim, sincere et clare ea omnia, quæ in sacramentali confessione vel antea vel occasione confessionis audierit a confessario prædicto minus honesta: vel an ab eodem aliquid cum ipsa inhoneste actum fuerit nutibus, tactibus seu opere, et quatenus etc. —*Notandum*: hoc loco iudex solerte curabit ut referantur iisdem verbis, quibus confessarius usus fuerit, sermones turpes, seductiones, invitamenta conveniendi in aliquem locum ad malum finem, aliaque omnia, quæ crimen sollicitationis constituunt, adhibita vernacula lingua in qua responsiones sedulo et iuxta veritatem exarabuntur; animum addat examinatæ, si animadvertat, eam nimio timore aut verecundia a veritate patefacienda præpediri, eidem suadens omnia inviolabili secreto premenda esse. Denique exquiret tempus a quo sollicitationes inceperint, quamdiu perduraverint, quoties repetitæ, quibus verbis et actibus malum finem redolentibus expressæ fuerint. Cavebit diligenter ab exquirendo consensu ipsius examinatæ in sollicitationem, et a quacumque interrogatione, quæ desiderium prodeat cognoscendi eiusdem peccata.—*Inter.* An sciat vel dici audierit prædictum confessarium alias pœnitentes sollicitasse ad turpia; et quatenus eas nominet (atque hic iubebit nomen, cognomen, et saltem indicia clariora, quibus aliæ personæ sollicitatæ detegi possint).—*Notandum*: Si forte inducantur aliæ personæ sollicitatæ, erit ipsius iudicis eas prudenter advocare, et singillatim examinare iuxta formam superius expositam.—Resp... *Inter.* De fama prædicti confessarii tam apud se quam apud alios?— Resp... *Inter.* An prædicta deposuerit ex iustitiæ et veritatis amore, vel potius ex aliquo inimicitiæ vel odii affectu, et quatenus etc.—Resp... Quibus habitis et acceptatis dimissa fuit iurata de silentio servando iterum tactis SS. Dei Evangeliis, eique perlecto suo examine in confirmationem præmissorum se subscripsit, (si fuerit illiterata, dicatur) et cum scribere nesciret fecit signum Crucis.

(*Subscriptio personæ examinatæ*)

Acta sunt hæc per me N. N. cancellarium vel notarium ad hunc actum assumptum."

3. S. C. S. Off., Instructio, 6 Augusti, 1897. De sedula cura adhibenda in causis de sollicitatione. [11]

1. Instructionis S. Rom. et Univ, Inquisit. circa observantiam Apostolicæ Constitutionis *Sacramentum Pœnitentiæ* [12] num. 10 præcipitur ut, *antequam contra denunciatum procedatur, perspectum exploratumque iudici esse debeat, quod mulieres vel viri denunciantes sint boni nominis, neque ad accusandum vel inimicitia vel alio humano affectu adducti fuerint.*

2. Præceptum huiusmodi, ut omnia quæ ad huius Supremi Tribunalis procedendi rationem spectant, strictissimi iuris censendum est, ita ut, eo neglecto, ad ulteriora procedi nequeat.

3. Nec sufficit ut id utcumque, sed omnino necesse est ut certa iudiciali forma iudici innotescat; quod propria dictione: "*diligentias circa denunciatum eiusque denunciantes peragere*" significari in foro S. Officii usus obtinuit.

4. Iamvero cum non semper nec ab omnibus vel tantum post longum tempus, cum nempe testimoniorum receptio difficilis et quandoque impossibilis est, Supremum hoc Tribunal id servari perspexerit, hanc ad rem Instructionem, pro Rmorum Ordinariorum norma, edendam mandavit.

5. Ordinarius igitur toties quoties aliquam de infando sollicitationis crimine denunciationem acceperit, illico ad diligentias paragendas procedat. Ad quem finem vel per se vel per sacerdotem a se *specialiter* delegatum advocabit (separatim scilicet, et qua decet circumspectione) duos testes, quantum fieri poterit, ex cœtu ecclesiastico, utcumque vero omni exceptione maiores, qui bene noverint tum denunciatum, tum omnes et singulos denunciantes, eosque, sub sanctitate iuramenti de veritate dicenda et de secreto S. Officii servando, iudicialiter interrogabit, testimonium scripto referens, iuxta insequentem formulam;

---

[11] *Fontes*, n. 1190; *Coll. S. C. P. F.*, n. 1977; ASS, XXX (1897-1898), 249-250.

[12] 20 febr. 1867. cf. *supra*, p. 106 et p. 110.

utriusque vero testimonii atque una simul respectivæ denunciationis authenticum exemplum directe tutaque via ad hanc Supremam Congregationem quamprimum transmittet.

6. Dictum est: "vel per se vel per sacerdotem a se *specialiter* delegatum"; nihil enim prohibet quominus, rationabili ex causa, pio alicui docto ac prudenti sacerdoti id muneris Ordinarius demandare valeat; *speciali* tamen ei in singulis casibus delegatione impertita, eique antea delato iureiurando de munere fideliter ineundo et de secreto S. Officii servando.

7. Quod si inveniri nequeant duo tantum testes qui noverint una simul denunciatum et omnes et singulos denunciantes, plures vocari debent. Tot nempe hoc in casu testes ut supra, vocandi erunt, quot oportebit ut duplex quoad denunciatum et unumquemque denunciantem habeatur testimonium.

8. Quoties autem iuramentum de secreto servando et, pro diversis casibus, de veritate dicenda vel de munere fideliter obeundo deferendum sit, iuramentum ipsum semper et ab omnibus, etiam sacerdotibus, *tactis SS. Dei Evangeliis et non aliter*, præstandum erit. In Ordinarii vero potestate erit, siquidem pro rerum, locorum aut personarum adiunctis necessarium vel expediens iudicaverit, excommunicationem ipso facto incurrendam et Rom. Pont. speciali modo reservatam violatoribus comminari.

9. Sequitur interrogationis formula:

Die... mense... anno...

Vocatus personaliter comparuit coram me infrascripto Episcopo... (*notetur nomen diœcesis. Delegatus autem dicat*: coram me infrascripto a R. P. D. Episcopo... ad hunc actum tantum specialiter delegato) sistente in... (*notetur locus ubi negotium geritur*).

N. N. (*nomen, cognomen et qualitates testis conventi*) qui, delato ei iuramento veritatis dicendæ, quod præstitit tactis SS. Dei Evangeliis, fuit per me

1. Interrogatus: Utrum noverit Sacerdotem N. N.? (*nomen cognomen et qualitates denunciati*). Respondit: ... (*exscribatur lingua qua utitur testis, eius responsio*).

2. Interrogatus: Quænam sit huiusce Sacerdotis vitæ ratio, quinam mores, quænam penes populum existimatio? Respondit: ...

3. Interrogatus: Utrum noverit viros vel, ut pluri-

mum, mulieres NN... NN...? (*nomen, cognomen et qualitates uniuscuiusque denunciantis*). Respondit: ...

4. Interrogatus: Quænam sit uniuscuiusque eorum
vitæ ratio, quinam mores, quænam penes populum existimatio? Respondit: ...

5. Interrogatus: Utrum eos censeat fide dignos, vel
contra mentiendi, calumniandi in iudicio, et etiam peieran-
di capaces eos existimet? Respondit: ...

6. Interrogatus: Utrum sciat, num forte inter eos et
præfatum sacerdotem ulla umquam exstiterit odii vel ini-
micitiarum causa? Respondit: ...

Tunc, delato ei iuramento de secreto S. Officii servando, quod præstitit ut supra, dimissus fuit, et antequam
discederet, in confirmationem præmissorum se subscripsit.

Subscriptio autographa testis vel eius signum † crucis.

Acta sunt hæc per me N. N. (*nomen, cognomen et
qualitates Episcopi vel eius delegati qui testimonium re-
cepit*).

Legentibus supra citatas *Instructiones*, illico patebit quo pacto processus inquisitorialis ordinarius paulatim induerit novam
peculiarem formam propriam causarum sollicitationis. Ratio autem
talis evolutionis perspecta fit etiam ex allatis motivis in iisdem
Instructionibus sæpe repetitis, nempe, ex natura, ut plurimum
occulta, delicti eiusque intima cum sacramentali sigillo confessionis coniunctione; necnon ex periculo sive hallucinationis, sive
calumniæ, sive scandali consequentis, cum denuntiantes ad deponendum vocati, moveri possint non pura rectaque intentione,
sed aliqua in denuntiatum inimicitia, odio vel invidia, aut postea
fidem de secreto strictissime servando malitiose aut ignoranter
infringant.

CAPUT V

STATUTA DIŒCESANA CIRCA DELICTUM SOLLICITATIONIS ANTE CODICEM LATA

Recensita hucusque documenta, emanata post Gregorii XV constitutionem *Universi Dominici gregis*, ius ac disciplinam respiciunt pro universo orbe terrarum, quippe quæ lata a suprema auctoritate tamquam leges universales. Exstant præterea leges particulares, in particularibus territoriis latæ tum a Conciliis Plenariis vel Provincialibus pro determinatis diœcesibus, tum ab Episcopis singularibus, in quibus ius universale declaratur, confirmatur, necnon applicatur singulorum locorum necessitatibus et circumstantiis. In iis documentis deprehenditur saltem vigor et universalitas iuris contra sollicitantes, nonnumquam etiam nova sub luce quædam elementa legislationis maiore claritate proponuntur, unde eorum notitia non exiguum præstat iuvamen penitiori cognitioni atque interpretationi iuris hodierni circa delictum sollicitationis. Quamobrem textus horum statutorum particularium, ordine chronologico dispositos, in sequentibus præbere opportunum visum est.

1. *Ex Synodo Diœcesana Coloniensi, 22 Martii, 1622. P. II, tit. V, De Sacramento Pœnitentiæ, c. VII, § II.*

Confessarius porro qui ocassione vel specie Sacramentalis Confessionis pœnitentem ad turpia sollicitavit, severissime puniatur, iuxta Const. Gregorii Papæ XV, cuius hæc verba sunt: "Statuimus... quod omnes et singulos sacerdotes... qui personas, quæcumque illæ sint... ad inhonesta... sollicitare vel provocare tentaverint..." pro modo culpæ punire non negligant. Et in § 5: Caveant itaque Confessarii, ne familiares sint fœminis sibi confitentibus; prolixiora colloquia earum evitent, neque illas ad nimis frequenter sibi confitendum invitent. [1]

---

[1] Hartzheim, *Concilia*, IX, 982.

2. *Ex Synodo Provinciali Neapolitana, 7 Iunii, 1699.* Tit. III, c. V. *De Sacramento Pœnitentiæ,* n. 16.

Declarat Sancta Synodus, Confessarios, etiam Parochos, sive in confessione, sive immediate ante vel post, quemcumque ad turpia sollicitantes, excommunicationis sententiam, Ordinario reservatæ, ipso facto incurrere. [2]

3. *Ex Concilio Provinciali Avenionensi, 28 Octobris, 1725.* Tit. XXX, c. VI.

Iam vero pœnas omnes, a Sacris Canonibus contra Confessarios revelantes [confessiones] et ad turpia sollicitantes tam merito statutas (Const. Greg. XV, quæ incipit: *Universi Dominici,* 30 aug. 1622), hoc Synodali Decreto ad memoriam et exsecutionem revocari suumque omnino sortiri effectum Patres Concilii volunt, quoties infausta similium occasio se præbuerit. [3]

4. *Ex Sancta Synodo Montis Libani, 30 Septembris, 1736.* P. II, c. IV, n. 16.

Quicumque confesarii, sive sæculares sive regulares, etiam parochi, diabolo instigante, eo impudentiæ processerint, ut ad impudica personam quamcumque, sive in actu confessionis, sive ante vel post immediate, aut occasione vel prætextu confessionis, etiam non secutæ, vel extra confessionem in confessionalibus, sollicitaverint vel quomodolibet cum iisdem impudice tractaverint, sacrorum canonum statuta sequentes, eos severissime ab Ordinario puniendos esse decernimus.

In capite autem V, *De Casibus Reservatis — Tabella Prima,* n. 11, reservatur Reverendissimo D. Patriarchæ, peccatum sacerdotis sollicitantis in adiunctis supra indicatis. [4]

Ex citatis duo elucent: primo, legem contra sollicitantes vigere apud orientales (Syros); secundo, inter adiuncta in quibus sollicitatio ad turpia contingere potest recensetur sollicitatio "*in*

---

[2] *Acta et Decreta Sacrorum Conciliorum Recentiorum, Collectio Lacensis* (7 vol., Friburgi Brisgoviæ, 1870-1892), I, col. 187, a. Hoc opus deinde citabitur *Collectio Lacensis.*

[3] *Collectio Lacensis,* I, col. 536, a.

[4] *Collectio Lacensis,* II, col. 134, c; et col. 138, b.

confessionalibus, extra occasionem confessionis" sine addito elemento *simulationis,* ex quo sequitur iuxta Synodum sufficere circumstantiam *confessionalis,* ita ut sollicitatio ibidem facta delictum constituat. Quod summopere notandum pro intelligentia constitutionis Benedicti XIV quoad hanc circumstantiam, prout in commentario dicendum erit. [5]

5. *Ex Synodo Vicariatus Sutchuensis (in Sinis), 2 Septembris, 1803. Sess. II, c. VI, De Pœnitentiæ Sacramento, § X, 6.*

Neque licet absolvere ullum pœnitentem, sive masculum sive feminam, licet alias rite dispositum, quem confessarius noverit ab alio sacerdote confessario ad inhonesta et turpia contra sextum decalogi præceptum quoquo modo fuisse sollicitatum, nisi prius delinquentem denuntiaverit competenti iudici, qui quidem in hac regione est Vicarius Apostolicus. Porro hæc regula ita stricte servanda est, ut si confessarius sub prætextu famæ sacerdotis non lædendæ, aut alio quolibet humano respectu non moneret pœnitentem de obligatione denuntiandi, vel eum absolveret ante denuntiationem, vel saltem denuntiationis quam primum faciendæ promissionem, se ipsum peccato mortāli ligaret, pœnisque gravissimis sanctionum Apostolicarum infractoribus infligendis obnoxium præstaret.

Ne autem prætextu impossibilitatis aut maximæ difficultatis ad Vicarium Apostolicum accedendi ob distantiam locorum, vel infirmitatem, vel periculum infamiæ pœnitentis aut aliam quamcumque causam eximatur pœnitens ab onere denuntiandi, committimus ac mandamus cuilibet confessario, sive europæo sive sinensi, ut, si pœnitens sollicitatus non possit sine incommodo vel periculo, aut etiam vereatur seu erubescat ad Vicarium Apostolicum accedere, ipsemet recipiat in scriptis iuramento firmatam denuntiationem, eamque quamprimum transmittet ad prædictum Vicarium, unde fiet, ut nullum inde periculum sive incommodum pœnitens patiatur, nec absolutionem diutius differre necesse sit. [6]

Iampridem episcopus Caradrensis, Vicarius Sutchuensis, *Litteras Pastorales* dederat, 1 Septembris, 1793 in quibus plura eius-

---

[5] Cf. *infra,* p. 270.
[6] *Collectio Lacensis,* VI, col. 612, c.

dem tenoris sacerdotibus Vicariatus Sutchuensis et Provinciis
KOI Tcheou atque Yion Nan enixe commendaverat. [7]

6. *Ex Concilio Provinciæ Tuamensis (in Hibernia), 6 Maii,
1817. Decretum XVII.*

Animarum periculis occurrere volentes, districte præcipimus atque mandamus, ut exacte fideliterque serventur
Constitutiones s. m. Benedicti XIV, quarum altera incipit
Sacramentum Pœnitentiæ, sub data primæ Iunii, an. 1741;
altera vero, cuius initium *Apostolici muneris,* quæ lata fuit
die 8 Februarii, an. 1745. [8]

7. *Ex Concilio Provinciali Australiensi, 10 Septembris, 1844.
Statutum XII.*

Non licet absolvere ullum pœnitentem, sive masculum
sive feminam, licet alias rite dispositum, quem confessarius
noverit a quocumque, etiam laico confessarium fingente,
ad turpia vel inhonesta contra sextum decalogi præceptum
quoquomodo occasione, prætextu vel simulatione confessionis sollicitatum, nisi prius delinquentem indicaverit Ordinario, Episcopo scl. vel Vicario Generali, vel saltem se cum
primum poterit delaturum spondeat ac promittat. Porro
hæc regula ita stricte observanda est, ut, si confessarius sub
prætextu non lædendæ sacerdotis famæ aut alio quolibet
respectu non moneret pœnitentem de obligatione denuntiandi vel eum absolveret ante denuntiationem, se ipsum
peccato mortali ligaret et censuris obnoxium se præstaret.
Pœnitens vero, denuntiatione non facta, incurrit post lapsum
unius mensis excommunicationem ipso facto. ...Sequentes
casus reservantur... 6. Sollicitatio ad turpia ut explicatur
in Bulla *Sacramentum Pœnitentiæ;* ob quam pœnæ incur-
runtur in decretis S. Sedis nominatæ. ...Haud inopportunum erit adiungere ex præfata Benedicti XIV Bulla quæ
incipit *Sacramentum Pœnitentiæ,* quæ sequuntur: "Mandamus... [adhibentur verba constitutionis ex § 1, quæ ad
rem faciunt]. [9]

---

[7] *Collectio Lacensis,* VI, col. 646, b, c, d; et col. 647, a et b.
[8] *Collectio Lacensis,* III, col. 765, c.
[9] *Collectio Lacensis,* III, col. 1051, 1052 et 1053.

8. *Ex Concilio Provinciali Burdigalensi, 14 Iulii, 1850.* Tit. III, c. V, n. 4.

Et cum pœnitentes sæpe plura dicenda omittant, meminerint confessarii sui muneris esse, eos interrogare de quibus prudens subest dubitatio, an sciant necessaria ad salutem; annon reticuerint aliquot peccata quæ accusare nesciunt aut erubescunt. In iis autem interrogationibus, ea adhibeatur animi cautio, ut nihil inquiratur nisi necessarium; ea sermonis benignitas, ut non præter modum pœnitens gravetur; ea demum verborum castitas, ut puritas detrimentum non patiatur. Standum autem esset, si umquam se daret occasio, Constitutioni Benedicti felicis memoriæ Papæ XIV, quæ incipit: *Sacramentum Pœnitentiæ.* [10]

9. *Ex Concilio Plenario apud Thurles (in Hibernia), 15 Augusti, 1850. Decretum XIV, n. 45.*

Volumus ut omnia quæ a Romanis Pontificibus et præsertim a Benedicto XIV, in Bullis quæ incipiunt *Sacramentum Pœnitentiæ* et *Apostolici muneris,* de sollicitatione sunt præscripta, accurate observentur. [11]

10. *Ex Concilio Ravennatensi, 28 Maii, 1855.* P. II, c. V, IX.

In concedenda vel deneganda vel differenda absolutione, serventur regulæ a Rituali Romano (Ordo ministrandi Sacram Pœnitentiam), et a S. Carolo et a probatis auctoribus traditæ. Potissimun autem hæc duo revocent in mentem confessarii: ... 2. Servandas sibi fideliter SS. Pontificum ac præsertim Benedicti XIV constitutiones quoad absolutionem complicis et sollicitatorum ad turpia. [12]

11. *Ex Concilio Provinciali Halifaxensi, 8 Septembris, 1857. Decretum XIV, n. 10.*

Omnia quæ a Benedicto XIV in Bullis *Sacramentum Pœnitentiæ* et *Apostolici muneris* et ab aliis Romanis Ponti-

---

[10] *Collectio Lacensis,* IV, col. 572, b.
[11] *Collectio Lacensis,* III, col. 782, c.
[12] *Collectio Lacensis,* VI, col. 160, c.

ficibus de sollicitatione statuta sunt, strictissime observari
volumus. [13]

12. *Ex Concilio Provinciæ Veneti, 28 Octobris, 1859. P. III,*
c. XXII, § 5.

Confessarius ... perlegat tandem et præ oculis habeat
pagellam casuum reservatorum suæ diœceseos, itemque
casus papales, et præsertim constitutiones et decreta SS.
Pontificum contra eos, qui sollicitant ad turpia, qui fran-
gunt sacramentale sigillum ... [14]

13. *Ex Synodo Provinciæ Ultraiectensis (in Hollandia), 24*
Septembris, 1865. Tit. IV, c. VIII.

Etsi pro certo habeamus in hac provincia confessarios
sublimi ministerio functuros esse in salutem ac medelam
animarum, non autem in earumdem perniciem et ruinam;
non omittimus tamen pro nostro pastorali munere in
omnium memoriam revocare Constitutionem Gregorii XV,
quæ incipit *Dominici gregis* [sic], et alteram Benedicti
XIV, quæ incipit *Sacramentum Pœnitentiæ*, necnon Decretum S. Officii diei 5 Augusti 1745; quæ omnia in provincia nostra observanda esse volumus contra eos, qui
sacramento pœnitentiæ abuterentur. [15]

14. *Ex Synodo Provinciæ Neogranatensis Prima, (in Ameri-*
ca Meridionali), 5 Iulii, 1868, Tit. IV, c. VIII, repetit verbum de
verbo ea quæ in Synodo Ultraiectensi, mox citato, statuta fuerunt. [16]

15. *Ex Concilio Smyrnensi, 16 Maii, 1869. Sect. II, c. IV,*
§ 1.

Cum supremum Sacræ Inquisitionis tribunal aliquas
instructiones sub die 20 Februarii, 1867 ad omnes Episcopos
miserit, ut s. m. Benedicti XIV *Sacramentum Pœnitentiæ*
constitutio exacte executioni mandetur, ideo Patres omnes,

---

[13] *Collectio Lacensis*, III, col. 745, c.
[14] *Collectio Lacensis*, VI, col. 334, b.
[15] *Collectio Lacensis*, V, col. 830, b.
[16] *Collectio Lacensis*, VI, col. 514, d.

ut hæ sertæ sanctæque serventur et caute adimpleantur, commendavere. [17]

16. *Ex Concilio Plenario Americæ Latinæ, 9 Iulii, 1899.*

Quoad *sollicitantes* eorumque denuntiationem, serventur quæ præscripta sunt tit. XV, cap. III, in fine. Personæ autem, quæ innoxium sacerdotem falso accusarunt de crimine sollicitationis, a solo Romano Pontifice vel ab eo tantum, qui Apostolicam facultatem obtinuerit, absolvi possunt, cum onere tamen præviæ et regularis retractationis, et expresso nomine, tam falso denuntiantis quam calumniati, servando in archivio secreto Curiæ Diœcesanæ et ad S. Congregationem Inquisitionis transmittendo. [18]
In causis quæ fidem respiciunt, ac proinde quando agitur de violatione Constitutionis Benedicti XIV, quæ incipit *Sacramentum Pœnitentiæ*, omnia secretissime fieri debent. Igitur, si de causis sollicitantium agendum sit, "omnes curiæ ecclesiasticæ administri, et quicumque alii ad has pertractandas vel patroni ad defendendas causas assumantur, iusiurandum de secreto servando emittere debent, et ipsi Episcopi aliique locorum Ordinarii ad servandum secretum obstringuntur, prout in iure cautum est.
Qui vero denuntiationis oneri satisfaciunt, quique in hisce causis examini subiiciuntur, iuramentum ab initio de veritate dicenda et, actu expleto, de secreto servando tactis sacrosanctis Dei Evangeliis, etiamsi sint sacerdotes, præstare tenentur". Ut autem in huiusmodi causis ad normam iuris procedatur, accurate serventur instructiones S. Officii 20 Februárii 1867 et 20 Iulii 1890, quas in Appendice referri mandamus. De complicis autem absolutione tractandum unice est per confessarium cum Sacra Pœnitentiaria, per quam facultates necessariæ fiunt et mandata opportuna redduntur. [19]

---

[17] *Collectio Lacensis,* VI, col. 570, d.

[18] *Acta et Decreta Concilii Plenarii Americæ Latinæ, in Urbe celebrati Anno Domini MDCCCXCIX, et Appendix* (2 vol., Romæ: Typographia Vaticana, 1900), I, tit. V, *De Sacramentis,* c. V, de *Pœnitentia,* n. 560.

[19] *Ibid.,* I, tit. XV, *De Iudiciis Ecclesiasticis,* c. III, *De Modo Procedendi in Causis Clericorum,* n. 991.

PARS ALTERA

COMMENTARIUS CANONICO — MORALIS

CAPUT VI

DE IURE HODIERNO SCRIPTO EIUSQUE FONTIBUS IN MATERIA SOLLICITATIONIS

Postquam de origine ac evolutione legislationis circa confessarios sollicitantes ad turpia actum est, commentarius canonico-moralis super idem delictum venit instituendus. Sub luce igitur principiorum iuris atque interpretationis canonicæ, unaque cum normis e morali theologia haustis, vigentes hodie ecclesiasticæ leges in materia sollicitationis examini subiicientur, ut certa ab incertis, solide probabiles a fundamento destitutis opinionibus sedulo distinguentes, tum littera tum sensus legum earumque ad praxim applicatio, clarius cognoscatur.

Auctores qui de sollicitatione scripserunt, tum ante tum post Codicem, commentarium plerumque ordinant per varias clausulas apostolicarum constitutionum. Eorum veluti scopus esse videtur denuntiandi obligationem definire. Et recte quidem: finis enim legis est sollicitantium abusus compescere quatenus tum sanctitas sacramenti Pœnitentiæ, tum salus animarum, reverenter custodiatur et fideliter promoveatur. Age vero, medium detegendi delinquentes est denuntiatio, ab illis facienda præsertim qui sollicitationem passi sunt. Hinc quæstio præcipua erit determinare quandonam detur obligatio denuntiandi sóllicitantes.

Quoad modum autem aggrediendi tractationem, auctores generatim methodum casuisticam potius sequentes, non adeo ordinem systematicum premunt, quin potius casus particulares atque practicas quæstiones, præsertim difficiliores, solvere conantur, ita ut plerumque ipsa tractatio, disputationibus nimis involuta, opinionum cummulo implicatior evadat et obscuritate laboret. Quæ cum ita sint, cumque agatur de re quæ, difficultatibus obnoxia, obscuritati locum dare apta sit, in sequentibus eo ordine quæstiones disponentur ut perspicuitati potius quam abundantiæ consulatur. Ideoque iam nunc ab initio, summa capita totius tractationis proponuntur, ut uno quasi intuitu tum via, tum ipsæ quæstiones pertractandæ conspiciantur.

ELENCHUS QUÆSTIONUM

I.   Hodiernum ius scriptum eiusque fontes (c. VI)
II. Sensus iuridicus delicti sollicitationis (c. VII)
III. De obiecto sollicitationis (c. VIII):
Sectio   I.   De actione sollicitandi.
Sectio II.   De materia sollicitationis.
Sectio III.   De modis exsequendi sollicitationem.
IV. De subiecto sollicitationis (c. IX):
Sectio   I.   De subiecto activo, seu de confessario solli-
citanti.
Sectio II.   De subiecto passivo, seu de persona sollici-
tata.
V.   De nexu cum confessione (c. X):
Sectio   I.   De nexu temporali.
Sectio II.   De nexu quasi-causali, seu de occasione et
prætextu.
Sectio III.   De nexu locali.

Hodiernus Codex Iuris Canonici præscripta quæ sollicitationem ad turpia in confessione attingunt canonibus qui sequuntur tradit:

> Can. 904.—Ad normam constitutionum apostolica-
> rum et nominatim constitutionis Benedicti XIV *Sacra-
> mentum Pœnitentiæ*, 1 Iun. 1741, debet pœnitens sacer-
> dotem, reum delicti sollicitationis in confessione, intra
> mensem denuntiare loci Ordinario, vel Sacræ Congrega-
> tioni S. Officii; et confessarius debet, graviter onerata
> eius conscientia, de hoc onere pœnitentem monere.

His igitur verbis statuitur obligatio pœnitentis denuntiandi
confessarium sollicitantem; determinatur tempus intra quod denuntiatio fieri debet; iniungitur confessario obligatio monendi pœnitentem de onere denuntiandi.

> Can. 2368, § 1.—Qui sollicitationis crimen de quo in
> can. 904, commiserit, suspendatur a celebratione Missæ et
> ab audiendis sacramentalibus confessionibus vel etiam pro
> delicti gravitate inhabilis ad ipsas excipiendas declaretur,

privetur omnibus beneficiis, dignitatibus, voce activa et passiva, et inhabilis ad ea omnia declaretur, et in casibus gravioribus degradationi quoque subiiciatur.

§ 2.—Fidelis vero, qui scienter omiserit eum a quo sollicitatus fuerit, intra mensem denuntiare contra præscriptum can. 904, incurrit in excommunicationem latæ sententiæ nemini reservatam, non absolvendus nisi postquam obligationi satisfecerit aut se satisfacturum serio promiserit.

In huius ergo canonis pœnalis paragrapho prima, pœnæ ferendæ sententiæ in delinquentes de sollicitatione statuuntur; in paragrapho vero altera, pœna latæ sententiæ fertur in pœnitentem sollicitatum qui non satisfecerit obligationi denuntiandi sollicitantem.

Alii præterea duo exstant canones cum eadem materia connexi, nempe can. 894, ex quo unicum peccatum reservatum ratione sui Sanctæ Sedi est falsa delatio qua sacerdos innocens accusatur de crimine sollicitationis apud iudices ecclesiasticos; et can. 2363, qui pænam excommunicationis, speciali modo reservatæ Sedi Apostolicæ, decernit in falso denuntiantes confessarium de sollicitationis crimine apud Superiores.

Minime vero iis tantum præscriptis universa legislatio hodierna circa sollicitationem in confessione absolvitur. Expresse enim monemur in can. 904, obligationem ibidem statutam *ad normam constitutionum apostolicarum...* esse intelligendam. Complementum igitur legislationis et normæ ad eamdem interpretandam necessario desumenda sunt ex apostolicis constitutionibus quæ de subiecta materia, labentibus sæculis, Pontifices Romani per se ipsos, vel mediantibus Sacris Congregationibus et Tribunalibus, pro temporum necessitatibus ediderunt. Huiusmodi igitur documenta ante Codicem lata non modo non sunt obsoleta atque omni obligationis vi destituta, sed, e contra, toto suo robore existentia, nova vi, non quidem ex se ipsis, sed ex vigente hodie Codice donantur. Verumtamen non omnia eodem valore pollere dicenda sunt, sed distinguere opus est ea quæ ut *ius scriptum* etiam nunc vigens Codici incorporantur, atque illa quæ tamquam *fontes* præbent normas iuxta quas ius scriptum diiudicari debet, et validissima constituunt adiumenta ad illa præsertim intelligenda quæ vel minus clara, vel non adeo determinata, in iure scripto hodierno recensentur.

Hoc complementum, *iuris scripti* circa delictum sollicitationis habetur in primis in constitutione Benedicti XIV *Sacramentum Pœnitentiæ*. Id enim eruitur, primo, ex verbis explicitis can. 904, in quo iubetur totam de sollicitatione quæstionem intelligendam esse *ad normam... nominatim constitutionis Benedicti XIV Sacramentum Pœnitentiæ*. Iam vero, iuxta can. 6, sunt canones qui ius vetus ex integro referunt, eo quod explicite vel implicite veterem legem disciplinarem continent, ideoque eas vim suam servare dicendum est. [1] Sed insuper, constitutio Benedicti XIV *Sacramentum Pœnitentiæ*, non modo nominatim allegatur a can. 904 tamquam norma sequenda, verum etiam in officiali editione textus Codicis hodierni *inseritur* ad calcem ipsius, una cum aliis documentis quæ vim suam etiam post Codicem servant. [2]

Et quidem, Benedictus XV (1914-1922) in sua constitutione *Providentissima Mater Ecclesia*, data die festo Pentecostes anni 1917, [3] aperte declaravit: "Constitutione hac Nostra, quam volumus perpetuo valituram, præsentem Codicem, *sic ut digestus est, promulgamus, vim legis posthac habere pro Universa Ecclesia decernimus, iubemus...*" Age vero, Codex prout digestus est *Documenta* ad calcem addita complectitur, ergo illa denuo confirmantur et vim legis habere declarantur. Ita quoque auctores plerumque sentiunt. Audiatur inter alios Cicognani: "*Post canones, octo sequuntur documenta, quibus nonum a Pio XI additum est;...* 5. Const. Ben. XIV, de sollicitatione ad turpia... Præfata documenta, forsan ex eo quod minuta sunt, aut naturam induunt statutorum pro peculiari negotio, non fuerunt sub forma canonum redacta. Eo modo quo ante Codicem, authentica sunt et legem

----

[1] Can. 6.—Codex vigentem huc usque disciplinam plerumque retinet, licet opportunas immutationes afferat. Itaque:... 2o. Canones qui ius vetus ex integro referunt, ex veteris iuris auctoritate... sunt æstimandi. ...6o. Si qua ex ceteris disciplinaribus legibus, quæ usque adhuc viguerunt, nec explicite, nec implicite in Codice contineatur, ea vim omnem amississe dicenda est... .

[2] Cf. *Documentum V Codicis Iuris Canonici.* Constitutio Benedicti XIV *Sacramentum Pœnitentiæ*, 1 Iunii, 1741.

[3] *Codex*, post Præfationem.

faciunt." [4] Idipsum affirmat Van Hove: "Adduntur tamen *novem constitutiones iuris superioris*, quæ æque ac canones vim legis universalis obtinent." [5] Similiter Michiels: "Authenticitas et auctoritas Codicis extenduntur ad ea omnia eaque sola quæ habentur in *forma collectionis primigenia*, i. e. in editione typica officiali in Actis Apostolicæ Sedis promulgata. [6] Hinc: a) ad singulos et integros canones, qui directe obligatorii sunt in quantum jussa vel ordinationes continent, ... c) ad 8 documenta seu Constitutiones apostolicas, integre vel saltem partialiter in fine Codicis, extra canonum ordinem relatas; quæ documenta quoad partem dispositivam veram vim legis universalis habent..." [7]

Eadem conclusio extendi posse videtur ad constitutionem Gregorii XV, *Universi Dominici gregis*, necnon ad decreta S. Officii contenta in sexdecim resolutionibus quæ datæ fuere 11 Februarii, 1661; et denique ad duas propositiones, VI et VII, damnatas ab Alexandro VII, die 24 Septembris, 1665. [8] Et ratio est, in primis quia nominatim ipse Benedictus XIV, in citata constitutione, auctoritate apostolica approbavit et confirmavit hæc documenta, *illisque omnibus et singulis inviolabilis Apostolicæ firmitatis robur adiecit*. [9] Præterea, ex eo quod in can. 904, etsi explicite tantum allegetur constitutio Benedictina, nihilominus præscribitur *normam esse sumendam* etiam ex aliis apostolicis constitutionibus, quod præprimis videtur intelligendum de illis quæ non modo citatæ sed etiam confirmatæ in toto suo valore continentur in illa constitutione quæ, ipsi Codici inserta, tamquam lex scripta adhuc vigens recipi debet. [10]

---

[4] *Ius Canonicum* (2 vol., Romæ: apud Aedes Facultatis Iuridicæ ad S. Apollinaris, 1925), I, n. 134.

[5] *Prolegomena*, n. 565.

[6] AAS, IX (1917), pars II et AAS IX (1917), 557 et 589.

[7] Gomarus Michiels, *Normæ Generales Iuris Canonici* (2. ed., 2 vol., Tornaci: Desclée et Socii, 1949), I, 23 (deinceps citatur *Normæ Generales*).

[8] Cf. *supra*, pp. 55, 67 et 76.

[9] Const. *Sacramentum Pœnitentiæ*, § 1. Cf. *supra*, pp. 86 et ss.

[10] Hæc omnia non parum videntur confirmari ex inspectione illorum canonum, in quibus prout in can. 904, *norma* iubetur desumi ex apostolicis constitutionibus Codicem præcedentibus: can. 160, de electione Romani Pontificis, quæ etiam post Codicem regebatur const. Pii X, *Vacante Sede Apos-*

Sunt tamen auctores hodierni qui negant decreta S. Officii data die 11 Februarii, 1661, adhuc vigere; immo, contendunt decreta nec tamquam *fontes* iuris hodierni posse considerari. Ita aperte sentit Cerato, qui pluribus in locis sùi operis hanc opinionem acerrime conatur sustinere: "Citata decreta [scl. S. C. S. Off., 11 febr. 1661]" —ait cl. auctor— "quæ ius vetus fundabant, inter Fontes novi iuris non adnotantur, idest de consilio expuncta sunt. Unde oportet ut corruant sententiæ Auctorum, vel probabilissimorum, quæ illis decretis nitebantur." [11] Deinde, relate ad hanc vel illam propositionem Decretorum 1661, idem iterum iterumque affirmat: "Citatum decretum non est de fontibus novi iuris." [12] "Citatum responsum locum non obtinet inter fontes novi iuris." [13]

Ratio reiiciendi valorem horum decretorum, si alia quædam sit, præcipua adducitur a cl. Cerato ex eo quod huiusmodi decreta non inveniantur inter *Fontes* quos Emus. Cardinalis Gasparri tamquam notas ad calcem editionis authenticæ Codicis scripsit. Iam vero, allata ratio toto suo robore destituitur ex eo quod adnotationes fontium opus constituunt mere privatum Cardinalis Gasparri, neque in illis monumenta omnia recensentur quæ tamquam *fontes* canonum haberi possunt, neque illa quæ inscribuntur

---

tolica, 25 dec. 1904, *Documentum* I, cui hodie abrogatæ substituitur Pii XII const. *Vacantis Apostolicæ Sedis,* 8 dec. 1945 — AAS, XXXVIII (1946), 65-99; can. 241, de potestate Cardinalium Sede Apostolica vacante, quæ definiebatur in citata Pii X constitutione; can. 262, de administratione bonorum ac iurium temporalium S. Sedis, sede vacante, norma quoque servanda præscribebatur in eadem constitutione Pii X; can. 459, § 4, de provisione parœciarum per concursum, *ad normam* const. Benedicti XIV, *Cum illud,* 14 dec. 1742, *Documentum* IV; can. 884, de absolutione complicis, *ad normam* const. Benedicti XIV, *Sacramentum Pœnitentiæ,* 1 iun. 1741, *Documentum* V; can. 1125, de extensione privilegii Paulini, iuxta constitutiones Pauli III, *Altitudo,* 1 ian. 1537; Pii V, *Romani Pontifices,* 2 aug. 1571; Gregorii XIII, *Populis,* 25 ian. 1585, quæ referuntur respective in *Documentis* VI, VII, VIII; tandem, can. 2335, de pœnis in delicta quæ in eligendo Summo Pontifice committi possunt, quæ usque ad annum 1945 regebantur iuxta iam citatam const. Pii X, in *Documento* I.

[11] *De Delicto Sollicitationis,* art. IX, n. 89, R.. 2.
[12] O. c., n. 16, R. 2.
[13] O. c., n. 37, R. 1.

omni ex parte veluti *fontes* considerari debent, prout ipse Eminen-
tissimus Auctor ceteroquin aperte fatetur in Præfatione ad Codicem: "*Vix animadvertere attinet,* canones haud semper cum
suis fontibus omni ex parte in sententia congruere." [14]

Ad rem optime notavit Van Hove: "Annotationes illæ [Card.
Gasparri, scl.] ... *sunt optima subsidia interpretationis canonum*
cum sæpe ius novum sit interpretandum iuxta ius antiquum (can.
6). Non adeo facile tamen *ex allegatione vel omissione alicuius
fontis* iuris superioris argumentum est deducendum ad canonem
interpretandum, quia annotatio fontium est opus mere privatum.
Probari saltem deberet omissionem alicuius fontis fuisse intentio-
nalem, quod difficulter fieri potest." [15]

Re quidem vera, Cerato nullibi demonstrat quod *de consilio
expuncta sint* decreta S. Officii, anni 1661, sed id gratuito affirmat.
Retinenda sunt igitur in suo valore, non solum ut *fontes* sed etiam
ut ius adhuc vigens. Quod amplius confirmatur ex plurimorum
auctorum usu et constanti sententia. [16]

---

[14] *Codex Iuris Canonici* (ed. 1934), p. XLXII.

[15] *Prolegomena,* n. 563; cf. etiam Cicognani, *Ius Canonicum,* I, 137; et
Michiels, *Normæ Generales,* I, 24 qui ad rem hæc dicit: "Præfatio vero,
adnotationes fontium et index analytico-alphabeticus, licet eximium habeant
valorem doctrinalem, non habent tamen valorem authenticum iuridicum,
quia in editione Codicis typica non inveniuntur, et sunt opus mere privatum Emi Card. Gasparri."

[16] Ait Cappello, reiiciens gratuitam affirmationem Prosdocimi Cerato:
"Hoc sine fundamento asseritur. Decisiones S. Off. 11 febr. 1661, confirmatas
et ratas habuit Benedictus XIV in const. *Sacramentum Pœnitentiæ,* quæ
inter *Documenta* (n. V) ab ipso Codice refertur quæque omnem suam
vim adhuc retinet." — *De Pœnitentia,* n. 668, nota 40. Inter auctores quæ
passim citant illa decreta videri possunt Aertnys-Damen, *Theologia Moralis
secundum Doctrinam S. Alfonsi de Ligori* (15. ed., 2 vol., Torino: Marietti,
1947), II, nn. 414, 415, 416, 422 (deinceps citatur *Theologia Moralis*); Genicot-Salsmans, *Institutiones Theologiæ Moralis* (14. ed., 2 vol., Buenos Aires:
Dedebec, 1942), II, n. 395, nota 3, ad calcem p. 355; et n. 397, 2o.; Benedictus H. Merkelbach, *Summa Theologiæ Moralis* (3. ed., 3 vol., Parisiis:
Desclée, 1939), III, nn. 640, 1, b); 2, a), c); 641, 2, 3 et 5, etc...; Ioseph
Ubach, *Compendium Theologiæ Moralis* (2. ed. 2 vol., Bonis Auris: apud
Sociedad San Miguel, 1935), II, 670, nota 1; Ludovicus Wouters, *Manuale
Theologiæ Moralis* (2 vol., Brugis: Beyaert, 1933), II, n. 416; et sic communi-
ter omnes auctores post Codicem scribentes.

Cetera documenta pontificia in materia sollicitationis non videntur posse considerari tamquam *ius scriptum* adhuc vigens, attamen charactere *fontium* pollent, ex quibus ius Codicis ortum duxit, et ideo ad instar declarationum quibus primo constitutio Gregorii XV et deinde constitutio Benedicti XIV elucidata fuere, validissimum etiam nunc præbent subsidium ad interpretationem legislationis vigentis. Quod quidem in primis venit applicandum constitutionibus Summorum Pontificum, videlicet, Pauli IV, *Cum sicut nuper*, 18 febr. 1559; Pii IV, *Cum sicut nuper*, 16 apr. 1561; Benedicti XIV, *Etsi pastoralis*, § IX, n. 5, 26 mai. 1742; et Pii IX *Apostolicæ Sedis*, 12 oct. 1869.

Eodem criterio respicienda sunt cetera monumenta, qualia sunt decreta, instructiones et particularia responsa, prout et in quantum referuntur ad supra recensitas constitutiones Gregorii XV et Benedicti XIV. Ex illis documentis, maximum præ ceteris omnibus locum obtinent S. Officii *Instructiones* quæ datæ fuerunt die 20 Februarii, 1867, die 20 Iulii, 1890, et die 6 Augusti, 1897. Hæ enim instructiones passim ad laudatas constitutiones referuntur, easdem tamquam iuris fontem essendi semper supponunt, atque declarant.

Ne autem hucusque dicta extra suos debitos limites extendantur, præ oculis debent semper haberi Codicis hodierni normæ generales, quibus relatio inter ipsum Codicem et disciplinam anteriorem ordinatur et regitur. Maximi igitur momenti est in primis distinctio inter præscripta mere *disciplinaria* et præscripta *pœnalia* in materia sollicitationis.

Quoad enim pœnalia districtis verbis Codex monet: *Quod ad pœnas attinet, quarum in Codice nulla fit mentio, tamquam abrogatæ habeantur.* [17] Hinc, illæ constitutiones aut partes constitutionum apostolicarum quæ pœnas in sollicitantes decernebant tamquam abrogatæ sunt habendæ, si et in quantum pœnæ in eisdem contentæ non amplius in hodierno Codice referuntur. Iuxta quam normam, pœna excommunicationis latæ sententiæ, nemini reservatæ, qua iuxta constitutionem Pii IX, *Apostolicæ Sedis*, IX, 4, plectebantur omittentes facere denuntiationem sollicitantis infra

---

[17] Can. 6, 5o.

mensem, etiam nunc vigere dicenda est, siquidem eadem pœna a Codice, can. 2368, § 2, statuitur etsi clariori modo et quadamtenus mitius imputabilitatem requisitam ad censuram incurrendam determinet. [18] E contra, pœna perpetuæ inhabilitationis ad celebrationem SS. Missæ, quæ iuxta decretum Benedicti XIV, 5 aug. 1745, erat decernenda in sollicitantes, hodie erit intelligenda iuxta can. 2368, § 1; ex quo *inhabilitas* non erit declaranda nisi pro gravitate delicti.

Quoad præscripta disciplinaria, attendendæ semper erunt normæ sequentes can. 6:

> 2⁰ Canones qui ius vetus ex intergo referunt, ex veteris iuris auctoritate, atque ideo ex receptis apud probatos auctores interpretationibus, sunt æstimandi. 3⁰ Canones qui ex parte tantum cum veteri iure congruunt, qua congruunt, ex iure antiquo æstimandi sunt; qua discrepant, sunt ex sua ipsorum sententia diiudicandi. 4⁰ In dubio num aliquod canonum præscriptum cum veteri iure discrepet, a veteri iure non est recedendum. 6⁰ Si qua ex ceteris disciplinaribus legibus, quæ usque adhuc viguerunt, nec explicite nec implicite in Codice contineatur, ea vim omnem amisisse dicenda est, nisi in probatis liturgicis libris reperiatur, aut lex sit iuris divini sive positivi sive naturalis.

Iam vero, hic moveri posset quæstio utrum citatus can. 904, quo disciplina in materia sollicitationis ordinatur, ex integro ius vetus referat, an tantum ex parte; utrum, præterea, cumulus disciplinarium legum aut præscriptorum quæ circa delictum sollicitationis usque ad Codicem viguerunt contineantur saltem implicite in hodierno iure. Ad quas quæstiones respondendum videtur can. 904 ex integro ius vetus referre. Etenim iubet, expressis verbis, tamquam normam iuris retinendas esse apostolicas constitutiones et nominatim constitutionem Benedictinam. Insuper, præscripta duo de quibus in specie sermo est in laudato can. 904,

---

[18] Notetur verborum diversa redactio: const. Pii IX, plectebat: *negligentes sive culpabiliter omittentes denuntiare;* ius vero Codicis pœnam decernit in eum *qui scienter omiserit... denuntiare.* Ergo, iuxta normam can. 2229, § 2, *quælibet imputabilitatis imminutio, sive ex parte intellectus sive ex parte voluntatis,* eximet a pœna incurrenda.

obligatio videlicet pro pœnitente sollicitato denuntiandi intra mensem sacerdotem sollicitantem, et obligatio pro confessario monendi pœnitentem de onere denuntiandi sollicitantem, desumpta sunt ex iure veteri. [19]

Præterea, difficulter intelligeretur ambitus et sensus genuinus verborum can. 904 *"sacerdotem reum delicti sollicitationis"*, nisi ad ius Codice anterius referantur et iuxta illud interpretentur, nam nec ex aliis canonibus Codicis, nec aliunde ex authenticis documentis post Codicem emanatis, sensus et ambitus horum verborum aperitur. Quod iterum confirmatur auctoritative ex inserta in ipso Codice constitutione Benedicti XIV, *Sacramentum Pœnitentiæ*, in qua summa veteris iuris continetur, et quam etiam nunc vim suam servandam esse voluit suprema Ecclesiæ legislativa potestas. [20] Concludendum ergo est leges disciplinares veteris iuris circa sollicitationem explicite contineri in Codice, quia simul allegantur et ad verbum in documentis referuntur. [21]

---

[19] Legitur in const. *Sacramentum Pœnitentiæ*, § 2: "Meminerint præterea omnes et singuli sacerdotes ad confessiones audiendas constituti, teneri se ac obligari, suos pœnitentes, quos noverint fuisse ab aliis, ut supra, sollicitatos, sedulo monere, iuxta occurrentium casuum circumstantias, de obligatione denuntiandi." Quoad determinationem temporis intra quod denuntiatio facienda erat, iampridem S. Officium, die 10 Martii, 1677, præscripserat terminum unius mensis. Id deinde confirmatum fuit in const. Pii IX, *Apostolicæ Sedis*, IX, 4. Tandem duplex præscriptum commendatur in Instructione S. C. S. Officii, 20 Februarii, 1867, nn. 1-5. Cf. *supra*, pp. 76, 88, 108, 109.

[20] Ad rem Van Hove: "Leges quæ explicite vel implicite in Codice continentur vim suam habere pergunt. Tales sunt quæ *verbotenus* vel *quod ad rem* in Codice reperiuntur renovatæ, vel ad quas Codex expresse remittit. Can. 160, 241... 904 et 1125 remittunt ad documenta addita in fine Codicis, quæ de cetero partem integrantem Codicis constituunt."—*De Legibus Ecclesiasticis* (Mechliniæ: H. Dessain, 1930), n. 64. Cf. etiam Cappello, *Summa Iuris Canonici* (2. ed., 3 vol., Romæ: apud Aedes Universitatis Gregorianæ, 1932-1940), I, n. 54, 4o.; Uldaricus Beste, *Introductio in Codicem* (2. ed., Collegeville, Minn.: St. John's Abbey Press, 1944), ad can. 6, n. 6.

[21] Observant Vermeersch-Creusen: "*Explicite* in lege vel in sententia continetur saltem id quod in ea *actu formaliter* exsistit seu quod distincte et in se exprimitur... Explicite igitur in Codice continentur eæ saltem leges anteriores quæ simul *allegantur* et *ad verbum* in documentis referuntur."—*Epitome Iuris Canonici* (5. ed., 3 vol., Mechlinæ: H. Dessain, 1933-1936), I, n. 76, 6o., 2 (deinceps citatur *Epitome*).

Hæc autem conclusio diligenter attendenda est, nam cum agitur de canonibus qui ius vetus ex integro referunt, Codex monet eos æstimari debere ex veteris iuris auctoritate et ex receptis apud probatos auctores interpretationibus. [22] Unde maxime faciendus est ille cumulus documentorum in præcedentibus capitibus congestus, et simul attendendæ sunt interpretationes quæ circa legislationem contra sollicitantes inveniuntur apud probatos ante Codicem scribentes commentatores. Eorum enim opiniones etiam nunc disciplinam servandam moderari non desinunt tamquam optimum subsidium interpretationis iuris vigentis.

---

[22] Can. 6, 2o.

CAPUT VII

SENSUS IURIDICUS DELICTI SOLLICITATIONIS

Cum Codex in tertia parte libri quinti pœnas in singula delicta ordinat, aliquam generatim definitionem vel descriptionem delicti puniendi præmittit. Ita, exempli gratia, procedit in materia huic affini, cum pœnas videlicet in absolventes complicem decernit in can. 2367. [1] Quandoque autem pœnæ statuuntur contra violatores præscripti de quo in alio Codicis loco accurate notio tradita fuit, ut cum de stipendiis Missarum agitur in can. 2324, collato cum can. 827, 828 et 840, § 1. [2] Vel etiam aliquoties ad peccatum alibi perspicue iam definitum, sanctionem pœnalem addendo, Codex delictum determinat, ut cum de simoniacis quæstio est in can. 2392, collato cum can. 729.

Notio igitur iuridica delicti singularis accurate hauriri potest tum ex ipsis canonibus pœnalibus in se consideratis, tum etiam ex illis una cum præscriptis disciplinaribus in præviis canonibus traditis. Quod vero attinet ad delictum sollicitationis, in nullo Codicis canone eiusdem iuridica notio explicite traditur: pœnalis enim can. 2368, § 1, pœnas dumtaxat in sollicitantes decernit: "Qui sollicitationis crimen de quo in canone 904, commiserit, suspendatur etc ..." Canon autem 904 scopum præcipuum habet, non ipsum confessionis sacramentalis abusum definire, sed obligationem statuere pro pœnitentibus sollicitatis denuntiandi sacerdotem *reum delicti sollicitationis*, idque iubet esse faciendum *ad normam constitutionum apostolicarum*. Natura ergo iuridica

---

[1] Can. 2367. § 1. Absolvens vel fingens absolvere complicem in peccato turpi incurrit ipso facto, etc... § 2. Eamdem excommunicationem non effugit absolvens vel fingens absolvere complicem qui peccatum quidem complicitatis, a quo nondum est absolutus, non confitetur, sed ideo ita se gerit, quia ad id a complice confessario sive directe sive indirecte inductus est.

[2] Can. 2324.—Qui deliquerit contra præscriptum can. 827, 828, 840, § 1, ab Ordinario pro gravitate culpæ puniatur, etc... In citatis autem canonibus præscribitur ut "a stipe Missarum quælibet etiam species negotiationis arceatur" (can. 827); ut "tot celebrandæ et applicandæ sunt Missæ, quot stipendia etiam exigua data et accepta fuerint" (can. 829); etc...

delicti seu criminis huiusmodi tota quanta desumenda est ex constitutionibus apostolicis Codicem præcedentibus et de subiecta materia tractantibus. Conceptum ergo delicti sollicitationis Codex eumdem omnino retinuit ac in veteri iure.

Quid veniat in iure hodierno nomine delicti seu criminis sollicitationis traditur tum a Gregorio XV, tum a Benedicto XIV, [3] verbis sequentibus: Delictum sollicitationis tunc habetur cum sacerdos, quicumque ille sit, aut cuiuscumque dignitatis sit, aliquem pœnitentem, quæcumque persona sit, vel in actu sacramentalis confessionis, vel ante, aut immediate post confessionem, vel occasione aut prætextu confessionis, vel etiam extra occasionem confessionis in confessionali, sive in alio loco ad audiendas confessiones destinato aut electo, cum simulatione audiendi ibidem confessionem, ad inhonesta et turpia sollicitare vel provocare, sive verbis, sive signis, sive nutibus sive tactu, sive per scripturam aut tunc aut postea legendam tentaverit, aut cum eo illicitos et inhonestos sermones vel tractatus temerario ausu habuerit.

Hæc potius longa per minutissimas circumstantias descriptio elementa præbet quæ iuridicam notionem delicti sollicitationis constituunt, et quæ brevius ad tria possunt reduci, in quibus, simul sumptis, substantialiter malitia specifica huius delicti continetur, videlicet:

1) Provocatio ad turpia
2) facta a sacerdote
3) in adiunctis determinatis cum confessione connexis. [4]

---

[3] Const. *Universi Dominici gregis*, § 4; et const. *Sacramentum Pœnitentiæ*, § 2.

[4] Auctores generatim afferre solent longam illam descriptionem desumptam ex constitutionibus apostolicis. Sunt tamen nonnulli qui immorantur in conficienda aliqua breviori definitione. Ex illis desumitur definitio quæ offertur in textu. Apud veteres, Escobar a Corro (*De Confessariis Sollicitantibus*, P. I, q. § 4) definivit sollicitationem ut "facinus in fide suspectum, a confessario patratum, dum in actu confessionis, sive ante, sive post eam immediate, aut sine confessione eam simulando, ad actus obscenos pœnitentes provocat, sive provocare tentat, turpiave loquitur." Brevissime tradit D'Annibale (*Theologia Moralis*, III, n. 365): "Facta a sacerdote, tamquam a confessario, ad turpia provocatio." Inter recentiores, Prümmer (*Theologia Moralis*, II, n. 461) et Merkelbach (*Summa Theologiæ Moroalis*, III, n. 540) eamdem fere definitionem proponunt: "Sollicitatio ad turpia est *pro-*

Re quidem vera, in delicto sollicitationis, non ad quæcumque peccata provocatio, sed provocatio dumtaxat ad peccata turpia, seu contra sextum decalogi præceptum, attenditur, et severe punitur; deinde, non agitur de provocatione a quocumque facta, sed præcise a sacerdote. Tandem, non quævis provocatio sacerdotis ad peccata turpia in hoc crimine attenditur, sed illa præcise et solummodo quæ *determinato nexu* (actu, occasione, prætextu aut simulatione confessionis) cum pœnitentiæ sacramento coniungitur. In iis tribus elementis simul sumptis, tota quanta malitia specifica et singularis gravitas sollicitationis delicti consistit, et ideo ex eorum accurata et recta intelligentia pendet iudicium de delicti existentia, iudicium quoque de obligatione denuntiandi delinquentem imponenda pœnitenti, obligatio monendi pœnitentem de onere denuntiandi vel illud urgendi sub pœna denegandi absolutionem, ac tandem ipsa delinquentis punitio.

Sic in genere notione delicti sollicitationis proposita, quæritur nunc cuius speciei iuridicæ sit huiusmodi delictum. Codex enim in criminibus recensendis attendit præcipue ad qualitatem delictorum seu diversas criminum species. Sollicitatio autem ad turpia recensetur in Codice inter illa delicta quæ dicuntur patrata *in administratione sacramentorum.* [5] Sed, iuxta constitutiones pontificias ad quarum normam hoc delictum iubetur intelligi, [6] sollicitatio respicienda est tamquam *delictum contra fidem*, ita ut delinquentes puniendi sint tamquam *suspecti de hæresi*, et respectivus processus criminalis sit de exclusiva competentia Supremi Tribunalis S. Officii *prout in causis fidei.* [7]

---

vocatio ad grave peccatum luxuriæ facta a sacerdote cum quadam relatione ad confessionem, seu a sacerdote ut confessario ita abutente confessione sacramentali vera aut simulata". Aertnys-Damen (*Theologia Moralis*, II, n. 410): "Sollicitatio proprii pœnitentis ad turpia, in determinatis adiunctis a confessario facta."

[5] Lib. V, P. III, Tit. XVI.

[6] Can. 904 et can. 2368, § 1.

[7] Const. *Sacramentum Pœnitentiæ*, § 1: "...committimus et mandamus omnibus hærecticæ pravitatis Inquisitoribus, et locorum Ordinariis... ut diligenter inquirant et procedant... et quos in aliquo ex huiusmodi nefariis excessibus culpabiles repererint, in eos pro criminum qualitate et circumstantiis, severe animadvertant, per condignas pœnas, iuxta memoratam Gregorii Prædecessoris Nostri constitutionem, quam hic de verbo ad verbum

Iis non obstantibus, affirmandum est hodie delictum sollicitationis non induere speciem delicti contra fidem, Codex enim
in hoc puncto a veteri iure recedit. Quod venit fusius declarandum. Iuxta apostolicas constitutiones triplex malitia erat consideranda in sollictatione: prima, desumpta ex suo obiecto formali, ex
quo peccatum sollicitationis, et per consequens delictum inde
exsurgens, est peccatum contrarium non fidei sed inhonestati,
utpote voluptas venerea est illud quod confessarius sollicitans primo et per se intendit proptereaque delictum vocatur sollicitatio
ad turpia.

Altera adest malitia ex circumstantia sacramenti, quippe quod
sumitur a confesario veluti medium ad finem turpem consequendum, unde læditur res maxime sacra, et ita nova species malitiæ,
sacrilegii nempe, additur peccato contra sextum, et reddit sollicitationem maxime odiosam, utpote sacerdotes sic nefarie abutentes
sacramento, iuxta verba Benedicti XIV, *"pœnitentibus pro curatione vulnus, pro pane lapidem, pro pisce serpentem, pro medicina
venenum porrigant"*, et, iuxta Gregorium XV, confessarius *"ex-
cœlesti medico infernalis veneficus, ex patre spirituali proditor
execrabilis animarum reddatur."* [8]

---

pro inserta habere volumus..." Et const. Gregorii XV legitur: "...Et præterea omnes hæreticæ pravitatis Inquisitores et locorum Ordinarios... per
has nostras Litteras, etiam privative quoad omnes alios, specialiter ac perpetuo Iudices delegamus, ut super his, contra prædictos [delinquentes sollici-
tantes] simul vel separatim in omnibus *prout in causis Fidei*, iuxta Sacrorum
canonum formam, necnon Officii Inquisitionis huiusmodi Constitutiones...
inquirant et procedant..."

In recentissima autem *Instructione* S. Officii, 20 febr. 1867, provisum fuit:
"...si reus in iudicio crimen confessus fuerit, congruam debet emittere
abiurationem, ut se ita purget ab ea, quam incurrit, *hæresis suspicione."*
(*ibid.*, n. 12). Et paulo infra (n. 14): "Quod in hisce causis... tractandis
maiorem in modum curari et observari debet illud est, ut eædem causæ
utpote fidem attingentes secretissime peragantur..." Auctores autem ante
Codicem scribentes de sollicitatione id semper intellexerunt; cf. inter alios
S. Alphonsum, *Theologia Moralis*, III, lib. VI, n. 701; Escobar a Corro, *De
Confessariis Sollicitantibus*, P. I, q. I, n. 7; atque inter eos qui paulo ante
Codicem scripserunt: Lega, *De Iudiciis Ecclesiasticis* (4 vol., Romæ, 1896—
1901), IV, n. 543, p. 559; Lehmkuhl, *Theologia Moralis*, I, n. 972.

   [8] Const. *Sacramentum Pœnitentiæ*, § 1; et const. *Universi Dominici
gregis* § 1. Cf. *supra*, pp. 87 et 42.

Nec prætereunda est ratio scandali, quæ intime connectitur cum hac duplici malitia, quamque adeo perspicue et vehementer notarunt laudati Pontifices in verbis mox citatis: et quidem, ipsa sollicitatio est ex natura sua scandalum directum et activum, est enim factum vel dictum minus rectum vel etiam in se malum, quo confessarius inducit vel provocat pœnitentem ad peccandum. [9] Insuper, ex eo quod hæc provocatio fit in connexione cum sacramento pœnitentiæ, et præcise ab eo qui munus habet reconciliandi, docendi, corrigendi, curandi, magis aggravatur scandalum, ut in comperto est, *"cum confessarius qui sub cura sua suscepit pœnitentem, cura resauciet, gravius peccatum reddit"*, ut scripsit Escobar. [10] Hæc autem duplex malitiæ species in omni sollicitatione ex natura sua semper invenitur, et oritur ex facto ipso sollicitationis ad turpia in adiunctis confessionis sacramentalis.

Tertia denique malitia erat solita considerari in veteri iure, quæ *non ex facto* sed *ex præsumptione* oritur, et hæc erat malitia delicti contra fidem, ut eruitur ex verbis Pii IV: *"Nos in animum inducere nequeuntes, quod qui de Fide Catholica recte sentiunt, Sacramentis in Ecclesia Dei institutis abutantur, aut illis iniuriam faciant,* fraternitati tuæ... committimus et mandamus... quatenus... contra omnes et singulos sacerdotes... tam super præmissis [sollicitatione scl.] *quam super Fide Catholica, et quid de ea sentiat, diligenter inquiratis...".* [11] Crimen ergo sollicitationis secum ducebat *delictum suspicionis de hæresi ut præ-*

---

[9] S. Thomas definit scandalum directum: "Dictum vel factum minus rectum præbens proximo occasionem spiritualis ruinæ." — 2, 2, q. 43, a. 1. Dicitur *directum et activum,* quia *directe intenditur ruina alterius,* et ut recte notavit S. Alphonsus, ex Layman: "Ad scandalum activum non requiritur ut, de facto, passivum [scandalum] consequatur; sed satis est quod data sit occasio ex qua, natura sua, sequi possit: ut si quem inducere velis ad peccatum, qui tamen non consentiat." — *Theologia Moralis,* I, lib. II, tr. III, n. 43. Idipsum explicans, ait Lehmkuhl: "Scandalum activum directum habetur, si intentio agentis fertur in peccatum alterius, sicut in seductore obtinet... Si peccatum proximi formaliter ut peccatum intenditur, dicitur scandalum diabolicum; ... si proximi peccatum, seu actio quæ peccatum est, intenditur, scandalum est directum simpliciter tale." — *Theologia Moralis,* I, n. 787.

[10] *De Confessariis Sollicitantibus,* P. I, q. I, n. 18.

[11] Const. *Cum sicut nuper;* cf. *supra,* pp. 26 et 30. *Fontes,* n. 102.

sumptionem iuris et de iure, prout asserit Lega. [12] Etenim illi suspecti sunt de hæresi qui ita se gerunt seu tales actus ponunt qui suspicionem hæresis inducunt. [13]

Legislatoris autem est dicere per quos actus hæc suspicio inducatur, ideo recte dicitur hæc *præsumptio iuris,* siquidem a iure statuitur, et *de iure,* nam probatio directa in contrarium non admittebatur, sed solummodo contra factum, i. e. contra ipsam sollicitationem, quæ erat fundamentum præsumptionis. Ideoque delatus et convictus de sollicitatione semper abiurare debebat, sive de levi, vel de gravi, aut de vehementi, prout esset gradus suspicionis. [14]

Age vero, in iure Codicis non amplius recensetur inter suspectos de hæresi confessarius sollicitans ad turpia. [15]

Cum autem suspicio hæresis characterem pœnalem habeat, ipsa enim plectuntur actus qui huic præsumptioni iuris locum dant, affirmandum est hanc suspicionem relate ad sollicitationem abrogatam fuisse a Codice, iuxta principium can. 6, 5o. [16] Non ergo videtur assentiendum opinioni eorum qui, præter casus a iure taxatos, considerant casus suspicionis *facti* seu *ab homine,* [17] inter quos referunt delictum sollicitationis. [18]

Nihil tamen impedit quominus, si in casibus singularibus quædam detegatur de hæresi suspicio, iudex ex hac suspicione

---

[12]   *De Iudiciis Ecclesiasticis,* IV, n. 543, p. 562.

[13]   Iacobus Sole, *De Delictis et Pœnis* (Romæ: Pustet, 1920), n. 320.

[14]   Castro Palao, *Opus Morale,* I, tr. IV, disp. IX, punct. XI; Escobar a Corro, *De Confessariis Sollicitantibus,* P. III, qq. III et V. Cf. etiam *supra,* p. 50.

[15]   Suspecti de hæresi in iure hodierno sunt: can. 2316, cooperantes in propagatione hæresis et communicantes in divinis cum hæreticis; can. 2319, § 2: qui filios baptizandos vel educandos tradunt in religione acatholica; can. 2320: qui species consecratas abiiciunt vel ad malum finem eas abducunt; can. 2332: appellantes a Papa ad Concilium; can. 2340, § 1: qui per annum insorduerit in censura excommunicationis; can. 2371: simoniaci in administratione vel susceptione sacramentorum.

[16]   "Quod ad pœnas attinet, quarum in Codice nulla fit mentio, spirituales sint vel temporales, medicinales vel, ut vocant, vindicativæ, latæ vel ferendæ sententiæ, eæ tamquam abrogatæ habeantur."

[17]   Coronata, *Institutiones Iuris Canonici* (2. ed., 5 vol., Taurini: Marietti, 1939-1947), IV, n. 1868.

[18]   Ait Vidal: "Hi casus, qui ex præcedenti iure a Doctoribus affere-

reum damnet etiam tamquam de hæresi suspectum, ideoque abiurationem imponat, prout monent normæ in hoc processu sequen-
dæ. Attamen ex hoc non videtur posse affirmari delictum hodie
ex natura sua, et proinde ex se dumtaxat consideratum, præbere
fundamentum tali suspicioni.

Concludendum igitur est delictum sollicitationis in iure hodierno induere tantum malitiam inhonestatis peccati contra sextum decalogi præceptum, et malitiam sacrilegii ob abusum sacramenti pœnitentiæ. Cum autem in delictis per species recensendis
ea maxime peccatorum species et gravitas attendatur quæ magis
contraria esf Deo et communi ac æternæ saluti animarum, ideo
sollicitatio recensetur non tamquam delictum contra bonos mores
sed inter ea quæ committuntur in administratione sacramentorum, ita ut in sollicitatione, quatenus est delictum, maxime attendatur ad abusum sacramenti reconciliationis per sacrilegam inductionem pœnitentis ad peccata turpia. [19]

---

bantur, ex natura rei pergunt præbere fundamentum ad talem suspicionem;
sed suspicio iuridica non habetur nisi in casibus in iure expressis et in textu
enumeratis." — Wernz-Vidal, *Ius Canonicum,* VII, n. 391, nota 45. Idem sentit
Coronata l. c.) et citat pro eadem sententia Pistocchi, *I Canoni Penali del
Codice Ecclesiastico Esposti e Commentati* (Torino, 1925), 10. Contrariam
opinionem defendunt: Sole, *De Delictis et Pœnis,* n. 320; Cappello, *Tractatus
Canonico-Moralis de Censuris* (3. ed., Taurinorum Augustæ: Marietti, 1933),
n. 217 (deinde citandus *De Censuris*); Vermeersch-Creusen, *Epitome Iuris Canonici,* III, n. 514; Beste, *Introductio in Codicem,* ad can. 2315.

[19] *Codex Iuris Canonici,* Lib. V. *De Delictis et Pœnis,* Tit. XVI. *De
delictis in administratione vel susceptione ordinum aliorumque Sacramentorum. Can. 2368.—* § 1. Qui sollicitationis crimen. . .

CAPUT VIII

DE OBIECTO SOLLICITATIONIS

In supra proposita definitione delicti de quo agitur, *"provocatio ad turpia, facta a sacerdote, in adiunctis determinatis cum
confessione connexis,"* obiectum sollicitationis exprimitur per illa
verba *"provocatio ad turpia"*, circa quæ tria declaranda veniunt,
in quibus sollicitatio in se considerata consistit, videlicet: actio
ipsa provocandi seu sollicitandi, materia circa quam actio versatur,
modi tandem exsequendi actionem sollicitandi. De singulis dicetur
in singulis sectionibus huius capitis.

Sectio I — De Actione Sollicitandi

Sollicitare, vi vocis, idem est ac tentare, allicere, urgere, insta-
re, vexare, invitare, provocare, et quidem obsceno sensu invenitur iam apud classicos latinos, [1] unde *sollicitatio* idem est ac
instigatio, concitatio, provocatio, et *sollicitator* ille dicitur qui ad
pravum quid inducere conatur. [2] Recte ergo in præsenti materia
adhibetur verbum *sollicitare*, agitur enim de inducenda vel mo-
venda voluntate aliena ad aliquid turpe agendum vel patiendum.

---

[1] Petronius in *Satyris*, c. 20; Martial, lib. 11, *Epigrammatum*, 23 et 37.

[2] Forcellini, *Totius Latinitatis Lexicon* (5 vol., Londini, 1826), "Sollicitatio" et "Solicitatio", —onis, instigatio, concitatio, quæ fit spe aut metu
incusso ut inducatur aliquis ad quippiam prave agendum. "Tot sollicitationibus impugnari non potuit, tam fideliter pudicitiam custodivit." (Terentius,
Andr. 1, 5, 25).Sollicitator qui ad pravum quid inducere conatur, impulsor,
instigator. *Sollicitare* a *Sollicito*, —as, —avi, —atum: loco moveo, agito, labe-
facto; a *solum* (locus), et *cito*, —as, (moveo), ut Festus ex quorumdam sententia docet. Unde patet cur unico *l* scribatur. Alii ducunt ab Osco *sollus*
(totus) quasi *totum moveo*: et liquidam scribendo geminant, quod ex antiquis
lapidibus Manutius probat. Idem dic de *sollicitus* derivatis. Sunt qui putant
in soluta oratione utroque modo scribi posse; in metro duplici *ll* tantum, ut
prima syllaba producatur.

"Sollicitare —inquit Pignatelli— [3] ut habetur ex D. Thoma, (2. 2., q. 49, art. 9), [4] est adhibere studium, ac diligentiam ad aliquid faciendum, vel obtinendum. Sollicitare igitur ad turpia, est adhibere studium ac diligentiam ad obtinendum a pœnitentibus aliquid turpe, ac inhonestum." Ut ergo sollicitationis delictum existat, requiritur in primis ut ex parte agentis seu confessarii sollicitantis adsit interna voluntas, exterius quodammmodo manifestata, alliciendi ad turpia. Ideoque posset *actio sollicitandi* stricte definiri *studiosa voluntas exterius quodammodo manifestata alliciendi alienam voluntatem ad turpia.*

In iis autem perspicue continentur omnia elementa quæ existant necesse est *ex parte voluntatis confessarii* ut dicatur sollicitare, suppositis ceteris circumstantiis ex parte relationis cum confessione. Ad delictum enim constituendum requiritur *externa et moraliter imputabilis legis violatio;* [5] iam vero, imputabilitas existit a momento quo voluntas studiose, i. e. scienter et volenter, allicere conatur alium ad finem pravum. Insuper, cum conatus ille nedum mere interne elicitur, sed aliquo modo, nutu nempe, voce vel factis, externe se prodit, datur externa legis violatio. Hæc autem externa manifestatio, qua lex gravis violatur, delictum complet atque determinat in sua propia specie.

E contra, unum si desit ex iis elementis actio non poterit amplius vocari sollicitatio: dempta enim voluntate interna alli-

---

[3] *Consultationes,* I, cons. 117, p. 478.

[4] Parum accurata est hæc citatio Divi Thomæ: q. 49 dividitur in octo dumtaxat articulos, quos inter nullus invenitur qui de sollicitatione agat vel in quo quidquam dicatur de sensu vocis *sollicitare.* In quæstione vero 47, a. 9, proponitur quæsitum: "Utrum *sollicitudo* pertineat ad prudentiam", atque in corpore respondetur: "Respondeo. Dicendum quod, sicut dicit Isidorus in libro *Etymol,* '*sollicitus dicitur quasi solers citus*', inquantum scilicet aliquis ex quadam sollertia animi velox est ad prosequendum quæ sunt agenda". Ad rem potius convenit id quod in q. 55, *De vitiis oppositis prudentiæ,* legitur sub a. 6, in corpore: "Respondeo. Dicendum quod, sollicitudo importat studium quoddam adhibitum ad aliquid consequendum". Hæc fere sunt verba quæ a Pignatelli citantur, sed notetur S. Thomam loqui de *sollicitudine,* Pignatelli autem id applicare ad *sollicitationem.* Iam vero sensus vocis non unus idemque est ut Forcellini notat: "*Sollicitudo* est, quæ inhaeret mentibus, *sollicitatio,* quæ ab alio fit."

[5] Can. 2195, § 1.

ciendi ad turpia, etsi locutio confessarii, iusta de causa, versetur circa res venereas, non aderit sollicitatio; pariter, etsi confessarii voluntas interna allicere intendat pœnitentem ad turpia, externe vero nullo modo se proderit, non adest sollicitatio, sed merum peccatum internum; tandem, si studiosa voluntas sese manifestat, sed non intendit allicere ad turpia sed ad alia peccata non habetur delictum qualificatum sollicitationis. Animadvertere oportet quod si actio externa talis est, sive ex natura sua, sive ex adiunctis, qui pœnitentem non nisi ad venerem alliciat, iure præsumitur dolosa voluntas confessarii. [6] Sed de hac præsumptione iuris mox sermo redibit, cum quæstio proponetur de modis externis quibus sollicitatio perficitur.

1. Sollicitatio Explicita et Implicita

Ex ipsis constitutionibus et decretis apostolicis, duplex actio sollicitatrix distinguitur: altera quæ *explicite* provocationem, invitationem, vel stimulum ad peccandum secumfert; altera quæ *implicite dumtaxat* ad peccatum allicit; utraque vero ex ipso confessario procedens, quin referat utrum originem sumpserit ex priore provocatione pœnitentis, vel mutuo hinc inde exstiterit, [7] neque tandem quidquam immutatur quoad existentiam delicti, eo quod ex parte pœnitentis detur vel non consensus provocationi factæ a confessario. [8]

De hac duplici actione, explicita nempe et implicita, quæstio est in ipsa constitutione Benedictina, iuxta quam haberi de-

---

[6] Can. 2200.— § 2. Posita externa legis violatione, dolus in foro externo præsumitur, donec contrarium probetur.

[7] Debet denuntiari sacerdos qui sollicitationem commiserit "etiamsi... sollicitatio inter confessarium et pœnitentem mutua fuerit." — const. *Sacramentum Pœnitentiæ*, § 2. "*Denuntiare oportet quemcumque sacerdotem... sollicitantem in confessione, vel etiam pœnitentis sollicitationi consentientem, quamvis statim dissentientem de turpi materia loqui, illius complementum ad aliud tempus differentem.*"—S. C. S. Off., 20 febr. 1867, n. 2 Cf. *supra,* pp. 88 et 108.

[8] Const. *Sacramentum Pœnitentiæ,* § 2 Cf. *supra,* p. 88.

bent tamquam delinquentes "*sacerdotes... qui... ad inhonesta et turpia sollicitare et provocare tentaverint [pœnitentes]*" et etiam illi qui cum pœnitentibus "*illicitos et inhonestos sermones vel tractatus temerario ausu habuerint.*" [9]

Habentur in iis verbis duæ clausulæ, a quarum adæquata vel inadæquata distinctione nunc præscinditur, sed quarum sensus, ex se ipsis consideratis, sat perspicue apparet: in prima loquitur Pontifex de manifesta provocatione ad turpia, quæ contingere potest variis modis, id enim important verba "*ad inhonesta et turpia sollicitare vel provocare... sive verbis, sive signis, sive nutibus, sive tactu... tentaverint*". Voces *sollicitare vel provocare tentaverint* habent in hoc loco genuinam earum significationem, et referuntur ad quamcumque invitationem, instigationem, inductionem ad peccandum, et quidem contra sextum decalogi præceptum.

In altera vero clausula mentio nequaquam fit de *provocatione*, manifesta vel expressa saltem; insuper legislator seiunxit hanc secundam a priori particula disiunctiva *aut*, et declarat illos quoque confessarios tamquam delinquentes esse denuntiandos qui cum pœnitentibus "*illicitos et inhonestos sermones vel tractatus, ausu temerario, habuerint.*" In iis sermonibus vel tractatibus habendis nihil dicitur de provocatione directa, explicita ad turpia; unde infertur adesse aliquam *implicitam actionem sollicitatricem* in sermonibus et tractatibus de rebus inhonestis, si confessarius eos habuerit *temerarie* cum pœnitentibus.

Ad maiorem rei intelligentiam, notetur quod cum de verbis inhonestis a confessario adhibitis agitur, delictum potest dupliciter contingere: quandoque confessarius aperte, directe, explicite provocat *mediantibus verbis* ad turpia, v. g. invitat pœnitentem ad fornicandum; quandoque vero, specie tenus non provocat, sed solummodo colloquendo detinetur cum pœnitente in sermonibus inhonestis, v. g. in describendo actu coniugali; vel etiam immoratur in minutissimis interrogationibus circa peccata turpia a pœnitente confessa. In iis postremis casibus, si confessarius id faciat *ausu temerario*, i. e. ex malitia, ex pravo affectu, non vero ex

---

[9] Const. *Sacramentum Pœnitentiæ,* § 1. Cf. *supra,* pp. 87 et 88.

rationabili convenientia vel necessitate, reus erit sollicitationis, etsi explicite non intendat provocare.

Ergo cum agitur de verbis inhonestis in uno casu confessarius delinquit ea *ut medium* adhibendo ad pravum finem consequendum; in altero, confessarius habet verba inhonesta *ut finem*, ea adhibet non ut ulteriora consequatur, sed in ipsis verbis quiescit atque in eisdem *ausu temerario* delectatur. Iam vero, in turpiloquio *implicite* pœnitentem sollicitat et provocat saltem ad turpiloquium vel ad internam delectationem de rebus auditis.

Ratio autem cur ponatur clausula interiecta *"ausu temerario"* patet ex eo quod confessarius in audiendis pœnitentibus quandoque sermonem facere debeat de inhonestis ratione integritatis confessionis perficiendæ, vel ratione instructionis pœnitentis; tunc necessitate, vel convenientia, caute, prudenter, honeste de inhonestis tractare debet; attamen cum, nulla compellente necessitate nullaque rationabili excusante causa, confessarius sermonibus turpibus indulget, signum est ipsius pravæ intentionis, invenitur *ausus temerarius* et implicite adest provocatio, quippe qui sermones huiusmodi redundant in scandalum pœnitentis et in magnum religionis ac sacramenti dedecus. Apposite notat Aertnys-Damen: "Turpiloquia enim quæ ad rem non pertinent, ex se ad turpia provocant, et hac ratione sollicitationem continent." [10]

Ex dictis satis ostenditur ius circa sollicitationem respicere actionem provocatricem confessarii tum explicitam tum implicitam. Sunt præterea alii loci in ipsis constitutionibus et decretis apostolicis, in quibus suadetur vel supponitur eadem distinctio. Id in primis importat quod dicitur de sollicitatione *per scripturam in confessione aut postea legendam.* [11] Qui enim scripta pœnitenti tradit non videtur in ipsa traditione scripti *explicite* provocare, maxime si non illico, sed postea, scriptum erit legendum.

De sollicitatione implicita etiam loquitur decretum S. Officii in quo legitur: "Species sollicitationis est quando mulieri, quæ aliis feminis associata solet adire confessarii domum, dicit con-

---

10 *Theologia Moralis*, II, n. 410.

11 Prop. VI, damnata ab Alexandro VII, 24 sept. 1665; S. C. S. Off., 11 febr. 1661, ad I; const. Benedicti XIV, *Sacramentum Pœnitentiæ*, § 1. Cf. *supra*, pp. 66, 67, 88.

fessarius in confessione, ut sola domum ipsius adeat, et postea divertit et copula carnalis sequitur." [12] Actio sollicitatrix in hoc est invitatio adeundi domum confessarii, in qua explicite non apparet provocatio, attamen ex circumstantiis præsertim ex eventu, cognoscitur illam invitationem in confessione factam, implicite continere provocationem. Implicita etiam sollicitatio habetur in traditione doni vel munusculi, et in laudatione de venustate mulieris facta a confessario, in adiunctis confessionis. In iis omnibus explicite non apparet provocatio, attamen implicite, ex prava intentione, vel ex pravo fine quo hæc fiunt, potest latere sollicitatio, ideo S. Officium respondit non adesse sollicitationem si in dono vel in laude *nihil pravæ intentionis redoleat*, secus dari delictum denuntiandum. [13]

Auctores omnes uno ore affirmant hanc duplicem speciem actionis sollicitandi, discrepant tamen ex modo loquendi atque ex interpretatione quam faciunt circa duplicem clausulam constitutionis Benedictinæ. [14] Quoad modum loquendi, quidam agunt de sollicitatione *stricte* et *late* dicta; [15] alii eam vocant *explicitam* et *implicitam;* [16] alii denique loquuntur de sollicitatione *directa* et *indirecta.* [17] Auctores tamen, non sibi adeo constantes, quandoque loquuntur de sollicitatione *manifesta* et *palliata; directa* et

---

[12] S. C. S. Off., anno 1625 — *Collectio,* n. 1566; cf. *supra,* p. 65.

[13] S. C. S. Off., 11 febr. 1661, ad XII et XVI; cf. *supra,* p. 67.

[14] "Ad turpia sollicitare vel provocare tentaverint aut cum eis [pœnitentibus] illicitos et inhonestos sermones vel tractatus ausu temerario habuerint." — const. *Sacramentum Pœnitentiæ,* § 1; cf. *supra,* pp. 87 et 88.

[15] Ballerini, V, nn. 725, 729 et 730; Berardi, *De Sollicitatione,* nn. 29 et 34.

[16] Potestas, *Examen,* II, p. III, c. X, n. 650; Pignatelli, *Consultationes,* I, cons. 117, p. 478, § "*Duplex autem...*"; Cappello, *De Pœnitentia,* nn. 655 et 661; Aertnys-Damen, *Theologia Moralis,* II, n. 410; Merckelbach, *Summa Theologiæ Moralis,* III, n. 640, ubi perspicue notat: "[Sollicitatio est autem] *provocatio* ad peccatum, i. e. actio sive per se inhonesta, sive per se indifferens, sed turpem affectum exterius manifestans, qua aliquis alterum, in casu confessarius pœnitentem, inducere conatur ad aliquod peccatum, sive explicite, studiose et de industria, sive implicite ita ut modus agendi vel loquendi sponte alliciat."

[17] Coronata, *De Sacramentis* (3 vol., Taurini: Marietti, 1943-1946), 1, n. 427.

indirecta; et etiam sunt qui sollicitationes implicitas, indirectas vel palliatas vocent *inchoatas,* quia, ut ait Cappello, "reipsa inchoatur in confessione, et postea ad actum completum adducitur", [18] sed minus recte, ut videtur, quia generatim omnis sollicitatio, natura sua, solummodo inchoatur in confessione, et præscindit ab eo ut compleatur necne, nisi complementum necessarium sit ad dignoscendam intentionem confessarii.

Hæc tamen diversitas in modo loquendi non est magni momenti, cum de facto omnes auctores distinguant sollicitationes quæ fiunt actionibus per se inhonestis, et alias quæ fiunt per actiones indifferentes, in quibus tamen affectus turpis ex circumstantiis solummodo valet dignosci. Quoad controversiam auctorum circa distinctionem et sensum clausulæ *"sollicitare vel provocare tentaverint, aut cum eis illicitos et inhonestos sermones ausu temerario habuerint",* hoc unum notare sufficiat: adest certo quædam distinctio inter utramque partem, intercedente quidem disiunctione *aut.*

Ratio distinctionis videtur sumenda ex eo quod in prima parte quæstio sit de sollicitatione per provocationem directam, explicitam, manifestam; in altera autem comprehenduntur sollicitationes quæ implicite, indirecte, palliate continentur in turpiloquio, ita ut maior pars post Codicem scribentium auctorum affirmet in iis verbis prohiberi illum modum loquendi vel agendi confessarii, qui etsi non expresse videatur provocare pœnitentem ad turpia, tamen ex prava intentione, *ausu temerario,* abutitur sacramento in perniciem animarum, ideoque ab Ecclesiæ suprema auctoritate iubentur denuntiari tamquam sollicitantes ad turpia. Unde in verbis secundæ partis clausulæ comprehenduntur casus sollicitationis in quibus explicite non apparet provocatio, nec videtur restringi posse ad casus dumtaxat confessariorum qui ipsi non sollicitaverint pœnitentem. Ii casus comprehenduntur in utraque parte ut statim dicetur. [19]

---

[18] *De Pœnitentia,* n. 686, I.

[19] Ballerini (V, n. 726) hoc pacto probat comprehendi in secunda parte confessarium consentientem in sollicitationem pœnitentis: "Sicut ad naturam tractatus in se spectati parum refert, utrum unus vel alter ex contrahentibus prior alteri rem proponat eumque excitet, dummodo uterque de

2. Sollicitatio Mutua

Quo pacto in casibus sollicitationis mutuæ, seu quando confessarius et pœnitens se invicem provocant, adsit actio sollicitatrix prout requiritur ad delictum constitutendum, venit nunc ostendendum. Post const. Gregorii XV, in qua nihil dicebatur de hoc casu, acriter disputatum est utrum mutua sollicitatio comprehenderetur necne in lege. Duplex ratio dubitandi afferebatur: altera ex eo quod non videatur adesse vera provocatio, nam pœnitens ipse provocat confessarium, unde potius adest *cooperatio,* non autem *inductio* ex parte confessarii. Altera ratio petebatur ex onere denuntiandi, quod, ut dicebatur, nequit imponi hoc in casu pœnitenti, cum ipse etiam provocaverit; unde, si denuntiat, debet prodere seipsum, ad quod non tenetur.

Iam vero hæ dubitationes de medio sublatæ fuerunt primo responsione S. Officii ad quæsitum: "An, quando confessarius et pœnitens se invicem sollicitant, confessarius sit denuntiandus? *Affirmative responderunt* [Qualificatores]". Deinde ipse Benedictus XIV, hunc casum specifice inclusum voluit in sua constitutione. [20] Nullum ergo dubium remanet adesse sollicitationem:

---

re facienda agat, sive demum in condiciones conveniant, sive non conveniant; proinde merito Doctores statuerunt, hac clausula comprehendi confessarium qui non sollicitaverit pœnitentem, sed mere consentiat pœnitenti sollicitanti."

Sed hæc argumentatio parum accurata videtur, nam in textu constitutionis subiectum habens tractatus est ipsemet confessarius, non pœnitens, etsi accidere possit quod pœnitens cooperetur. Præterea assumitur ut sensus vocis *tractatus* pactio vel conventio aliqua de re agenda vel facienda; iam vero, sensus primarius et genuinus vocis *tractatus* est idem ac sensus *sermonis, collocutionis,* prout adhibetur apud scriptores ecclesiasticos, etsi apud classicos *tractatus* significet primario *vi tractus,* et etiam *contrectatus;* nonnumquam etiam apud ipsos adhibetur ut *dissertatio, commentatio;* nequit ergo restringi præcise ad "pactiones vel deliberationes", maxime cum clausula habeat "*sermones vel tractatus*". Hæc autem interpretatio cl. Ballerini servat quamdam extrinsecam probabilitatem propter pondus tot auctorum qui eodem modo opinati sunt; inter quos Salmanticenses, V, tr. XXI, c. IV, punct. III, n. 42; Potestas, *Examen,* II, p. III, n. 681; Gury, *Theologia Moralis,* II, n. 591.

[20] S. C. S. Off., 11 febr. 1661, ad VII; et const. *Sacramentum Pœnitentiæ,* § 2: "...*aut sollicitatio inter confessarium et pœnitentem mutua fuerit...*" Cf. *supra,* pp. 63 et 88.

et quidem, in casu sollicitationis mutuæ duplex hypothesis dari
potest: sollicitatio incipitur vel ex parte pœnitentis, vel ex parte
confessarii, et deinde alius consentit et cooperatur; si sollicitatio
incipitur a confessario, nullum dubium est quod sollicitet, agitur
enim de sollicitatione vel provocatione explicita vel implicita,
prout supra considerata fuit. Si autem provocatio incipitur a pœnitente, tunc nequit esse quæstio de mutua sollicitatione nisi a
momento quo voluntas confessarii consentientis se exterius aliquomodo manifestet, sive verbis, sive signis, sive nutibus et tunc
cooperatur cum prava voluntate pœnitentis, eamque saltem allicit
ut in affectu turpi persistat, in quo adest iam vera sollicitatio,
nam "sufficit ut confessarius cedat sollicitationi pœnitentis, ut eo
ipso ei animos addat ad malum", prout apposite notavit Cime-
tier. [21] Cœteroquin auctores omnes idem affirmant. [22]

Ex dictis concludi posse videtur adesse actionem sollicitatricem semper ac ex parte confessarii aliquomodo manifestatur,
in adiunctis propriis delicti, animus pravus alliciendi, cooperandi,
vel acceptandi quiquid ex se turpe est, vel ex adiunctis ad turpia
movet. Quod amplius patebit ex mox dicendis.

3. Consensus in Sollicitationem a Pœnitente Factam.

Hæc quæstio non parva laborat difficultate, ac de ipsa acriter
disputarunt auctores ante Codicem scribentes, quorum multorum
sententia negavit confessarium consentientem dumtaxat priori sollicitationi pœnitentis esse reum delicti. Nihilo tamen minus affir-

---

[21] *Dictionnaire de Théologie Catholique* (Vacant-Mangenot-Aman. Paris:
Letouzay et Ané, 1903), s. v. "Sollicitation". En verba Cimétier: "Notons
aussi que la sollicitation peut exister, même si c'est le pénitent qui a pris
l'initiative de provoquer au mal à son confesseur. Il suffit que ce dernier,
en cédant à la sollicitation du pénitent, l'encourage par là même au mal."
(*Ibid.*, n. 2.)

[22] Aertnys-Damen, *Theologia Moralis*, II, n. 411, 4o.: "Delictum denuntiandum adest etiam si sollicitatio vel inhonesti tractatus fuerint *mutua* inter
confessarium et pœnitentem, et etiamsi pœnitens ea inchoaverit." Noldin
Schmitt, *Summa Theologiæ Moralis* (26. ed., 3 vol., Oeniponte: Rauch, 1940),
III, n. 378; Genicot-Salsmans, *Theologia Moralis*, II, n. 395, II.

mandum est in casu dari sollicitationem de iure denuntiandam *si et in quantum confessarius suum consensum exterius quodammodo manifestet.* Huiusmodi conclusio eruitur ex ipsis constitutionibus et decretis apostolicis, prout statim ostenditur in sequentibus, nec non plurimorum quoque sententia confirmatur. Claritatis gratia proponentur atque examini subiicientur singuli casus possibiles, in quibus confessarius consensum præbere potest pœnitenti sollicitanti. Conclusio deinde magis declarabitur.

Quando in adiunctis propriis delicti sollicitationis provocatio ad turpia originem ducit a pœnitente, fieri potest aut ut confessarius consentiat, aut ut confessarius non consentiat. Si confessarius *non* consentit, nulla adest sollicitatio denuntianda, ut est evidens. Si vero confessarius consentit, subdistinguendum est, nam: aut confessarius suum consensum *nullo modo manifestat,* aut consensum *aliquo modo exterius manifestat.* In prima hypothesi (cum nullo modo consensum manifestat), non adest delictum, quippe quod requirit *externam* legis violationem, quæ in casu deest. In altera hypothesi (nempe cum confessarius suum consensum *aliquo modo exterius manifestat*), varii casus veniunt considerandi, pro diverso gradu vel modo manifestationis consensus relate ad priorem provocationem pœnitentis:

1) Confessarius provocatus a femina ad peccatum quod est minus in genere luxuriæ consentit provocando feminam ad maius peccatum. [23]

2) Confessarius sollicitatus a penitente ad peccatum turpe in una specie consentit provocando ad peccatum impurum alterius speciei. [24]

3) Confessarius sollicitatus a pœnitente ad peccatum turpe

---

[23] V. g., provocatus ad tactus inhonestos, consentit provocando ad copulam. Huiusmodi sunt exempla solita afferri ab auctoribus; cf. Castro Palao, *Opus Morale,* I, tr. IV, disp. IV, disp. IX, punct. V, n. 3; Io. Sanchez, *Selectæ Disputationes,* Disp. XI, nn. 27-29; S. Alphonsus, *Theologia Moralis,* III, lib. VI, n. 682.

[24] V. g., provocatus ad fornicationem consentit provocando ad mutuam pollutionem.

quodcumque consentit ex toto in peccatum, quin excedat limites provocationis. [25]

4) Confessarius provocatus a pœnitente ad determinatam speciem peccati turpis consentit ex parte tantum, utcumque diminuendo manifestationem sui consensus. [26]

5) Confessarius provocatus a pœnitente ad quodvis inhonestum primo dissentit, unde pœnitens desistit a provocatione; deinde vero ipse confessarius, adhuc in adiunctis propriis delicti, provocat pœnitentem ad idipsum. [27]

6) Confessarius, utcumque provocatus, *mere passive se habet.*

Age vero, præter casus recensitos, alii nequeunt dari; enumeratio exhaurit possibilitates omnes. Sed in huiusmodi casibus, excepto ultimo, ratio sollicitationis iuxta pontificias constitutiones ita invenitur in illo consensu sic exterius manifestato, ut confessarius sic consentiens dicendus sit reus delicti sollicitationis. Ergo confessarius consentiens priori sollicitationi pœnitentis et exterius aliquomodo suum consensum manifestans dicendus est reus sollicitationis.

Declaratur conclusio, percurrendo singulos casus: In casu sub numero 1), confessarius excedit provocationem pœnitentis, provocando ulterius, ergo explicite sollicitat, et de hoc nullum dubium est apud auctores, [28] indubitanter enim continetur *sollicitatio mutua,* quæ proscribitur in constitutione Benedicti XIV. [29] Idem dicendum de casu secundo loco posito, confessarius enim,

---

[25] V. g., provocatus ad fornicationem acceptat et fornicatur.

[26] S. Alphonsus (*Theologia Moralis,* III, lib. VI, n. 682) adducit exemplum confessarii qui sollicitatus ad copulam consentit, sed divertit ad solos tactus.

[27] V. g., Pœnitens provocat ad tactus turpes, sed confessarius renuit; unde pœnitens desistit a provocatione; paulo post, confessarius incipit provocare pœnitentem ad eosdem tactus turpes.

[28] S. Alphonsus, *Theologia Moralis,* III, lib. VI, n. 682: "Confessarius sollicitatus ad sodomiam, si ipse divertat ad fornicationem, vel contra tunc certe est denuntiandus; cum ipse tunc sollicitet ad actum ad quem non fuit sollicitatus." Ita quoque Castro Palao, *Opus Morale,* I, tr. IV, disp. IX, punct. V, n. 4.

[29] Cf. *supra,* p. 154.

sollicitando ad speciem diversam ab illa ad quam sollicitatus fuerat, provocat pœnitentem ad turpia; habetur etiam sollicitatio mutua, et auctores sunt concordes. Similiter, in casu sub numero 5) recensito, cum confessarius prius dissentit, deinde vero ipse provocat ad idipsum, cum iam pœnitens destiterat, habetur clara sollicitatio, vel sollicitatio mutua, et sic admittitur a S. Alphonso, [30] et videtur insuper esse casus contentus in decreto S. Officii, respondendo ad quæstionem: "An confessarius consentiens sollicitationi sed statim desistens de illa turpi materia loqui, differendo illius complementum ad aliud tempus... incidat in pœnas contentas in Bulla Gregorii? Responsum fuit: *Censuerunt* [Qualificatores] *incidere, et confessarium esse denuntiandum.*" [31]

Quoad casus sub numeris 3) et 4) positos, cum confessarius nempe consentit sive ex toto sive ex parte tantum, in id ad quod provocatus fuit, non est una auctorum sententia. Hoc non obstante, affirmandum videtur adesse delictum denuntiandum, ut ostenditur ex decretis et responsionibus Sanctæ Sedis mox afferendis. Legitur in primis in *Instructione* S. Officii, anni 1867: "Denuntiare opportet quemcumque sacerdotem... etiam pœnitentis sollicitationi consentientem, quamvis statim dissentientem de turpi materia loqui, illius complementum ad aliud tempus differentem..." [32] Habetur deinde responsum ad quæsitum: "An confessarius sollicitatus, si metu inductus sollicitationi consentiat, sit denuntiandus?" Et Qualificatores "*Censuerunt esse denuntiandum, et negativam opinionem non esse probabilem.*" [33] Denique,

---

[30]   *Theologia Moralis*, III, lib. VI, n. 681.

[31]   S. C. S. Off., 11 febr. 1661, ad II; cf. *supra*, p. 68.

[32]   S. C. S. Off., instr. 20 febr. 1867, n. 2 — *Fontes*, n. 990. Cf. *supra*, p. 108. In iis verbis refertur, fere ad verbum, responsum S. C. S. Off., 11 febr. 1661, ad II, citatum in notula præcedenti, in quo, loco dicendi *"quamvis statim dissentientem"* legitur *"sed statim desistens de illa turpi materia loqui."* Cf. *supra*, pp. 55 et 68.

[33]   S. C. S. Off., 11 febr. 1661, ad IX. Cf. *supra*, p. 56. Notat Ballerini auctores qui scripserunt *Vindicias Alphonsianas* (cura et studio quorumdam theologorum C. SS. R., Dornik, 1873), p. 582, videri insinuare hoc responsum non amplius valere, cum omissum sit in *Instructione* S. Officii, anni 1867; attamen si hæc ratio valeret, idem esset dicendum de pluribus aliis ex responsionibus S. Officii datis 11 Februarii, 1661, utpote maior eorum pars non

iampridem S. Officium decreverat: "*mulierem ... teneri denuntiare etiamsi prius sollicitaverit et ad consensum traxerit confessarium.*" [34]

Ex decretis allegatis eruitur confessarium esse denuntiandum
tamquam reum sollicitationis cum consentit sollicitationi pœnitentis, in sequentibus nempe casibus: quando confessarius desistat
de turpi materia loqui differendo illius complementum ad aliud
tempus; vel quamvis statim dissentiat de turpi materia loqui; vel
etsi non nisi metu inductus consentiat; vel tandem cum consentit,
etiam si mulier fuerit prior in sollicitando. Ergo, a fortiori, denuntiandus est confessarius qui *simpliciter* consentit, et statim manifestat exterius suum consensum, aliquo modo, ex toto vel ex
parte, in id ad quod provocatus fuit. Et amplius, si ille qui *ductus
metu* consentit reus est delicti, a fortiori ille qui non ex metu,
sed libere, non coactus etsi provocatus, consentit, et exterius
aliquo modo suum consensum manifestat. Et notetur hic præ-
scindi a quæstione de gravitate metus, quatenus confessarius qui
coactus metu gravi consentiat non sit denuntiandus vel puniendus. Argumentatio in casu petitur solummodo ex tenore decreti,
nec aliunde potest inficiari consequentia: Perspicuum enim est
quod si ex duobus confessariis qui provocati a pœnitentibus con-
sentiunt, alter metu inductus, alter libere; certum est quod si
iubetur denuntiari qui ductus metu consentit, a fortiori ille qui
absque ulla violentia consentit erit denuntiandus, seu erit reus
delicti, quippe cuius imputabilitas nullo pacto diminuta existat.

Verum est nullam dari in citatis decretis declarationem circa
significationem vel modum "*consensus.*" At, liquido patet ex una
parte *requiri* aliquam externam sensibilem vel cognoscibilem
manifestationem consensus interni, secus nec delictum iuridice
daretur, nec de eius existentia quidquam dici poosset. Ex alterá
vero parte, etsi in decretis non expresse indicetur, dicendum est
illam externam manifestationem consensus *sufficere* quæ, sive ex
natura sua sive ex adiunctis, saltem a pœnitente, a quo initium

---

allegetur in dicta *Instructione.* Cf. *Adnotationes* Ballerini, apud Gury, *Theologia Moralis,* II, 551, in notulis, versus medium.

[34] S. C. S. Off., 23 iul. 1624, citatur apud Thesauro-Giraldi, *De Pœnis
Ecclesiasticis,* P. II, *Sollicitantes ad Turpia,* p. 412, *Notæ,* n. 3.

sumpsit provocatio, tamquam talis cognoscatur; etenim, ab illo momento sufficiens iam existit causa ex parte confessarii ut dicatur ipsum quoque aliquo modo allicere pœnitentem ut in pravo persistat proposito, aut ad ulterius progrediatur, in quo inest ratio formalis actionis sollicitationis. Nam in peccatis cum complice commissis, cum alter in peccatum ad quod provocatur consentit, et ipse priori dat scandalum, et quod unus vel alter incipiat sollicitare, non est nisi circumstantia mere aggravans. [35]

Nihil refert utrum manifestatio consensus ex parte confessarii detur verbis, nutibus, vel aliis signis, aut insuper adsint tactus et alia, dummodo hæ manifestationes, ex se vel ex adiunctis, clare et moraliter certo adsint veluti signum quo confessarius pœnitenti aperit suum in illius provocationem consensum. Nam si manifestatio consensus fit per tactus et similia, habetur *explicita* provocatio, ut pœnitens persistat vel progrediatur ulterius; si vero verbis vel signis tantum fit, tunc saltem aderit *implicita* provocatio; et in utroque casu continetur delictum denuntiandum, prout supra dictum manet.

Quid vero si confessarius *mere passive* se habet, prout supponitur in casu sub numero 6)? Huiusmodi modus agendi ex parte confessarii a pœnitente provocati, si agitur de provocatione pœnitentis per tactus in proprio vel in confessarii corpore, vel per alios actus impudicos qui a confessario possint videri, sufficiens est signum externum consensus confessarii, quippe qui deberet resistere pœnitenti eumque obiurgare, quod non faciens animos ei addit ut in prava actione persistat, vel ad ulteriora progrediatur, quod iterum *implicitam sollicitationem continet.* [36]

---

[35] In memoriam revocentur ea quæ superius (pp. 144 et 151) dicta sunt de ratione scandali quæ inest sollicitationi. Cf. insuper Genicot-Salsmans, *Institutiones Theologiæ Moralis*, I, n. 232, et Lehmkuhl,. *Theologia Moralis*, I, n. 788, nota 1, in qua perspicue, ut assolet, hæc tradit: "In peccato quod cum complice committitur, sume luxuriam, etiam *consentiens* alterum *suo modo inducit ad peccatum*; quare, qui prior seducendo incepit, graviore quidem circumstantia, sed non specie diversa peccat, nisi forte scandalum fuerit diabolicum."

[36] Audiatur Lehmkuhl (*Theologia Moralis*, I, n. 1036, III): "Qui se tangi permittit non repellendo etc..., *graviter peccat* communiter loquendo, non solum si ipse pravum animum gerit, seu consensum dat, sed etiam ratione

Nemo non videt confessarium ratione dignitatis sacerdotalis et actualis exercitii ministerii in sacramento reconciliationis specialissime et graviter teneri pœnitentes monere vel etiam obiurgare si quid minus dignum sibi permittant durante ministratione sacramenti. Absoluta ergo passivitas confessarii relate ad provocationes pœnitentis per tactus vel alios actus impudicos omnino nequit admitti, sed interpretanda est ut acceptatio provocationis et insinuatio ad hoc ut pœnitens perduret in pravo opere.

Si vero quæstio sit de provocatione pœnitentis *verbis dumtaxat facta,* et confessarius nullum prorsus det signum externum consensus, sed simpliciter taceat tunc nequit certo affirmari delictum confessarii, quia quamvis *qui tacet consentire videtur,* et in casu præsumptio stet contra confessarium, quippe, qui deberet pœnitentem turpia loquentem cohibere, [37] nihilominus, cum versemur in odiosis, stricte interpretanda est illa externa legis violatio ad delictum constituendum requisita, quæ cum in hypothesi prorsus absit, nequit certo affirmari adesse delictum sollicitationis denuntiandum, iuxta constitutiones pontificias. Ad rem expresse Cappello: "...omnino requiritur, ut consensus vere adsit et quidem *exterius* quocumque modo manifestatus, ita ut non sufficiat factum dumtaxat quod sacerdos *tacens* audiat pœnitentem turpia loquentem." [38]

Quæ ex analysi documentorum fluere videntur, confirmantur sententia non paucorum scriptorum, qui tum post Codicem, tum ante, quæstionem de sollicitatione ex solo consensu confessarii in

---

cooperationis: 1) si tactus est ex se turpis, i. e. sive ex obiecto sive ex modo tangendi; 2) si tactus quidem ex se ut certo turpis non apparet, at de pravo animo tangentis constat, saltem si tangere tentat non coram aliis."

[37] Recolantur ea quæ circa audientes turpia docent moralistæ. Ait Lehmkuhl (*Theologia Moralis,* I, n. 1034, 5): "Audire eiusmodi turpia... grave peccatum est... 3) si [audiens] propter auctoritatem suam, ex qua eos impedire potest, vel etiam debet, silendo causa est cur continuentur; 4) si propter suam conditionem personalem audiens scandalo est, v. g. sacerdos audiens particeps esset istiusmodi sermonum, aut *si sermone obsceno ad audientem directo, non-obloquendo pravam intentionem loquentis promoveret aut approbare videretur."* Postrema verba clare demonstrant inesse *implicitam* provocationem huic passivo modo sese gerendi confessarii cum pœnitens illum provocat verbis obscenis.

[38] *De Pœnitentia,* n. 666.

priorem sollicitationem pœnitentis tractarunt. Incipiendo ab illis qui ante constitutionem Benedicti XIV scripserunt, adest in primis Iacobus Pignatelli († ca. 1695), qui ut indubitatum habet adesse delictum sollicitationis denuntiandum in casu confessarii consentientis in priorem sollicitationem pœnitentis. En eius verba:

> Tractatum habet de aliquo agendo nedum qui proponit, aut petit ut aliquid fiat, sed etiam qui respondendo consentit actioni, de qua tractatur, illamque approbat, et ad illam consilium præbet, aut auxilium promittit. Unde quidquid in contrarium dixerint aliqui, spectata sola Pii IV constitutione, atque innixi verbo *sollicitare*, indubitatum est, ex vi constitutionis Gregorii XV, comprehendi etiam sacerdotem, qui a pœnitente sollicitatus ad turpia, consentit sollicitationi, maxime si cum illo tractet de modo adimplendi actionem turpem, ad quam sollicitatur... Unde multo magis comprehenditur Confessarius si mutua sit sollicitatio, etiamsi pœnitens fuerit prior in sollicitando... Quod si Confessarius renuat, nec copulæ consentiat, sed solum in oscula, et tactus, comprehenditur nihilominus in Constitutione... Nam vere sollicitat ad turpem actum, a quo avertere debebat pœnitentem. [39]

Felix Potestas († 1702) sibi proponit quæstionem an sit denuntiandus confessarius si sollicitatus a femina sollicitationi consentiat, et respondet:

> Esse denuntiandum... quia Confessarius sollicitationi consentiens, licet non sit sollicitator, seu provocator, sed sollicitatus, vere tamen habet inhonestos sermones, seu tractatus prætextu confessionis; unde comprehenditur in Bulla Greg. Maior difficultas est, si Confessarius nihil respondit, sed tacuit. Resp. cum distinctione; et 1. Vel Confessarius ita tacuit, ut nullum dederit signum reprobativum, sed ipso immoto, permisit mulieri libere inhonestum tractatum prosequi, et sic est denuntiandus, quia qui tacet consentire videtur; et maxime in circumstantiis loci, et actus sacramentalis quem exercebat,... Tum quia tractatus inhonestus est inter plures, quorum unus sufficit quod sit actor, alter patiens, et acceptans, ut liquet de audiente detractorem, qui est peccati detractionis particeps audiendo, potens libere impedire, aut abire. ... 2. Vel statim muliere

---

[39] *Consultationes,* cons, 117, p. 479, § *Quod vero.*

relicta aufugit et hic est laudandus... Vel 3. Confessarius tacuit quatenus, utpote timoratus simul et pusillanimis... remansit præ confusione immotus; et hic nullo pacto est reus, sed pusillanimis. [40]

Pluribus in locis eamdem doctrinam docuit Diana († 1663) etsi concedat probabilitatem contrariæ sententiæ. [41] Ipse tamen affirmat:

> Ut Confessarius dicatur vere sollicitator, non est opus, ut absolutionem sacramentalem impendat, nec ut de rebus venereis longius cum pœnitente loquatur, sed sufficit sollicitationi fœminæ acquiescere; nam talis consensus ad illam sollicitationem non efficitur mentaliter, sed verbis; ergo eo ipso quod ita sollicitationi consentit, dicitur habere inhonestos sermones cum pœnitente, quod prohibet Gregorius XV in sua Bulla. [42]

Transcribere iuvabit quoque ea quæ leguntur in *Summa* ipsius Dianæ, ad intelligendum sensum responsionis II, ex decretis S. Officii, anni 1661. Legitur ibi:

> Denuntiandus vero est Confessarius, post Bullam Gregorii... si non ipse sollicitat, sed si pœnitentis sollicitationi consentiat, per illa verba *cum eis illicitos et inhonestos sermones etc.*... Immo id procedere puto, etiamsi statim, ac sollicitationi per turpia verba acquievit, ab illis desistat, et complementum differat in aliud tempus, dilata etiam absolutione; nam habuit inhonestos sermones. [43]

Fatentur Salmanticenses (1665-1724) confessarium consentientem esse denuntiandum:

> Affirmativa vero sententia nobis arridet, quia licet contraria esset probabilis ante constitutionem Gregorii XV, tamen post illam vera non est: Cum prædictus Pontifex non solum in ea iubeat esse denuntiandos eos, qui sollicitare, allicere, vel provocare ad illicita tentaverint... sed etiam addit *esse denuntiandos, qui cum pœnitentibus illicitos, et*

---

[40] *Examen*, II p. III, c. XI, nn. 679-681.

[41] *Resolutiones Morales*, V, tr. IX, resol. LVI, § 3.

[42] *Resolutiones Morales*, V. tr. IX, resol. LVII, § 2. Similia fluunt ex illis quæ tradit in resolutionibus LVIII, LIX, LXII.

[43] *Summa Dianæ*, (Lugduni, 1657), s. v. "Denuntiare", n. 11.

inhonestos sermones, sive tractatus habuerint. At in præsenti casu, licet confessarius non sollicitet pœnitentes ad turpia, tamen ex eo quod sollicitationi consentiat, illicitos et inhonestos sermones, sive tractatus cum eis habet, ergo est denuntiandus. [44]

Ante Codicem scribentes, sed post constitutionem Benedicti XIV, tuentur eamdem opinionem Gury (1801-1866), qui argumenta desumit ex II et IX responso S. Officii, anni 1661. Quæstionem igitur proponit: "An denuntiandus sit Confessarius qui consentit pœnitenti sollicitanti, ipse vero non sollicitavit?" et respondet "*Afirmative.* Id enim manifeste patet ex secundo inter decreta S. Officii etc... Idipsum aperte eruitur inter eadem decreta ubi ad quæstionem *An Confessarius sollicitatus, si metu consentiat sit denuntiandus.* Responsum fuit esse denuntiandum ... A fortiori igitur denuntiandus Confessarius, ubi nulla incussi metus est qualiscumque excusatio." [45]

Post ipsum, in *adnotationibus* quas scripsit ad *Compendium Theologiæ Moralis,* Ballerini (1805-1881) eamdem conclusionem probat, tum ex clausula constitutionis Benedictinæ, quæ iubet denuntiare etiam confessarios qui habuerint cum pœnitentibus inhonestos et illicitos sermones vel tractatus, tum ex pluries citatis decretis S. Officii; insuper acriter arguit contra defensores opinionis contrariæ ob auctoritatem S. Alphonsi. [46]

Eadem resumit argumenta in suo *Opere Theologico Morali,* ubi breviter ait:

> S. Alphonsus tamen in oppositam sententiam ivit cum aliis reponentibus verba Constitutionis esse intelligenda de tractatibus quorum auctor fuerit confessarius. Sed nec S. Alphonsus, nec alii in eam opinionem venissent si novissent hanc quæstionem iam resolutam esse ex decretis S. Officii a Benedicto XIV confirmatis. [47]

Dominicus Palmieri (1829-1909), qui opus Ballerini absolvit et adnotavit atque edidit, pro eadem opinione certatur, nonnulla

---

[44] Salmanticenses, V, tr. XXI, c. IV, punct. III, § II, n. 42.
[45] Gury, *Theologia Moralis,* II, n. 591.
[46] Gury, *Theologia Moralis,* II, n. 591, in notula (a), pp. 549-553.
[47] V, n. 726.

addens quibus positio Ballerini non parum roboratur, præsertim quoad probationem deductam ex decretis S. Officii; attamen temperat conclusionem his verbis: "Et hæc quidem speculative, ut ita dicam, si iuxta communia principia quæstio solvenda est: in praxi tamen, propter auctoritatem S. Alphonsi, non damnarem profecto eum, qui secus sentiret et ageret." [48]

Aemilius Berardi (1854-1916) exstat quoque acerrimus defensor eiusdem opinionis, ut apparet ex sequentibus:

> Secundus modus est si confessarius vere et proprie nullatenus sollicitet, sed solum pœnitentis sollicitationi consentiat; quod contingere potest tum si consentiat ex toto... tum si consentiat tantummodo in parte vel utcumque delictum diminuere satagat... S. Lig. (VI, n. 681) dixit, secundo modo consentientem confessarium non esse denuntiandum, tum quia ille non sollicitavit, tum quia pœnitens ad denuntiationem exsequendam seipsum prodere cogeretur. Non desunt theologi qui hoc etiam in puncto S. Doctorem defendunt, et hodie quoque talem eiusdem doctrinam teneri posse censent. Sed omnino pro obligatione denuntiationis standum est.

Proponit deinde argumenta solita ex citatis decretis S. Officii, atque concludit:

> S. Alphonsus oppositam doctrinam tenuit, quia decreta S. C. S. O. supra relata non cognoscebat; et si illa cognovisset (quandoquidem interpretationem authenticam ab ipsa S. Sede factam constituunt) certe non ita scripsisset. Agitur itaque de errore; et proinde illum sequi non licet. Equidem S. Sedes in favorem doctrinæ S. Alphonsi notissimas approbationes edidit; sed hæ non ita sunt intelligendæ ut nullus error in opinionibus S. Ligorii (quasi essent totidem definitiones infallibiles a Pontifice ex cathedra docenti emanatæ) umquam detegi possit; vel ut, errore quoque detecto, illum sequi liceat. [49]

Inter auctores scribentes post Codicem audiatur in primis Cappello:

> Delictum sollicitationis habetur etiam in casu quo pœnitens ipse sollicitaverit confessarium, dummodo hic

---

[48] Apud Ballerini, V, n. 727, nota (a), pp. 620 et 621.
[49] *De Sollicitatione,* nn. 39-44.

consenserit, et quidem ita consenserit ut etiam ex parte confessarii adfuerit quædam sollicitatio saltem *implicita.* Quinam consentiendi modus talem sollicitationem importet, controvertitur. Alii dicunt sufficere merum consensum, dummodo *vere ac positive* manifestatum,... ; alii postulant aliquid ex parte confessarii, v. g., ut sermonem turpem, a pœnitente inchoatum, cum ipso continuet etsi illico abruptum. [50] Prior sententia retinenda est.

Affert deinde argumenta ex decretis S. Officii; et prosequitur:

Contraria S. Alphonsi opinio, qui probabiliorem habet sententiam negativam, nihil valet contra *explicitas* declarationes S. Sedis. Ideo errant AA., qui *supremæ* auctoritati Sedis Apostolicæ privatam auctoritatem Ligorii opponunt! Attamen omnino requiritur, ut consensus *vere* adsit et quidem *exterius* quocumque modo manifestatus, ita ut non sufficiat factum dumtaxat quod sacerdos *tacens* audiat pœnitentem turpia loquentem. [51]

Similiter Aertnys (1829-1915)-Damen: "Secundum *Decreta* sollicitaret confessarius... 2o. Si pœnitentis sollicitationi consentiat, idque *quamvis statim desistat* de turpi materia loqui...". Et concludunt validissima ratione qua confirmatur eorum opinio: "Et ratio est, quia habet inhonestum tractatum, et *consensus datus incitat libidinem pœnitentis.*" [52] Hæc postrema ratio abstrahit ab omni controversia.

Possunt insuper plures alii auctores pro eadem sententia consuli, e. g., Ferreres (1861-1936), [53] Sabetti (1838-1898) — Barrett

---

[50] Citat Cappello sequentes: S. Alphonsum, *Theologia Moralis,* III, lib. VI, n. 681; Bucceroni, *Commentarius de Sollicitatione,* n. 29; Prümmer, *Theologia Moralis,* III, n. 462; Rota, *Enchiridion,* n. 366 et ss.; Ballerini, V, n. 730 ss. Hæc autem postrema allegatio non videtur accurata: in loco a Cappello citato agit Ballerini de sollicitatione confessarii per verba, et in numeris sequentibus agit de sollicitationibus palliatis vel inchoatis; ceteroquin, ut supra ostensum est (p. 164), Ballerini non est adscribendus sententiæ S. Alphonsi.

[51] *De Pœnitentia,* n. 666; *De Censuris,* n. 429.

[52] *Theologia Moralis,* II, n. 416, 2o. *Typis italicis* indicantur verba quæ maxime notanda sunt.

[53] *Compendium Theologiæ Moralis* (16. ed., 2 vol., Barcinone: Subirana, 1940), II, n. 693.

(1862-1935) — Creeden (1870-1948), [54] et Noldin (1838-1922) — Schmitt. [55] Jone, cuius verba hic in linguam latinam reddita sunt, hæc tradit:

> Obligatio denuntiandi existit... similiter cum sollicitatio *fuit ex parte pœnitentis* et confessarius consentit ac sufficienter suam *"reactionem"* externe manifestavit... debet denuntiari [confessarius] etiam cum pœnitens primus fuit in sollicitando, et confessarius consentit, dummodo hic postremus externam suipsius consensus evidentiam dederit. [56]

Davis, velut principium statuit: "Si, actio inhonesta quæ simul et mutuo committitur a confessario et pœnitente, vel ad quam pœnitens provocatur, vel *cui consensum confessarius externe præbet*, est certo in se materialiter inhonesta, merito præsumi debet culpa gravis, formalis et interna a parte confessarii." Et, numero sequenti, ad modum conclusionis affirmat simpliciter: "Confessarius qui sollicitationi prius a pœnitente factæ consentit reus est huius delicti si consensus fuerit externus." [57]

Iorio tandem, postquam proposuit solita argumenta, firmiter concludit:

> Reicienda est hac in re sententia S. Alph. qui (l. VI, n. 681) probabilius tenebat confessarium *consentientem* in sollicitationem *non esse denuntiandum*. ... post Codicem de sententia *affirmante* ad normam cit. decr. S. Off. 11 febr. 1661, vix moveri potest dubium, cum omnia

---

[54] *Compendium Theologiæ Moralis* (34. ed., Neo Eboraci: Pustet, 1939), n. 787, Quær. 5o.

[55] *Summa Theologiæ Moralis*, III, n. 377, b.

[56] *Moral Theology* (English translation from the German, by Urban Adelman, 2. ed., Westminster: Newman, 1949), nn. 593 et 596: "The obligation of denunciation exists... likewise if the solicitation was *on the part of the penitent* and the confessor consented and sufficiently manifested his reaction externally... [the confessor] must be denounced even when the penitent first solicits and the confessor consents, provided the latter gives external evidence of his consent."

[57] *Moral and Pastoral Theology* (4. ed., 4 vol., New York: Sheed and Ward, 1943), III, 397.

responsa S. Off, illo die lata ex integro quasi recanonizantur in can. 904 ..." [58]

Si nunc consideratur sententia contraria, iuxta quam confessarius consentiens priori sollicitationi pœnitentis non est denuntiandus, et in trutinam revocantur argumenta quibus patroni eam defendere satagunt, confirmatur iterum sententia affirmans. Argumenta enim solita afferri reduci possunt ad sequentia:

a) Confessarius consentiens non est sollicitator; dum consentit patitur sollicitationem, non autem provocat.

b) Huiusmodi confessarius sollicitatus nequit dici delinquens ratione sermonum aut tractatuum, nam in casu non ipse sed pœnitens est subiectum habens sermones vel tractatus; constitutiones autem pontificiæ loquuntur de confessario qui cum eis [pœnitentibus] sermones aut tractatus habuerit.

c) Quoad rationes adductas ex decretis S. Officii, anni 1661: in responsione ad II non agitur de simpliciter consentienti, sed de confessario qui consentit, destitit et differt complementum ad aliud tempus, simulque non præbet absolutionem, quæ omnia debent adesse, secus non obtinet decretum; responsum vero circa consentientem ex metu non est attendendum, cum de illo nulla mentio fiat in *Instructione* anno 1867 lata.

d) Validior denique ratio desumitur ex auctoritate, nempe quia S. Alphonsus tenuit, ut probabilius, confessarium consentientem non esse reum denuntiandum; ratio autem præcipua S. Alphonsi, præter auctoritatem veterum aliquorum, est duplex:

---

[58] *Theologia Moralis* (3. ed., 3 vol., Neapoli: D'Auria, 1947), III, nn. 527 et 528. En alia excerpta ex eiusdem auctoris sententia: "An denuntiandus sit confessarius qui consentit pœnitenti sollicitanti, sed ipse non sollicitavit? 1o. *Neg.* si consensus fuerit mere *internus* seu, ut aiunt, *passive* se habuerit, *exterius* nec accedendo ad sollicitationem nec eam improbando. 2o. *Affirm.* autem, si consensum *exterius* manifestaverit sive annuendo verbis vel signis, sive a fortiori si ipse provocationem ad turpia prosecutus fuerit aut determinaverit ita ut veram sollicitationem *mutuam* locum habuisse dici possit, etsi a pœnitente inceptam." Et adducit argumenta ex responsionibus S. Officii. (*ibid.* n. 527).

consentiens non est sollicitans et, secundo, non censetur Pontifex voluisse in isto casu obligare pœnitentes ad denuntiandum cum ıd faciendo seipsos prodere debeant, ad quod nequeunt obligari. [59]

Ad hæc argumenta satis responsum est in præcedentibus, summatim nunc ad singula:

a) Confessarius consentiens, et exterius aliquomodo suum consensum manifestans, sollicitat saltem *implicite*, indirecte, late, utpote animos addit pœnitenti ut in provocatione persistat vel ulterius progredi audeat, quæ omnia involvunt malitiam inductionis, vel sollicitationis, maxime si attenditur ad personam, officium, obligationes et dignitatem confessarii et ad adiuncta in quibus pœnitens audet illum provocare.

b) Etsi iuxta pontificias constitutiones subiectum habens sermones vel tractatus est quidem confessarius, nihilominus ipse confessarius externe consentiens verbis, vel nutibus, vel signis, in provocationem a pœnitente inceptam, cooperatur in illis sermonibus vel tractatibus, et nequit non dici habere sermones vel tractatus, nisi absolute nullum omnino det signum externum sui consensus; immo vero, si actionibus externis cooperatur cum pœnitente provocanti, difficulter aberit *mutua* provocatio, ex qua etiam adest delictum denuntiandum.

c) Decreta S. Officii data die 11 Februarii, 1661, et sunt authentica, et omnem suam vim post Codicem retinent; [60] unde, si, prout sonat responsum ad II, confessarius consentiens est denuntiandus, etsi limitationes ibidem notatæ intersint, a fortiori erit denuntiandus si simpliciter consentiat; si autem iuxta responsum ad IX, confessarius consentiens ex metu est denuntiandus, a fortiori erit denuntiandus si non coacte sed libere, non ex metu sed simpliciter consentiat.

d) Etsi quis possit tuto sequi opiniones S. Alphonsi, non

---

[59] S. Alphonsus, *Theologia Moralis*, III, lib. VI, nn. 681 et 682; Bucceroni, *Commentarius de Sollicitatione*, n. 29.

[60] Cf. dicta *supra*, pp. 54, 133 et ss.

perpensis rationibus quibus fulciuntur, tamen cum illæ rationes contradicunt posterioribus declarationibus S. Sedis, deinde nequit amplius sustineri opinio S. Doctoris, ideo sincere notat cl. Gaudé (1860-1917), meritissimus curator editionis criticæ *Theologiæ Moralis* S. Alphonsi: "Nihilominus, contra hanc opinionem S. Officium in sua *Instructione* diei 20 Februarii, 1866 [!], n. 2, hæc declaravit: "Denuntiare oportet quemcumque sacerdotem ... etiam iurisdictione carentem, sollicitantem in confessione, vel ... etiam pœnitentis sollicitationi consentientem, quamvis etc ..."" [61]

Quoad rationes allatas a S. Alphonso, primæ satis supra fuit factum, secunda autem desumpta ex difficultate denuntiandi, ad summum probaret pœnitentem in illo casu esse excusatum denuntiandi, non autem confessarium consentientem non esse reum delicti; sed etiam quoad obligationem denuntiandi dicendum est pœnitentem posse deferre confessarium quin seipsum prodat. [62]

Inter recentes defensores huius opinionis negantis consuli possunt Vermeersch (1858-1936), [63] Prümmer (1866-1931), [64] Tanquerey (1854-1932), [65] Coronata, [66] Merkelbach (1871-1942). [67] Paulo ante Codicem scribentes præcipui recensentur Bucceroni (1841-1918), [68] et Rota († 1879). [69] Inter veteres possunt nomi-

---

[61] S. Alphonsus, *Theologia Moralis*, III, lib. VI, n. 681, in notula d) ad calcem (p. 698).

[62] Optime Wouters (*Manuale Theologiæ Moralis*, II, n. 421, 3), qui ceteroquin adhæret sententiæ affirmanti: "...observes, circumstantiam quod denuntians prius sollicitavit, vel in sollicitationem consentit, non excusare [ab obligatione denuntiandi]; attamen non potest de consensu interrogari, nec tenetur eum manifestare." Nihil tamen obstat quominus in casu aliquo particulari posset dari causa excusans, ex eo quod pœnitens fuit qui sollicitavit, at, ut bene notat Iorio, "hoc in singulis casibus erit perpendendum." — *Theologia Moralis*, III, n. 528, 4.

[63] *Theologiæ Moralis Principia, Responsa, Consilia* (3. ed., 4 vol., Roma: Università Gregoriana, 1933-1937), III, n. 556, in fine (deinde citatur *Theologia Moralis*).

[64] *Manuale Theologiæ Moralis*, III, n. 462, in medio.

[65] *Synopsis Theologiæ Moralis et Pastoralis* (5. ed., 3 vol., Romæ: Desclée, 1919), I, n. 590, c (deinde citatur *Theologia Moralis*).

[66] *De Sacramentis*, I, n. 428.

[67] *Summa Theologiæ Moralis*, III, n. 640, 3, d.

[68] *Commentarius de Sollicitatione*, n. 29.

[69] *Enchiridion*, nn. 335-348.

nari Bonacina († 1631), Castro Palao (1581-1533), Sousa († post 1627), Escobar a Corro († 1642), Bordoni († 1671) et alii qui allegantur a S. Alphonso (1696-1787). [70]

SECTIO II — DE MATERIA SOLLICITATIONIS

Materia circa quam provocatio a parte confessarii constituit delictum sollicitationis qualificatum designatur in apostolicis constitutionibus vocibus *turpis et inhonesta.* [71] Ex ipso sensu verborum [72] et ex documentorum tenore semper et ab omnibus fuit intellectum voces *turpia et inhonesta,* cum de sollicitationis delicto sermo est, primario et unice referri ad peccata contra sextum decalogi præceptum, quod obvie fluit tum ex clausulis in quibus constitutiones agunt de diversis modis quibus patratur delictum, [73] tum ex respectu personarum quibuscum huiusmodi actus a confessario exercentur, nam initio lex videbatur respicere delictum quoad mulieres dumtaxat, saltem explicite, [74] deinde vero declaratum atque statutum fuit delictum haberi non modo quando provocatio ad feminas dirigitur, sed etiam relate ad quascumque personas. [75]

---

[70] *Theologia Moralis,* III, lib. VI, n. 681.

[71] Gregorius XV, const. *Universi Dominici gregis,* § 1: "...*sollicitando pœnitentes ad turpia*..."; *ibid.* § 4: "*ad inhonesta... sollicitare vel provocare tentaverint...*"; Benedictus XIV const. *Sacramentum Pœnitentiæ,* § 1: "*ad turpia et inhonesta sollicitantes...* Cf. *supra,* pp. 42, 43, et 87.

[72] Turpis, fœdus, inhonestus, speciatim libidinosus, obscenus. Ita apud Ciceronem (1. *Offic.* 34): "*Luxuria cum omni ætati turpis, tum senectuti fœdissima est.*" Cf. Forcellini, *Lexicon Totius Latinitatis,* s. v. *turpis, turpiter, turpitudo.*

[73] "Ad inhonesta et turpia sollicitare, vel provocare sive *verbis,* sive *signis,* sive *nutibus,* sive *tactu,* sive per *scripturam*... aut cum eis [pœnitentibus] *illicitos et inhonestos sermones vel tractatus ausu temerario habuerint.*" — Const. *Sacramentum Pœnitentiæ,* § 1.·

[74] Paulus IV, *Cum sicut nuper;* cf. *supra,* p. 27.

[75] Decretum Pauli V, 29 nov. 1612; cf. *supra,* p. 37. Const. *Universi Dominici gregis,* § 4; cf. *supra,* p. 43. Const. *Sacramentum Pœnitentiæ,* § 1; cf. *supra,* p. 87.

Non defuerunt tamen auctores qui constitutiones contra sollicitantes ad turpia in confessione voluerint extendere etiam ad alia crimina. Ratio autem fuit ut olim, in quibusdam regionibus quæ turbulentis et factiosis hominibus refertæ erant, evenit ut in ipsa sacramentali confessione pœnitentes a confessariis sollicitarentur ad tumultuandum et rebellandum contra legitimum dominum, cui huiusmodi locis imperabat. Unde, ut notat Benedictus XIV, [76] non defuerunt Ordinarii qui censerent et affirmarent, ac etiam propositis edictis decernere vellent, pœnitentes ita sollicitatos teneri coram legitimo iudice ecclesiastico confessarios ad prædicta sollicitantes denuntiare. Auctores qui conati sunt hanc defendere opinionem argumenta desumebant ex eo quod confessarii sollicitantes in confessione ad alia flagitia, præter peccata carnis, etiam habendi sunt suspecti de fide, utpote abutentes sacramento. Iam vero, ex generali potestate Inquisitionis denuntiatio talium poterat ab Inquisitoribus decerni. [77]

Sententia vero certa et communis iam ante Codicem, atque hodie unice tenenda, constitutiones pontificias interpretatur dumtaxat de sollicitatione ad peccata venerea. Ipse Benedictus XIV scribebat:

> Pontificiæ Constitutiones ... de Confessariis dumtaxat qui sollicitant ad inhonesta et turpia, loquuntur; cumque hoc delictum frequentius esset, et sæpius in Tribunali Pœnitentiæ committeretur, quam alia alterius generis (atque utinam adhuc identidem admitti non pergeret), ideoque Pontifices huic potissimum occurrere voluerunt; denique cum ageretur de extensione a casu ad casum in re pœnali: hic factum est, ut neque laudari neque probari meruerit consilium dictorum Præsulum, qui Constitutiones Apos-

---

[76] *De Synodo Diœcesana*, (2 vol., Venetiis, 1792), lib. VI, c. XI, n. 13. *Opera Omnia*, XI, 116.

[77] Io. Sanchez, *Selectæ Disputationes*, Disp. XI, n. 23. Notandum Sanchez non defendisse hanc opinionem; in loco allegato refert opinionem quam defendebat Peña (*Directorium Inquisitorum Nicolai Eymerici cum Commentariis*, [Romæ, 1587], P. II, c. XVIII, § *Ille quoque*). Unde minus recte recensetur a Benedicto XIV (*ibid* n. 14) inter patronos illius sententiæ.

tolicas ad alia crimina, præter ea, quæ expresse in illis enuntiantur, extendere cogitabant. [78]

In eumdem sensum iampridem S. Officium responsum dederat ad quæsitum: "An Confessarius qui sollicitat pœnitentem ad actus illicitos extra actus venereos sit denuntiandus?" Qualificatores *"Censuerunt opinionem negativam esse probabilem."* [79] Neque ulla dubitatio aut divergentia fuit inter auctores scribentes post Benedicti XIV constitutionem *Sacramentum Pœnitentiæ.*

Materia ergo *circa quam* sollicitatio in confessione hodie tamquam singulare delictum denuntiandum et puniendum est, iuxta præscripta canonum 904 et 2368, § 1, potest sic determinari: *quodcumque grave et certum peccatum contra sextum decalogi præceptum.* Cum autem id sit proprium huius delicti ut in suo genere perfecte constituatur *per meram provocationem,* etiamsi effectum non obtineat, supposita doctrina de peccatis contra sextum, nonnulla elucidare oportet circa horum peccatorum externam manifestationem requisitam ad delictum constituendum, circa eorumdem gravitatem, ac denique circa certitudinem. Quæ omnia declaranda assumuntur in sequenti sectione, agendo de modis exsequendi sollicitationem.

SECTIO III — DE MODIS EXSEQUENDI SOLLICITATIONEM

Fundamentalis et summoperè attendenda in quæstione præsenti est distinctio inter actus *quibus mediantibus* provocatio fit a parte confessarii, et actus *ad quos* confessarius provocare seu sollicitare intendit. Actus *quibus* confessarius provocat, quatenus procedunt ab eiusdem prava voluntate quæ aliquid turpe obtinere satagit, sunt præcise id in quo primo et principaliter malitia delicti invenitur. Etenim, delictum sollicitationis perficitur et completum est in suo genere, non ratione peccati fortasse patrati vel patrandi inter confessarium et pœnitentem tamquam effectus provocationis, vel a pœnitente inducto per provocationem confes-

---

[78] *De Synodo Diœcesana,* lib. VI, c. XI, n. 14.
[79] S. C. S. Off., 11 febr. 1661, ad XI; cf. *supra,* p. 56.

sarii, vel a tertia persona mediante pœnitente sollicitato, sed ratione dumtaxat ipsius provocationis confessarii, etsi pœnitens nullatenus ipsi consensum præstiterit. [80]

Hoc namque peculiare habetur in sollicitationis delicto, quod ipse conatus confessarii inducendi pœnitentem, vel, eo mediante, tertiam personam ad peccandum constituit verum sui generis delictum, prout a can. 2368 puniendum decernitur. "Punitur nempe conatus, non quatenus incipit exsecutionem criminis, sed quia per se, seorsum sumptus, est actio criminosa." [81] Probabiliter enim in sollicitatione verificantur ea quæ Codex tradit de conatu delicti. [82]

Hac ergo de causa, non raro difficultas fere insuperabilis exsurgit quoad iudicium ferendum de existentia violationis gravis et externe manifestatæ, prout requiritur ad delictum constituendum: etenim, materia actionis provocatricis non raro est in se indifferens, vel leviter tantum inhonesta, [83] eiusque malitia, si quæ sit, derivatur ex intentione agentis. Huiusmodi tamen intentio sollicitatoris vix moraliter certo ex adiunctis dumtaxat poterit dignosci nisi simul cognoscatur eventus. [84]

---

[80] "...sive sollicitationi pœnitens consenserit, sive consensum minime præstiterit...", ait Benedictus XIV, in const. *Sacramentum Pœnitentiæ*, agendo de obligatione denuntiandi confessarium delinquentem. Itemque, notanda sunt verba eiusdem constitutionis: "sollicitare vel provocare tentaverint."

[81] Sole, *De Delictis et Pœnis*, n. 57.

[82] Can. 2212, § 3. Conatui delecti accedit actio illius qui alium ad delictum committendum inducere studuerit, sed inefficaciter.

§ 4. Si conatus delicti peculiari pœna in lege mulctetur, verum constituit delictum.

Quod quidem videtur accidere in sollicitatione ad turpia.

[83] Notant Noldin-Schmitt (*Summa Theologiæ Moralis*, III, n. 374, d): "*Verba* vel *facta* possunt esse ex natura sua provocantia, ita ut intentio præsumenda sit,... vel in se *levia* vel *indifferentia*, sed ex fine et adiunctis graviter provocatoria; ... in hoc ergo ultimo casu intentio ex adiunctis diiudicanda est."

[84] "Verba quæ sollicitationem non clare continent, *ex adiunctis* vel *subsequenti eventu æstimanda erunt*," scribit Vermeersch (*Theologia Moralis*, III, n. 557), et affert exempla; in postremo autem, sollicitatio non nisi ex eventu potest cognosci: "Hæc alia [dicta]: 'Expecta me tali loco; negotium tecum tractandum habeo', iudicabuntur inchoata sollicitatio, si in isto congressu nullum serium negotium agendum demonstretur, et invitans sollicitaverit."

Sed fieri potest, et de facto multoties accidit, ut persona sollicitata minime consentiat provocationi vix inchoatæ, cum tamen
iam in eadem inveniatur, palliato modo fortasse, tota quanta malitia gravis sollicitationis. Numquid concludendum erit existentiam
delicti pendere ex eo quod virtus personæ sollicitatæ plus minusve
resistat provocationi sollicitatoris? vel ex eo quod conscientia pœnitentis plus minusve detegerit in actionibus vel locutionibus confessarii sollicitantis intentionem sin minus clare libidinosam, saltem
dubiam, vel fortasse leviter inhonestam, aut solummodo impru-
dentem? Et vicissim, cum ad eventum pervenitur, accidere potest ut
sollicitator non nisi levibus actionibus impudicis possit indulgere,
quin ulterius progrediatur, quia persona sollicitata resistit iam ab
initio, ita ut vix exterius sese prodat animus graviter libidinosus
sollicitatoris, etsi de facto iam ab initio adfuerit, et libenter ulterius
progressus esset nisi impediretur propter resistentiam pœnitentis.

"Oportet tamen" —ait Vermeersch— [85] "ut de pravo
affectu confessarii moralis certitudo habeatur." Arduum sane
problema, cuius plena solutio nequit dari propter intrinsecam
difficultatem cognoscendi indubitanter quousque se proten-
dat intentio sollicitantis, et propter periculum ferendi iudicium ex
præsumptionibus in materia in qua fama confessarii ex una parte,
honor sacramenti et bonum animarum ex alia parte, inter-
sunt. Maximi ergo momenti erit normas quasdam habere ut, certa
ab incertis vel disputatis sedulo distinguendo, rectum iudicium
ferri possit de imputabilitate in variis modis sollicitandi.

1. Casus in Quibus Delictum Certo Adest [96]

Supposita distinctione supra relata inter materiam *actus me-*
diante quo sollicitatio fit, et materiam *actus ad quem* sollicitatio
tendit; et positis ponendis quoad alia sollicitationis adiuncta in
relatione ad confessionem, certo adest delictum:

---

[85] *Theologia Moralis*, III, n. 557, in fine.

[86] Certitudo intelligitur *moralis*, quæ quandoque in rebus ad conscientiam pertinentibus, sed quæ debent æstimari in sua relatione ad *forum ex-*
ternum, non est nisi summa probabilitas, quæ oritur ex communiter contingentibus una cum principiis iuris, unde præsumptiones adstruuntur.

1) Quando materia actus *ad quem* sollicitator provocat est aliquod *peccatum grave, contra sextum vel nonum* decalogi mandatum, *sive internum, sive externum.* [87] Re quidem vera, sollicitatio in primis, utpote delictum, importat legis *gravem violationem;* iam vero etsi in actione qua fit provocatio debeat contineri tota quanta malitia delicti, tamen eiusdem theologica et specifica gravitas plerumque derivatur et cognoscitur tantum ex illis actionibus in quas prava voluntas sollicitatoris tendit, pœnitentem provocando, incitando, vel alliciendo, aperte vel insidiose, in adiunctis propriis huic delicto.

Fieri enim potest ut actio ipsa provocativa in se considerata, independenter ab intentione agentis, non gravis appareat, imo vero indifferens sit, ut in casu confessarii laudantis pœnitentem de pulchritudine, vel invitantis eumdem ad colloquendum domi; nihilominus, fieri etiam potest ut interna voluntas confessarii graviter mala sit, eo quod intendat actionem graviter turpem postmodum perficiendam. Ergo cum actus *ad quem* provocatur *est certo grave peccatum,* habetur gravitas requisita ad delictum.

Agi debet præterea de aliquo gravi peccato *contra sextum vel nonum decalogi mandatum,* nam, ut supra dictum manet, [88] alia peccata, v. g. odium, furtum, ebrietas, non sunt de ambitu huius delicti. Animadvertendum quod, etsi sextum præceptum explicite solum adulterium prohibeatur, [89] et per nonum prohibeatur desiderium uxoris alienæ, [90] tamen ex constanti doctrina Ecclesiæ per hæc duo præcepta prohibetur quicumque abusus, externus vel internus, functionis generativæ, cumque in usu huius functionis maxima sui generis adsit voluptas seu delectatio quæ consuevit vocari *venerea,* ideo dici quoque solet quod per hæc præ-

---

[87] N. B. Claritatis gratia incipitur ab *actu ad quem* sollicitator provocat, etenim ab illo actu suam derivat malitiam delictum sollicitationis, ita ut si certo constat de illius gravitate, certo adest delictum, supposita relatione cum confessione. Apposite notaverunt Genicot-Salsmans (*Institutiones Theologiæ Moralis,* II, n. 395, B.): "Peccatum autem *ad quod* in casu sollicitatur pœnitens intelligitur *semper mortale contra 6um. præceptum.*"

[88] Cf. p. 172.

[89] Ex. 20, 14: "Non mœchaberis." *Mœchia* autem significat adulterium.

[90] Ex. 20, 17: "Non desiderabis uxorem proximi tui".

cepta prohibetur quivis inordinatus appetitus vel usus delectationis veneræ. Est autem hodie concors omnium catholicorum theologorum doctrina *omnem deliberate quæsitam vel admissam delectationem veneream, extra matrimonium esse intrinsece et graviter
malam.* [91]

Ideoque cum actus *ad quem* fit provocatio est quævis actio
completa vel incompleta in re venerea, grave peccatum est et
delictum constituit. Notetur denique, quod quamvis hic actus *ad
quem* sollicitator provocat sit *mere internus*, nihilominus adest delictum, et ratio est quia externa legis violatio ad delictum requisita
debet adesse in illo actu *in quo*, vel *quo mediante*, fit provocatio,
utpote in illo sollicitatio formaliter consistit. Hinc, ut sollicitationes
certo denuntiandæ habendæ sunt quæcumque invitationes, sive expressæ sive palliatæ, verbo, nutu, vel scripto factæ, ad gravia turpia
peragenda; vel provocationes quocumque modo factæ ad hoc ut
pœnitens postmodum solus, vel cum confessario, vel cum tertia
persona, graviter turpiter peccet indulgendo actionibus vel cogitationibus vel desideriis graviter obscenis.

In specie, veluti modi in quibus certo adest delictum comprehenduntur quicumque actus venerei, tum completi naturales
vel contra naturam, tum incompleti ut externi aspectus, tactus,
oscula, amplexus et similia, vel interni ut cogitationes, desideria

----

91 Audiatur unus Lehmkuhl (*Theologia Moralis*, I, n. 1028): "Quælibet
venerea commotio voluntarie habita participat reatum gravis peccati. Quæ hodie
adeo evasit communis sententia theologorum, atque adeo cohæret cum doctrina ab Apostolica Sede proposita (vide *thesim* 40 ab Alex. VII damnatam
[Denzinger, p. 1140]), ut externa illa probabilitas, quam, opinio parvitatem materiæ in re venerea defendens olim habuit, vim suam exercere amplius plane
non possit."

Iampridem S. Thomas hanc doctrinam defenderat (*De Veritate*, q. XV,
art. 4): "Quidquid homo agit ex consensu talis delectationis [fornicationis],
ad hoc ut huiusmodi delectationem nutriat vel teneat, totum est peccatum
mortale." Possunt videri de hac re theologi morales in suis manualibus, inter
alios Noldin-Schmitt, *De Sexto Præcepto* (31. ed., Oeniponte: Rauch, 1940),
nn. 5 et 7-11; Genicot-Salsmans, *Institutiones Theologiæ Moralis*, I, n. 399;
Vermeersch, *Theologia Moralis*, IV, nn. 12 et 101; Vermeersch, *De Castitate*
(Romæ: Università Gregoriana, 1919), nn. 28 et 351-371. Inter veteres, Patritius Sporer, *Theologia Moralis* (cum supplementis a Kiliano Kazenberger,
4 vol., Venetiis, 1731), III, P. IV, c. III, sect. V, nn. 684-697.

vel morosæ delectationes, dummodo hi actus incompleti sint directe quæsiti vel admissi ob delectationem veneream, quæ sese prodit sive ex intentione expressa captandi delectationem libidinosam, sive ex obiecto quod natura sua nimium et proxime libidinem provocat, sive tandem ex periculo quod inest illis actionibus consentiendi in delectationem veneream exsurgentem, maxime si huiusmodi actus fiunt morose, cum ardore vel diu protracti. [92]

Nulla est discrepantia inter auctores quoad hucusque dicta, etsi apud illos generatim non inveniatur, vel non adeo clare, distinctio inter actus *quibus* fit provocatio, et actus *ad quos* fit provocatio. Idem dicendum est circa sollicitationes *ad actus mere internos* graviter libidinosos: etsi auctores non sat expresse de illis loquantur, tamen non negant adesse delictum certo denuntiandum in iis casibus. Clare de iis loquitur Merkelbach: "Est *ad turpia*, i. e., inducens ad actus graves contra castitatem, sive sint graves *in se*, sive *ex adiuncta circumstantia* impudica, sive *ex affectu libidinoso* exterius manifestato; seu ad grave luxuriæ peccatum quodcumque, etiam internum ut desiderii aut complacentiæ." [93]

Eamdem doctrinam tradit Cappello, et notat insuper distinctionem, at non adeo expresse loquitur de sollicitatione ad actus mere internos: "Quando actio inhonesta, quæ committitur de facto, vel ad quam provocatur, vel cui consensus præbetur, est *materialiter* seu *in se* certo *gravis*, non requiritur ut certo constet etiam de gravitate culpæ *formali* sive *interna* ex parte confessarii." [94] Et

---

[92] Sporer, *Theologia Moralis*, III, P. IV, c. III, sec. V, § II, III, et IV. Animadvertere iterum oportet in genere luxuriæ distinctionem esse faciendam inter *luxuriam stricte dictam*, i. e., *directe quæsitam vel admissam*, in qua habetur delectatio venerea per actus internos vel externos, completos vel incompletos, et *luxuriam late dictam* seu *impudicitiam*, quæ respicit illos actus ex quibus oriri *potest* delectatio venerea, quæ tamen non intenditur. Hac de causa *actus impudici* nec semper sunt peccatum, nec, quando peccaminosi sunt, semper graves æstimandi sunt; sed attendi debet ad intentionem agentis, ad obiectum actus, et ad periculum incitandi et acceptandi voluptatem veneream quæ facile oriri potest ex illis actionibus quippe quæ natura sua sunt stimuli ad inducendam, etsi non semper vel eodem gradu, delectationem veneream. Cf. Noldin-Schmitt, *De Sexto Præcepto*, nn. 12, 51 et 52.

[93] *Summa Theologiæ Moralis*, III, n. 640, 2; *De Pœnitentiæ Ministro*, p. 117.

[94] *De Pœnitentia*, n. 669.

paulo antea enuntiat tamquam principium ad iudicandum de gravitate sollicitationis: "In sollicitatione quæ est *ex provocatione*
confessarii, gravitas debet considerari in turpi actione *ad quam*
explicite fit provocatio." [95] Berardi, in pluribus locis, eamdem
supponit doctrinam, maxime cum agit de circumstantiis sollicitationis. [96]

Difficultas non parva oritur ex casu proposito ad. S. Pœnitentiariam circa confessarium qui docet et suadet mulieres, quarum viri sæpe abesse solent, et quæ facile non se continent, easdem non peccare in sequentibus casibus: "1o. Si desiderando proprium virum absentem, patiantur commotionem sensualem seu
pollutionem; 2o. Si desiderent hanc eamdem pollutionem in se
experiri ex ardenti desiderio viri absentis; 3o. Si pollutionem in se
excitent tactibus secum habitis, dummodo hos actus referant ad
virum absentem." [97]

Ratio difficultatis petitur ex eo quod a S. Pœnitentiaria responsum sit: "... iam bis hac super re ab hoc sacro Tribunali responsum fuisse, et actus huiusmodi esse *graviter illicitos*, et confessarium eos probantem esse denuntiandum." Ex quo plures auctores, Cappello, [98] Prümmer, [99] Coronata, [100] Aertnys-Damen, [101]
et Wouters, [102] inter alios, concludunt adesse delictum sollicitationis in casu.

---

[95] *Ibid.*, n. 668, 5o. b).

[96] *De Sollicitatione*, n. 186. Cum tamen agit expresse de gravitate requisita ad constituendum delictum, obscuritate non parva laborat. Cf. *ibid.*, nn.
45-52.

[97] S. Pœnitentiaria, 2 sept. 1904 — Batzill, *Decisiones Sanctæ Sedis de Usu
et Abusu Matrimonii*, p. 33; Prümmer, *Theologia Moralis*, III, n. 461, nota 451;
Cappello, *De Pœnitentia*, n. 657.

[98] *De Pœnitentia*, n. 657.

[99] *Theologia Moralis*, III, n. 461, nota 451.

[100] *De Sacramentis*, I, n. 427, nota 6.

[101] *Theologia Moralis*, II, n. 417, ubi non dubitarunt scribere: "S. Pœn.
2 Sept. 1904 *statuit crimen sollicitationis* in sequenti casu inveniri..." Sed in
responso *explicite* solummodo dicitur "*confessarium eos probantem* [i. e., illos
actus] *esse denuntiandum*".

[102] *Manuale Theologiæ Moralis*, II, n. 417, V., 1. Qui etiam simpliciter
non dubitat dicere S. Pœnitentiariam *declarasse* crimen sollicitationis adesse in
casu proposito.

Attamen, merito potest dubitari cum Dalpiaz [103] responsum debere præcise intelligi eo sensu quo a citatis auctoribus intelligitur, quatenus denuntiatio præcepta a S. Pœnitentiaria sit facienda quia habetur *sollicitatio qualificata* in casu proposito. Age vero, actus quos *docet et probat* ille confessarius sunt graviter illiciti, sed ex adiunctis casus, prout propositus fuit, non demonstratur confessarium *ex animo libidinoso* provocandi et inducendi, sed potius *ex erronea scientia*, perperam respondisse. Deest igitur, ut videtur, animus dolosus, deest *ausus temerarius* in illis sermonibus de rebus illicitis, prout requiritur ad hoc ut delictum sollicitationis qualificatum pronuntietur adesse in casu. Denuntiatio autem præcipi potest quidem ad monendum et corrigendum imperitum confessarium, qui tali modo agendi non leve damnum animabus inferre potest simul cum iniuria sacramenti, ut concludit Dalpiaz. [104]

2) Cum materia *actus quo fit provocatio* est grave peccatum contra sextum, externe manifestatum sive verbis sive factis, adest pariter certo delictum sollicitationis, etsi pœnitens restiterit et ideo non perventum sit ad executionem illius ad quod provocatio facta

---

[103] "De abusu matrimonii et crimine sollicitationis", *Apollinaris*, VI (1933), 244.

[104] *Ibid.*, p. 248. Hæc conclusio non parum confirmatur si attenditur doctrina quæ circa *actus internos coniugum* traditur a probatis auctoribus, quæ et erronee potest ab inepto confessario intelligi et imprudentissime de ipsa ad pœnitentes sermonem facere, quin tamen damnari possit huiusmodi inconsideratus confessarius de intentione libidinosa provocandi ad turpia. Audiantur ea quæ scripsit Vermeersch (*De Castitate*, n. 282), et quidem post cognitum supra citatum responsum S. Pœnitentiariæ: "Actus *interiores* ⌈apud coniugatos⌉ ex obiecto diiudicandi sunt. Quare, *delectatio morosa* (stricte sumpta) de copula habita vel de habenda, desiderium copulæ futuræ, complacentia in præterita, per se venialia quidem sunt. Voluptuosa delectatio, seclusa pollutione, saltem gravis non erit."

Iam vero qui hæc legat minus attente, et præsertim si ea quae cl. auctor prius tradidit parvi pendit, atque imprudenter de iis audet docere pœnitentes coniugatos, absque dubio errabit et difficulter poterit liberari a gravi reatu ob ignorantiam et imprudentiam graviter culpabilem, minime autem ob sollicitationem qualificatam. Sic salvo meliori iudicio. Cf. dicta *supra*, pp. 104 et 105.

est. Et ratio in comperto est: nam si facta vel verba *quibus* confessarius inducit pœnitentem ad turpia, tam *in se ipsis* vel *ex adiunctis*
animum graviter libidinosum confessarii exterius patefaciunt, habetur eo ipso gravis legis violatio externe manifestata quæ ad
delictum patrandum sufficit. Notandum tamen quod, cum agitur
de actibus *quibus mediantibus* sollicitatio fit, non potest esse quæstio nisi de actibus vel signis *externis*, nam id postulat ipsa natura
provocationis, quæ nequit dari relate ad alium nisi per aliquam
actionem externam; idque requiritur etiam ex natura delicti, quod
externam legis violationem supponit.

Relate ad actus quibus provocatio fit, simul est animadvertendum quod, gravis ·malitia provocationis sæpissime non ex actione ipsa in se sumpta, sed ex adiunctis debet diiudicari, præsertim quando pœnitens, vix inchoata provocatione, resistit, etenim in
hoc casu nihil ex eventu deduci potest, siquidem non datur. Hac
de causa in sequentibus singillatim analysi subiiciuntur diversi
modi quibus sollicitatio accidere potest, nempe per facta, per verba
directe provocativa, per sermones vel tractatus indirecte tantum
provocativos, tandem per consensum exterius datum priori provocationi pœnitentis.

In sollicitatione quæ fit *per facta*, qualia sunt tactus, oscula,
amplexus, signa vel nutus, vel etiam aspectus, ipsa actio in se
spectata debet in primis attendi: si ipsa actio est graviter provocativa delectationis venereæ, ut sunt tactus obsceni, vel tactus
pressi, repetiti, morosi etiam circa partes corporis quæ dicuntur
aliqualiter vel *minus excitantes*, [105] affirmanda est sollicitatio, nam
tales actus, vel talis modus, sunt indicativi intentionis graviter

---

[105] Notissima est divisio quam auctores theologiæ moralis afferre solent
circa corporis partes respectu earundem aptitudinis seu influxus in excitandam
delectationem veneream et iuxta quam distinguunt partes a) *ex se non excitantes* (ab aliquibus vocatæ *honestæ*) quales sunt facies, manus, pedes,
quæ generatim solum *mediate*, per delectationem sensibilem possunt excitare
libidinem; b) *aliqualiter* vel *minus excitantes* (ab aliis dictæ *minus honestæ*),
ut pectus, dorsum, crura et aliæ partes quæ solent vestibus obtegi, et
quæ ob maiorem propinquitatem ad genitalia immediate etiam libidinem excitare possunt; c) *ex se excitantes* (ab aliis *turpes* vel *inhonestæ* dictæ) et sunt
genitalia, iis proxime adiacentes, et pectus feminæ puberis relate ad viros. Cf.
Noldin-Schmitt, *De Sexto Præcepto*, n. 51, 2; Prümmer, *Manuale Theologiæ
Moralis*, II, n. 691); Vermeersch, *Theologia Moralis*, IV, n. 128. Minus propria

libidinosæ confessarii, eo vel maxime quod fiant in adiunctis confessionis; si autem actiones sint leviter tantum inhonestæ et fiant absque morositate, tunc nequit affirmari certo adesse sollicitationem, sed alia adiuncta examinari debent, prout infra dicetur de sollicitationibus dubiis.

Et in his adest concordia apud auctores, etsi in modo loquendi nonnumquam videantur discrepare. Doctrina enim tradita in tractatu de sexto ab omnibus de re morali scribentibus docet huiusmodi actus impudicos præsertim si fiunt morose vix excusari posse a mortali, imo vero, si actus impudici versantur circa partes corporis *ex se excitantes*, non excusari a mortali in casu, quia nulla adest ratio illis indulgendi.

Circa nutus et signa, quibus sollicitatio fieri potest, non abs re erit transcribere quæ minutissime notavit Escobar a Corro: [106]

"Signa et nutus, quatenus conceptum mentis significant, forma [modus] essse possunt sollicitationis, et eis femina sollicitata dicitur... nutus et signa in turpibus plus roboris habent, quam verba, quia magis attrahunt ad lascivum amorem... vel saltem eiusdem potentiæ iudicantur ac facta... Unde indubium est, quod Sacerdos confessarius, qui in ipso confessionis actu, sive proxime, ictu oculorum, capitis motu, risu, lacrimis aut attractione manuum feminæ usus fuerit, seu eius pedem pede calcaverit, aliave fecerit, quibus queat significare animum libidinosum, et quod vult feminam inducere ad suum amorem... sollicitator dicitur, et puniri debet." [107]

---

videtur distinctio in partes *inhonestas vel minus honestas*, etenim *simplex nuditas*, in se ipsa haud dici potest *quid inhonestum*; tamen ex intentione agentis, vel ex affectu quo quis aspicit vel tangit exsurgit provocatio seu obscenitas. Notant insuper Noldin-Schmitt quod "quamvis inter partes non incitantes ponatur facies, tamen attendendum est, labia (sicut etiam mamillam femineam) esse etiam centra erotogena, ita ut per oscula in labia directe nervi delectationi venereæ inservientes excitari possint".—*Ibid.*, a et b.

[106] *De confessariis Sollicitantibus*, P. I, q. IV, § II, nn. 40-44.

[107] Aliunde etiam coniici potest vis nutuum et signorum ad provocandum: primo ex eo quod, ut notat ipse Escobar a Corro (*ibid.*, n. 43) "merito receptum quod consensus requisitus ad matrimonium sufficiat si exprimatur per quælibet signa exteriora," quod tamen hodie non admittitur ex iure positivo, quoad liceitatem si contrahentes loqui possunt (can. 108, § 2); constat deinde vis et malitia nutuum et signorum ex consuetudine amantium qui

In sollicitatione quæ fit *per verba* directe provocantia ad aliquid postmodum peragendum, gravitas considerari debet ex materia actionis futuræ ad quam provocatio dirigitur; attamen hæc incitatio per verba fieri potest verbis per se honestis, e. g. invitatio ad nocturnam visitationem, solus cum sola in loco secluso. Licet hæc dicantur verbis in se honestis, tamen directe ad turpia sollicitant, ut patet. Sed contingere potest ut eadem provocatio fiat verbis obscenis, ita ut tunc duplici ex capite certo affirmanda sit sollicitatio, nempe ex provocatione directa et explicita, et ex provocatione indirecta quæ in ipsis verbis continetur, seu *ex fine operantis* et *ex fine operis*.

Si aliquando sensus verborum, neque ex se ipsis, neque ex adiunctis vel ex eventu, erui possit tamquam ad turpia provocans, tunc nequit statim pronunciari sollicitationem abesse, sed iuxta normas infra tradendas pro casibus dubiis res tota erit iudicanda. Idem dicendum de sollicitatione verbo scripto facta, prout declaratum fuit ab Alexandro VII [108] et continetur etiam in responsione ad quæsitum: "An sit denuntiandus Confessarius, qui dat pœnitenti chartam in confessione, postea domi legendam, in qua ad venerem sollicitabat? Domini Qualificatores censuerunt esse denuntiandum, et negativam opinionem non esse probabilem." [109] Quod quidem Benedictus XIV voluit expresse inclusum in sua constitutione. [110]

Quando provocatio non explicite vel directe, sed indirecte fit per *sermones vel tractatus illicitos et inhonestos*, gravis malitia nequit diiudicari ex ipsis solis, sed insuper est attendendum ad circumstantias: nam quandoque contingere potest ut in confessione quæstio sit de rebus turpibus accusandis, ac de illis confessarius habere debeat, ratione officii, verba quæ de rebus

---

plerumque nutibus et signis utuntur ad sese invicem excitandum, præsertim ictu oculorum, motu corporis et similibus [*flirt*]. Hæc autem cum nulla ratione videantur excusari si fiant inter confessarium et pœnitentem, interpretanda sunt tamquam indicativa amoris lascivi, et proinde continent sollicitationem.

[108] 25 sept. 1665, prop. VI, damnata. Cf. *supra*, p. 67.

[109] S. C. S. Off., 11 febr. 1661, ad I; cf. *supra*, p. 67.

[110] *Sacramentum Pœnitentiæ*, § 1: "...sive per scripturam, aut tunc aut postea legendam..."; cf. *supra*, p. 88.

turpibus sunt, ut contingit in tractatibus moralibus de sexto et nono præceptis vel in medicina pastorali; ideoque minime dici potest statim confessarium talia loquentem velle provocare ad turpia, etsi fieri poterit ut confessarius propter imprudentiam limites excesserit. Hac ergo de causa, in hoc genere semper sedulo consideranda sunt adiuncta: utrum scl. *ratio sufficiens* adsit de illa materia et tali modo sermonem faciendi; utrum confessarius in verbis adhibitis et in modo loquendi sese continuerit intra limites quos postulat officium, locus, conditio pœnitentis, aliæque circumstantiæ sacramenti.

Huiusmodi limites perspicue definiuntur in normis recenter traditis a S. Officio, [111] in quibus revocat in mentem monitum Codicis ne confessarius *curiosis* aut *inutilibus* quæstionibus quempiam detineat, [112] et declarat quænam sint istæ quæstiones: "Porro inutiles quæstiones sunt quæ supplendæ pœnitentis accusationi eiusdemque animi dispositionibus cognoscendis minime necessariæ demonstrantur." [113] In specie autem:

> Ommittendæ igitur sunt, utpote inutiles, molestæ atque in hac re periculi plenæ, interrogationes de peccatis quorum nulla cadit in pœnitentem positiva atque firma suspicio; item de peccatorum speciebus quas haud verisimile est ipsum contraxisse; de peccatis materialibus, nisi ipsius pœnitentis bonum vel avertendum mali communis periculum monitionem postulet vel suadeat; item de circumstantiis moraliter indifferentibus, atque præsertim de modo quo peccatum commissum est. [114]

Quoad monitiones autem vel instructionem quæ fortasse danda sit pœnitentibus districte monet S. Officium:

---

[111] S. C. S. Off., *Litteræ datæ ad Ordinarios*, 16 mai 1943: *De quibusdam normis agendi ratione confessariorum circa VI Decalogi Præceptum* (deinde citantur Normæ) — *Revista Española de Derecho Canónico* (Madrid, 1946—), II (1947), 565-569.

[112] Can. 888.—§ 2. Caveat omnino [confessarius] ne complicis nomen inquirat, ne curiosis aut inutilibus quæstionibus, maxime circa sextum Decalogi præceptum, quemque detineat, et præsertim ne iuniores de iis quæ ignorant imprudenter interroget.

[113] S. C. S. Off., *Normæ*, B), I.

[114] *Ibid.*

Moralem vero institutionem et opportunas monitiones iuxta probatorum auctorum doctrinam suis pœnitentibus tradat, idque prudenter, honeste, moderate, non ultra veram pœnitentis necessitatem; neque abs re animadvertere fuerit inconsiderate illum agere atque recte munere suo non fungi qui videatur fere unice, interrogationibus et monitis, de his peccatis sollicitus... Id vero apprime atque probe meminerit sibi haud corporum sed animarum curationem concreditam esse. Eius, igitur, per se non est consilia pœnitentibus dare quæ *ad medicinam vel hygienem* spectant... Itidem ne audeat confessarius, seu sponte seu rogatus, de natura aut modo actus quo vita transmittitur pœnitentes docere, atque ad id nullo umquam prætextu adducatur. [115]

His præ oculis habitis et ex aliunde cognito utrum ipse confessarius sit ad libidinem pronus, vel utrum reapse indebitam foveat amicitiam cum pœnitente, iudicium poterit ferri utrum *in tractatibus vel sermonibus* de rebus *illicitis et inhonestis* interfuerit ausus temerarius qui requiritur in pontificia constitutione ad hoc ut confessarius censeatur reus sollicitationis, i. e. ut possit concludi confessarium habuisse illos sermones ex *animo libidinoso*, hæc enim est significatio quam induit clausula *ausu temerario.* [116]

Solent auctores descendere ad casus particulares, proponendo locutiones in quibus implicita sollicitatio continetur, sed in hac materia singuli casus singillatim debent examinari, nisi agatur de turpissimis sermonibus qui nulla ratione cohonestantur, maxime in adiunctis pœnitentiæ. In responsionibus S. Officii quidam casus proponuntur, in quibus delictum adesse declaratur: "An confessarius, si laudet pœnitentem de pulchritudine et venustate, dicatur illam sollicitare, et ideo sit denuntiandus? Censuerunt [Qualificatores] si laus illa sit seria, et nihil pravæ intentionis redoleat, negativam opinionem esse probabilem; si vero

---

[115] S. C. S. Off., *Normæ,* B), II.

[116] Notetur hac clausula *ausu temerario* minime significari plenam requiri cognitionem et deliberationem, ut delinquens incurrat pœnam canonicam contra sollicitantes. Huiusmodi interpretatio hic non habet locum, siquidem in hoc delicto omnes pœnæ sunt *ferendæ sententiæ,* prout apposite animadvertit Cappello.—*De Pœnitentia,* n. 662. Cf. insuper can. 2229, 2242 et 2368.

secus, non esse probabilem." [117] Notetur responsum pendere ex adiunctis ex quibus debet cognosci utrum laus illa sit necne *seria,* redoleat necne *pravæ intentionis.*

Simile responsum datum fuit circa confessarium qui donum dat mulieri. Tamen circa verba *"Si ego essem laicus sumerem te in sponsam",* "SSmus decrevit confessarium prædicta verba proferentem esse denuntiandum S. Officio, iniungendumque alicui ex scriptoribus moralibus ut hoc decretum inserat in suis operibus, reprobata Bordoni opinione." [118]

Concludendum igitur est in hoc genere sollicitationum per sermones vel tractatus semper esse attendendum ad omnes circumstantias, nec delictum erit affirmandum nisi et in quantum de *ausu temerario,* seu de *libidinosa intentione* certo moraliter constet.

Tandem cum sollicitatio implicite fit *per consensum confessarii in præviam provocationem pœnitentis,* supposita externa manifestatione consensus, ut supra dictum manet, [119] attendendum est ad gravitatem actionis vel locutionis provocativæ pœnitentis cui confessarius exterius consentit vel ad modum quo confessarius suum exterius manifestat consensum. Gravitas enim consensus ex parte confessarii dimetitur præcise actione qua manifestat se consentire ex toto vel ex parte in id ad quod provocatur. [120]

2. Casus in Quibus Delictum Certo non Adest

In genere, delictum non adest in levi inhonesta actione *per quam* et *ad quam* fortasse provocet confessarius, *dummodo simul constet* eius animum ulteriora et graviora non intendere. Etenim si ex una parte materia *certo levis est* (v. g. levis quædam apprehen-

---

[117] S. C. S. Off., 11 febr. 1661, ad XII. Cf. *supra,* p. 67.

[118] *Collectio,* n. 1589; cf. *supra,* p. 66. Cf. insuper. S. Alphonsum, *Theologia Moralis,* III, lib. VI, n. 704, 1o.: "...huiusmodi verba videntur maxime excitativa ad venerem, et cum sint ad confessionem impertinentia, merito sapiunt sollicitationem." Cf. ibidem iudicium S. Doctoris circa alias expressiones.

[119] Cf. *supra,* p. 155.

[120] Cappello, *De Pœnitentia,* n. 668, 5o. c).

sio manuum), et aliunde constat *non graviter malam* existere intentionem ex parte confessarii, non habebitur gravis transgressio ad
delictum requisita. In materia autem adeo lubrica perdifficile est
de his iudicare; tamen cum agatur de lege odiosa, stricte erit
interpretanda ideoque non facile erit asserenda sollicitatio ex levibus dumtaxat indiciis. [121]

Materia levis invenitur in omnibus illis actionibus quæ non
sunt *stricte venereæ*, sed quæ nihilominus pertinent ad genus
actionum minus honestarum, seu ad actus sensualitatis et impu-
dicitiæ, quæ sub genere luxuriæ *latæ dictæ* recensentur, prout sunt
amplexus, oscula, tactus, aspectus et similia, sive honesta, sive
minus honesta, non tamen immediate et graviter influentia in
libidinem excitandam. Hæc omnia, iuxta communem doctrinam
moralistarum, ex natura sua sunt indifferentia, ideoque posita
cum ratione sufficienti nullum important peccatum, posita absque
ratione ex mera levitate, vel ioco, veniale non excedunt. Hac
ergo de causa in determinanda malitia horum actuum semper
debet attendi et ad ipsos actus, et ad periculum excitandi libidinem, et ad intentionem agentis. [122]

In materia autem sollicitationis valde caute procedendum
est in rationibus et intentionibus ponderandis, cum perdifficile
sit in animum confessarii atque in rationes et actiones adeo se-
cretas accurate inquirere. Cum tamen fieri possit ut animus confessarii sit omnino expers a gravi quavis perversa intentione, etsi
exterius aliquid minus honestum vel minus prudenter factum
perficiat, ideoque affirmandum est posse existere casus in quibus
certo non detur et certo etiam probari possit non dari materia
delicti, quamquam adfuerint actiones vel verba minus honesta.
Ad cognoscendam igitur intentionem confessarii, examinare iuvabit utrum ipse sit homo gravis, integræ vitæ notus. Deinde oportet
actiones in se ipsis consideratis perpendere, utrum ex obiecto

---

[121] Ait Iorio (*Theologia Moralis*, III, n. 530, 2o.): "Si agatur de verbis
aut actibus leviter turpibus vel inhonestis *extra* rem veneream seu quæ non
certo constat dirigi ad rem veneream aut poni ex affectu vel intentione venerem excitandi; ita ut certo dici non possint eiusdem exterior manifestatio,"
non adest *probabilius* delictum denuntiandum.

[122] Noldin-Schmitt, *De Sexto Præcepto*, n. 51, 3.

dicendæ sint leves, et ex modo quo peractæ sunt nihil graviter mali redoleant, v. g., utrum fuerint obiter facta, nec sæpius, vehementer aut morose posita; circa intentionem confessarii dein examinandum erit utrum adfuerit ratio quædam honesta, vel iusta, v. g., si confessarius aliquid dixerit aut fecerit ad benevolentiam ostendendam, ad animum pœnitentis erigendum in magna turbatione vel tribulatione; nec prætereundum est examinare utrum quædam consuetudo honesta exstiterit inter pœnitentem et confessarium et simul præ oculis debent haberi usus locorum in manifestatione amicitiæ, benevolentiæ et amoris.

Nequeunt tamen admitti ea quæ tradit cl. Cerato, cum scribit:

> Tactus, oscula, aspectus, quæ, licet in actu confessionis fiant ex parte confessarii *in partibus minus honestis* pœnitentis *sine* ulla prævia sollicitatione seu provocatione *ad turpia in genere, et sine* ullo signo voluntatis progrediendi etiam ad graviora, sed cum manifesta voluntate in his quiescendi exclusive, materiam delicti non fundunt, etiamsi *pœnitens* consenserit et peccatum confessarii appareat formaliter grave. Si vero hæc adhibeantur tamquam *medium* ad graviora, materiam delicti iam fundunt. [123]

Huiusmodi simplex assertio omnino nequit admitti ut sonat, nam in primis *partes minus honestæ* (minus vel aliqualiter excitantes), iuxta communem modum loquendi moralistarum, intelliguntur pectus, dorsum, crura, bracchia, saltem ex parte. [124]

Ad determinandam moralitatem vel malitiam quæ inest actibus impudicis circa hæc obiecta, attendendum est non solum ad ipsum actum seu ad ipsam actionem, sed etiam ad intentionem

---

[123] *De Delicto Sollicitationis*, n. 39, 2. c). Typi *italici* inveniuntur in textu.

[124] Vermeersch, *De Castitate*, n. 391, 2, b); Prümmer, *Manuale Theologiæ Moralis*, II, n. 691: "*partes minus honestæ* habentur pectus, crura"; Noldin-Schmitt, *De Sexto Præcepto*, n. 51, 2; Jone, *Moral Theology*, n. 234: "Because of the varying degrees of influence they may have in exciting sexual pleasure, the parts of the human body are sometimes divided into decent (face, hands, feet), less decent (breast, back, arms, legs) and indecent (sex organs and adjacent parts.)"

agentis et ad periculum delectationis libidinosæ excitandæ. Esto
intentio confessarii qui talibus indulget non sit libidinosa nec
procedat ex animo sollicitandi, secus patet adesse grave peccatum
et consequenter delictum. Sed, quamnam rationem poterit allega-
re ad aspiciendum, osculandum, vel tangendum partes sic dictas
minus honestas, scl. bracchia, crura, dorsum vel pectus pœnitentis, et præcise *in adiunctis confessionis?* Fortasse dicetur ex ioco
vel levitate? Vix credendum adesse confessarium qui absque larvata intentione deosculetur crura vel bracchia suæ pœnitentis, in
actu confessionis, ex ioco. Cum enim auctores loquuntur de levitate, ioco, vel vanitate in actibus impudicis, non ita in genere
loquuntur ut talia motiva supponant in quibuscumque personis
atque in quibuslibet adiunctis, sed generatim potius respiciunt
circumstantias mere profanas, unde nonnulli expresse monent de
periculo speciali quod inest his actionibus, maxime in osculis, si
fiunt inter sacerdotem et personam extraneam. Scribit Vermeersch:
"Oscula practice absolute prohibenda sunt iis qui, cum inter se
tractatus matrimoniales non habeant, ea tantum ex sensualitate
exercere possunt; maxime autem iis inter quos suspectus vel
minus honestus amor existat; et, etiam propter scandalum, inter
sacerdotes et personas extraneas." [125]

Fortasse dicetur hæc fieri (potissimum tactus et oscula) ad
solandum vel iuvandum animum pœnitentis, vel ad dissipandam
timiditatem vel scrupulos. Sed nemo non videt huiusmodi esse me-
ros prætextus quibus minus rectæ intentiones obteguntur: istæ
enim actiones, præcise inter confessarium et pœnitentem, et adhuc
magis in ipso actu confessionis, "ut blandæ et gratæ, homines de-
cipiunt; ut incentivæ, homines corrumpunt; ut signa minus recti
affectus, homines scandalizant." [126]

Nihilominus cum quæstio sit de delicto gravissimo, aliud cri-
terium magis obiectivum adhibendum est. Non negatur tactus,
oscula, amplexus circa partes minus honestas vel aliqualiter excitantes, exclusa intentione libidinosa, et si non fiant morose vel
ex nimio ardore, ita ut precaveatur periculum excitandi libidinem

---

[125] *De Castitate*, n. 401, 5.
[126] Vermeersch, *De Castitate*, n. 391.

et in eam consentiendi, non damnari de peccato gravi. Sed omnino nequit admitti non adesse delictum cum huiusmodi actus fiunt a confessario præcise in actu confessionis, consentiente pœnitente, et quando peccatum confessarii appareat formaliter grave, quæ sunt verba adhibita ab ipso Cerato.

Age vero, in casu, prout proponitur, admittitur adesse peccatum grave, externe manifestatum, et quidem in genere luxuriæ etsi late dictæ, nam actus huiusmodi impudici pertinent ad illud genus. Ergo aderit delictum. Præterea affirmandum est quod etsi de peccato gravi confessarii non aliunde constaret, saltem in iure præsumendum est ex osculis in partibus *minus honestis* (minus vel aliqualiter excitantibus), utpote nulla adest ratio quæ excusare rationabiliter possit talem modum agendi; nam, si laudare mulierem de venustate importat delictum quando id redolet aliquid pravæ intentionis, multo magis id affirmandum erit de osculis datis *in partibus minus honestis*, quippe talia oscula nulla honesta ratione excusari possunt in supra dictis circumstantiis Adde quod sunt auctores qui non dubitent affirmare oscula *in partibus minus honestis* (seu aliqualiter excitantibus) plerumque, i. e., ordinarie, mortalia esse, quia ex libidine, etsi larvata, manant, vel saltem facillime ad libidinem inducunt. [127]

Conclusio sit: casus prout a cl. Cerato proponitur non videtur posse approbari; nihilominus, quando ex adiunctis, ex persona con-

---

[127] Scribit Jone (*Moral Theology*, n. 235, b): "Touching the less decent parts of a person of the same sex is generally a venial sin, at most; whereas it is usually a grave sin in case of the opposite sex." Et paulo infra relate ad oscula: "Kissing the indecent or the less decent parts of the human body is gravely sinful." (*ibid.*, n. 236, g). Prümmer, qui aliunde videtur acceptare quæ tradit Cerato, agendo de actibus impudicis scribit: "Oscula vero *indecentia,* quæ scl. fiunt in partes minus honestas aut inhonestas... sunt ordinarie graviter illicita propter periculum delectationis venereæ.—*Manuale Theologiæ Moralis,* II, n. 693; cf. tamen quæ tradit in *o. c.* III, n. 461, nota 449. Tanquerey, etsi cum quodam temperamento loquatur, affert rationem quam iuvat præ oculis habere: "Si fiunt [oscula] in partes inhonestas aut minus honestas, ut ubera, quia plerumque graves motus carnales excitant, et aliunde affectum libidinosum supponunt, cum personæ honestæ has partes deosculari non soleant," a mortali non excusantur, prout dixit de illis quæ fiunt ex affectu venereo.— *Synopsis Theologiæ Moralis et Pastoralis — Supplementum. De Virtute Castitatis,* n. 26 cf. quoque Vermeersch, *De Castitate,* n. 403.

fessarii, ex circumstantiis actuum, constaret nihil mali intendi a confessario, ita ut contra id quod dicit Cerato non adsit culpa formaliter gravis, vel non appareat exterius, caute debet procedi, nec statim damnari confessarius eo quod aliquid minus honestum leviter, obiter vel imprudenter fecerit.

3. DE CASIBUS DUBIIS

Dubium in sollicitatione potest esse duplex: dubium *iuris*, et dubium *facti*. Primum habetur cum certo non constat utrum verificentur circumstantiæ relationis cum confessione quæ in iure requiruntur ut delictum qualificatum existat, v. g. numquid sollicitatio facta sit in confessione, vel occasione confessionis; de hoc autem dubio infra erit agendum. Dubium *facti* habetur cum non constat de gravitate materiæ, vel cum actiones, verba, signa, aut intentio sunt obscura vel ambigua. De iis autem casibus nunc venit dicendum.

Eo quod in materia sollicitationis nonnumquam interveniant actiones vel verba de quorum malitia dubitetur, simulque dubium sit utrum aderit ratio sufficiens ad illa, et tandem haud raro intentio agentis vix possit cognosci, non infrequenter accidit ut dubium fere insolubile remaneat circa gravitatem materiæ requisitæ ad delictum constituendum, et proinde ad obligationem denuntiandi imponendam. Nihilominus necesse est dubium huiusmodi resolvere, quod bifarie fieri potest: erunt casus in quibus dubium despici poterit et neganda erit sollicitatio; e contra, alii erunt casus in quibus ex præsumptionibus concludere licebit existentiam delicti, saltem in quantum obligationem denuntiandi respicit. Oportet igitur quasdam normas statuere, ad hoc ut iuxta casuum occurrentiam licite et caute procedatur.

1) Cum facta aut verba sunt dubia in ratione sollicitationis quia in se non referuntur directe ad venerea, vel eorum impudicitia non nisi remote sit excitans, dubium debet solvi ex intentione agentis, vel ex adiunctis, vel ex eventu. Quod si nihilominus perseveret, neganda est sollicitatio. Nam si materia sit in se certo indifferens vel ad summum levis, et ex alia parte ignota vel dubia

sit intentio confessarii, neque ex circumstantiis aut ex eventu possit cum morali certitudine concludi gravem malitiam intercedere, tunc, in quæstione adeo gravi, qualis est obligatio denuntiandi, prævalet ius certum ad famam ex parte confessarii, contra indicia ambigua vel dubia.

Dicta norma fluit ex ipsis responsionibus S. Officii, nam cum quæsitum fuit a Sacro Tribunali utrum censeretur sollicitatio laudare pœnitentem de pulchritudine, vel ei donum dare, respondit "si laus illa sit seria, et nihil pravæ intentionis redoleat, negativam opinionem esse probabilem". [128]

Idem censent auctores quoad varias expressiones, v. g., invitare pœnitentem ut adeat domum confessarii, ut eumdem expectet post confessionem, vel quærere a pœnitente ubinam habitet, et similia. [129]

2) Cum in adiunctis sollicitationis adfuerunt verba vel facta quæ *ex se* sunt simpliciter excitantia vel aliqualiter excitantia ad libidinem, sed dubia fuit intentio, vel dubius fuit finis, præsumptio stat contra confessarium, atque affirmari debet sollicitatio: etenim actus impudici qui ex se sunt simpliciter vel aliqualiter excitantes nequeunt iustificari in adiunctis confessionis, eo quod obiective nulla apparet ratio sufficiens ad hoc ut confessarius illis indulgeat relate ad proprium pœnitentem. Principium desumitur ex ipso Codice: "Posita externa legis violatione, dolus in foro externo præsumitur, donec contrarium probetur." [130]

Hæc autem *præsumptio* locum habet in casu, etenim agitur de illis actionibus quæ ex se sunt simpliciter vel aliqualiter exci-

---

[128] S. C. S. Off., 11 febr. 1661, ad XII et ad XVI. Cf. *supra*, p. 56.

[129] D'Annibale, *Theologia Moralis*, III, n. 368, nota ([18]). Ballerini, V, n. 703; cf, præsertim ea quæ tradit S. Alphonsus (*Theologia Moralis*, III, lib. VI, n. 702) circa principia generalia ad solvenda dubia, et circa varias expressiones (*ibid.*, n. 704). Cf. etiam varios casus particulares apud Berardi, *De Sollicitatione*, nn. 57-91. De iis casibus non abs re ait Cerato: "Probabilius ex his casibus dabitur delictum sollicitationis *ob adiuncta* ipsum delictum determinantia, quæ raro abfuerint in eis. Ita communiter cum S. Alphonso, n. 704, qui idcirco casus huiusmodi recenset *inter dubios.*" — *De Delicto Sollicitationis*, n. 58. Nonnumquam tamen videtur nimis benignus.

[130] Can. 2220, § 2.

tantes, et proinde non excusantur nisi iusta adsit causa ad eas ponendas, ut essent, v. g., tactus et oscula in partibus excitantibus vel aliqualiter excitantibus, maxime si cum aliqua mora fiant. Notetur tamen quod hæc norma præsertim est adhibenda ad delictum *denuntiandum;* delati erit sese purgare a suspicione, probando contrarium. [131] Tamen, ut animadvertit Cappello, "ubi ex rerum adiunctis *certo* constaret actionem materialem seu in se malam non esse agenti imputabilem, delictum non esset consummatum, ideoque confessarius denuntiandus non foret." [132]

3) Cum denique quæstio est de factis aut verbis dubiis in ratione sollicitationis, sed confessarius aliunde est serio suspectus in rebus libidinosis, præsumptio contra ipsum militat, et quamvis ex hoc tantum non posset puniri, utique debet denuntiari, si pænitens scandalum passus sit. [133] De huiusmodi dubiis scripsit Merkelbach: "Ex adiunctis et subsequenti effectu videndum erit quisnam erit sensus: ...an ista solum ex imprudentia et levitate, aut forsan ad bonum finem agantur... vel, e contra, ex prava intentione, quem sensum facile haberent si constaret sacerdotem, extra confessionem, turpem amorem erga illam personam fovere, aut esse virum ad libidinem pronum." [134] Neque absque utilitate in similibus dubiis solvendis est animadversio a Vermeersch facta, quam iuvabit præ oculis habere: "Quo minus actio ab ordinariis, a consuetis recesserit, eo facilius honestam explicationem habebit." [135]

Ad absolvendam hanc materiam opportunum videtur iterum

---

[131] In materia huic affine, legitur in quodam *"Memoriale"* de competentia S. Officii in causis clericorum de *crimine pessimo:* "Ex praxi S. Officii comprehenduntur etiam actus imperfecti, ut oscula, tactus, aspectus qui *ex libidine* peraguntur. In foro *externo,* voluntas libidinosa seu "dolus" semper præsumitur." Cf. hac de re: A. Yanguas, "De Crimine Pessimo et de Competentia S. Officii relate ad illud", apud *Revista Española de Derecho Canónico,* I (1946), 427-439; Ferreres, *Compendium Theologiæ Moralis,* II, n. 699, N. B. II.

[132] *De Pœnitentia,* n. 669, 8o.

[133] Escobar a Corro, *De Confessariis Sollicitantibus,* P. I, q. IV, § II, n. 38.

[134] *Summa Theologiæ Moralis,* III, n. 640, 2, c).

[135] *De Castitate,* n. 391, 2.

monere quod cum de sermonibus aut tractatibus turpibus est
quæstio magis quam cum de solis factis aut provocationibus ad
facta agitur, sedulo attendendum est circumstantiis anteceden-
tibus, concommittantibus et subsequentibus sicut et textui atque
contextui sermonis vel verborum confessarii, quia omnino necesse
est ut *de ausu temerario* constet. In hoc enim genere, facilius ex
imprudentia vel inconsideratione poterit intervenire aliquod verbum minus honestum ex parte confessarii, simulque non raro accidit ut a pœnitentibus male aut minus recte capiatur id quod a
confessario optima intentione dictum est. Ideoque dubia similia
generatim solvenda erunt negando adfuisse sollicitationem. [136]

---

[136] Cf. de hac re Berardi, *De Sollicitatione,* nn. 375-379.

CAPUT IX

DE SUBIECTO SOLLICITATIONIS

Sectio I — De Subiecto Activo Sollicitationis

Intelligitur hic subiectum activum sollicitationis persona illa quæ delictum de quo agitur committere potest, et ideo denuntiari iubetur, si illud de facto commiserit. In can. 904 indicatur per vocem *"sacerdotem"*; can. 2368 supponit subiectum iam aliunde determinatum dicens: *"Qui sollicitationis crimen de quo in can. 904 commiserit..."*. Cum autem de materia huic connexa, scl. de de crimine falsæ delationis quæstio est in Codice, verba *"sacerdos"* (can. 894) et *"confessarium"* (can 2363) adhibentur. Ex his solummodo concludi potest in genere subiectum esse *sacerdotem confessarium.*

Magis autem determinatur subiectum activum huius delicti in constitutione *Sacramentum Pœnitentiæ,* in qua iubentur Inquisitores et Ordinarii locorum inquirere et procedere *"contra omnes et singulos sacerdotes, tam sæculares quam regulares, quomodolibet exemptos, ac Sedi Apostolicæ subiectos, quorumcumque Ordinum, Institutorum, Societatum aut Congregationum, et cuiuscumque præeminentiæ, aut quovis privilegio aut indulto munitos qui...* aliquem pœnitentem... ad inhonesta et turpia sollicitare aut provocare tentaverint" in adiunctis ibidem notatis. [1]

Ex iis omnibus, attentis etiam aliis locis eiusdem constitutionis necnon aliis decretis et instructionibus S. Officii, prout statim suis in locis indicabitur, sequentia fluere videntur:

1) Subiectum activum sollicitationis est in primis *solus sacerdos.* Id enim evidenter certo eruitur ex ipso textu canonum et constitutionis Benedictinæ. Excluduntur igitur omnes *non-sacerdo-*

---

[1] Const. *Sacramentum Pœnitentiæ,* § 1; *Codicis Iuris Canonici — Documentum V;* cf. *supra,* p. 87.

tes, sive laici, sive clerici nondum sacerdotio aucti; et hoc etiam in casu quo isti non-sacerdotes abuterentur sacramento vel confessionali simulantes confessionem audire, àc pœnitentes sacrilega simulatione ad turpia sollicitarent.

Apud veteres proponebatur difficultas: "An sit denuntiandus laicus, vel non-sacerdos sollicitans in confessione, simulans se esse confessarium?" Sic, inter alios, apud S. Alphonsum, [2] qui respondet *"affirmative* cum Salmanticensibus et Roncaglia". Tamen ex rationibus allatis in eorum responsionibus concluditur non-sacerdotes simulantes confessionem audire et ibidem sollicitantes debuisse denuntiari non *qua sollicitantes*, sed *qua simulantes* sacramentum. Qui enim simulabant administrationem sacramentorum suspecti erant de hæresi et qua tales obnoxii denuntiationi, iuxta constitutiones Gregorii XIII, *Officii Nostri partes*, 6 aug. 1572, [3] Clementis VIII, *Etsi alias*, 1 dec. 1601, [4] et Urbani VIII, *Apostolatus officium*, 23 mar. 1628, [5] prout refert Diana. [6]

Id clare demonstrat, inter recentiores ante Codicem, Berardi:

> An laicus vel clericus (non-sacerdos), qui fingens se esse confessarium sollicitet, sit denuntiandus? Affirmative, non vi Bullæ [Benedicti XIV], sed quia administrare Sacramentum Pœnitentiæ (sicut et Missam celebrare) absque Ordine Sacerdotali, inducit suspicionem hæresis, atque adeo est casus Sancti Officii; vigore autem Edictorum S. Officii, òmnes casus ad ipsum S. O. spectantes denuntiari debent. [7]

Hodie tamen simpliciter respondendum est laicum vel non-sacerdotem sollicitantem in confessione simulata non esse subiec-

---

[2] *Theologia Moralis*, III, lib. VI, n. 683.

[3] *Bullarium, ed. Taurinensis*, VIII, 86 et 87; Diana, *Resolutiones Morales*, V, tr. XIII, 373.

[4] *Fontes*, n. 188.

[5] *Fontes*, n. 207.

[6] *Resolutiones Morales*, V, tr. IX, resol. LXXXIV et LXXV, et tr. IIIII, 373, 374 et 375, ubi textus constitutionum exhibentur.

[7] *De Sollicitatione*, n. 24.

tum activum delicti sollicitationis qualificati; isti vero sunt rei simulationis vel usurpationis potestatis sacerdotalis, et qua tales puniendi iuxta can. 2322. [8] Et hæc est sententia communis et certa hodie unice tenenda, prout etiam concordes testantur auctores. [9]

2) Exclusis non-sacerdotibus, magis adhuc circumscribitur subiectum: eatenus enim sacerdos sollicitationis delictum committere potest quatenus aliquo modo *confessarii partes agit,* dum pœnitentem vel eo mediante tertiam personam, ad turpia provocare conatur. Id iam eruitur ex verbis can. 904: "debet pœnitens, sacerdotem, reum *delicti sollicitationis in confessione* denuntiare", quæ verba distinctius declarantur in constitutione Benedictina, cum de circumstantiis delicti quæstio est.

Iuxta ibidem tradita, crimen denuntiandum non datur nisi cum sacerdos in adiunctis determinatis cum confessione connexis ad turpia provocat, nempe *in actu confessionis sacramentalis, vel antea aut post immediate, vel occasione aut prætextu confessionis* (etiam confessione non secuta, iuxta Gregorium XV), *aut in confessionali, vel in alio loco ad audiendas confessiones destinato, aut electo, cum simulatione audiendi ibidem confessionem,* ita ut si sacerdos ad turpia sollicitaret extra illa adiuncta ex quibus sollicitatio aliquo modo cum confessione coniungitur, non esset dicendus reus delicti *qualificati* sollicitationis in sensu can. 904, quamvis fortasse esset reus delicti de quo in can. 2359. [10] Et hoc qui-

---

[8] "Ad ordinem sacerdotalem non promotus: 1o. Si Missæ celebrationem simulaverit aut sacramentalem confessionem exceperit, excommunicationem ipso facto contrahit speciali modo Sedi Apostolicæ reservatam; et insuper laicus quidem privetur pensione aut munere, si quod habeat in Ecclesia, aliisque pœnis pro gravitate culpæ puniatur; clericus vero deponatur."

[9] Coronata, *De Sacramentis,* I, n. 433; Cappello, *De Pœnitentia,* n. 690; cf. eiusdem auctoris *De Censuris,* nn. 240, 241 et 444; Prümmer, *Manuale Theologiæ Moralis,* III, n. 462; Merkelbach, *Summa Theologiæ Moralis,* III, n. 640, 3, a); Aertnys-Damen, *Theologia Moralis,* II, n. 411, 4o.; Vermeersch-Creusen, *Epitome Iuris Canonici,* II, n. 187: Cerato, *De Delicto Sollicitationis,* n. 12.

[10] § 1. Clerici in sacris sive sæculares sive regulares religiosi concubinarii, monitione inutiliter prætermissa, cogantur ab illicito contubernio rece-

dem etiamsi persona quam provocat vel quacum turpe peccatum
committit sacerdos, alias apud ipsum confiteri soleat.

Sacerdos igitur *qua confessarius dumtaxat* est subiectum activum delicti sollicitationis. Idipsum confirmatur ex responsionibus
explicitis S. Officii; quæsitum enim fuit: "An confessarius incidat in pœnas Constitutionis Apostolicæ contra sollicitantes, si sollicitet mulierem in aliis Sacramentis, scilicet Baptismi, Matrimonii,
et sit denuntiandus, et denuntiatus possit ab Inquisitoribus puniri?
Quoad utrumque articulum censuerunt [Qualificatores] *opinionem negativam esse. probabilem"*. [11] Similiter auctores concordes
sunt in huius determinatione interpretanda. [12]

Non tamen requiritur ut huiusmodi sacerdos *approbatus sit*
ad audiendas confessiones, sicuti expresse declaratur a Benedicto
XIV: *"etiamsi sacerdos sit, qui iurisdictione ad absolutionem valide impertiendam careat"*. [13] Quod iampridem S. Officium decre-

---

dere et scandalum reparare suspensione a divinis, privatione fructuum officii,
beneficii, dignitatis, servato præscripto can. 2176-2181.

§ 2. Si delictum admiserint contra sextum decalogi præceptum cum minoribus infra ætatem sexdecim annorum, vel adulterium, stuprum, bestialitatem,
sodomiam, lenocinium, incestum cum consanguineis aut affinibus in primo
gradu exercuerint, suspendantur, infames declarentur, quolibet officio, beneficio, dignitate, munere, si quod habeant, priventur, et in casibus gravioribus
deponantur.

Animadvertendum est quod cum agitur de delicto contra sextum, patratum
vel attentatum a clerico, sive in sacris sive in minoribus tantum, cum persona
eiusdem sexus cuiusvis ætatis, aut cum femina impubere, aut cum bruto ani-
mante, huiusmodi delictum est de competentia exclusiva S. Officii; generatim
denuntiatio urgenda est *ex iure naturali*, non autem ex positivo; et quamvis
denuntiatio fiat apud tribunal diœcesanum, quod est competens ad causam
agitandam, iudicandam et resolvendam, tamen semper de ea debet certius reddere S. Officium. Insuper, procedura in his causis adhibenda eadem
est, mutatis mutandis, ac procedura adhibita *in crimine sollicitationis in confessione*, i. e., forma iudiciali huic processui propria et summa cum severitate.
Cf. A. Yanguas, "De Crimine Pessimo" apud *Revista Española de Derecho
Canónico*, I (1946), 427 et ss.

[11] S. C. S. Off., 11 febr. 1661, ad X. Cf. *supra*, p. 56.

[12] Ballerini, V, n. 714; D'Annibale, *Theologia Moralis*, III, n. 367; Bucceroni, *Commentarius de Sollicitatione*, n. 13.

[13] Const. *Sacramentum Pœnitentiæ*, § 2. Cf. *supra*, p. 88.

verat, respondendo affirmative ad quæsitum: "An sacerdos carens iurisdictione, si sollicitet in confessione pœnitentem sit denuntiandus?" [14] Et postea iterum ipsa Sacra Congregatio idipsum confirmavit in *Instructione* anni 1867: "Denuntiare oportet quemcumque sacerdotem, etiam iurisdictione carentem, sollicitantem in confessione." [15] Et ita communiter omnes auctores. Addit Coronata, "etiamsi sit *suspensus* vel *excommunicatus*." [16]

3) Præter sacerdotes extra sacramentum fortasse sollicitantes, et non-sacerdotes, excludendi sunt etiam *interpretes* in confessione et *mandantes* confessario ut sollicitet in confessione. Utrumque fluit ex dictis: nam, si interpres vel mandans sit laicus, excluditur propterea quod non sit sacerdos. Si vero interpres aut mandans sit ipse sacerdos, non tamen agunt *qua confessarii.* Interpres enim se habet potius ex parte pœnitentis, et nullo pacto ministrat sacramentum, ut longe lateque a Bordoni inter veteres demonstratur, [17] et similiter a Potestas. [18]

Mandans autem vel *consulens,* etsi moraliter active influat in sollicitationem, et sit sacerdos, tamen ipse non agit *qua confessarius,* per accidens enim est ut sit sacerdos, ut apposite notatur a Coronata. [19] Tandem, præterquam quod de istis nulla fit mentio in constitutionibus pontificiis, adest expressa declaratio S. Officii: "An interpres si sollicitet in confessione pœnitentem sit denuntiandus?... An mandans confessario ut sollicitet in confessione,

---

[14] S. C. S. Off., 11 febr. 1661, ad V. Cf. *supra,* p. 56.

[15] Instructio, 20 febr. 1867, 2. Cf. *supra,* p. 108.

[16] *Dé Sacramentis,* I, n. 433; cf. quoque Berardi (*Praxis Confessariorum* [4. ed., 4 vol., Faventiæ, 1905], IV, n. 600): "Oportet ut sit sacerdos; non vero ut sit iurisdictione munitus: unde denuntiari deberet sollicitans, quamvis propter complicitatem, vel reservationem, vel facultatis cessationem, iurisdictione careat."

[17] *Manuale Consultorum,* sect. XXV, nn. 94 et ss.

[18] *Examen,* II, p. III, n. 589.

[19] *De Sacramentis,* I, n. 433: "Mandans confessario ut aliquem pœnitentem in confessione sollicitet non fit ideo reus delicti, quia hoc delictum est proprium confessarii et non cooperatorum seu concurrentium in delictum ipsum; idque valet etsi mandans ipse sit sacerdos, quia id fit per accidens nec figuram mandantis mutat."

sit denuntiandus? *Censuerunt* [Qualificatores] *opinionem negativam non carere probabilitate.*" [20]

Iis non obstantibus, tum mandans tum interpres, si cooperantur in sollicitatione cum confessario, etsi non obnoxii legi positivæ denuntiationis, facile ex lege naturali erunt denuntiandi, et, quippe qui sunt cooperatores puniendi erunt ad normam can. 2209, § 3: "Non solum mandans qui est principalis delicti auctor, sed etiam qui ad delicti consummationem inducunt vel in hanc quoquo modo concurrunt, non minorem, ceteris paribus, imputabilitatem contrahunt, quam ipse delicti exsecutor, si delictum sine eorum opera commissum non fuisset." Quod quidem tum ab antiquis tum a modernis probatur cum agitur de cooperatoribus in sollicitatione, [21] quamvis inter veteres non defuerunt qui tum interpretes tum mandantes voluerunt inclusos in constitutionibus contra sollicitantes. [22]

4)   Iis limitibus circumscriptum subiectum activum delicti, quæritur nunc *utrum omnis sacerdos qui sollicitat tamquam confessarius* sit reus delicti, ideoque denuntiandus iuxta can. 904, et consequenter puniendus. Iuxta litteram legis ad norman constitutionum apostolicarum, procedendum est "contra omnes et singulos sacerdotes tam sæculares, quam regulares quomodolibet exemptos, ac Sedi Apostolicæ immediate subiectos, quorumcumque Ordinum, Societatum, et Congregationum, et cuiuscumque dignitatis, et præeminentiæ, aut quovis privilegio, et indulto munitos." [23]

Hinc, sub lege clare comprehenduntur *omnes* et *singuli* sacerdotes, non modo *simplices* sed etiam qui fulgent ratione digni-

---

[20]   S. C. S. Off., 11 febr. 1661, ad VI et VII. Cf. *supra*, p. 56.

[21]   Cappello, *De Pœnitentia*, n. 690, 4: "Qui *per alios* sollicitaverint, et non *per se ipsos*, non sunt denuntiandi... Unde excluduntur *interpretes* vel *nuntii sollicitationis*, atque *mandantes* vel *consulentes*. Hi tamen iisdem pœnis ac ipsi sollicitantes subsunt ad norman can. 2209, § 3, 2231. Cf. Ballerini, V, n. 713, 2o. et 4o.

[22]   Escobar a Corro, *De Confessariis Sollicitantibus*, P. I, q. II, nn. 30-34; Sanchez, Io., *Selectæ Disputationes*, Disp. XI, n. 10, in fine; Castro-Palao, *Opus Morale*, I, tr. IV, disp. IX, punct. IX, n. 6.

[23]   Const. *Sacramentum Pœnitentiæ*, § 1. Cf. *supra*, p. 87.

tatis, præeminentiæ, privilegii, vel indulti; neque eximuntur regulares, nec religiosi sive exempti sive non. Nihil igitur refert utrum sint simplices sacerdotes, vel parochi, aut canonici, aut insuper aliquo titulo prælatitio vel speciali privilegio gaudeant. Bina tamen occurrit difficultas: quid si agatur de sacerdote ad clerum *orientalem* pertinentem; quid si agatur de aliquo *Episcopo* vel *Cardinali?*

Quoad primum, difficultas soluta est declaratione Benedicti XIV, in constitutione *Etsi pastoralis,* 26 maii, 1742, § IX, V, [24] iuxta quam orientales subiiciuntur "omnibus et singulis Romanorum Pontificum Constitutionibus, contra sollicitantes præsertim in confessione editis, quæ in singulas nationes universim vires suas extendunt, ac Latinos æque, ac Græcos sua aplitudine comprehendunt." Quibus verbis confirmabatur decretum iampridem a S. Officio datum. [25] Recentius nova confirmatio invenitur, data mediante S. C. de Propaganda Fide iuxta quam statuebatur "illos fideles [orientales scl.] subiici nominatim etiam apostolicis reservationibus latis in Const. Benedicti XIV, *Sacramentum Pœnitentiæ . . .*" [26]

Quæ omnia suam vim integre servant etiam post Codicem. Ratio huius vigentiæ sumenda videtur ex duplici capite, nempe ex eo quod Codex in materia sollicitationis integrum ius vetus retineat, [27] unde retinetur præscriptum Benedicti XIV in sua constitutione *Etsi pastoralis,* prout mox dictum manet. Deinde vero, ex eo quod in Ecclesia Orientali incolume servetur ius S. Officii quoad illa omnia quæ de ipsius competentia exclusiva

---

[24] *Fontes,* n. 328; cf. *supra,* p. 90.

[25] S. C. S. Off., 13 iun. 1710: "Constitutiones pontificiæ [contra sollicitantes] . . . ita obligant Græcos sicut et Armenos."—*Fontes,* n. 775; cf. *supra,* p. 59.

[26] Litteræ Encyclicæ S. C. de Prop. Fide, 6 aug. 1885 — *Fontes,* n. 4910; *Coll. S. C. P. F.,* n. 1640; cf. *supra,* p. 102.

[27] Can. 904.—. . . ad norman Constitutionum Apostolicarum. *Documentum V,* Const. Benedicti XIV, *Sacramentum Pœnitentiæ,* collata cum can. 6, 2o.: Canones qui ius vetus ex integro referunt, ex veteris iuris auctoritate, atque ideo ex receptis apud probatos auctores interpretationibus, sunt æstimandi. Cf. *supra,* p. 136.

sunt, ut effertur ex can. 257, § 2, collato cum can. 247, § 2. [28] Inter delicta autem exclusive reservata ad S. Officium adnumeratur sollicitatio ad turpia in confessione. [29]

Iam vero S. Officium post Codicem editum immutatam servavit disciplinam contra sollicitantes, paucis mutatis in iure pœnali, unde etiam Orientales tamquam subiectos huic disciplinæ respicere non desinit, sicut in veteri iure. [30] Et ita communiter sentiunt plures moderni. [31]

Contrarium affirmat Cerato [32] et post ipsum Iorio. [33] At ex nuper dictis eorum opinio non videtur sustinenda, maxime si attendatur ius ipsum orientalium referre, etiam explicite quoad aliquos ritus, legem contra sollicitantes desumptam ex constitutionibus pontificiis prout sunt in vigore in Ecclesia Latina. [34]

---

[28] Can. 257.— § 2. ...pro Ecclesiis ritus orientalis hæc Congregatio [pro Ecclesia Orientali] omnibus facultatibus potitur, quæ aliæ Congregationes pro Ecclesia ritus latini obtinent, incolumi tamen iure Congregationis S. Officii ad norman can. 247.

Can. 247.— § 2. [Congregatio S. Officii] Iudicat de iis delictis quæ sibimet secundum propriam eiusdem legem reservantur, cum potestate has criminales causas videndi non solum in gradu appellationis a tribunali Ordinarii loci, sed etiam in prima instantia, si directe ad ipsam delatæ fuerint.

[29] Toso (*Ad Codicem Iuris Canonici Commentaria Minora* [5 vol., Tiferni Tiberini: Typographia Vinciana, 1921-1927], III, 53) refert inter delicta de exclusiva competentia S. Officii "quæ gravitatem præ se ferant, veluti ad turpia sollicitatio ad normam can. 904 (can. 2368)"; cf. etiam Vermeersch-Creusen, *Epitome Iuris Canonici*, I, n. 362, 2o. Beste, *Introductio in Codicem*, ad can. 247, § 2; Coronata, *Institutiones Iuris Canonici*, I, n. 339, 3o.

[30] Quod confirmatur ex ipsa inscriptione *Pagellæ* secretæ quam S. Officium, 8-9 iun. 1922 dedit ad omnes Ordinarios *etiam Ritus Orientalis*, circa modum procedendi in causis sollicitationis.

[31] Cappello, *De Censuris*, n. 22, 2 et n. 456, 2; Coronata, *Institutiones Iuris Canonici*, I, n. 1; Cicognani, *Ius Canonicum*, II, ad can. 1, p. 10; Michiels, *Normæ Generales*, I, 45-47; Regatillo, *Ius Sacramentarium* (2. vol., Santander: Sal Terræ, 1945-1946), I, n. 655; Van-Hove, *De Legibus*, n. 3, 4; Vermeersch-Creusen, *Epitome Iuris Canonici*, I, n. 68, 1, b); Wernz-Vidal, *Ius Canonicum*, I, n. 84, 2.

[32] *De Delicto Sollicitationis*, n. 5, adn.

[33] *Theologia Moralis*, III, n. 552, b).

[34] *Codificazione Canonica Orientale, Fonti* (Città del Vaticano: Typografia Polyglotta Vaticana, 1930—), nn. 704, 705, 1355 et 1414, in quibus

5)   Quoad alteram difficultatem, videlicet utrum sub verbis canonis 904, *"sacerdos reus delicti sollicitationis"*, comprehendantur Episcopi quoque et Cardinales, an vero eorum sensus sit restringendus ad simplices sacerdotes, animadvertere oportet quæstionem hic directe tantum referri ad obligationem positivam ab ipso canone impositam denuntiandi sollicitantem, indirecte tantum ad præscriptum pœnale contentum in canone 2368. Minime autem disputatur de obligatione orta ex iure naturali, quæ ceteroquin facile ab omnibus conceditur.

Iam vero, primo intuitu, verba in citatis canonibus adhibita, per se non videntur excludere episcopum neque cardinalem, qui quidem et *sacerdotes sunt*, et *confessarii munere fungi possunt.* Ex hoc tamen non licet statim concludere illos includi sub lege, sed positive oportet probare illos aut certe cadere intra limites a legislatore intentos, aut, e contra, legislatorem illos exclusos voluisse. Norma in Benedictina constitutione tradita, iuxta quam canones de sollicitatione debent intelligi, iubet denuntiationem et processum contra *"omnes et singulos sacerdotes ... etiam cuiuscumque dignitatis et præeminentiæ, aut quovis privilegio aut indulto munitos ..."* qui delictum commiserint. Iam vero, sensus verborum *cuiuscumque dignitatis*, prout intelligebatur ab auctoribus coëvis constitutionis Benedictinæ, respiciebat quidem episcopos et cardinales.

Iam Concilium Tridentinum [35] monebat episcopos ut *dignitatem* suam conservarent: "Non potest sancta Synodus non graviter dolere, audiens Episcopos aliquos sui status oblitos, Pontificiam dignitatem non leviter dehonestare." Insigni autem eruditione de hac dignitate episcopali disseruit Barbosa (1589-1649), [36] ex quo quædam excerpta citare sufficiat. Quæsitum sibi pro-

---

refertur ius particulare Ruthenorum et disciplina Antiochena Maronitarum. Cf. insuper ea quæ variis in locis tradit Michael F. Diederichs, *The Jurisdiction of the Latin Ordinaries over their Oriental Subjects* (The Catholic University of America Canon Law Studies, n. 229, Washington, D. C.: .The Catholic University of America Press, 1946), pp. 17, 51 et 100.

[35]   Sess. XXV, de ref. c. 17.

[36]   *De Officio et Potestate Episcopi Tripartita Descriptio* (2 vol., Lugduni, 1679), P. II, alleg. I, nn. 1 et ss.

ponens, *"Episcopatus an sit dignitas et ordo et quæ in illius asse-
quutione requirantur, et quot privilegia habeant Episcopi?"* Respondet: "Si Clericatus Ordo nobilitat, et est maior quacumque
alia dignitate, et honore sæculari... et Sacerdotibus propter
dignitatem sacerdotalem semper et ubique summa reverentia debetur... quid erit in Episcopis, quibus excellentiora debentur...
quia Episcopatus culmen est omnium dignitatum", quod probat
plurimorum auctoritate et sententia. [37]

Ostendit deinde in quo differant et in quo conveniant episcopi et simplices sacerdotes: "Ex his omnibus colligitur Episcopos,
tam in potestate iurisdictionis, quam in potestate ordinis Sacerdotibus, seu Præsbyteris superiores esse..." ac distinctionem inter
utrumque gradum defendit contra hæreticos, declarans locos in
quibus de ipsis quæstio est apud Apostolum, et ait: "Adverten-
dum universum Clerum, omnesque Ordines ad duo primaria
genera revocari, ad Sacerdotes scilicet, et ministros, quorum priores, videlicet Sacerdotes, subdividuntur in maiores et minores...
et quamvis nomen *Episcopi* principalibus tantum Sacerdotibus
tribui soleat [apud S. Paulum]... utrumque tamen suo modo
aliis convenit [utrumque nempe nomen]." [38] In eodem sensu,
inquirens circa nomen, prosequitur: "Episcopi igitur multis nominibus appellantur, nonnumquam Præsules, interdum Antistites,
aliquando summi Sacerdotes... [39] Quæ sequuntur specialiter
attendenda sunt, siquidem ad rem præcise faciunt: *"Episcopatus
dignitas est, Episcopusque dignitatis et potestatis nomen habet,
non officii tantum."* [40] Et concludit: *"Ex eo autem quod Episcopatus dignitas sit, inferunt DD. sub appellatione dignitatis in iuris,
vel hominis dispositione etiam Episcopalem venire."* [41]

Ex quibus verbis videtur stabiliri principium interpretationis,
maximi faciendum in quæstione de qua agitur. Affirmat Barbosa
ita *communiter omnes doctores sentire,* quamvis iuxta Petrum
Andream Gambara († 1528), Iacobum Simoneta († 1539) et

---

[37] *Ibid.,* nn. 1-4.
[38] Barbosa, *De Officio et Potestate Episcopi,* P. II, alleg. I, n. 9.
[39] *Ibid.,* n. 10.
[40] *Ibid.,* n. 11.
[41] *Ibid.,* n. 16.

Quintillianum Mandosi († 1593), quos citat, distinguendum est inter materiam favorabilem et odiosam, *"ita ut in illa, non vero in ista, sub appellatione dignitatis Episcopalis comprehendatur."* [42] Recte igitur ex citatis duo possunt concludi: primo, sub appellatione *"cuiuscumque dignitatis"* non repugnat ut intelligantur Episcopi, imo magis, hæc fuit communis interpretatio doctorum in veteri iure; secundo, fuerunt doctores qui restringerent hanc interpretationem ad casus dumtaxat in quibus appellatio adhibebatur in *favorabilibus*, non autem in odiosis, unde iuxta hanc opinionem, non viderentur comprehendi episcopi in iure contra sollicitantes.

Attamen, adsunt doctores qui præcise in hac materia vocem *"cuiuscumque dignitatis"*, etsi in odiosis, ad episcopos extendant. Scripsit Bordoni († 1671): "Cardinales, Episcopi, Abbates, Archipræsbyteri, Archidiaconi, Canonici et similes, veniunt sub nomine *dignitatis*, et hac privationis pœna plectuntur si incidant in Gregorianam [scl. si commiserint delictum de quo in Const. Gregorii XV]; nullus enim excipitur in huiusmodi nefariis excessibus." [43] Fuerunt utique commentatores veteris iuris, qui negarent episcopos esse denuntiandos ex positiva obligatione a constitutionibus contra sollicitantes lata, sed eorum sententia fulciebatur argumento desumpto ex eo quod denuntiatio, iuxta aliquos, tantum esset facienda Inquisitoribus vel ipsis locorum Ordinariis, et insuper Concilium Tridentinum reservaverat episcoporum causas uni Sanctæ Sedi.

Iis vero rationibus ipse S. Alphonsus sic satisfaciebat:

> Quær. V. An denuntiandi sint Episcopi sollicitantes in Confessione. Negant Palao [† 1633] et Escobar [† 1642] cum Molina [† 1600], Acunna [† 1643], etc. quia Episcopus, etiam in crimine hæresis formalis non subiicitur Inquisitoribus... Sed affirmant melius Bonacina [† 1631], Roncaglia [† 1737], Salmantincenses [† 1665-1724], cum Hurtado [† 1659] et Antonio a Spir. S. [† 1677], ac Potestas [† 1702], cum Leander [† 1663], Fagundez [† 1645],

---

[42] Ibid.

[43] Bordoni, *Manuale Consultorum*, sect. XXV, nn. 221 et ss.

etc. Verum Bonacina sentit denuntiandos esse Inquisitionibus. At Potestas, Roncaglia et Salmant. cum aliis dicunt esse denuntiandos Pontifici, si commode huic fieri possit denuntiatio; alias, hanc deferendam esse Inquisitoribus, qui, licet non possint punire nec processum formare contra Episcopos, possunt tamen de præfato crimine excipere informationem, et deinde illam Pontifici significare." [44]

Similiter paulo ante Codicem, cum Inquisitores fere nusquam essent, Berardi [† 1916] scribebat: "Rationes istæ [nempe, denuntiationes esse faciendas solummodo Inquisitoribus vel locorum Ordinariis], meo sensu, sophisticæ sunt... ipsamet Bulla dicit absolute *iudici competenti* delinquentem esse denuntiandum. Iudex autem competens (nempe saltem Romanus Pontifex, et S. Congregatio S. Officii) numquam deerit." [45]

Post Codicem, qui negant Episcopos esse denuntiandos vi can. 904 has præcipue rationes allegant: a) si verba *cuiuscumque dignitatis et præeminentiæ* comprehendunt Episcopos, nec Cardinales excludi possunt, quod nemo asserit. Nimis probant, ergo nihil probant. b) Etiamsi comprehenderentur Episcopi, non sequitur eos esse denuntiandos S. Officio, quia in iure communi S. Officium non est competens in causis Episcoporum, etenim iuxta can. 1557, § 1, 3o.: "Ipsius Romani Pontificis dumtaxat ius est iudicandi... Legatos Sedis Apostolicæ, et in criminalibus Episcopos, etiam titulares." c) Non est verum quod Episcopi sint in sola dignitate et præeminentia constituti; præter hanc ipsi sunt charactere episcopali insigniti, et residentiales quidem *potestate* episcopali potiuntúr. d) Demum, in iure Episcopi nomine propio vocantur, et numquam ii sacerdotes vocantur; multo minus id faciendum esset in lege odiosa, quæ ad normam can. 19 strictæ subest interpretationi. [46]

---

[44] *Theologia Moralis*, III, lib. VI, n. 685.

[45] *De Sollicitatione*, n. 22

[46] Iorio, *Theologia Moralis*, III, n. 537. Citat pro eadem sententia Ferreres, *Compendium Theologiæ Moralis*, II, n. 692, b); at Ferreres (*loc. cit.*) ait: "Certo non constat; sed probabilior videtur sententia affirmans, cum illic dicatur denuntiandos esse sacerdotes *cuiuscumque dignitatis*." Pro sententia neganti sunt etiam Prümmer, *Manuale Theologiæ Moralis*, III, n. 462; Arregui,

Ad has autem rationes posset sic responderi: a) Ut supra ostensum est, verba *cuiuscumque dignitatis et præeminentiæ* comprehendunt ex se ipsis etiam episcopos, iuxta sensum iis verbis tributum in veteri iure, [47] ita ut doctores primæ notæ non dubitarent hanc facere interpretationem. Esto, comprehenduntur etiam Cardinales, nec desunt auctores qui id affirmaverint, ut Bordoni qui id expresse defendit: "Quicumque sacerdos, sive sæcularis, sive regularis, sive Iesuita, sive Philippinus, sive Episcopus, sive Cardinalis, aut confessarius Papæ, Imperatoris aut Regum, dicitur reus huius Bullæ si contra ipsam sollicitaverit." [48] Pignatelli æquivalenter idem asserit: "Comprehenduntur tamen sub hac lege omnis sacerdos, etiam quomodolibet exemptus, et cuiusvis dignitatis, etiam episcopalis et maioris, si, ut habetur in hac regula, sollicitet ad turpia et inhonesta." [49]

Neque in iure Codicis hic sensus est alienus ab appellatione *cuiuscumque dignitatis:* vox *dignitas* strictiori utique significatione quandoque dicitur dumtaxat de capitularibus dignitatibus; [50] sed etiam latiorem accipit sensum, imo vero ipsis Episcopis et Cardinalibus explicite applicatur. [51]

b) Quoad rationem incompetentiæ S. Officii in causis Episcoporum, id quod unice sequeretur est S. Officium non posse agitare causam, nihil tamen impedit quominus recipiat denuntiationem transmittendam SSmo. Notetur insuper legem can. 904

Summarium Theologiæ Moralis, (12. ed., Bilbao: El Mensajero del Corazón de Jesús, 1934), n. 653. Noldin ait: "Num denuntiandi sint etiam *episcopi* sollicitantes, non constat; can. 904 solum de *sacerdote* agit." — *Summa Theologiæ Moralis,* III, n. 377, nota 1.

[47] Cf. *supra*, p. 204.

[48] *Manuale Consultorum,* sect. XXV, n. 4.

[49] *Consultationes,* cons. 117, p. 477, col. A, in medio.

[50] Cf. inter alios plures, can. 393, § 2; 394, § 1; 395, § 3; 396; 397; 405; 408; 410, § 1; 411, § 3; 416; 1406, § 1, n. 5o. et § 2; 2403.

[51] Can. 269, § 2; 232, § 2; 272; 622, § 4; 629, § 1; 628; 914; 1219, § 2; 1224, 2o., in quo notandum est *expresse excipi Episcopum* in appellatione *cuiuslibet gradus aut dignitatis*, ergo quando non excipitur comprehendi videtur; can. 1299, § 1; 1406, § 1, 2o., 2077; 2088, § 1 coll. cum § 2; 2207, 1o.; 2218, § 1; 2371; 2397.

quoad denuntiationem faciendam esse *disciplinarem*, etsi dirigatur ad pœnalem, ut ipse Iorio concedit. Neque demum intelligeretur cur S. Officium urget denuntiationem Episcopi qui fortasse sollicitaverit, si saltem ad illam recipiendam esset absolute incompetens. [52] Notetur insuper præscriptum can. 1555, § 1: "Tribunal Congregationis S. Officii suo more institutoque procedit sibique propriam consuetudinem retinet; et etiam tribunalia inferiora, in causis quæ ad S. Officii tribunal spectant, normas ab eodem traditas sequantur oportet." In comperto autem est delictum sollicitationis esse de provincia exclusiva S. Officii, a quo singulares normæ circa modum procedendi in causis sollicitationis sunt traditæ non semel.

c) Conceditur Episcopos non sola dignitate et præeminentia esse constitutos, quippe qui insuper episcopali *charactere* sunt insigniti, et residentiales insuper *potestate* epicopali gaudent, at ex iis rationibus minime inficiatur in iure quandoque venire sub appellatione respectivæ dignitatis.

d) Quoad rationem postremo loco allegatam, conceditur quoque in iure Episcopos *generatim* nomine proprio vocari; at negatur eos *numquam* comprehendi sub appellatione *sacerdotes* vel *sacerdos*. Percurrere sufficiat aliquot canones de re sacramentaria in quibus sub appellatione *sacerdos* etiam Episcopus comprehenditur, nisi ex natura rei vel expressis verbis excipiatur. [53] Insuper,

---

[52] Plures sunt auctores qui asserunt S. Officium urgere hanc denuntiationem: Cappello, *De Pœnitentia*, n. 689, 2; Regatillo, *Institutiones Iuris Canonici* (2 vol., Santander: Sal Terræ, 1945-1946), II, n. 1117; Vermeersch, *Theologia Moralis*, III, n. 556. Apposite notavit Cerato: "Pro nostra sententia, quæstio *novo Codice* dirimitur, eoque firmatur sententia quæ antea probabilior visa est. Quæstio enim facta est olim non *pro diverso modo* interpretandi vocem *sacerdotes*, sed ex *incompetentia* iudicum, cuiusmodi erant *Inquisitores* relate ad Episcopos; sed nunc, Codice promulgato, etiam Episcopi habent tribunal competens, cui denuntientur, scl. S. Congregatio S. Officii; unde cessat ratio de qua inter antiquiores non conveniebat".—*De Delicto Sollicitationis*, n. 14. 4.

[53] Can. 871.—Minister huius sacramenti [pœnitentiæ, scl.] est solus sacerdos. Cf. insuper can. 876; 894; 802; 803, in quo notanda sunt verba refferri sat clare tum sacerdotibus simplicibus tum Espiscopis: "Non licet pluribus sacerdotibus concelebrare, præterquam in Missa ordinationis præsbyterorum

in casu can. 904 vox *sacerdos* non ex huius solius canonis sententia est diiudicanda, cum enim ius vetus ex integro referat "ex veteris iuris auctoritate, atque ideo ex receptis apud probatos auctores interpretationibus" est æstimanda [54] et, explicite monet ipse canon, "*ad normam constitutionum apostolicarum et nominatim constitutionis Benedicti XIV, Sacramentum Pœnitentiæ,*" in qua quidem Episcopus comprehenditur voce sacerdotis dignitate præeminentis. Nec supervacaneum est hæc omnia conferre cum illis quæ leguntur in can. 2368, § 2, ubi sollicitator nec sacerdos nec confessarius vocatur, sed simpliciter dicitur "*eum a quo sollicitatus fuerit*" absque ulteriore determinatione vel limitatione. Et similiter in § 1 eiusdem can. 2368 dicitur: "*Qui sollicitationis crimen de quo in can. 904 commiserit...*" quin limitetur ad simplicem sacerdotem, ita ut pœnæ ibidem statutæ applicandæ sint ad quemcumque sollicitatorem in confessione quin obstet dignitas ipsa episcopalis, utpote pœnæ omnes contra sollicitantes sunt *ferendæ sententiæ* a quibus non excipiuntur Episcopi. [55]

Rationes igitur expositæ, quamvis probabilitatem sententiæ contrariæ non penitus elidant, nihilominus vehementer suadere videntur maiorem solidioremque probabilitatem sententiæ affirmantis Episcopos comprehendi in lege positiva contra sollicitantes, et huic sententiæ suffragatur ipsa praxis S. Officii urgentis etiam denuntiationem Episcopi fortasse sollicitantis, prout supra dictum manet. [56]

---

et in Missa consecrationis Episcoporum secundum Pontificale Romanum". In Missa autem consecrationis Episcoporum, *sacerdotes concelebrantes* sunt quidem Episcopi. Nemo autem est qui Episcopos excipiat e præscriptis can. 807, 808, 810, 811. At in can. 811, § 2, expresse excipitur Episcopus et Cardinalis: "Abstineat autem [sacerdos] a pileolo et annulo, nisi sit S. R. E. Cardinalis, Episcopus, vel Abbas benedictus..." Idem notatur in can. 812: "Nulli sacerdoti celebranti, præter Episcopos aliosque prælatos usu pontificalium fruentes...".

[54] Can. 6, 2o.

[55] Can. 2227.—§ 2. Nisi expresse nominetur, S. R. E. Cardinales sub lege pœnali non comprehenduntur, nec Episcopi sub pœnis latæ sententiæ suspensionis et interdicti. In casu ergo can. 2368, § 1, Cardinales dumtaxat sunt excipiendi propter dispositionem pœnalem, at inde non sequitur eos etiam excipiendos esse e dispositionibus disciplinaribus can. 904. Episcopi autem ex neutro excipiuntur.

[56] Aiunt Vermeersch-Creusen (*Epitome Iuris Canonici*, II, n. 187);"...

Accedit denique auctoritas extrinseca plurimorum doctorum, tum ante tum post Codicem scribentium. Bordoni († 1671) non semel id in suo opere affirmavit: "Nullus excipitur in huiusmodi nefariis excessibus, eo maxime, cum in his crescat iniuria qui maiores sunt gradu." [57] Potestas († 1702) negat Episcopum esse denuntiandum Inquisitoribus, sed affirmat eum esse denuntiandum Sedi Apostolicæ directe, et quidem vi Constitutionis Gregorii XV. [58] Sententia Pignatelli († ca. 1695) supra relata fuit. [59] Bonacina († 1631) dicit: "Non solum Sacerdotes sæculares, verum etiam regulares, imo etiam Episcopos, huius criminis reos, denuntiandos esse, quia verba Constitutionis Gregorii XV generalissima sunt de quibuslibet sacerdotibus." [60] S. Alphonsus († 1787) habuit hanc opinionem ut *meliorem*. [61] Berardi († 1916) vocat eam *communem*. [62] Post Codicem a pluribus sustinetur: Aertnys († 1916) — Damen, [63] Cerato, [64] Cappello, [65] Ferreres († 1936), [66] Wouters († 1933), [67] Davis, [68] Cimétier († 1946). [69]

Attentis ergo rationibus intrinsecis, opinionibus probatorum auctorum, atque hodierna praxi S. Officii, affirmandum videtur Episcopum sollicitantem comprehendi sub lege can. 904, quæ quidem conclusio iure extendi posse videtur etiam ad Cardinalem qui fortasse sollicitaverit. Subiectum ergo activum sollicitationis

---

id stylo Supremæ Congregationis consentaneum esse novimus". Et in *Theologia Morali*, III, n. 556, scripsit Vermeersch: "Ipsa tamen praxis Supremæ Congregationis... benigniori sententiæ refragatur: nullum vult *confessarium* sollicitantem lege exemptum".

[57] *Manuale Consultorum*, sect. XXV, n. 221.

[58] *Examen*, II, III, c. XII, q. IX nn. 721 et 723; c. II, q. I. nn. 585-587.

[59] *Consultationes*, cons. 117, p. 477, col. A, in medio. Cf. *supra*, p. 207.

[60] *Opera Omnia* (Lugduni, 1624), Disp. VI, punct. III, n. 8, secundum.

[61] *Theologia Moralis*, III, lib. VI, n. 685.

[62] *De Sollicitatione*, n. 22.

[63] *Theologia Moralis*, II, n. 419, 1o.

[64] *De Delicto Sollicitationis*, n. 14.

[65] *De Pœnitentia*, n. 689.

[66] *Compendium Theologiæ Moralis*, II, n. 692, b.

[67] *Manuale Theologiæ Moralis*, II, n. 417, I.

[68] *Moral and Pastoral Theology*, III, p. 401, n. 7.

[69] *Dictionnaire de Théologie Catholique* (Vacant), s.v. "Sollicitation" col. 2340, 2o. 1.

est omnis et solus sacerdos, sive implex, sive cuiuscumque dignitatis, qui tamquam confessarius ad turpia sollicitaverit pœnitentem.

SECTIO II — DE SUBIECTO PASSIVO SOLLICITATIONIS

Vocabulo *pœnitens* apte significatur in can. 904, non modo
subiectum obligationis denuntiandi confessarium sollicitantem, sed
etiam persona quæ in delicto vices agit *subiecti passivi*, prout ex
pontificiis constitutionibus eruitur. Auctores communiter per modum unius tractant de persona sollicitata et de subiecto obligationis
denuntiandi. Hic tamen opportunum videtur aliter rem ordinare,
ita ut in præsenti sectione persona sollicitata solummodo attendatur quatenus est terminus *immediatus* actionis provocatricis confessarii, seu quatenus est subiectum passivum actionis sollicitatricis,
relicta quæstione de obligatione denuntiandi eidem subiecto imposita, iuxta præscriptum can. 904. Hoc pacto fiet ut constitutiva
elementa delicti in se considerati a consectariis iuridicis eiusdem
distinguantur, quo facilius nonnullæ difficultates solvi posse videntur.

Attentis igitur documentis pontificiis, sequentibus determina-
tionibus subiectum passivum sollicitationis definitur:

1) Est in primis *quæcumque persona* quæ in adiunctis ad
delictum ceteroquin requisitis ad turpia sollicitatur a confessario. [70]
Locutio hæc generalis generaliter est interpretanda, ita ut in sua
amplitudine comprehendat *utrumque sexum*, atque personas
cuiusvis ætatis, condicionis vel *status*. Quoad sexum etsi primitus
lex pontificia adhuc particularis loqui videbatur de mulieribus
tantummodo, [71] deinde declaratum fuit a Paulo V *masculos quo-*

---

[70] Const. *Sacramentum Pœnitentiæ*, § I: "...qui aliquem pœnitentem,
quæcumque persona illa sit... ad turpia sollicitare, vel provocare tentaverint..."

[71] Ep. Pauli IV, et Pii IV, *Cum sicut nuper*, pro Hispania dumtaxat
editæ, in quibus legebatur: "...mulieres... pœnitentes ad actus inhonestos...
allidiendo." Cf. *supra*, pp. 27 et 30.

que comprehendi, [72] et ita a Gregorio XV, et postea a Benedicto XIV, pro universa Ecclesia statutum fuit in suis respectivis constitutionibus. [73] Recentius autem idipsum, expresso utroque sexu, S. Officium declaravit: "Personæ, *sive mares sive fœminæ*, quæcumque illæ sint, ad turpia sollicitatæ in confessione..." [74] Unde etsi plerumque decreta, instructiones, responsiones et commentarii de solis mulieribus loquantur, ratio est quia feminæ exempli gratia appositæ fuerunt, legesque attendunt ad ea quæ frequentius contingunt, prout notavit Castro Palao. [75] Et de hac re nulla fuit disputatio post constitutionem Gregorianam. [76]

Hæc tamen generalitas quibusdam limitibus circumscribitur, siquidem ea tantum sollicitatio delictum evadit quæ in adiunctis cum confessione connexis locum habet, seu illa dumtaxat sollicitatio consideratur quæ fit relate ad personam quæ et quatenus sacramenti pœnitentiæ capax, accedit ad confessarium, vel ad quam confessarius accedit, ratione confessionis, atque in illis præcise adiunctis, prout a iure determinantur, ad turpia provocatur. Ideoque apte dicitur subiectum passivum huiusmodi delicti esse in genere quæcumque persona *pœnitens*, quæ vox utrumque sexum comprehendit et dicit relationem requisitam ad confessionem.

2) Quoad ætatem quidem puberes et impuberes comprehenduntur: quod consequitur litteram documentorum et interpretationes doctorum. Difficultates tamen nonnullæ motæ sunt relate ad impuberes, qui quatenus sacramenti capaces veniunt quidem nomine pœnitentis, relate tamen ad sollicitationem dari possent

---

[72] Decretum, 29 Novembris, 1612, — Giraldi, *Expositio*, P. I, lib. V, tit. 7, p. 641, n. I. Cf. *supra*, p. 37.

[73] Const. *Universi Dominici gregis* et const. *Sacramentum Pœnitentiæ*; cf. *supra*, pp. 43 et 87.

[74] S. C. S. Off. instr. 20 febr. 1867, n. 1. Cf. *supra*, p. 108.

[75] *Opus Morale*, I, tr. IV, disp. IX, punct. II, n. 4.

[76] De disputationibus ante constitutionem Gregorii XV, cf. Escobar a Corro, *De Confessariis Sollicitantibus*, P. I, q. III, § I, per totum; Io. Sanchez, *Selectæ Disputationes*, Disp. XI, n. 12; Castro Palao, *Opus Morale*, I, tr. IV, disp. IX, punct. II, per totum.

casus in quibus propter simplicitatem tenerioris iudicii viderentur non comprehendi in lege de sollicitatione. S. Officium tamen declaravit: "Puellam in simplicitate constitutam, et absque notitia inhonestatis, teneri denuntiare sollicitantem, postquam compos effecta fuerit et notitiam præteritæ sollicitationis acquisiverit." [77]

Ex hac responsione apparet convenientia distinctionis inter subiectum passivum *delicti patrati* et subiectum *denuntiationis faciendæ*. In casu enim puella in simplicitate constituta nullo dubio est subiectum passivum delicti patrati, quamvis nondum possit obligari ad denuntiationem faciendam; aliunde, delictum sollicitationis gravius redditur ob circumstantiam tenerioris ætatis pœnitentis, qui in casu supponitur adhuc impubes; hæc autem summopere attendenda sunt pro punitione delinquentis. Peccatum enim contra sextum, commissum a sacerdote (vel a clerico in genere), etiam extra confessionem, cum impuberibus utriusque sexus, venit sub appellatione *criminis pessimi*, late intellecti, prout declaratum fuit a S. Officio, anno 1937, in *Memoriali* privato ad Ordinarios. [79]

Quæri nunc posset utrum *infantes* pati queant sollicitationem. In iure autem intelligitur infans persona qui nondum ætatem usus rationis est adepta, proinde non sui compos. [80] Apud veteres, Potestas scribebat: "Sub quibus terminis [personæ quæcumque illæ sint], ex proprietate verborum, veniunt fœminæ et mares, puellæ, et pueri rationis inexpertes; solent enim parentes suos filios quinque aut sex annorum præsentare confessariis, ut illos ad hoc sacramentum paulatim alliciant, unde si tunc confessarius aliquem puerum, aut puellam ex istis sollicitet, est omnino denuntiandus." [81]

Ex quibus tamen verbis non potest illico concludi laudatum

---

[78] S. C. S. Off. 11 maii 1707, — Giraldi, *Expositio*, II, P. I, lib. V, tit. 7, p. 641, ad VIII. Cf. *supra*, p. 77.

[79] Regatillo, *Institutiones Iuris Canonici*, II, n. 1106; Ioro, *Theologia Moralis*, II, n. 250; Aertnys-Damen, *Theologia Moralis*, I, n. 626; Ferreres, *Compendium Theologiæ Moralis*, II, n. 699, N. B. II.

[80] Can. 88.— § 3. Impubes, ante plenum septennium, dicitur infans seu puer vel parvulus et censetur non sui compos.

[81] *Examen*, II, p. III, c. III, n. 595.

auctorem sustinuisse *infantes* in genere comprehendi inter personas quæ pati possunt sollicitationem qualificatam. Casus a Potestas consideratus respicit illos pueros et puellas quinquennes vel sexennes, nondum *usu completo* rationis gaudentes, at saltem capaces pro modulo eorum pœnitendi de parvis transgressionibus, ideoque parentes merito illos ad confessarium adducere solent, quatenus assuefiant ad praxim confessionis. Nullo autem modo est casus infantis *omnino incapacis confessionis* propterea quod nondum usum rationis est assecutus. Ergo si quis confessarius cum iis infantibus omnino incapacibus confessionis perverse ageret, non posset dici agere *tamquam confessarius;* ideoque cum huiusmodi infantulis quæstio esse nequit de aliqua *figura* confessionis, quia deest condicio essentialis ex parte subiecti. Sacerdos, itaque, turpiter agens cum infantibus usu rationis nondum gaudentibus non est reus delicti sollicitationis ad norman constitutionum apostolicarum, quamvis utique sit reus *criminis pessimi.* Quando ergo auctores aliqui recentiores affirmant infantes posse pati sollicitationem de iure denuntiandam, intelligendi sunt iuxta distinctionem præfatam scl. quatenus infantes imperfecto usu rationis gaudentes sint pro modulo suo imperfecto capaces sacramenti. [82]

3) *Infideles* et *cathecumeni,* utpote carentes baptismate, non sunt *subiectum passivum* delicti, quod, ut sæpius dictum manet, requirit aliquam saltem figuram sacramenti. "Pœnitens autem non intelligitur" —ait Iorio— "nisi, qui baptismo recepto, sui compos confessionem instituit vel instituere valet. Quapropter *infidelis* et etiam *cathecumenus,* etsi ad confessionem videantur accedere, cum tamen sacramenti pœnitentiæ sint ante receptum baptismum adhuc incapaces, lege denuntiandi non tenentur." [83] Animadvertendum autem quod *obligatio denuntiationis* duplici ex ratione non ligaret infidelem vel cathecumenum fortasse sollicitatum: primo, quia non est subiectum passivi delicti, quod consequenter

---

[82] Cappello, *De Pœnitentia,* n. 658; Coronata, *De Sacramentis,* I, n. 425.
[83] *Theologia Moralis,* III, n. 526, N. B. a). Id quod apud Cappello legitur de *neophyta,* lapsui calami tribuendum videtur, cum potius legendum esset *cathecumena.* — *De Pœnitentia,* n. 665, 3o.

non datur; secundo, quia non est subiectum legis ecclesiasticæ denuntiationis. [84]

4) Quoad personas sensibus destitutas, tum in statu somni naturalis vel artificialis, tum in statu delirii, paroxismi, vel inconscientiæ propter morbum, affirmandum est eas posse subiectum esse sollicitationis: nam, ex una parte consensus earum non requiritur; ex alia parte, sacerdos ad illas accedere potest tamquam confessarius. Doctrina enim, hodie communis, docet non solum licitam esse absolutionem condicionatam, dandam pœnitentibus sensibus destitutis in determinatis adiunctis, sed insuper suadet obligationem quamdam eosdem absolvendi, saltem condicionate, in periculo mortis. [85] Præterea dari possunt casus in quibus sacerdos accedit ad fidelem sensibus destitutum, *occasione*, vel *prætextu*, illum auxiliandi vel absolvendi, vel cum sacerdos apud fidelem versatur ratione confessionis instituendæ, et ipse fidelis sensibus privatur. In iis omnibus habetur requisita coniunctio cum sacramento, ita ut si sacerdos in illis adiunctis sollicitet, reus evadit delicti qualificati sollicitationis.

Auctores omnes generatim facile admittunt delictum in casu

---

[84] Expresse legitur in can. 2368, § 2: *Fidelis* vero qui scienter omiserit eum, a quo sollicitatus fuerit, intra mensem denuntiare contra præscriptum can. 904...

[85] S. Alphonsus, *Theologia Moralis*, III, lib. VI, n. 482: "*Quid, si nullus* adsit testis de signo pœnitentiæ *præstito ab ægroto, et æger sensibus destitutus nullum pariter det signum; an hic absolvi possit?* Prima sententia negat... Secunda vero sententia communior affirmat posse et debere absolvi, dummodo infirmus christiane vixerit." Et in quæstione præcedenti, cum per testimonium adstantium constat de desiderio absolutiōnis, vel de aliquo signo doloris, docet S. Doctor: "Omnino affirmandum est, cum sententia communi." *ibid.*, n. 481. Possunt etiam consuli auctores recentiores: Noldin-Schmitt, *Summa Theologiæ Moralis*, III, n. 293; Cappello, *De Pœnitentia*, nn. 230-232. Optimæ regulæ traduntur a Iorio: "*I Regula.* Absolutio dari *potest* et *debet* sub condicione, quoties absolute concessa exponeret sacramentum periculo nullitatis, et absolute negata exponeret pœnitentem periculo gravis damni spiritualis. *II Regula.* Etiamsi eiusmodi necessitas non urgeat, dari tamen absolutio *potest* sub condicione, quoties absolute negata privaret pœnitentem aliquo bono spirituali *notabili*, licet *non necessario*."—*Theologia Moralis*, III, n. 308.

quo sacerdos accedens ad pœnitentem, artificiosam privationem sensuum illi procuraret, indeque turpia in illo patraret. [86] Non tamen conveniunt in affirmanda sollicitatione quando pœnitens non artificiose, sed naturaliter sensibus destituitur. Cappello sequentem triplicem distinctionem suadet: "1o. Si confessarius *studiose* mulierem in somnum sive in sensuum destitutionem coniecerit, habetur profecto casus sollicitationis denuntiandæ. 2o. Si mulier versetur in statu somni naturalis aut sit sensibus omnino destituta, quin ullo modo confessarius in huiusmodi statum eam induxerit, vix verificari potest sollicitatio proprie dicta, quæ necessario postulat provocationem quamdam ad agendum. Porro dormiens aut sensibus destitutus *provocari* vel *allici* nequit ad operandum; ergo... 3o. Si mulier versetur in statu somni artificialis vel paroxismi, idem dicendum est ac in casu præcedenti, ubi *nihil penitus agere queat*, ita ut vera *sollicitatio* seu *provocatio* ad agendum verificari non possit; si, e contra, huiusmodi *provocatio* in tali statu, uti non raro, haberi queat, delictum adest atque obligatio denuntiandi." [87]

Sollicitatio tamen videtur affirmanda in omni casu, sive destitutio sensuum sit artificiose inducta a confessario, sive sit naturalis, et quidem etiamsi persona nihil agere queat. Ad rationes enim allatas in contrarium sic videtur respondendum: tum in primo casu tum in altero, persona est sensibus destituta ita ut in neutro agere possit, seu stricte provocari; ergo si hæc est ratio cur in altero casu negatur delictum, et in primo quoque negari debet. Nec dicatur in primo casu confessarium *malitiose* inducere sensuum destitutionem, ideoque iam sollicitare; nam, stricte loquendo, destitutio artificiosa sensuum nondum est in se considerata sollicitatio ad turpia: primo inducitur destitutio sensuum, deinde autem fit actio turpis, quando pœnitens, iuxta hypothesim, *nequit iam provocari*. Ideoque reiicienda videtur ratio.

---

[86] Escobar a Corro, *De Confessariis Sollicitantibus*, P. I. q. IV, § II, n. 27; Salmanticenses, V, Tr. XXI, c. IV, punct. III, n. 37; Diana *Resolutiones Morales*, V, tr. IX, resol. LIII; Potestas, *Examen*, II, p. III, c III, n. 641 Berardi, *De Sollicitatione*, n. 78; Rota, *Enchiridion Confessarii*, nn. 353 et 354; Cappello, *De Pœnitentia*, n. 664; Coronata, *De Sacramentis*, I, n. 431, in fine.

[87] Cappello, *De Pœnitentia*, n. 664.

Aliunde, iuxta eumdem auctorem, "impuberes et infantes possunt pati sollicitationem de iure denuntiandam ... quia ... non requiritur consensus ... sufficit ut actus sollicitationis ad turpia *ex parte confessarii* patretur cum persona subiecta legi divinæ turpia vetanti." [88] Iam vero, persona sensibus destituta, quocumque modo id acciderit, est subiecta legi divinæ turpia vetanti, quamvis consentire nequeat propter sensuum destitutionem. Ergo delictum datur in utroque casu, vel in neutro. Hac ergo de causa non videtur sententia sustinenda. [89]

E contra affirmanda videtur sollicitatio in quocumque casu eo quod ad delictum sufficit ut sacerdos tamquam confessarius turpiter agat cum persona quæ pœnitens dici possit relate ad talem confessarium. Iam vero, sacerdos accedere potest tamquam confessarium ad personam quæ sit sensibus destituta, et omnino nihil agere queat, et occasione, vel prætextu talis confessionis turpiter agere quin referat utrum persona possit necne aliquid agere. Delictum quidem adest quia confessarius abutitur sacramento, sumens illius occasionem vel prætextum ad turpiter peccandum cum pœnitente cuius consensus vel cooperatio vel capacitas patiendi provocationem certo non requiritur ad existentiam delicti. Obligatio vero denuntiandi orietur vel secus, si pœnitens, compos effectus, in notitiam postea devenerit de veritate flagitii patrati, prout in casu de puella in simplicitate constituta. Otiosa fortasse existimabitur tota hæc quætio, siquidem raro persona in talibus adiunctis sollicitata notitiam habebit delicti; nihilominus, casus non parum iuvat ad determinandum quid ex parte subiecti passivi et quid ex parte subiecti activi requiratur vel non ad existentiam delicti.

5) Declarant constitutiones pontificiæ adesse quoque sollicitationem de iure denuntiandam quando confessarius *mediante*

---

[88] Cappello, *De Pœnitentia*, n. 658.

[89] Præter Cappello(*l. c.*) eamdem opinionem defendunt Rota, *Enchiridion*, nn. 353 et 354 et Coronata, *De Sacramentis*, I, n. 431. Recensendus quoque videtur Merkelbach, cum dicit: "*dummodo* [persona] *sit sollicitationis capax, qualis non est dormiens.*"—*Summa Theologiæ Moralis*, III, n. 640, 1, c.

pœnitente sollicitat tertiam personam: ait expresse Gregorius XV debere denuntiari confessarius "qui personas, quæcumque illæ sint, ad inhonesta, *sive inter se, sive cum aliis quomodolibet perpetranda*. . . sollicitare vel provocare tentaverint." [90] De hoc autem casu sollicitationis aiebat S. Alphonsus: ". . .attenta præfata Bulla Gregorii, hodie non est dubitandum, denuntiari debere" confessarium qui sollicitet pœnitentem ut inducat aliquam feminam ad secum peccandum. [91]

Post ipsum S. Doctorem, Ballerini docet verba supra citata ex constitutione Gregoriana reipsa continere tum casum confessarii sollicitantis pœnitentem ut inducat tertiam personam ad peccandum cum eodem confessario, tum casum confessarii qui sollicitat non pro seipso sed pro alio, qui postremus casus expresse legitur in constitutione Benedictina: ". . . [etiamsi] sollicitatio a confessario non pro se ipso sed pro alia persona peracta fuerit." [92]

In prædictis casibus, *subiectum passivum* quod attendi debet ad affirmandum vel negandum delictum qualificatum, est *ipse pœnitens*, qui etsi non sit terminus finalis provocationis, tamen est eius terminus *immediatus*, tamquam *medium transmissionis* provocationis, et *ope cuius* actio perversa confessarii coniungitur cum actu, occasione vel prætextu confessionis; etenim tertia illa persona quæ mediante pœnitente invitatur ad peccandum nequit reipsa dici sollicitata in confessione. Casus diversimode contingere potest: confessarius, v. g., *aperte* iniungit pœnitentem ut alium provocet, vel ut eum arcessat ad turpiter agendum cum ipso confessario, aut cum quacumque alia persona; in iis casibus evidens est sollicitatio ad turpia relate ad pœnitentem, siquidem ipsi innotescit libidinosa intentio confessarii præcise in adiunctis sacramenti.

Sed dari potest etiam casus in quibus confessarius dicit, dat, vel iniungit *aliquid indifferens* (litteras clausas, dona, etc.), trans-

---

[90] Const. *Universi Dominici gregis*, § 4 — *Fontes*, n. 201; cf. *supra*, p. 43.

[91] *Theologia Moralis*, III, lib. VI, n. 691.

[92] Const. *Sacramentum Pœnitentiæ*, § 2. Ballerini, V, n. 732.

mittendum deinceps per pœnitentem tertiæ personæ. In hoc autem casu, nisi pœnitenti aliquo modo constet per illa media confessarium turpiter provocare tertiam personam, non aderit delictum denuntiandum. Ratio in eo est quod ex una parte ipse pœnitens nullatenus provocatur, nec scandalum ullum patitur quippe qui ignarus de intentione confessarii, et ex alia parte persona sollicitata nequit dici pœnitens, et nec fuit provocata in adiunctis propriis huius delicti. Ideoque recte dicitur non dari delictum sollicitationis qualificatum nisi et in quantum pœnitenti ipsi innotescat intentionem pravam confessarii, et ita provocatio tertiæ personæ coniungatur cum adiunctis sacramenti. [93]

Notetur tamen differentia inter hunc casum et illum in quo confessarius provocat pœnitentem sensibus destitutum: etenim quando confessarius turpiter agit *cum ipso pœnitente*, etsi hic actu sensibus destituatur, ipse pœnitens est *terminus immediatus provocationis*, et insuper in ipso actu confessarius abutitur sacramento, quod non datur cum agitur de provocanda tertia persona mediante pœnitente.

Confirmatur conclusio ex auctorum sententia in casu de litteris traditis pœnitenti in adiunctis delicti, sed quæ non illico leguntur: omnes affirmant adesse delictum in quantum pœnitens cognoverit sollicitationem in litteris contentam, non autem secus. [94]

Sit ergo conclusio: *Subiectum passivum* delicti sollicitationis est *solus* et *omnis pœnitens* in quantum sit *terminus immediatus etsi non ultimus* provocationis ad turpia ex parte confessarii in adiunctis propriis delicti. Pœnitens autem est terminus immediatus

---

[93] In constitutione Benedictina, principium generale statuitur circa hunc casum, iubendo pœnitentes sollicitatos denuntiare confessarium sollicitantem, etiamsi... "sollicitatio a confessario, non pro se ipso, sed pro alia persona peracta fuerit."—Cons. *Sacramentum Pœnitentiæ*, § 2; cf. *supra*, p. 88.

[94] Scribit Cappello (*De Censuris*, n. 441, 3): "Non habetur delictum sollicitationis, si confessarius tradat pœnitenti schedam tradendam alii personæ non pœnitenti quam confessarius sollicitet, si pœnitens nullo modo complex est." Idem affirmat Berardi, *De Sollicitatione*, n. 81 et nn. 181-185; apud veteres Potestas, *Examen*, II, p. III, nn. 667, 672 et ss.

provocationis: a) quando in adiunctis propriis sollicitationis directe a confessario sollicitatur, etsi pœnitens resistat, dissentiat, vel etiam actu non itelligat sensum provocationis, aut inconscius sit ipsius provocationis, quia sensibus destituitur; b) quando, etsi provocatio non dirigatur ad ipsum, tamen ipse pœnitens est *medius conscius* quo provocatio ad tertiam personam transmittitur. [95]

---

[95] Legatur de iis casibus Bordoni, *Manuale Consultorum*, sect. XXV, nn. 89, 114-116: "An confessarius rogando pœnitentem in confessione ut acceptet amicam in domun suam, ut commodius ea abutatur venereis, sit reus Gregorianæ? ℟ *Affirmative*, id enim colligitur ex illis verbis: *Qui personas ad inhonesta, sive inter se, sive cum aliis quomodolibet perpetranda in actu sacramentalis Confessionis, sollicitare tentaverint*... Adhuc dicitur reus Gregorianæ quia comprehenditur in sequentibus: *Aut cum eis illicitos et inhonestos sermones, seu tractatus, habuerint*... In casu de accipiente litteras amatorias, et sine lectione eas comburens, dico cum pœnitenti non constet de contentis in litteris, sequi non tenerii denuntiare, cum certam notitiam de scriptis non habeat." In eodem sensu Escobar a Corro, *De Confessariis Sollicitantibus*, P. I, q. IIII, § 2, n. 15 et q. 111, § 2, nn. 25-32; Diana, *Resolutiones Morales*, V, tr. IX, resol. XLVII, LXXIV, et LXXV.

CAPUT X

DE NEXU CUM CONFESSIONE

Cognita natura delicti in se spectati, veniendum est ad circumstantias in quibus actio sollicitandi, sive formalis, sive inchoata tantum, necesse est ut contingat ad hoc ut habeatur delictum denuntiandum ad normam iuris. Nomen quo designari solet hoc delictum, nempe *sollicitatio in confessione*, iam ex se ipso indicat in genere aliquam relationem existere debere cum sacramentali confessione. Hæc relatio primo restricta ad coniunctionem sollicitationis cum *actu* ipso confessionis, [1] aliquatenus magis determinatur et ampliatur decretis subsequentibus, usquedum Gregorius XV primo, et deinde Benedictus XIV, animarum bono providendo atque sacramenti sanctitatem undequaque defendendo, collegerunt priores leges ac declarationes, atque attentis controversiis et interpretationibus doctorum, *taxative* circumstantias seu adiuncta delicti de iure positivo denuntiandi determinarunt. Iuxta constitutiones ergo laudatorum Pontificum, ad quarum normam hodiernus can. 904 est intelligendus, illa dumtaxat sollicitatio continet delictum denuntiandum quæ fiat: *in actu sacramentalis confessionis, vel ante, vel immediate post confessionem, vel occasione aut prætextu confessionis [etiam ipsa confessione non secuta],* [2] *vel etiam extra occasionem confessionis, in confessionali, sive in alio loco ad confessiones audiendas destinato, aut electo, cum simulatione audiendi ibidem confessionem.* [3]

Simplex lectio huiusmodi enumerationis ostendit illa omnia adiuncta posse ad triplex caput reduci, scilicet: *primo* ad relationem *temporis,* seu ad nexum inter tempus in quo de facto in-

---

[1] Paulus IV, ep. *Cum sicut nuper,* 18 febr. 1559, cf. *supra,* p. 27; Pius IV, ep. *Cum sicut nuper,* 16 apr. 1561, cf. *supra,* p. 30 — *Fontes,* n. 102.

[2] Prout legebatur etiam in const. *Universi Dominici gregis,* § 4 — *Fontes,* n. 201; cf. *supra,* p. 43.

[3] Const. Benedicti XIV, *Sacramentum Pœnitentiæ,* § 2 — *Documentum V, Codicis Iuris Canonici;* cf. *supra,* p. 88.

stituitur confessio et tempus in quo fit provocatio ad turpia; *secundo* ad relationem *quasi-causalem*, quæ invenitur in occasione vel prætextu, quæ sese habent veluti *causæ per accidens*, præbendo confessario opportunitatem sollicitandi; tandem, *tertio*, ad relationem *loci*, seu ad coniunctionem inter sedem in qua peragitur confessio et locum in quo confessarius ad turpia sollicitat.

Summopere notare iuvat, iam ab initio, ipsam sacramentalem confessionem *actualem* quandoque requiri, quandoque tantummodo eius *speciem* vel *figuram*: videlicet, quando sollicitatio nectitur cum confessione propter adiuncta temporis, tunc omnino requiritur ut confessio reipsa sequatur, vel saltem inchoetur, vel actu instituatur, aut vix sit absoluta; secus non aderit delictum ratione clausulæ *in actu sacramentalis confessionis, vel ante, vel post inmediate*, quamvis adesse poterit ex alio capite. Deinde, cum sollicitatio accidit in adiunctis *quasi-causalibus*, i. e., occasione vel prætextu confessionis, non requiritur ut de facto ipsa sacramentalis confessio ponatur, sed sufficit quædam *ordinatio intentionalis* ad illam. Tandem, cum sollicitatio contingit ratione loci, etsi non requiritur actualis confessio sacramentalis, necesse tamen est ut eius saltem *simulatio* intercedat. Hæc triplex habitudo sollicitationis ad sacramentalem confessionem attendi semper debebit in sequentibus ne tractatio, iam ex se pluribus difficultatibus obnoxia atque opinionum diversitate nimis obscura, implicatior adhuc reddatur.

SECTIO I — DE NEXU TEMPORALI

Tum Benedictina, tum Gregoriana constitutio, tria statuit tempora cum relatione ad actum confessionis sacramentalis in quibus confessarius, si provocet ad turpia suum pœnitentem, reus evadit delicti denuntiandi. Hæc tria momenta sunt: *in actu* ipsius confessionis sacramentalis, *ante* vel *immediate post* ipsam. In iis vero adiunctis existat necesse est quædam sacramentalis confessio, saltem inchoata, quæ erit respective *actualis*, vel *mox instituenda*, vel *vix absoluta*. Hoc clare patet quoad sollicitationem quæ fit *actu confessionis durante*, et cum agitur de illa quæ contingit *immediate post confessionem*; sed etiam sat obvie demonstratur eius necessitas cum sollicitatio *præcedit* confessionem id enim suadetur in primis ex tenore verborum constitutionum, quæ distinguunt casum a sequentibus, in quibus expresse dicitur dari delictum *"etiam confessione non secuta"*, [4] et quando delictum datur quia sollicitatur *in loco* confessionum, monet legislator sufficere ad delictum si sollicitatio fiat *cum simulatione* audiendi confessionem. [5]

Quod quidem ab omnibus auctoribus est intellectum. Scribit Cappello: "Non requiritur ut confessio fiat in sede confessionali; unde, quamvis confessio forte sit illicita ratione loci, non ideo cessat ratione delicti. Attamen oportet omnino ut *confessio revera fiat;* quæ si locum non habeat, tunc non hæc circumstantia verificatur, sed illa forte, quæ dicitur *ex occasione* vel *prætextu* confessionis." [6] Similiter Coronata: "Notandum est confessionem in hoc casu esse necessariam, ita ut si confessio non sequatur, poterit haberi sollicitatio ex alia clausula, e. g., ex prætextu confessionis, at non vi huius clausulæ." [7]

Id, denique, logice profluere videtur ex eo quod si confessio futura, quam præcedit sollicitatio, non detur, tunc nequit dici sollicitationem *ante* ipsam accidisse, siquidem non existit talis confessio. Idcirco, si in aliquo casu peracta provocatione non sequatur confessio, delictum non habebitur ratione *huius clausulæ;* nihilominus attente considerari debebunt alia adiuncta, cum fortasse delictum revera adsit ratione alius circumstantiæ, prout in aliis clausulis declaratur, ut ex mox dicendis melius patebit. His præsuppositis, de singulis momentis analysis erit facienda.

1. De Sollicitatione in Actu Confessionis

Sollicitatio ad turpia *in ipso actu confessionis* sacramentalis

---

[4] Const. *Universi Dominici gregis,* § 4.

[5] Const. *Universi Dominici gregis,* § 4; const. *Sacramentum Pœnitentiæ,* § 2.

[6] *De Pœnitentia,* n. 675, 7o.

[7] *De Sacramentis,* III, n. 436; videri possunt insuper Berardi, *De Sollicitatione,* n. 95; Vermeersch, *Theologia Moralis,* III, n. 559, 2, ubi breviter notat ad rem: "*Vera* hic supponitur confessio."

fuit primum delictum in hac materia consideratum. Concilium Trevirense excommunicatione plectebat sacerdotes *"qui sollicitent aliquam personam in confessione."* [8] Pius IV, in sua ad Hispanos Inquisitores epistula, ulterius sensum clausulæ *in confessione* declaravit, statuens delictum haberi si sacerdos sollicitat *"in actu audiendi confessiones"* vel si sacerdotes provocant ad turpia *"dum earum* [mulierum scl.] *audiunt confessiones."* [9] Gregorius XV, præter delictum *in actu* confessionis, decrevit adesse quoque delictum si provocatio fiat *ante* vel *post immediate,* [10] quod iterum confirmavit Benedictus XIV, quamvis clausulam paulo immutatam scripsit *"vel antea, vel immediate post,"* [11] nec deinceps amplius immutata est clausula. Incipiendo igitur a momento *actus confessionis,* relate ad quem priora et posteriora erunt determinanda, hæc quæ sequuntur videntur dicenda.

Actus sacramentalis confessionis illas complectitur actiones confessarii et pœnitentis quæ ad validam et licitam administrationem sacramenti iubentur tum a iure in ritualibus libris contento, [12] tum a probata consuetudine. Confessionis actus incipit ergo a momento quo pœnitens, genuflexus coram confessario, petit ab illo benedictionem, et ab eodem, iuxta varias consuetudines legitime probatas, benedicitur dicente: *"Dominus sit in corde tuo, etc."* Verum quidem est de hac benedictione silere *Rituale Romanum,* attamen pia consuentudine, fere universali, ubique hodie in usu est. [13]

Codex normam tradit circa usum precum quæ additæ paulatim sunt formulæ absolutoriæ, dicens: "Etsi preces, ab Ecclesia formulæ absolutoriæ adiunctæ, ad ipsam absolutionem obtinen-

---

8 Cf. *supra,* p. 15.

9 Ep. *Cum sicut nuper;* cf. *supra,* p. 30.

10 Const. *Universi Dominici gregis,* § 4; cf. *supra,* p. 43.

11 Const. *Sacramentum Pœnitentiæ,* § 2; cf. *supra,* p. 88.

12 *Rituale Romanum,* tit. III, *De Pœnitentia,* c. I et II.

13 Cappello, *De Pœnitentia,* n. 74; Coronata, *De Sacramentis,* I, n. 363; Jone, *Moral Theology,* n. 553, b); Ferreres, *Compendium Theologiæ Moralis,* II, n. 533; Genicot-Salsmans, *Theologia Moralis,* II, n. 265, (1); Prümmer, *Theologia Moralis,* III, n. 328; Schœlling, *Les Sacraments* (Paris: Casterman, 1938), § 30, 1; Wouters, *Manuale Theologiæ Moralis,* II, n. 342, 4.

dam non sint necessariæ, nihilominus nisi iusta de causa, ne omittantur." [14] Huiusmodi norma, etsi primo et principaliter refertur ad preces "*Misereatur . . . Indulgentiam . . .,*" tamen applicanda quoque videtur ad primam benedictionem, cum eadem sit ratio, consuetudo nempe, quæ paulatim in Rituale introduxit alias preces. [15]

Incœpta igitur ab illo momento sacramentalis confessio pergit per accusationem peccatorum, interrogationes, consilia, monitiones, pro opportunitate facienda, usque dum imposita satisfactione confessarius absolvit pœnitentem, atque recitata prece "*Passio D. N. I. C. . . .*" valedicit pœnitenti. Confessio igitur complectitur spatium "*inter duas cruces*" dictum, [16] ideoque ita intelligenda videtur clausula "*in actu sacramentalis confessionis,*" iuxta communiorem sententiam. [17]

Fuerunt tamen qui strictius sumere voluerint illa verba, et tempus restringerent ad momentum dumtaxat quo pœnitens sua peccata narrat vel explicat confessario, seu ad tempus *accusationis*, nimis litteraliter interpretando vocem *confessionis*. [18] Nihilominus prima interpretatio præferenda videtur, eo quod ex communi modo loquendi apud omnes sacramentalis confessio designet omnes illas actiones a momento quo quis, sacramentum

---

[14] Can. 885.

[15] De Lugo, *Disputationes Scholasticæ et Morales* (8 vol., Parisiis, 1868), IV, *De Pœnitentia*, disp. XIII, sect. I, § I, nn. 8 et 9.

[16] Cappello, *De Pœnitentia*, n. 672: "*In actu sacramentalis confessionis,* scl. a momento quo sacerdos benedicit pœnitenti usque ad momentum quo illum absolvit atque dimittit signo crucis." Similiter Coronata, *De Sacramentis*, I, n. 435; Berardi, *De Sollicitatione*, n. 102.

[17] Merkelbach, *Summa Theologiæ Moralis*, III, n. 641, 1: ". . .inter initium confessionis et finem: a tempore scl. quo inchoatur confessio usque ad ultima absolutionis verba inclusive, seu ut dicitur, inter duas cruces confessarii." Ballerini, V, n. 715; Noldin-Scmitt, *Summa Theologiæ Moralis*, III, n. 376; Davis, *Moral and Pastoral Theology*, III, 398, (a); Cappello, *l. c.*; Coronata, *l. c.*

[18] Bordoni, *Manuale Consultorum*, sect. XXV, n. 34, iuxta quem actus confessionis "incipit a narratione primi peccati, exclusis genuflexione, signo crucis confessarii et confessione generali, quæ pertinent ad primum tempus *ante confessionem.*"

pœnitentiæ recepturus, coram confessario se componit, usque ad momentum quo, expletis absolutione et precibus, persona desinit esse in figura pœnitentis. [19] Merito dici potest cum Davis, [20] "actus confessionis habetur a parte confessarii a benedictione pœnitentis usque ad absolutionem datam; a parte pœnitentis, ab incœpta confessione per signum crucis, usque ad dimissionem a confessario." In utraque tamen interpretatione sollicitatio quæ fieret *inter duas cruces* esset delictum denuntiandum, quia fieret saltem *ante* vel *immediate post* confessionem, vel *occasione* confessionis.

Intellecta hoc pacto circumstantia *actus confessionis*, delictum habebitur quando confessarius provocet ad turpia pœnitentem iam genuflexum et crucis signo munitum, vel dum incipit narrare peccata confessario, vel, accusatione finita, si sollicitat ante absolutionem, vel statim post ipsam antequam pœnitens assurgat. Nec necesse est ut sequatur absolutio, dummodo confessio inchoata vel instituta sit in ordinem ad illam obtinendam, secus dici nequit sacramentalis. [21] Ideoque delictum daretur etiamsi confessarius, sciens iam ab initio pœnitentem indispositum, ei absolutionem denegaturus sit; vel etiam si post incœptam confessionem, facta sollicitatione, interrumpatur confessio, v. g., quia pœnitens fugit, vel sensibus destituitur, quia, iis non obstantibus, in huiusmodi adiunctis habetur abusus sacramenti et scandalum pœnitentis [22] eo quod pœnitens, sive bona sive mala fide, ad sacerdotem *tamquam confessarium* accedit, et ab illo provocatur ad turpia.

Si tamen casus daretur in quo mala fides adesset *ex utraque parte cognita*, v. g., quia pœnitens sciens et volens ad confessarium quem sollicitaturum cognoverit accedat, et confessarius vicissim hanc cognoverit intentionem, tunc delictum non datur ratione

---

[19] Rota, *Enchiridion*, n. 268.

[20] *Moral and Pastoral Theology*, III, 398.

[21] Merkelbach, *Summa Theologiæ Moralis*, III, n. 640, 1: "Sacramentalis autem censetur confessio, modo cœpta sit ad sacramentalem absolutionem, etsi interrumpatur et ad finem non adducatur."

[22] Pignatelli, *Consultationes*, cons. 117, p. 479, col. A, § *Primo igitur pœnas...*

huius clausulæ, utpote *non datur confessio sacramentalis;* attamen, facile aderit delictum ratione aliarum circumstantiarum, scl.
ratione loci et simulationis confessionis, ut infra declarabitur cum
de alia clausula sit quæstio. [23] Licet ergo concludere quod ad
delictum vi huius clausulæ sufficit et requiritur provocatio ad
turpia ex parte confessarii, in confessione quæ saltem inchoatur
intuitu absolutionis obtinendæ, quin referat quo loco id fiat nec
utrum valida fuerit confessio, nec utrum absolutione perficiatur
vel non. [24]

Animadvertendum denique quod ad hoc ut in actu confessionis habeatur delictum denuntiandum non est necesse ut confessarius *explicite* et *directe* ad turpia in illo provocet, seu, quod
idem est, non requiritur ut in illis adiunctis intercesserit sollicitatio *formalis;* sed sufficit ut saltem ponatur actio vel dicantur
verba, quæ etsi in se spectata indifferentia videantur, tamen ex
eventu cognoscantur posita vel dicta fuisse ad provocandum, i. e.,
sufficit ut detur quædam *inchoatio* provocationis, prout expresse
monet constitutio Benedictina de scriptura qua confessarius sollicitat pœnitentem, ipsique dat *aut tunc aut postea legendam.* [25]
Quod quidem semper præ oculis haberi debet tum in hac tum
in ceteris omnibus circumstantiis in quibus delictum committi
potest. [26]

2. DE SOLLICITATIONE ANTE VEL POST CONFESSIONEM

Hac clausula constitutionis Gregorianæ, solutæ videbantur
disputationes quoad sollicitationes quæ non *in actu* confessionis,

---

[23] Escobar a Corro, *De Confessariis Sollicitantibus,* P. I, q. IV, § 1, n.
70: "...si pœnitens se Crucis signo muniat, cum non intenditur confessionem facere... non erit locus impositis pœnis... nisi adsit prætextus aut simulatio confessionis..."

[24] Cerato, *De Delicto Sollicitationis,* n. 41; Prümmer, *Manuale Theologiæ Moralis,* III, n. 463, a).

[25] Const. *Sacramentum Pœnitentiæ,* § 1; cf. etiam S. C. S. Off. 11 febr.
1661, ad I; Alexander VII, 24 sept. 1665, Prop. VII damnata. *Supra,* pp. 66,
67 et 88.

[26] Ballerini, V, nn. 729 et 731.

sed paulo antea vel post fierent, simulque via videbatur præclusa perversis effugiis sollicitantium. Nihilominus novæ ac complicatiores difficultates obortæ sunt circa interpretationem verborum huius clausulæ. [27]

Ipsa in primis constructio grammaticalis debet animadverti, etenim, ut supra notatum manet, non una eademque est in Gregoriana et in Benedictina constitutione. Dum enim in Gregoriana legitur *"sive antea, vel post immediate,"* in Benedictina dicitur *"vel ante, vel immediate post confessionem."* Hæc tamen diversitas constructionis nullam, ut videtur sensus variationem inducit, prout communiter hodie auctores omnes affirmant. Adverbium *immediate* modificat tum præpositionem *ante*, tum præpositionem *post*; secus nimis indefinita evaderet locutio *ante confessionem*, ita ut horas et dies complecti posset, prout apposite et minutatim notavit Palmieri († 1909) apud Ballerini. [28] Idcirco clausula ita sumenda est ac si Pontifices scripsissent *sive immediate ante, sive immediate post confessionem*, iuxta interpretationem quam ante Benedicti constitutionem fecit Escobar a Corro († 1642) cum pluribus aliis, [29] et post constitutionem Benedictinam, S. Alphonsus

----

[27] Scripsit Pennachi, (*Commentaria*, II, p. 174, col. B, in medio): "Fatemur, nos prorsus non intelligere, neque causam detegere, quare nedum S. Alphonsus de Ligorio, aliique ex antiquis; sed præclarissimi Commentatores Reatinus, Patavinus,... particulæ *ante* confessionem præponant adverbium *immediate...*"

[28] V, n. 715, nota (a): "... Oporteret huius usitatæ apud Theologos scriptionis rationem reddere: sed obvia est, puto. Postulatur enim 1o. a Const. Gregorii XV, quæ nullo pacto limitata est a Benedicto XIV; ibi autem adverbium in fine positum totam propositionem modificat. Tum postulatur 2o. ab ipsa rei, de qua agitur, natura. Si enim ΤΟ *ante* absque illa modificatione accipis, nimis indefinita est locutio; nam horas, et dies et menses complectitur. Unde confirmatur interpretatio adhibita locutione Gregorii, quæ, cum per se vim habeat et sit clarior, non est cur exigatur ad formam verborum Benedicti XIV."

[29] *De Confessariis Sollicitantibus*, P. I, q. IV, § 1, nn. 2 et 3; Salmanticenses, V, Tr. XXI, c. IV, punct. III, § IV, n. 48; Castro Palao, *Opus Morale*, I, *tr.* IV, disp. IX, punct. VII, n. 2.

(† 1787), [30] D' Annibale († 1892), [31] Berardi († 1916), [32] et generatim omnes scribentes post Codicem. [33]

Maiorem facit difficultatem sensus uniuscuiusque verbi. Verum est adverbium *immediate* sat præcise limitare tempus, sive *ante* sive *post* confessionem, quatenus dignosci valeat utrum sollicitatio quæ tunc contingat sit necne delictum denuntiandum. At, quomodo summendum sit illud *immediate,* late an stricte, physice vel moraliter? [34] De hoc disputant auctores et in varias trahuntur opiniones, ita ut Berardi loquatur de quatuor sententiis circa interpretationem sollicitationis quæ fiat *immediate ante* confessionem, et de tribus circa illam quæ fiat *immediate post.* [35]

---

[30]   *Theologia Moralis,* III, lib. VI, n. 677, ubi scripsit: "Clausula II. *Immediate ante vel post".*

[31]   *Theologia Moralis,* III, n. 367.

[32]   *De Sollicitatione,* n. 103.

[33]   Cerato, *De Delicto Sollicitationis,* n. 43; Genicot-Salsmans, *Institutiones Theologiæ Moralis,* II, n. 396, 2o; Prümmer, *Manuale Theologiæ Moralis,* III, n. 463, b). Cappello (*De Pœnitentia,* n. 673) expresse scribit: *"Immediate ante vel immediate post".*

[34]   Cappello, *De Pœnitentia,* n. 673, 2o.

[35]   *De Sollicitatione,* nn. 107-116. En brevem conspectum harum opinionun: 1*a. Opinio:* Necesse est ut pœnitens iam genuflexerit. Comprehenditur spatium quod intercedit vel intercedere potest inter genuflexionem pœnitentis et signum crucis, vel initium accusationis peccatorum. (De Varceno [† 1893], Lehmkuhl [† 1918], Commentatores Romani Const. *Apostolicæ Sedis,* Scavini [† 1869], Del Vecchio [fl. 1894]).

2*a. Opinio:* Non est necessaria genuflexio pœnitentis. Sufficit ut pœnitens iam petierit confessionem, vel vocaret confessarium, et hic sollicitet etiamsi sit extra tempus vel extra locum confessionis. (Concina [† 1756], Bordoni [† 1671], Cozza [† 1729], S. Alphonsus [† 1781], Frassinetti [† 1868], Bonacina [† 1631], Carena [fl. 1641]).

3*a. Opinio:* Exigit non præcise ut pœnitens genuflexerit, sed ut inter sollicitationem et confessionem nihil mediet, atque adeo ut sollicitatio tempore et loco confessionis stricte hic et nunc faciendæ interveniat. (Salmanticenses [1665-1724], Castro Palao [† 1633], Roncaglia [† 1737], Giribaldi [† 1720], Mazzotta [† 1746], Potestas [† 1702], Piat [† 1904], Ciolli [fl. 1906], Rota [† 1879], Passerinus [† 1677], D'Annibale [† 1892]).

4*a. Opinio:* Interruptiones non obstant a parte *ante,* ideo in const. Benedictina non anteponitur adverbium *immediate,* attamen requiritur quod figura confessionis iam incœperit. (Commentatores Romani. Practice enim hæc opinio idem dicit ac prima supra relata).

Quid dicendum in tanta varietate sententiarum? Pro solutione iuvat in memoriam revocare quod de ratione delicti est abusus sacramenti et scandalum pœnitentis præcise in adiunctis sacramenti; insuper, attendi debet quod in hac clausula agitur de illa tantum sollicitatione quæ coniungitur cum sacramento ratione propinquitatis inter actum sollicitandi et ipsam confessionem *hic et nunc faciendam*, vel *vix absolutam*, quapropter necesse est ut confessio de facto sequatur, vel saltem inchoetur, vel vix absoluta fuerit; in aliis clausulis alia adiuncta considerantur. His præsuppositis, dicendum est illud *immediate ante* vel *immediate post* stricte quidem sumi debere, de odiosis enim agitur, attamen nequit fieri interpretatio aliqua physica vel mathematica, ita ut per puncta et horas sit supputandum tempus medians inter sollicitationem et confessionem vel viceversa.

Coniunctio ista vel immediatio *moralis est* et *moraliter* debet interpretari, etsi modo temporali exprimatur. Moralis est, nam sollicitatio quæ fiat ante vel post confessionem ideo sacramentum lædit quia fit ab illo qui sacramentum iam iam est administraturus, vel vix perfecit; imo magis, fit ab illo qui tamquam *minister sacramenti* in illis adiunctis non potest non respici a persona sollicitata. Huiusmodi sollicitatio ad turpia ideo abominabilior est quia scandaum parit illi personæ quæ *hic et nunc* accedit ad sacerdotem, vel vix recedit ab illo, quem non potest non respicere tamquam confessarium, et a quo pro medicina venenum, pro pane aspidem, pro pisce serpentem accipit. Idcirico, *immediate ante* vel *immediate post*, significat non mediare inter confessionem et sol-

---

Quoad sollicitationem quæ fit *immediate post*, 1a. *sententia* dicit adverbium *immediate* lato sensu accipi debere, ita ut minime obstet distantia quoad tempus, sed quoad locum, et exigere videtur ut sollicitatio advenerit ex notitia ex confessione habita, atque adeo ex voluntate in ipsa confessione præconcepta (Hurtado [† 1659], Giraldi [† 1775], Cozza et fortasse Potestas).

2a. *Sententia* admittit adesse delictum si provocatio fiat tum post aliquod intervallum, tum etiam extra locum confessionis (Bordoni, Carena, Bonacina, et sub dubio Roncaglia).

3a. *Sententia* stricte intelligit adverbium *immediate*, ita ut nihil mediet inter confessionem et sollicitationem, et nec pœnitens nec confessarius ad alia diverterint (Salmanticenses, Castro Palao, Giribaldi, Mazzotta, S. Alphonsus, Scavini, Del Vecchio, De Varceno, Piat, D'Annibale, Lehmkuhl, Rota).

licitationem vel inter sollicitationem et confessionem actionem diversam, tum propter eius naturam, tum propter intentionem confessarii, ab ipsa confessione vel sollicitatione.

Fundamentum huius interpretationis invenitur in ipsis documentis pontificiis, et etiam in commentariis probatorum auctorum, qui verbo tenus sibi invicem pugnantur sed quoad rem concordes dicendi sunt. Documenta enim obvie distinguunt varia adiuncta in quibus sollicitatio contingere potest: quando agitur de sollicitatione quæ contingit in adiunctis confessionis hic et nunc faciendæ, legislator declarat adesse delictum denuntiandum si et in quantum vel actualiter coniungatur actio sollicitandi cum confessione ipsa actuali, vel adsit talis propinquitas inter sollicitationem et confessionem, aut viceversa, quatenus moraliter uniantur vel immediate consequi dici possint. Hæc autem unio *non attenditur in aliis adiunctis*, in quibus alia est ratio coniunctionis inter sollicitationem et sacramentum, nempe *occasio, prætextus, locus et simulatio* confessionis. [36]

Igitur, quando de facto adest sacramentalis confessio, quocumque loco instituatur, delictum adest si provocatio fit in ipsa confessione, vel adeo coniunctim ut sacerdos non possit non considerari tamquam confessarius relate ad hunc præcise pœnitentem qui sollicitatur; et vicissim, si persona sollicitata coëxistit in figura pœnitentis, eo quod mox ad confitendum se adigit, vel vix confessionem perfecit. [37]

Hæc confirmantur nonnullis decretis S. Officii: "Inquisitor

---

[36] "...vel occasione, aut prætextus confessionis, [etiam confessione non secuta], vel etiam extra occasionem confessionis, in confessionali, sive in alio loco ad confessiones audiendas destinato aut electo, cum simulatione audiendi ibidem confessionem" — const. *Universi Dominici gregis*, § 4 et const. *Sacramentum Pœnitentiæ*, § 2.

[37] Quoad sollicitationem *immediate ante* confessionem iuvat meminisse decretum S. Officii, iuxta quod "confessarius, qui mulierem pœnitentem ante suos pedes signo crucis munitam sollicitat, dicens ei nolle illius confessionem audire pro tunc ut commodius sollicitet", est denuntiandus; — S. C. S. Off., 27 ian. 1613, apud Antoine, *Theologia Moralis Universa*, II, p. † 296, *Regula Decima*; cf. *supra*, p. 38. In quo notandum est decretum declarare legem Pii IV, in qua sollicitatio dumtaxat considerabatur facta *in actu* audiendi confessiones.

consulit an procedere debeat contra N... qui post requisitam mulierem an vellet confiteri, negative respondendo, sollicitavit ad turpia, deposita prius stola ac remoto a confessionario; fuit dictum huiusmodi casum non spectare ad S. Officium." [38] Ex tenore huius casus apparet mulierem non ratione confessionis hic et nunc instituenda, sed quacumque alia de causa, fuisse apud confessarium qui ipsam requisivit utrum vellet confiteri; audito responso negativo, deponit stolam confessarius et discedit a loco confessionum, et tunc illam provocat; consequenter negatur delictum qualificatum, quod non evenit nec ratione confessionis quippe quæ non datur, nec ratione loci, auia confessarius ab illo discedit.

Idipsum adhuc clarius constat ex responsione ad quæsitum: "An sit denuntiandus confessarius, qui sedens in confessionario sollicitat mulierem stantem ante confessionarium, non simulando confessionem? *Censuerunt* [Qualificatores] *opinionem negativam non carere probabilitate.* [39] In hoc quæsito cum non agatur de confessione hic et nunc facienda, .non datur delictum sollicitationis; fortasse ex alia ratione posset adesse, scl. ex loco et simulatione; at dicitur expresse sollicitationem factam fuisse *non simulando* confessionem, et ideo respondetur non dari delictum, etsi fiat *in loco* confessionum. Casus utique respicit potius adiuncta loci et simulationis, sed nihilominus simul apparet non sufficere ad sollicitationem qualificatam factum sacerdotis versantis in sede confessionum, si relate ad mulierem coram se stantem non agit *qua confessarius*, et vicissim illa non coëxistit in figura pœnitentis.

Audiantur nunc auctores post Codicem scribentes. Ait Davis:

Fit immediate ante, si pœnitens se accingit ad confitendum, v. g. coram confessario genuflectendo vel stando vel quamlibet dispositionem corporalem sumendo, ita ut vere dicatur in eo esse ut statim confiteatur. Fit immediate post, si nullum aliud negotium intercesserit inter pœnitentem et confessarium quod *unionem moralem inter con-*

---

[38] S. C. S. Off., anno 1632 — *Collectio*, n. 1577; cf. *supra*, p. 68.

[39] S. C. S. Off., 11 febr. 1661, ad XV; cf. *supra*, p. 56.

fessionem et sollicitationem violare possit, quodque non poterat censeri ut medium electum ad sollicitationem per-agendam. [40]

Noldin-Schmitt eamdem exprimunt necessitatem unionis moralis cum dicunt:

> Immediate ante vel post: i. e. si inter sollicitationem et sacramentalem confessionem nullum intervallum seu nulla actio intervenerit quæ non referatur *ut medium* ad solli-citationem. [41]

Cappello idipsum confirmat:

> Verius requiri videtur, ut pœnitens, momento quo sol-licitatur sumpserit vel servaverit manifestum ordinem et nexum ad confessionem secuturam vel iam factam. [42]

Merkelbach:

> Si inter confessionem *veram* et sollicitationem nulla actio externa aut collocutio intercedat quæ non referatur ad sollicitationem, [43]

et addi insuper posset *vel ad confessionem.* In eodem sensu con-sulendi sunt Coronata, [45] Regatillo, [46] Aertnys-Damen. [47]

Ante Codicem hanc interpretationem videntur amplecti D'Annibale, dum ait: "*Immediate* stricte accipiendum est; nempe, si inter sollicitationem et confessionem vel inter confessionem et sollicitationem, *nihil mediet,* idest, si neque confessarius neque pœ-nitens ad alia facta diverterit." [48] Berardi cum illis omnibus quos

---

[40]   *Moral and Pastoral Theology,* III, 398.

[41]   *Summa Theologiæ Moralis,* III, n. 376, 2.

[42]   *De Pœnitentia,* n. 673, 2o.

[43]   *De Pœnitentiæ Ministro,* 119; *Summa Theologiæ Moralis,* III, n. 641, 2.

[45]   *De Sacramentis,* I, n. 436.

[46]   *Institutiones Iuris Canonici,* II, n. 1117.

[47]   *Theologia Moralis,* II, n. 413, 2o.

[48]   *Theologia Moralis,* III, n. 367, et nota 11.

recenset pro *tertia sententia,* tum circa sollicitationem quæ fit *ante* tum quoad illam quæ fit *post* confessionem, ait enim: "Ego dicerem ... confessarium esse denuntiandum aut dum pœnitens iam erat genuflexus, aut dum erat hic et nunc genuflexurus, nec obstaret si, sollicitatione secuta, interruptio acciderit." [49]

Ex veteribus, Salmanticenses: [50] "Respondetur illam sollicitationem dici factam immediate ante vel post confessionem, quando inter sollicitationem et confessionem nihil mediat, taliter quod nec confessarius, nec pœnitens ad alia se divertant." Similiter Escobar a Corro, [51] Giribaldi, [52] et ipsum S. Alphonsum idem tenuisse affirmandum videtur, expresse enim ait: "Illud *immediate ante,* sentiunt communius... stricte intelligendum esse, ita ut nullum intervallum intercedat. Illud autem *immediate post,* communiter a doctoribus intelligitur, quando post confessionem nec confessarius nec pœnitens ad alia se divertit, ita ut eveniat sollicitatio antequam ulla alia actio intervenerit." [53] Idem S. Doctor in alio loco proponit casum: "Si dum mulier ante sedem confessionalem *confessura* manet, confessarius non casu, sed ex proposito manibus aut pedibus eam tangeret, certe denuntiandus esset." [54]

Concludendum ergo est, dari delictum iuxta tenorem huius clausulæ quando confessarius provocet illam personam quæ *in eo est ut apud ipsum* confiteatur, vel quæ vix apud ipsum confessionem perfecit, ita ut inter sollicitationem et confessionem, vel viceversa, nulla mediet actio quæ sit aliena a confessione, vel a sollicitatione.

---

[49] *De Sollicitatione,* nn. 111 et 116.

[50] V, Tr. XXI, c. IV, punct. III, § IV, n. 48.

[51] *De Confessariis Sollicitantibus,* P. I,, q. IV, § I, nn. 3-6.

[52] *Opera Moralia* (2 vol. Bononiæ 1758), II, Tr. VIII, c. XIX, dub. IV, n. 18.

[53] *Theologia Moralis,* III, lib. VI, n. 677.

[54] *Homo Apostolicus Instructus ad Audiendas Confessiones* (Augustæ Taurinorum, 1890), Tr. XVI, c. IX, punct. I, n. 167. In casu proposito notanda sunt verba *manet confessura ante sedem confessionalem,* ex quibus apparet non agi de casu supra citato in Decreto S. C. S. Off., 11 febr. 1661, ad XV; ibidem enim non agitur de muliere quæ *confessura* stat ante confessionale, ideoque *negative* responsum fuit.

Hanc normam sequendo, dicendum est dari delictum in sequentibus casibus ab auctoribus passim propositis: quando confessarius, in confessionali, sollicitat personam quæ ad ipsum accedit petens confiteri hic et nunc. Similiter, si dum pœnitens confessurus genuflectitur, antequam incipiat confiteri, a confessario sollicitatur, sive id fiat in confessionali, sive in quocumque alio loco ubi confessio instituatur. Adest pariter, quando post confessionem, v. g., antequam pœnitens discedat a conspectu confessarii, vel dum accedit ad ipsius manum deosculandum, vel etiam statim ac discedit, nulla actione diversa a confessione interiecta, pœnitens sollicitatur. Non tamen datur delictum si confessarius sollicitet personam illi dicentem se velle postridie confiteri. Neque, si finita confessione huius pœnitentis, confessarius alias personas audiat in confessione, vel aliis occupationibus vacat, et deinde sollicitat illum pœnitentem, quem primo audierat, nisi iam durante confessione aliquid eidem dixerit quod inchoaverit sollicitationem deinde ad effectum perducendam; sed in hoc casu delictum adest ratione alterius clausulæ, nempe, quia sollicitatio inchoata fuit *in actu* confessionis. De his et similibus casibus consuli possunt tractatus morales. [55]

Sectio II — De Nexu Quasi-Causali

Adiuncta in hac sectione consideranda continent nexum diversæ rationis, quo existente inter confessionem et sollicitationem sollicitatio ad turpia evadit delictum denuntiandum. Ad hunc nexum designandum adhibetur appellatio *quasi-causalis,* eo quod tum *occasio,* quæ est *causa per accidens,* tum *prætextus,* qui est veluti *causa ficta,* dicunt relationem quamdam ordinis causalitatis; determinant enim, aliquo modo, agentem præbendo opportunitatem vel alliciendo ad actionem ponendam; sed cum illum non determinent ex natura sua ad unum præcise efficiendum, et quæstio sit de quodam influxu intentionali, ex quo agens libere

---

[55] Cf., in specie, Coronata, *De Sacramentis,* I, n. 436; Merkelbach, *Summa Theologiæ Moralis,* III, n. 641, 2; Prümmer, *Theologia Moralis,* III, n. 463, b); Noldin-Schmitt, *Summa Theologiæ Moralis,* III, n. 376, 2, a et b.

desumit opportunitatem ad agendum ideo nexus huiusmodi videtur posse appellari *quasi-causalis.*

Nec inusitatus est hic modus loquendi apud commentatores. Potestas scribebat: "Occasio et prætextus, *uti causæ, debent præ-*cedere effectum sollicitationis." [56] Simili expressione utebantur Bordoni [57] et Del Bene. [58] Pignatelli declarabat occasionem hoc pacto: "Duo importat *occasio:* temporis opportunitatem ad aliquid agendum, et causam remotam agendi, sive eam quæ offert motivum impulsivum ad agendum." [59] Inter recentiores Ballerini adnotavit: "Occasio et prætextus innuere videntur causam." [60] De prætextu Bucceroni scripsit: "Prætextus falsa causa est, et prætexere est aliquam causam non veram afferre." [61] Tandem Vermeersch: "*Occasione confessionis,* seu quando confessio est causa per accidens sollicitandi." [62]

Circa hæc duo adiuncta Benedictina constitutio declarat adesse delictum sollicitationis denuntiandum si confessarius sollicitet pœnitentem "*occasione vel prætextu confessionis*", [63] et in Gregoriana clausula interiecta addebatur: "*etiam ipsa confessione non secuta.*" [64] Distinctio, si quæ detur, inter hanc clausulam et præcedentem (*in actu sacramentalis confessionis, vel ante, vel immediate post confessionem*) melius perspicietur postquam de occasione et de prætextu singillatim quæstio proponatur. Similiter, distinctio inter utramque circumstantiam huius clausulæ, scl. inter occasionem et prætextum, clarius in fine patebit.

Pro nunc sufficiat prænotare confessionem *actu sequendam* non necessario requiri vi huius clausulæ; id enim, etsi in Benedictina constitutione expresse non dicatur, expresse nihilominus habetur in Gregoriana, in qua clausula interiecta, "*etiam ipsa*

---

[56] *Examen,* II, p. III, c. VII, n. 610, Quær. I, in fine.
[57] *Manuale Consultorum,* sect. XXV, n. 32.
[58] *De Officio,* P. II, dub. 137, sect. 9, n. 5.
[59] *Consultationes,* cons. 117, p. 481, col. A, § *Quarto pœnis . . .*
[60] Apud Gury, *Theologia Moralis,* II, n. 590, nota (a), ad p. 544.
[61] *Commentarius de Sollicitatione,* n. 16.
[62] *Theologia Moralis,* III, n. 599, 3.
[63] Const. *Sacramentum Pœnitentiæ,* § 1.
[64] Const. *Universi Dominici gregis,* § 4.

confessione non secuta", accuratius determinat sensum præcedentis "*occasione vel prætextu confessionis*". Illa determinatio vim
suam servare in iure Codicis dicendum est, etiamsi desideretur
in const. *Sacramentum Pœnitentiæ*, nam expresse monuit ibidem
Benedictus XIV se denuo confirmare omnia et singula statuta in
sui Prædecessoris constitutione, "*illisque omnibus et singulis inviolabilis Apostolicæ firmitatis robur*" adiicere.

Duplex ex his sequitur conclusio, et quidem maximi momenti pro recta totius clausulæ interpretatione. *Primo*, in casu sollli-
citationis occasione vel prætextu confessionis, ipsa confessio non
est necessaria, potest dari vel non dari; sollicitatio ergo non qualificatur per sacramentum actu ministrandum, sed *per habitudinem
ad illud*, quæ oritur ex animo confessarii, serio vel ficto, exterius
manifestato, ministrandi sacramentum. *Secundo*, sollicitatio formalis vel inchoata, in hac clausula considerata, debet contingere
in illis adiunctis quæ *præcederent* illam confessionem fortasse se-
cuturam, id enim est obvius sensus textus: sollicitatur *occasione
confessionis, etiamsi confessio non sequatur*, ergo sollicitatio *præcedit*. Posset igitur describi totus ordo actionis sollicitandi in
adiunctis huius clausulæ per gressus sequentes: a) factum aliquod
fundans habitudinem ad confessionem; b) opportunitas quæ ex illo
arripitur a perverso confessario ad sollicitandum; c) ipsa sollicitatio formalis vel inchoata; d) denique, non necessario, confessio
actualis. His prænotatis, de singulis venit disserendum.

1 — De Sollicitatione Occasione Confessionis

Occasio solet definiri "*tempus actionis opportunum, quod in
aggrediendo conficiendoque negotio præcipuum habet momentum.* [65] Duo videntur esse de ratione occasionis, videlicet, *temporis opportunitas* ad aliquid agendum, et *causa per accidens* seu
principium determinans quatenus allicit vel invitat ad aliquid
agendum. Utrumque inveniri potest in confessione ita ut evadat
occasio sollicitandi; præbere enim potest confessario opportunita-

---

[65] Pignatelli, *Consultationes*, cons. 117, p. 481, col. A, § *Quarto* ...

tem, seu tempus ad sollicitandum, et simul eum movere seu invitare vel allicere ad sollicitandum, etsi huiusmodi motivum seu quasi causa se habeat per accidens relate ad confessionem, quia non per se oritur ex ipsa confessione, sed oritur ex prava dispositione confessarii abutentis opportunitate oblata a sacramento, ideoque confessio recte dici potest causa per accidens (occasio) sollicitandi. In iis igitur duobus elementis interpretatio clausulæ fulciri debet, in iisque inveniri videtur cardo quæstionis quæ commentatores divisit in tot opiniones sibi invicem pugnantes.

Age vero, primum elementum, seu *opportunitas temporis*, indicare videtur, immo etiam exigere, non quodcumque tempus, sed præcise *tempus confessionis*, aut illi propinquum; secus occasio præberetur non a confessione, sed ab alia quacumque circumstantia, v. g., a petitione confessionis, vel ab invitatione ad ipsam, etsi plus minusve relata ad confessionem. Alterum elementum seu *motivum impulsivum*, etiam debet referri ad confessionem, et potest esse ipsa confessio, vel propinquitas ad illam, vel magis ordinarie præsentia personæ *accedentis hic et nunc ad confitendum*; hæc enim præbent per accidens causam confessario, vel movent ipsum, ad sollicitandum; secus dici nequit confessarium sollicitare præcise *occasione confessionis*. Ideoque *sollicitatio occasione confessionis* est illa quæ contingit in adiunctis sacramenti quod *de præsenti* instituendum foret vel quod actu institutitur, secus sollicitator nequit dici agere tamquam confessarius, neque iniuria fieret sacramento quippe quod nondum existit, nec fortasse existet; neque dici posset confessarium porrigere pœnitenti "*pro curatione vulnus, pro pane lapidem, pro pisce serpentem, pro medicina venenum.*"

Concludere ergo licet quod ad hoc nempe ut sollicitatio evadat delictum denuntiandum *occasione confessionis*, necesse est ut opportunitas temporis ad sollicitandum et motivum ad sollicitandum præbeantur a confessione quæ de præsenti foret facienda, i. e., cum sacerdos sit aliquo modo determinatus ad audiendam confessionem huius pœnitentis quem sollicitaturus est, et persona quæ ad illum accedit, vel ad quam ipse accedit, inveniatur iam aliquo modo in figura vel in statu pœnitentis, seu determinata ad confessionem de præsenti faciendam.

Hinc, si sollicitatio fit quando opportunitas præbetur non a confessione de præsenti instituenda, sed a præsentia personæ quæ fortasse petierit confiteri *in posterum*, vel cui confessarius promittit confessionem, vel quam invitat vel hortatur ad confessionem de futuro faciendam, huiusmodi sollicitatio non contingit occasione confessionis, sed occasione petitionis, promissionis, vel hortationis; nec identidem dici potest sacerdotem agere tamquam confessarium, nec personam sollicitatam versari in figura pœnitentis.

Sic intellecta clausula *occasione confessionis* non restringitur ad illa adiuncta quæ proxime præcedunt confessionem de præsenti faciendam, sed occasio etiam habetur tum in ipsa confessione actuali, tum in adiunctis quæ immediate præcedunt vel sequuntur confessionem. Nemo enim est qui negare audeat sollicitationem quam inter confitendum pœnitens patiatur non contigisse *occasione confessionis*. Ex quo etiam concludere licet clausulam *occasione confessionis* magis explicare clausulas præcedentes, quæ quidem requirunt confessionem *actualem*, eas extendendo ad casum quo, quacumque de causa, confessio quæ in ordinariis circumstantiis deberet proxime sequi, tamen posita sollicitatione de facto non sequitur. Hac de causa, ad præcludenda effugia eorum qui contenderent non dari in casu sollicitationem cum non detur sacramentum, Pontifex expresse declaravit delictum committi occasione confessionis etiam confessione non secuta.

Huiusmodi interpretatio clausulæ *occasione confessionis* suum habet fundamentum in ipsis pontificiis documentis: adest in primis responsio quædam S. Officii, in qua sat clare mens legislatoris circa hanc quæstionem patefit. "Inquisitor N. consulit... 2o. An pariter procedere debeat contra sacerdotem extra locum et occasionem confessionis, dicentem mulieri eidem confiteri volenti, ut accedat domum illius præsbyteri, et profectam carnaliter cognoverit, et an huiusmodi casus sit comprehensus in Const. contra sollicitantes? Ssmus mandavit circa 2um. *non esse casum comprehensum in Bulla contra sollicitantes*". [66]

Accurate notandæ sunt circumstantiæ casus propositi in quæsito: agitur de sacerdote qui *extra locum* et *occasionem confessionis*

---

[66] S. C. S. Off., anno 1631 — *Collectio*, n. 1575 cf. *supra*, p. 68.

dicit mulieri eidem confiteri volenti, seu mulieri quæ apud illum
petit confiteri, ut accedat domum, atque ibi tunc eam formaliter
sollicitat. Dicere mulieri ut domum se conferat continet sollicitationem inchoatam in casu, nam ex eventu patet invitationem fuisse
factam ad peccandum: de facto, domi, sacerdos carnaliter cognovit
mulierem. Insuper, dicitur illam sollicitationem inchoatam contigisse quando mulier dixit confessario se velle apud ipsum confiteri,
seu cum mulier petivit confessionem; tamen hæc petitio facta est
extra *locum* et *extra occasionem confessionis*: ergo, occasio confessionis est quid diverusm a petitione confessionis. Denique, S. Officium respondit *"casum non esse comprehensum in Bulla contra
sollicitantes"*. Concludere ergo licet non adesse delictum denuntiandum si sollicitatio contingat in adiunctis petitionis confessionis, nisi talia adiuncta coincidant cum *occasione ipsius confessionis,*
vel petitio fiat *in loco* ubi audiuntur confessiones.

Similis responsio S. Officii habetur inter resolutiones anni
1661, quæ, quamvis potius ad prætextum et ad locum confessionum referatur, iuvat nihilominus ad magis declarandum quandonam habeatur sollicitatio occasione confessionis. Quæsitum fuit:
"An confessarius qui fœminam in confessionario dicentem se velle
in crastinum confiteri, sollicitat et a confessione dissuadet, sit denuntiandus?" et responsum fuit "Si sollicitatio fiat extra locum
et absque prætextu confessionis, censuerunt [Qualificatores] negativam opinionem esse probabilem, secus si in confessionario seu
in loco confessionis". [67]

In casu proposito habetur mulier quæ *in confessionario* petit
confiteri *in crastinum;* sacerdos autem *ibidem,* i. e. in confessionario, ut videtur, primo sollicitat, deinde dissuadet a confessione.
Responsio vero non directe datur, nisi in secunda parte, in qua
affirmatur adesse casum denuntiandum *dummodo* sollicitatio fiat
in confessionario seu *in loco confessionis,* at tunc non ratione petitionis confessionis, de qua nulla fit mentio in responsione, sed
ratione *loci* in quo contingit sollicitatio, cum aliqua simulatione
confessionis; nam expresse iam in prima parte responsionis nega-

---

[67] S. C. S. Off., 11 febr. 1661, ad IV.

tur dari delictum si sollicitatio contingat *extra locum* et *absque præteχtu confessionis.*

Ergo non sufficit *mera petitio confessionis* ad qualificandam sollicitationem quæ occasione petitionis fiat, nisi simul coniungatur cum confessione saltem ficta vel simulata, de præsenti sequenda, quæ fictio facile habetur eo quod mulier inveniatur sub figura pœnitentis in ipso confessionario, vel in alio loco in quo audiuntur confessiones mulierum.

Ex quibus omnibus recte concluditur clausulam *occasione confessionis* non posse interpretari de occasione *petitionis,* vel *promissionis confessionis,* aut de occasione invitationis seu adhortationis ad confessionem, nisi illa petitio, promissio, invitatio, vel adhortatio simul coniungatur cum adiunctis confessionis de præsenti illico faciendæ, vel illa petitio etc. fiat in lōco confessionis cum simulatione confessionis. [68]

Confirmantur nuper dicta ex auctoritate doctorum qui, etsi quandoque obscure loquantur, eamdem doctrinam videntur sustinere. Post Codicem, Noldin-Schmitt clare docent: *"Occasione confessionis:* si pœnitens accesserit ad confessionem hic et nunc faciendam, etsi confessio ipsa propter sollicitationem reipsa secuta non fuerit". [69] Et paulo infra: "Occasione... confessionis non ille tantum sollicitat qui in confessionale id facit, sed etiam ille qui extra confessionale sollicitat, quando petitur confessio *statim* peragenda, adeo ut confessio et petitio moraliter unum sint". [70]

Idem sentire videtur Coronata dum scribit: "Clausula *occasione confessionis* videtur adiecta ad comprehendendos casus quibus ad confessionem inchoandam iam omnia parata erant et confessio sequi debebat, licet de facto ob interpositam sollicitationem confessio ipsa locum habere non potuerit". [71] Et exemplo uberius

---

[68] In eodem sensu responsum habetur anno 1632: "Inquisitor consulit an procedere debeat contra N. ... qui post requisitam mulierem an vellet confiteri, negative respondendo, sollicitavit ad turpia, deposita prius stola ac remoto a confessionario; fuit dictum huismodi casum non spectare ad S. Off." — *Collectio,* n. 1577; cf. *supra,* p. 68.

[69] *Summa Theologiæ Moralis,* III, n. 376, 3.

[70] *Ibid.,* a, in fine.

[71] *De Sacramentis,* I, n. 437.

explicat interpretationem traditam: "Reus erit delicti sollicitationis confessarius qui, rogatus a pœnitente ut hic et nunc confessionem eius excipiat, statim annuit et pœnitentem ducit ad sedem confessionalem aut ad locum ad confessiones excipiendas destinatum, et ibi eum, non audita ullo modo eius confessione, statim ad turpia sollicitat". [72] Et addit hanc interpretationem esse vere probabilem.

Cappello quator recenset conditiones ut adsit delictum ex sollicitatione facta occasione confessionis: "Ut *certo* adsit delictum in casu, quatuor conditiones requiruntur: a) *ut confessio petatur vel expresse*, ut fit quando confessarius extra sedem confessionalem rogatur; vel *tacite*, ut fit quando confessarius est iam in sede confessionali et pœnitens accedit et genuflectit; b) ut *petatur hic et nunc statim facienda;* c) ut confessarius sive explicite seu verbis, aut signis, sive implicite seu tacite, v. gr., accedendo ad locum confessionis, annuat audire confessionem; d) ut sollicitetur fidelis qui petit *suam* confessionem, non vero confessionem alterius". [73] Breviter et clarius dixerat initio eiusdem paragraphi: "Necesse est, ut confessio *proxime* facienda postuletur, atque sollicitatio *proxime* sequatur petitionem confessionis, scl. ut confessio et petitio moraliter unum sint." Tamen aliis in locis subobscure loquitur cl. auctor, qui nihilominus opinionem hic traditam videtur semper defendere. Pro hac opinione quoque, inter recentiores, annumerandi sunt Genicot-Salsmans, [74] Jone, [75] Aertnys-Damen, [76] Cerato, qui habet hanc sententiam ut vere et solide probabilem. [77]

---

[72] *Ibid.*

[73] *De Pœnitentia,* n. 679.

[74] *Institutiones Theologiæ Moralis,* II, n. 396, 3o. "...quando pœnitens se accingit ad confessionem *hic et nunc* faciendam, etiam confessione non secuta".

[75] "Solicitation takes place *on the occasion of confession* ... if the penitent begins with a serious intention to confess, but the confession does not actually follow because the penitent, having been solicited, either indignatly leaves or consents to the solicitation, thus discontinuing his confession. One has no duty to denounce a priest who solicits him outside of confession when he asks the confessor to hear his confession the following day (not inmediately)..." — *Moral Theology,* n. 594, c.

[76] *Theologia Moralis,* II, n. 414.

[77] *De Delicto Sollicitationis,* n. 45, e.

Idem affirmaverat ante Codicem Berardi († 1916), postquam longe lateque plures casus pluresque auctorum opinones discussit. [78] Berardi nihilominus videtur nimis restringere sensum clausulæ cum dicat hanc clausulam requirere ut sollicitatio fiat *actu* aut *loco* confessionis, ita ut confessarius *iam sedeat* in loco confessionis, et mulier ad eius pedes *sit genuflexa,* [79] ex quo huiusmodi sollicitatio occasione confessionis "est illa eadem quæ a clausula *actu confessionis* vel *ante confessionem* indicatur". [80] Hoc autem probare conatur cl. auctor tum ex documentis pontificiis, tum ex auctoritate doctorum: tamen, neque documenta, neque sententiæ auctorum qui citantur, videntur restringere sensum ad illam tantum sollicitationem quæ accidat *in loco* et *in actu* confessionis. Documenta unice negant adesse sollicitationem denuntiandam si confessarius sollicitat *"extra locum et absque prætextu confessionis",* [81] vel *"extra locum et occasionem confessionis".* [82]

Ex his vero videtur non posse concludi quod insuper requiratur *actus confessionis*; imo, ipsi auctores quos citat Berardi excludunt *actum* ut non necessarium, utpote potest dari sollicitatio occasione confessionis *etiam confessione non secuta,* prout fert ipse textus constitutionis Gregorianæ. Et quoad locum etiam videntur ut sufficientem admittere quamdam propinquitatem ad illum, ita ut adsit sollicitatio denuntianda quando pœnitens, accedens ad confitendum hic et nunc, a confessario qui auditurus erat confessionem provocatur ad turpia et a confessione dissuadeatur. [85]

Ex citatione alia quam ex Pignatelli facit Berardi, omnino nequit deduci illa necessitas *actus* et *loci* confessionis, ut adsit occasio; ait enim Pignatelli: "Confessarius dicitur sollicitare occasio-

---

[78] *De Sollicitatione,* § IV, per totum, nn. 121-140.

[79] *Ibid.,* n. 137 et n. 129 *"Tertius modus".*

[80] *Ibid.,* n. 130.

[81] S. C. S. Off., 11, febr. 1661, ad IV.

[82] S. C. S. Off., anno 1631 — *Colectio,* n. 1575; Cf.; *supra,* p. 240.

[83] Castro Palao, *Opus Morale,* I, tr. IV, disp. IX, punct. VII, n. 4. Berardi citat eumdem auctorem et locum. Attamen in hoc *puncto VII* Castro Palao agit de sollicitatione *ante vel post immediate* actum confessionis. De occasione agit in puncto sequenti, ubi etiam de simulatione.

ne confessionis, si vocatus ad illam audiendam, vel in Ecclesia, vel domi pœnitentis, vel alibi, ipse hac occasione accepta, vel illam hortatur ad differendam confessionem ad aliud tempus et interim eam sollicitat; vel ex quo, hac occasione sumpta, illam sollicitat, confessio non sequitur, vel quia pœnitens noluit amplius confiteri tali sacerdoti, vel quia sollicitationi consentiens facta indisposita a confessione abstinuit". [84]

Apud veteres, præter Pignatelli († ca. 1695), possunt citari Escobar a Corro († 1642) [85] et Thesaurus († 1655) qui explicat quomodo tripliciter accidere possit sollicitatio occasione confessionis: "Primo, dum ex expressa aut tacita confessionis petitione sollicitandi motivum sumit ... Secundo ex confessione ipsa, hoc est dum intelligendo quæ cum aliis egit ... occasionem nanciscitur... ad inhonesta provocandi. Tertio cum notitia utitur, quam ex confessione habuit ad incitandum". [86] Adducitur hoc testimonium ex Thesauro, quia etsi explicite non dicat haberi occasionem quando pœnitens sit in eo ut confiteatur, tamen implicite id continetur cum dicat auctor "ex expressa aut tacita petitione confessionis"; nam tacite petit qui aliquo modo præ se fert figuram pœnitentis, v. g. accedendo ad confessarium paratum ad audiendas confessiones, et coram illo genuflectendo; expresse autem cum id verbis significat, prout a Cappello explicatur. [87]

Casus autem valde controversus est ille qui tertio loco notatur a Thesauro, scl. sollicitatio ex notita acquisita in confessione, circa conditionem libidinosam pœnitentis, vel circa eius fragilitatem et facilitatem ad peccandum turpiter. Hic tamen casus, nisi in ipsa confessione aliquod signum datum fuerit a confessario de animo concepto ex auditis ad peccandum deinde cum pœnitente, nequit admitti ut sollicitatio qualificata. Potest quidem casus supponi alicuius confessarii qui ex auditis in confessione animum concipiat peccandi postea cum pœnitente, cum quo de facto aliquando, iam in adiunctis omnino alienis a sacramento, peccat; sed, nisi

---

[84] *Consultationes*, cons. 117, p. 481, col. A.
[85] *De Confessariis Sollicitantibus*, P. I, q. IV, § I, nn. 45-52.
[86] *De Pœnis Ecclesiasticis*, s. v. "*Sollicitantes*", p. 413, Regula quarta.
[87] *De Pœnitentia*, n. 678 et n. 679; cf. etiam *supra*, p. 242.

per aliquod signum externum datum in adiunctis propriis sollicitationis manifestaverit pœnitenti suum animum peccandi, omnino
nequit dici sollicitare occasione confessionis. Adde præterea quod
casus sit difficillimæ probationis, quippe quæ practice fieri nequeat absque læsione sigilli, ideoque communiter reiicitur ab omnibus saltem recentioribus. [88]

Concludendum igitur est adesse delictum sollicitationis *occasione confessionis* quando, seria exstante intentione ex utraque
parte quodammodo manifestata instituendi hic et nunc confessionem, sacerdos sollicitat pœnitentem accedentem ad confessionem, sive sequatur sive non actualis confessio. Habetur autem sollicitatio etiam in casu quo omnia sunt parata ad confessionem,
ita ut ex communiter contingentibus confessio revera sequi deberet,
quæ tamen propter interpositionem sollicitationis ex parte confessarii non sequitur.

2 — De Sollicitatione Prætextu Confessionis

Prætextus in genere intelligitur velamen vel color quo mens
vel intentio ad aliquid agendum obtegitur. "Prætextus" ait Pignatelli, "est quod vulgo dicitur color quæsitus. Translate enim positum, prætexere accipitur pro obtendere et, quod vulgus itidem
dicit, colorem quærere... Estque facere unum sub velamine alterius quod non est neque principaliter intenditur. Sollicitare igitur
sub prætextu confessionis est sollicitare sub confessionis colore
ac specie ad turpia". [89]

Ex hac descriptione erui iam potest quandonam hæc solli-
tatio locum habeat: ille enim *prætextu confessionis* dicendus est
sollicitare qui colore confessionis obtegit suam pravam voluntatem
quæ principaliter satagit provocare ad turpia, ad quod obtinen-

---

[88] Cf. de hac re S. Alphonsum (*Theologia Moralis*, III, lib. VI, n. 678,
2o.) qui adhæret sententiæ affirmanti dari delictum, sed cum conditione,
scl. si in ipsa confessione aliquid dictum fuerit unde cognoscatur confessarii
animus sollicitandi, quæ quidem sollicitatio reducitur ad *sollicitationem inchoatam in actu confessionis.*

[89] *Consultationes*, cons. 117, p. 481, col. A, § *Prætextus*.

dum præbet vel capit confessionem tamquam motivum accedendi ad personam quacum peccare intendit. Res ergo tota hoc ordine monstratur: a) intentio confessarii præconcepta ad turpia provocandi; b) propensio ex parte confessarii qua mediante sese ostendit paratum ad confessionem audiendam; c) sollicitatio, sive sequatur sive non confessio.

Clausula ergo comprehendit in primis, ut patet, sollicitationes quæ accidant in actu confessionis, vel ante vel post immediate, cum confessarius animo iam præconcepto non ministrandi sacramentum, sed sollicitandi in eius adiunctis, audit libenter pœnitentem, qui sincere ad confessarium accedit causa peccata confitendi. Clausula tamen videtur ulterius extendere delictum ad casum confessarii qui accedit ad pœnitentem, vel illum recipit, animo parato iam ad sollicitandum, malitiose quærens vel prætexens opportunitatem sacramenti ad incitandum pœnitentem.

Et quidem in aliis clausulis consideratur confessarius qui incipit audire confessiones animo serio, vel qui animo sincero accedit ad audiendum hic et nunc pœnitentem, deinde tamen in illis adiunctis arripit occasionem ad sollicitandum et sollicitat. In præsenti autem iam ab initio id quod intendit est sollicitare, et ad id quærens prætextum ex confessione attrahit pœnitentem sub velamine confessionis, ideoque maxima iniuria fit sacramento et simul personæ pœnitentis. Sacramento enim abutitur huiusmodi confessarius tamquam *medio* ad pravum finem assequendum: simulque pœnitenti *porrigit pro medicina venenum, pro curatione vulnus.* Hac ergo clausula voluerunt Pontifices præcludere effugium sacerdotis sollicitantis in confessione, qui fortasse diceret: "nolebam audire confessionem, nolebam conficere sacramentum, sed illud prætexui quatenus accederet pœnitens, vel quatenus ego ad ad illum accedere possem".

Ex dictis eruitur duo requiri ad hoc ut detur sollicitatio qualificata *ex prætextu confessionis:* primo, prætextus debet esse ex parte confessarii relate præcise ad pœnitentem quem audit, vel quem ad confessionem hic et nunc faciendam attrahit. Secundo, necesse est ut sollicitatio contingat vel inchoata confessione, vel ita proxime ut pœnitens existat in figura pœnitentis. Facile conveniunt auctores quoad primum: "Prætexere debet confessarius", scribit Vermeersch, [90] qui tamen admittit dari etiam casus in quibus pœnitens prætexuit confessionem, ipse vero confessarius consentit sollicitationi factæ a pœnitente. Sed non videtur admittenda postrema interpretatio, cum constitutiones obvio sensu intelligendæ sint de confessario qui utitur illo prætextu. Aliunde, in casu a Vermeersch proposito, delictum esset affirmandum, non quidem ratione prætextus, sed quia confessarius *occasione confessionis*, vel *in actu confessionis* quam putabat sincere faciendam a pœnitente, externe quomodocumque consentit provocationi pœnitentis, et inde evadit reus delicti. Ipse S. Alphonsus, ut fatetur Vermeersch, excludit prætextum ex parte pœnitentis. [91]

Ceteri auctores, post Codicem scribentes, idipsum sentiunt. Ad rem Aertnys-Damen: "*Prætextu confessionis*, i. e. quando confessarius ficte proponit confessionem ad sollicitandum". [92] Clarius adhuc Noldin-Schmitt: "Est falsa allegatio confessionis ex parte confessarii". [93] Similiter expresse dicit Merkelbach: "...Quam [confessionem] prætexere debet non quidem pœnitens, sed confessarius ut pœnitentem sollicitet". [94]

Ante Codicem ita sentit Ojetti (1862-1932), [95] idque videtur affirmare Berardi [96] similiter ac Bucceroni, [97] sed nonnumquam difficillimum est veram mentem auctorum discernere eo quod quæstionem generatim per casus solvere conantur, ex quo fit ut doctrina vel interpretatio textus legis lateat sub multitudine suppositionum. Ballerini non dubitavit scribere: "Quæ quidem postrema particula [*prætextu confessionis*] quemnam exacte sensum habeat, non est satis perspicuum, nec facile est determinare quid sit sollicitatio prætextu confessionis extra locum confessionis. Prætextus heic innuitur adhibitus a confessario". [98]

---

90 *Theologia Moralis*, III, n. 559, 4.
91 *Theologia Moralis*, III, lib. VI, n. 679.
92 *Theologia Moralis*, II, n. 414, 4o.
93 *Summa Theologiæ Moralis*, II, n. 376, 4.
94 *Summa Theologiæ Moralis*, III, n. 641, 4.
95 *Synopsis Rerum Moralium et Iuris Pontificii* (3. ed., 4 vol., Romæ, 1909-1914), III, s. v. *Sollicitatio*, col. 3726 (deinceps citandus *Synopsis*).
96 *De Sollicitatione*, n. 151.
97 *Commentarius de Sollicitatione*, n. 17
98 V, n. 717.

Magis adhuc implicatior redditur quæstio cum auctores aliam sibi proponant difficultatem, nempe, utrum detur sollicitatio prætextu confessionis, cum confessarius et pœnitens communi consensu prætexunt confessionem ut alii adstantes discedant e loco ubi peccare mutuo consilio determinaverant? Missis ergo his quæstionibus pro nunc, id tantum affirmatur in præsenti, scl. iuxta textum constitutionis, obvio sensu, *prætextus* intelligitur a confessario, non a pœnitente, adhibitus relate ad illum quem vult sollicitare sub velamine confessionis. Et in hoc sensu, hodie saltem, omnes auctores conveniunt. [99]

Venit nunc declarandum qua ratione necesse sit ut sollicitatio facta *prætextu confessionis* contingat vel in ipsa confessione saltem vix inchoata, vel ita proxime ad illam, ut pœnitens existat iam in figura pœnitentis. Dictum fuit supra [100] haberi prætextum confessionis cum confessarius animo præconcepto sollicitandi quærit opportunitatem confessionis quatenus propositum perficiat: ideo externe sese paratum ostendit ad confessionem hic et nunc audiendam, vel ad eam inducit pœnitentem, vel accedit ad pœnitentem aegrotantem apparenter ad eius excipiendam confessionem. Age vero, nisi detur aliquale initium confessionis, ita ut persona sollicitanda possit iam dici in statu esse pœnitentis vel habere figuram pœnitentis, omnino nequit esse quæstio de prætextu confessionis. Requiritur enim ut sollicitatio in actum de-

---

[99] Possunt consuli, præter supra citatos, sequentes auctores: Davis, qui non dubitat affirmare: "Semper debet dari aliqua fictio quæ pœnitentem decipiat...; non vero adest prætextus si et femina et confessarius, ut alii decepti e cubiculo discedant, mutuo fingunt partes pœnitentis et confessarii, et tunc illa sive hic sollicitare incipiat."—*Moral and Pastoral Theology*, III, 398. Regatillo, scribit: "*Prætextus confessionis*, falsa allegatione seu colore aut apparentia a confessario data."—*Institutiones Iuris Canonici*, II, n. 1117, 3o. Valde clare et expresse Arregui notat: "...falsa allegatione confessionis ex parte confessarii", et subiunxit in notula: "Unde si sacerdos confessionem prætexat ut sollicitet pœnitentem, non si pœnitens ut confessarium sollicitet, nec si uterque ex condicto ut alios fallant."—*Summarium Theologiæ Moralis*, n. 652, B, d. Et ita plures alii: Iorio, *Theologia Moralis*, III, n. 523, 4); Genicot-Salsmans, *Institutiones Theologiæ Moralis*, II, n. 396; 4o.; Jone, *Moral Theology*, n. 595, d.

[100] p. 246.

ducatur cum pœnitens iam est in loco confessionis, vel libenter annuit invitationi confessarii ad confitendum et ideo accedit iam iam ad confitendum, quamvis non præcise genuflexerit coram confessario. In iis omnibus habetur abusus sacramenti, eo quod sacramentum adhibetur a confessario tamquam medium ut alliciat personam ad locum in quo vult sollicitare, ac cum deberet confessarius administrare sacramentum tunc præcise sollicitat. Ideo non datur casus si sollicitatio fit prætextu *invitandi* ad confessionem *in posterum instituendam*, vel dum solummodo confessarius quærit a persona utrum velit confiteri, et persona negative respondet.

Quonam vero iure clausula *prætextu confessionis* intelligenda sit modo dicto, ex tenore documentorum videtur posse declarari: Constitutiones Gregorii XV et Benedicti XIV, diversis terminis taxative determinant circumstantias in quibus confessarius si sollicitet ad turpia, reus evadit delicti qualificati quod vocatur in genere sollicitatio in confessione. Hæ circumstantiæ, ita præcise per terminos saltem in se distinctos determinatæ, *nequeunt simpliciter reduci ad unam eamdemque circumstantiam*, scl. ad actum confessionis; si ita esset, huiusmodi clausulæ essent superfluæ, quod nemo asserit. Quid ergo addunt? Addunt declarationem extensivam delicti ad omnes illos casus sollicitationis qui contingant in adiunctis arcte connexis cum circumstantia centrali vel principali, actu nempe confessionis, cuius figura aliquo modo debet prælucere in ceteris. Hac ergo de causa, quando agitur de adiunctis temporalibus quæ præcedunt vel sequuntur ipsum actum confessionis, necesse est ut hæc adiuncta ita immediate coniungantur cum illo actu, sive a parte ante, sive a parte post, ut cum illo unum moraliter efficiant.

Simili modo, quando Pontifices declarant adesse delictum si sollicitatio contingat *occasione* vel *prætextu* confessionis, etiam *confessione non secuta*, tum occasio, tum prætextus debent ita præseferre figuram illius cuius dicuntur occasio et prætextus, ut etiam non secuto actu confessionis nihilominus ex proprietate sermonis dici possint *occasio confessionis, vel prætextus confessionis*.

Ideoque sollicitatio quæ contingat in præfatis adiunctis debet arcte referri sive ad ipsum actum confessionis, sive ad locum confessionis, sive ad quamdam fictionem confessionis, utpote ex iis tribus dumtaxat haberi vel cognosci potest figura confessionis. Animadvertendum tamen quod, cum quæstio est de figura confessionis quæ habetur ex loco vel ex fictione confessionis, sufficit plerumque quædam proximitas immediata, ita ut possit dici in talibus adiunctis omnia parata esse ad confessionem quæ de facto sequeretur ex communiter contingentibus. [101]

Hæc autem confirmantur responsione, iam pluries allegata, S. Officii ad quæsitum: "An confessarius, qui fœminam in confessionario dicentem, se velle in crastinum confiteri, sollicitat, et a confessione dissuadet, sit denuntiandus? *Si sollicitatio fiat extra locum confessionis, et absque prætextu confessionis, censuerunt* [Qualificatores] *negativam opinionem esse probabilem; secus si in confessionario seu in loco confessionis.*" [102] Ex hoc indirecto responso sequitur adesse delictum: 1) si sollicitatio fiat *in loco confessionis* simpliciter, cum vel absque prætextu; id expresse enuntiatur in secunda parte responsionis, et 2) si sollicitatio fiat *prætextu confessionis et in loco confessionis*, ut patet.

At, quid dicendum si sollicitatio fiat *tantummodo* prætextu confessionis? Affirmative videtur respondendum, quia nequit existere prætextus sine *aliqua figura* confessionis cuius est prætextus: unde requiritur saltem ut pœnitens adducatur ad locum confessionis et confessarius sese ostendat, etsi ficte, paratum ad excipiendam confessionem, quia, quamvis prætextus aliquando in solis verbis possit consistere, in casu necesse est ut *factis* demonstretur, secus non habetur figura confessionis, et consequenter non datur illa iniuria sacramento illico administrando, quæ respicitur in delicto sollicitationis, etiamsi de facto non sequatur confessio ob interpositam sollicitationem.

Nuper exposita interpretatio confirmatur ex consideratione opinionum quæ ultra modum extendere videntur sensum clausulæ *prætextu confessionis.* Est in primis opinio illorum qui contendant

---

[101] Fingi potest casus valde practicus de confessario qui ducit puerum ad cubiculum *prætextu confessionis*, et iam in cubiculo, etsi nondum sedeat confessarius, nec genuflexerit puer, si confessarius ad turpia sollicitet puerum, reus erit delicti denuntiandi, quia sollicitat *prætextu confessionis*. Quod nemo negabit.

[102] S. C. S. Off., 11 febr. 1661, ad IV.

dari delictum denuntiandum toties quoties sollicitatio quocumque modo coniungatur cum prætextu petitionis vel invitationis ad confessionem quæ sit instituenda in futuro; vel cum prætextu confessionis ad sollicitandam personam, non ipsius pœnitentis, sed alicuius tertii (casus confessarii qui prætextu audiendi confessionem matris ægrotæ, sollicitat filiam); vel in casu quo confessarius sub prætextu audiendi confessionem requirit a superiore licentiam exeundi, qua obtenta pergit ad turpiter peccandum. Iam vero in iis omnibus casibus prætextus et sollicitatio inde consequens ita aliena sunt a confessione ut nec confessio ficta habeatur illius personæ quæ sollicitatur, nec eius figura. Hic autem certo certius non est sensus clausulæ constitutionis, ut aperte demonstratur ex supra citato responso S. Officii anni 1661.

Adest quoque opinio aliorum qui, etsi videantur requirere arctiorem coniunctionem prætextus et sollicitationis cum confessione vera vel ficta, affirmant insuper prætextum posse adduci non tantum a confessario, sed etiam a pœnitente, vel ab utroque ex mutuo consilio, quia, uti dicunt, prætextus adduci debet non necessario ad decipiendum pœnitentem, sed potest etiam adduci ad fallendos alios quatenus sollicitatio facilius in finem perducatur, vel adduci quoque potest ad obtinendum consensum pœnitentis in sollicitationem iam factam.

In iis autem vel latet quædam æquivocatio, ita ut potius quæstio sit de sollicitatione *ex simulatione confessionis in loco confessionum*, de qua infra erit agendum, vel sollicitatio nullo modo coniungitur cum confessione; etenim eo ipso quod sacerdos et pœnitens loquuntur de prætextu confessionis adducendo ad facilius peccandum, iam habetur sollicitatio, sed non qualificata quippe quæ contingat extra adiuncta et absque figura confessionis. Insuper hæc opinio, quæ non uno modo neque eadem amplitudine solet defendi ab aliquibus, ita ambigue proponitur, ut non nisi extrinsece fortasse probabilis sit propter auctoritatem patroni.

Rem iuvabit exemplo illustrare. Ait Berardi: [103]

> Secundus casus est, si prætextus non iam a confessario
> ad decipiendum pœnitentem, bene vero tam a confessario

---

[103] *De Sollicitatione*, n. 150.

quam a pœnitente ad decipiendos domesticos directus fuerit. Comprehenditurne in Bulla casus iste? S. Lig. (n. 679)
aliique nonnulli valde ambigue loquuntur... Ego vero cen-
seo quod, si prætextus cum aliqua confessionis figura coniungatur, verissimus sollicitationis casus iam adsit; nulla
enim ratio suadet quod casus huiusmodi in legi comprehendi non debeat. Hinc rectissime, meo sensu, cl. Ballerini
(n. 590, b**) scripsit: "Neque enim necesse est ut prætextus confessionis referatur ad decipiendum seu captandum
pœnitentem." ...Atque ita sentiunt theologi passim, v. g.
Roncaglia, Potestas, Diana, Cozza, Comment. Patav., Piat et
Salmanticenses, qui aiunt: "Sed dicta vera sunt, dummodo
hæc non fiant sub confessionis figura ad domesticos illudendos." Notandum tamen quod, quamvis theologi isti in hac
conclusione mecum conveniant, censent sic esse dicendum
ex clausula sequenti [!] nempe *simulatione* confessionis. Ego
autem cum Mazzotta, Cunnilliati [1687-1795], aliisque existimo quod præcise ex clausula *prætextus*, ut modo dice-
bam, denunciatio fieri debeat. Imo existimo quod nequidem
simulatio presse sumpta exigatur; bene vero sufficiat si
prætextu confessionis familiares arceantur, et sic, eo ipso
quod confessarius solus cum sola remaneat, aliqua, ut dixi,
confessionis figura constituatur."

Pace tanti auctoris, hæc omnia et obscura et ambigua nimis
sunt; imo vero, sibi constare non videtur cum rationes ex aliis
commentatoribus desumptæ suo valore destituantur, eo quod illi
non de clausula *prætextu* sed de sequenti clausula loquantur, ut
ipse Berardi candide fatetur. Quo modo talis interpretatio suum
habeat fundamentum in lege, patronus non dicit, sed videtur contentus argumento auctoritatis. Insuper, adest flagrans contradictio
inter id quod ipse Berardi affirmat atque id quod ex Salmanticensibus citat. [104]
Iam vero, hæc diversitas opinionum, atque ipsa obscuritas in

---

[104] Legantur ea quæ relate ad eamdem quæstionem inveniuntur apud
Cappello, *De Pœnitentia*, n. 681.

expositione, reddit valde dubiam hanc interpretationem, quæ nimis extendit sensum clausulæ, etiam ad casus in quibus non a confessario, sed a pœnitente, vel ab utroque prætextus adducitur ad sollicitationem occultandam. Igitur, cum de odiosis sit quæstio, interpretatio restringenda est ad casum dumtaxat quo confessarius ipse sit qui confessionem prætexerit.

Iuxta normam ergo supra expositam, proponuntur in sequentibus solutiones ad casus varios sollicitationis *ex prætextu confessionis*, de quibus communiter mentio fit apud auctores:

1) Sacerdos qui, volens turpiter peccare, ad obtinendam veniam exeundi a suo superiore, affert prætextum audiendi confessionem personæ quacum peccare intendit, non est reus sollicitationis delicti: prætextus in casu nullo pacto coniungitur cum confessione. Id enim quod fit prætextu confessionis audiendæ est fallax obtentio licentiæ exeundi, non autem sollicitatio; prætextus adhibetur ad decipiendum superiorem, non pœnitentem. [105]

2) Sacerdos qui *pro sequenti die* mulierem invitat ad confessionem, et *sequenti die* illam accedentem statuta hora statim sollicitat quin de confessione denuo sit mentio, non erit reus delicti sollicitationis si sollicitatio fiat *extra locum* confessionis; erit reus istius delicti si illam accedentem et ita immediate ad confessionem ut iam adsit quædam figura confessionis, vel quædam inchoata confessio, sollicitat. Et ratio est in prima parte quia, etsi mulier veniat ad confitendum eo quod vocata fuit pridie a confessario, nondum adest coniunctio requisita cum confessione, usque dum vel inveniatur in ipso loco confessionis, vel ita proxime ut ex communiter contingentibus confessio sequi deberet. [106]

____

[105] Merkelbach, *Summa Theologiæ Moralis*, III, n. 641, 4, b); Vermeersch, *Theologia Moralis*, III, n. 559, 4, in fine; Cappello, *De Pœnitentia*, n. 682; Coronata, *De Sacramentis*, I, n. 438; S. Alphonsus, *Theologia Moralis*, III, lib. VI, n. 679. Unanimiter auctores negant adesse sollicitationem denuntiandam in casu, sed ex diversis rationibus, ita, v. g., Ballerini (V, n. 720) admittit prætextum in casu non velare sollicitationem, sed esse medium ad sese subtrahendum a superiore; negat tamen esse de ratione prætextus in clausula, ut sit ad decipiendum pœnitentem.

[106] Tenent adesse sollicitationem etiam in prima parte suppositionis, Rota, *Enchiridion*, n. 288; et ut videtur Coronata, *De Sacramentis*, I, n. 438; expresse admittitur a Ferraris, *Bibliotheca*, III, s. v. "Confessarius," n. 29.

3) Sacerdos qui ad extorquendum consensum in sollicitationem iam factam complici promittit se postea confessionem eius auditurum, non est reus sollicitationis delicti, nam ipsa sollicitatio facta fuit absque ullo prætextu confessionis, et insuper supponitur extra alia adiuncta propria delicti. Prætextus in casu unice affertur ad consensum in sollicitationem iam factam. [107]

4) Sacerdos, volens peccare cum aliqua femina, illi suadet ut se fingat infirmam, atque prætextu se apud illum confitendi eum advocet; eo demum accedente prætextu confessionis instituendæ sacerdos efficit ut familiares e cubiculo discedant, et tunc peccatum patratur: est quidem reus delicti sollicitationis, non tamen ratione clausulæ prætextu confessionis, sed eo quod sollicitatio facta est in loco electo ad confessionem, *cum simulatione audiendi ibidem confessionem,* prout declarabitur in sequenti clausula. [108]

5) Confessarius qui consentit sollicitationi factæ a muliere quæ fingens se ægrotam, eum ad se confitendum vocat et sollicitat, erit denuntiandus tamquam reus sollicitationis si consentit sollicitationi factæ inchoata iam confessione, quia tunc adest delictum,

---

[107] Admittit eamdem solutionem Cappello, *De Pœnitentia,* n. 582, b); Merkelbach, *Summa Theologiæ Moralis,* n. 641, 4, d); Coronata, *l. c.*

[108] Magna diversitas inter auctores adest circa hunc casum: S. Alphonsus videtur idem tenere (*Theologia Moralis,* III, lib. VI, n. 679) cum dicat: "Idem dicendum puto... quando confessarius in loco deputato, et sub confessionis figura vel specie, simulat, ad illudendos spectantes, confessionem audire et sollicitat." Initio tamen eiusdem numeri proponit paulo aliter casum, et negative respondet; hinc dubium est utrum ille neget adesse sollicitationem in casu, ratione simulationis in loco electo ad confessionem. Cappello (*De Pœnitentia,* n. 684, c) simpliciter negat adesse delictum, quamvis aliter deinde casum proponendo affirmat adesse delictum, scribens: "Denuntiandus videtur confessarius ex cuius *consilio* mulier quæ diffamationem timens, peccare renuebat, se fingit ægrotam ut advocet confessarium quocum peccet." Tandem concludit: "Res est dubia, cum plures negent." Coronata, *De Sacramentis,* I, n. 438) affirmat adesse delictum, et quidem ratione *prætextus confessionis.* Merkelbach (*Summa Theologiæ Moralis,* III, n. 641, 4, a) dicit *probabiliter* non dari delictum in casu, quia non prætextu confessionis sollicitat, sed peccatum mere exsequitur, ita ut prætextus ordinetur non ad sollicitationem, sed ad alios decipiendum.

non ratione prætextus, sed quia consentit sollicitationi in actu confessionis, vel immediate ante. Non erit denuntiandus, si antequam
ulla sit quæstio de confessione, mulier eum sollicitat et ipse consentit. [109]

6) Sacerdos qui vocatus a matre puellæ aegrotantis, ut excipiat confessionem filliæ, accedit ad puellam pravo animo illique ,
dicens se ad eius confessionem audiendam venisse vel vocatum
fuisse, et tunc sollicitat, est certo reus delicti sollicitationis, quia
sollicitat *prætextu vel occasione* confessionis: arripit enim opportunitatem sibi oblatam audiendi confessionem puellæ, qua mediante ad eam accedit et eamdem sollicitat sub velamine confessionis [110]

7) Sacerdos qui curat ut persona mittatur in proprium cubiculum confitendi causa, vel qui novit personam in cubiculum
venire confessionis instituendæ causa, eamque ibidem sollicitat,
sollicitat prætextu confessionis in prima hypothesi, *et occasione
confessionis* in altera, quia vocat pœnitentem animo ficto, vel
arripit occasionem sponte oblatam ad sollicitandum, et quidem in

---

[109] Maxima cum claritate Salmanticenses (V. Tr. XXI, c. IV, punct. III,
§ IV, nn. 53 et 54) eodem modo casum solvunt dicentes: "Huic quæstioni
distinctione respondendum est, vel Confessarius consentit confessione iam incœpta, aut non. Si primum, denuntiandus est; ... Si secundum, non est
denuntiandus; quoniam in tali casu nulla fit iniuria Sacramento, cum non sit
incœptum, nec adsit prætextus confessionis ex parte Confessarii, qui specialiter
intenditur a Pontifice prohiberi." Ita quoque habetur apud Escobar a Corro,
De Confessariis Sollicitantibus, P. I, q. II, n. 46. Similiter S. Alphonsus, *Theologia Moralis*, III, lib. VI, n. 679. Inter recentiores, Coronata dicit *auctores non
convenire.—De Sacramentis* I, n. 438; Merkelbach (*Summa Theologiæ Moralis*,
III, n. 641, e) negat, absque distinctione adesse sollicitationem denuntiandam.
E contra, Vermeersch (*Theologia Moralis*, III, n. 559, 4) simpliciter affirmat
"prætextu confessionis etiam ille sollicitat qui, dum confessio prætexta est,
cum alio peccat." Cappello negat, modo confessio *nec incœpta nec finita fuerit;*
alterum membrum potius legendum esset: *vel iam finita fuerit,* patet enim
adesse sollicitationem denuntiandam si *durante confessione* (nondum finita)
confessarius consentit externe provocationi pœnitentis." — *De Pœnitentia,* n.
681, 3o.

[110] De hoc casu facile conveniunt auctores. Cf. v. g., Vermeersch, *l. c.*
Merkelbach, *l. c.*; Cappello, *o. c.*, n. 681, 3o.

loco confessionis, prout suponitur esse cubiculum sacerdotis pro pœnitentibus maribus. [111]

8) Sacerdos qui invitat personam ad illico confitendum, eamque annuentem ducit ad locum confessionum, et in eundo sollicitat, est reus delicti modo inter invitationem et confessionem quæ illico secutura esset nulla alia actio interponatur præter sollicitationem: et ratio est quia statim ac persona annuit et ducitur præcise ad locum confessionum, iam adest aliqua figura confessionis, sacerdos non potest non respici tamquam confessarius, et in communiter contingentibus confessio de facto sequeretur. Non tamen videtur posse admitti casus prout a Cappello proponitur cum scribit: "Adest crimen sollicitationis, si sacerdos mulierem in ecclesia orantem interroget an sit parata ad confitendum, eoque prætextu illam sollicitet." [112] Sollicitatio in casu fit sub prætextu *interrogationis* an sit parata ad confitendum; non autem adest prætextus confessionis, cuius nec figura exstitit.

Ex hucusque dictis erui iam potest distinctio inter clausulam *"occasione aut prætextu confessionis"* et clausulam præcedentem *"in actu confessionis sacramentalis, vel ante, vel immediate post;"* similiter distinctio inter sollicitationem quæ fiat *occasione* et illam quæ fiat *prætextu confessionis.* Quoad primum, patet clausulam *occasione aut prætextu confessionis* non adæquate distingui a præcedentibus: omnis quidem sollicitatio quæ fiat in actu confessionis sacramentalis, vel ante aut immediate post ipsam, eo ipso fit occasione confessionis; sed illa tantum sollicitatio quæ contingat immediate ante confessionem, *etiam confessione non secuta,* est quæ principaliter saltem, quamvis non unice, respicitur in clausula *occasione confessionis;* et similiter dicendum est de *prætextu,* nam etsi in actu confessionis, vel ante, vel immediate post contingere potest sollicitatio *prætextu confessionis,* tamen clausula huiusmodi respicit principaliter illam sollicitationem quæ contingat prætextu confessionis ad quam statim instituendam confessarius perverse et ficte adduxerit pœnitentem.

---

[111] Cerato, *De Delicto Sollicitationis,* n. 45, d; Merkelbach, *Summa Theologiæ Moralis,* III, n. 641, 4; Vermeersch, *Theologia Moralis,* III n. 559, 4.

[112] *De Pœnitentia,* n. 681, 3o.

Igitur clausula *occasione aut prætextu confessionis* dici potest addita ad maiorem declarationem præcedentium quas et comprehendit et simul extendit ad casus in quibus quacumque de causa confessio quæ illico esset secutura, vel deberet sequi ex communiter contingentibus, ob interpositam sollicitationem non sequitur; nec non ad illos alios casus in quibus delictum abesse crederetur eo quod confessio non nisi ficte intenderetur a sollicitante, et cuius solummodo aliqua figura existat.

Quoad alterum, scl., quoad distinctionem inter occasionem et prætextum, distinctio petitur ex diverso modo quo confessio, vera vel ficta, assumitur a confessario tamquam opportunitas ad sollicitandum. Quando hæc opportunitas ultro se offert, quia pœnitens sponte accedit ad confitendum, vel durante confessione de peccatis turpibus v. g., se accusat, confessarius, si hanc opportunitatem capiat ad sollicitandum, dicitur sollicitare *occasione confessionis.* Quando vero ipse confessarius malitiose quærit hanc opportunitatem et ideo inclinat vel trahit pœnitentem ad confessionem de præsenti instituendam, vel apud illum se confert allegans confessionem illico instituendam, vel durante confessione sollicitat dicendo, faciendo vel proponendo turpia tamquam pertinentia ad confessionem, tunc confessarius dicitur sollicitare *prætextu confessionis·* Ex quo etiam sequitur quod, quando agitur de sollicitatione occasione confessionis, confessarius accedit ad confessionem animo serio, vel nonnumquam etiam ficto, illam excipiendi; sed cum agitur de prætextu, confessarius accedit semper animo doloso.

SECTIO III— DE NEXU LOCALI

Postrema clausula circa adiuncta in quibus sollicitatio evadit delictum denuntiandum sic in Benedictina constitutione·legitur: *"vel etiam extra occasionem confessionis in confessionali, sive in alio loco ad confessiones audiendas destinato, aut electo, cum simulatione audiendi ibidem confessionem."* [113] Nova ergo circumstantia in qua delictum committi potest est *locus confessionis,*

---

[113] Const. *Sacramentum Pœnitentiæ,* § 1.

non tamen quatenus ibidem contingat sollicitatio dum *actu* audiantur confessiones, [114] sed quatenus etiam absque actuali ministratione sacramenti sollicitatio in illo loco facta duplici ratione lædit vel lædere potest dignitatem sacramenti et bonum animarum, nempe, quia sacerdos in illo loco sollicitans abutitur loco ordinarie vel extraordinarie deputato ad sacramentum administrandum, et præsertim quia huiusmodi sollicitatio fit sub apparentia vel simulatione administrationis sacramenti.

Agitur ergo de circumstantia diversæ omnino rationis ac in præcedentibus, in quibus requirebatur ipsum sacramentum actuale vel eius saltem aliqualis figura, quod sat obvie indicatur in ipso textu constitutionis, cum notetur adesse delictum denuntiandum in casu quando etiam *extra occasionem confessionis* confessarius sollicitet *in loco confessionum et simulando audire confessionem.* Oportet ergo, ad totius clausulæ rectam interpretationem, quædam prænotare, primo, circa *diversa loca* in quibus audiuntur vel audiri possunt confessiones; deinde, circa *sensum simulationis* confessionis; quibus declaratis, *de sensu* denique *ipsius clausulæ* quæstio erit agitanda.

1 — De Locis ad Audiendas Confessiones

In clausula supra relata, de tribus locis in quibus confessiones audiuntur fit mentio: *confessionale,* nempe, *alius locus destinatus ad audiendas confessiones, locus* denique *electus ad audiendam confessionem.* In comperto est quid veniat nomine *confessionalis* seu *sedis confessionalis.* Posset ita describi: ædicula lignea (generatim), interne continens sedem pro confessario, externe vero duplex vel unicum genuflexorium pro pœnitentibus, interpositis hinc inde, confessarium inter et pœnitentem, duabus fenestellis crate fixa obductis, ita ut vox quidem audiri possit,

---

[114] *Supra* (p. 227) dictum manet delictum adesse *semper ac* in *actu* confessionis confessarius ad turpia sollicitat, *quocumque loco,* etsi illicite instituatur **confessio.**

confessarius vero et pœnitens nec respici nec tangi ad invicem possint. [115]

Quædam præscripta tradit Codex circa hanc sedem, et primo quoad locum in quo est collocanda: "Sedes confessionalis ad audiendas mulierum confessiones semper collocetur in loco patenti et conspicuo, et generatim in ecclesia vel in oratorio publico aut semi-publico mulieribus destinato." [116] Quoad eiusdem generalem contexturam: "Sedes confessionalis crate fixa ac tenuiter perforata inter confessarium et pænitentem sit instructa." [117]

Circa hanc descriptionem quæsitum fuit: "Utrum canone 909, § 2: *sedes confessionalis* crate fixa ac tenuiter perforata inter pœnitentem et confessarium sit instructa, pro mulieribus tantum, an generaliter pro pœnitentibus ut forma propia audiendi confessiones in ecclesiis et publicis oratoriis sit servanda." Ad quod Commissio Pontificia ad C. J. C· canones authentice interpretandos respondit: "Negative ad primam partem, affirmative ad secundam, firmo tamen præscripto canonis 910 § 2." [118] In quibus verbis cognoscitur obligatio adhibendi talem sedem, et completur præscriptum canonis 910, § 1: "Feminarum confessiones extra sedem confessionalem ne audiantur, nisi ex causa infirmitatis aliave veræ necessitatis et adhibitis cautelis quas Ordinarius loci opportunas iudicaverit. § 2. Confessiones virorum etiam in ædibus privatis excipere licet".

---

[115]   Bucceroni, *Commentarius de Sollicitatione,*, n. 20; Coronata, *De Sacramentis*, I, n. 440.

[116]   Can. 909, § 1.

[117]   Can. 909, § 2. Hæc autem compleri possunt per quamdam responsionem S. C. Episcoporum et Regularium: "Che li confessori, così secolari come regolari, volendo amministrare questo sacramento [confessionis] a persone secolari di qualsivoglia sesso o età chi siano, debbano farlo in chiesa, con la stola al collo, alla fenestrella del confessionario quali abbia i forami così angusti che non possa passarvi il dito auricolari, eccettuati peró i casi d'infermità, o d' altra precisa necessità o congruenza morale, ne' quali possino confessare nella sacrestia, o altro luogo decente, col solo abito regolare, e così anche per servizio degl' infermi nelle loro case." S. C. Ep. et Reg., *Pisauren.,* 22 sept. 1645. — *Fontes*, n. 1774.

[118]   24 nov. 1920 — AAS, XII (1920), 576.

Quid veniat nomine *alius loci destinati ad audiendas confessiones* non uno verbo potest responderi, quamquam res in se videtur sat obvia: nam ex una parte, huiusmodi locus debet esse *alius* ac *sedes confessionalis proprie dicta*, quod explicite in eadem clausula dicitur; ex altera parte, debet esse locus *destinatus*, quod videtur importare destinationem *antecedentem* ad momentum quo aliqua confessio auditur, etenim contradistinguitur hic locus *destinatus* a tertio loco qui dicitur *electus*. Locus ergo destinatus ad audiendas confessiones dici potest ille qui *legitime et antecedenter* in hunc finem deputatur a competente auctoritate, non a confessario qua tali, et qui *non necessario* præsefert formam sedis confessionalis stricte dictæ: Complectitur ergo ipsam sedem confessionalem quæ in ecclesiis vel oratoriis publicis vel semi-publicis ad normam Codicis collocatur, et ab ipso Codice habetur tamquam sedes propria destinata ad confessiones. Insuper, complectitur loca diversi generis quæ, sive ab Ordinariis locorum, sive a Superioribus religiosis, sive a Rectoribus alicuius collegii vel domus piæ, iuxta normas iuris communis et iuxta particulares normas atque consuetudines probatas *destinatur* ad audiendas confessiones eorum qui in circumstantiis peculiaribus sunt constituti, ita ut modo quodam *stabili* in hunc finem talis locus sit deputatus.

Huiusmodi loca sic destinata sunt, v. g., cellulæ et similia, in quibus confessiones religiosarum, vel convictorum aut convictricium in monasteriis vel collegiis, solent audiri; similiter, genuflexorium, vel subsellium cum crate, quod in sacristia vel in collocutorio domus rectoralis collocatur, in quo surdastri solent confiteri; vel etiam alia similia quæ adhiberi solent in collocutoriis conventuum vel domorum religiosorum pro commoditate et diversitate personarum, negotiorum atque temporum. Solent enim personæ confessarium adire petendi consilii gratia, qua nacta occasione simul confiteri exoptant, et ad genuflexorium, crate munitum, confessionem instituunt. Hæc omnia, obvio sensu, dicuntur loca *designata* ad audiendas confessiones: in hunc etenim finem, *antecedenter, legitime et stabiliter* deputata sunt a *competente auctoritate*. Attamen, cum non sint forma sedis confessionalis structa, vel cum non præcise in ecclesiis vel in oratoriis publicis aut semi-publicis collocata inveniantur, ideo diverso ac sedis confessionalis nomine donantur.

Hæc cohærent cum sensu, textu et contextu constitutionum apostolicarum, atque auctores fere unanimiter in idipsum conveniunt, paucis contradicentibus. "Locus destinatus", ait Davis, "est locus consuetus ubi quandoque sedet confessarius ratione sui officii, sive desit sive non consuetum confessionale in ecclesia. Eiusmodi locus est sacristia quando ibi habetur sedes confessionibus destinata, uti mos est in conventibus; vel locutorium, uti mos est in sacerdotum confessionibus apud præsbyterium, vel locum in institutis pro feminis, orphanis et ita porro, qui adhibetur ut confessionale pro omnibus adeuntibus". [119]

Bucceroni modo generaliori scribebat: "[locus destinatus] est quicumque alius locus a confessionali distinctus, *ubi confessiones audiuntur*; talis esse videtur genuflexorium in sacristia, vel apud religiosos in cellulis ubi confessiones excipiuntur." [120] Quæ omnia indicant quamdam destinationem stabilem, antecedenter factam ad momentum in quo confessiones audiuntur. Et hic est modus loquendi apud omnes auctores post Codicem scribentes, qui solent per modum exempli unum alterumve ex dictis locis *destinatis* ad audiendas confessiones extra ecclesiam vel oratorium indicare. [121]

Ideo non videtur magni momenti controversia quæ viguit inter quosdam ante Codicem scribentes circa distinctionem inter confessionalia et loca destinata ad audiendas confessiones. Hodie, iuxta præscriptum Codicis, pro confessionalibus proprie dictis

---

[119] *Moral et Pastoral Theology*, III, 399.

[120] *Commentarius de Sollicitatione*, n. 20.

[121] Noldin-Schmitt, *Summa Theologiæ Moralis*, III, n. 376, 5, b: "Locus ad audiendas confessiones *destinatus* esset, e. g., cella in qua pœnitentes surdastri audiri solent." Genicot-Salsmans, *Institutiones Theologiæ Moralis*, II, n. 596, 5o, b: "sacristia vel cellula in qua alumni alicuius Seminarii solent confiteri." Cappello, *De Pœnitentia*, n. 684: "Eiusmodi sunt sacristia, ubi in gratiam v. g., surdastrium, habetur sessorium pro sacerdote et genuflectorium pro pœnitente, vel locutoria in conventibus religiosorum, ad usum sacerdotum adventantium." Similiter Merkelbach, *Summa Theologiæ Moralis*, III, n. 641, 5, b); Jone, Moral Theology, n. 595, e; Wouters, *Manuale Theologiæ Moralis*, II, n. 418, 5, a).

habenda sunt illæ ædiculæ ligneæ quæ in ecclesiis vel in oratoriis publicis aut semi-publicis collocantur. Loca vero *destinata*,
illa alia quæ ut vera confessionalia habenda sunt, quæ tamen
non collocantur in ecclesiis vel in oratoriis, sed quæ nihilominus
stabiliter, antecedenter, destinata sunt ad audiendas confessiones.
Potest consuli de hac controversia Pennacchi [† 1898], [122] et inter
recentiores Coronata. [123] Nec defuerunt inter doctores ante Codicem scribentes qui interpretationem hic propositam ut genuinam
et ad mentem constitutionum amplecterentur, v. g. Berardi. [124]

Venit denique determinandus sensus verborum *"locus electus
ad audiendas confessiones."* Quæstio est hæc valde controversa,

---

[122] *Commentaria*, II, 182, nota 1.

[123] *De Sacramentis*, I, n. 441.

[124] *De Sollicitatione*, n. 155: "Iuxta communissimam enim theologorum
interpretationem, phrasi ista [alius locus destinatus...] indicantur loca illa,
quæ, quamvis confessionalis formam non habeant nec confessionalia dicantur,
tamen stabili destinatione ad audiendas confessiones sunt deputata, prout
sunt quædam cellulæ, in quibus adest sessibulum pro confessario et genuflexorium pro pœnitente cum imagine Crucifixi, atque ad virorum confessiones
deserviunt." Non tamen videtur admittendum quod subiunxit: "Pro loco destinato videtur etiam quod intelligi debeat locus apud lectum infirmorum in
hospitalibus," prout statim ostenditur in textu relate ad quæstionem de *loco
electo*.

Hodie similiter non videtur attendenda, saltem in tota sua amplitudine,
responsio S. Officii, 25 nov. 1874, si ex ea concludendum esset omnia loca
supra relata esse habenda ut sedes confessionalis. Ceteroquin ex illo responso
admisso unice sequeretur: præter confessionalia quæ ordinarie collocantur in
ecclesiis, habenda sunt etiam ut vera confessionalia, non solum pro monialibus,
sed etiam pro aliis mulieribus, illa loca in quibus audiri solent confessiones
monialium.

En quæstiones et responsum S. Officii: "1o. An loca in quibus excipi
solent confessiones monialium habenda sint ut loca destinata ad audiendas
confessiones, vel ut vera confessionalia? — 2o. An idem dicendum sit de locis
constructis ad formam eorum, in quibus excipi solent confessiones monialium
claustralium, in quibus excipiuntur confessiones mulierum degentium in locis,
quæ vulgo dicuntur *conservatorii, ritiri*, etc. — 3o. Quatenus habenda sint
ut vera confessionalia, utrum talia censenda sint solum qoad moniales, et alios
degentes in prædictis locis, vel etiam quoad alias mulieres extraneas?" Ad
hæc dubia E.mi Patres respondendum censuerunt: "Ad tria dubia prout proponuntur: Affirmative." S. C. S. Off., 25 nov. 1874.—*Coll. S. C. P. F.*, n. 1424;
cf. etiam *Fontes*, n. 1033.

cuius solutio non caret difficultate, ita ut Berardi confiteri non vereatur: "Ego, verba ista considerando, numquam sensum percipere potui." [125] Imo, audet addere: "suspicatus sum quod error typographicus heic irrepserit." [126]

Solent inde auctores in duas præcipue opiniones dividi: iuxta aliquos *locus electus* sumitur pro quovis loco hic et nunc electo ad audiendas confessiones, vel ad audiendam unam dumtaxat confessionem. "Tertius locus" scripsit Potestas, "est ille quem confessarius ex sui placito, pro eo tempore quo confessionem excipit, eligit." [127]

Escobar a Corro intelligit pro loco electo ille "qui alias destinatus non erat ad audiendas confessiones, et esse potest non solum in ecclesia, sed etiam in domo, in agro, in monte, etc." [128] Bordoni, qui hanc opinionem propositam a Escobar amplectitur, addit: assumi enim potest quilibet locus iuxta opportunitatem, aut necessitatem, ut cum quis auditur e. g. in stabulo." [129] Thesaurus similiter censet: "Tertius locus est quem confessarius ad confessionem audiendam pro suo arbitrio eligit: ita potest esse in ecclesia, in foro, in domo, in agro, ubique: atque hunc solum designant verba *ad confessiones audiendas electo.*" [130]

Eamdem sustinuerunt opinionem non pauci primæ notæ commentatores scribentes versus finem sæculi XIX. Ita Bucceroni: "Triplex ergo distinguitur locus confessionum audiendarum: ... 3us, item quivis locus *ad confessiones* audiendas electus." [131] Similiter Palmieri: "Clausula est apud Benedictum XIV: *sive in alio loco ad confessiones audiendas destinato aut electo.* Clarius apud Gregorius XV: *aut in loco quocumque, ubi confessiones audiuntur, seu ad confessionem audiendam electo,* electo nempe a confessario vel a pœnitente vel utroque ad illam determinatam

---

[125] *De Sollicitatione,* n. 157.

[126] *Ibid.*

[127] *Examen,* II, p. III, n. 628.

[128] *De Confessariis Sollicitantibus,* P. I, q. IV, § I, n. 19.

[129] *Manuale Consultorum,* sect. XXIII, nn. 40 et 49.

[130] Thesauro-Giraldi, *De Pœnis Ecclesiasticis,* s. v. "Sollicitantes," Sexta regula, p. 414.

[131] *Commentarius de Sollicitatione,* n. 20.

confessionem audiendam." [132] D'Annibale: "[Loca] *electa* ea in quibus quis in præsens, pro re nata, confessionem excipit, sive domi, sive in agro, sive in via." [133] Itemque Rota, [134] Lehmkuhl, [135] et, post Codicem, Genicot-Salsmans. [136]

Iuxta alios, *locus electus* non est quicumque locus *hic et nunc electus*, sed est ille tantum locus qui "non stabili modo" —ut ait Coronata— "sed solum in determinatis circumstantiis, necessitate urgente, ut, e.g. occasione magni populi concursus, tempore misionum, occasione peregrinationis, communionis generalis, etc. [*eligitur*]." [137] Unde, iuxta eumdem, "non veniunt... in hac clausula nomine loci electi ad confessiones audiendas, loca omnino profana unice electa ad talem determinatam confessionem simulandam, quia talis locus revera dici non potest locus ad confessiones audiendas electus, sed ad summum dici poterit locus ad confessionem simulandam electus." [138] Quæ verba et opinio desumpta sunt ex Berardi, qui per longum et latum, illam tueri satagit. [139] Adstipulandi sunt huic opinioni Cerato, [140] Noldin-Schmitt, [141] De Smet, [142] Vermeersch, [143] atque videtur esse sententia hodie communior, immo a Cappello dicitur verior [!] [144]

Ratio tamen quæ pro hac secunda opinione a modernis, duce Berardi, afferri solet, non undequaque convincens demonstratur:

---

132 Apud Ballerini, V, n. 723, nota (a).

133 *Commentarii*, n. 181, nota 16.

134 *Enchiridion*, n. 296.

135 *Theologia Moralis*, II, n. 1253: "sive in loco qui per accidens pro hoc casu ad confessionem *electus* est."

136 *Institutiones Theologiæ Moralis*, II, n. 396, 5o. b): "locus quem confessarius vel pœnitens ipsi *elegerunt* ad confessionem peragendam."

137 *De Sacramentis*, I, n. 442.

138 *L. c.*

139 *De Sollicitatione*, nn. 57-162.

140 *De Delicto Sollicitationis*, n. 47.

141 *Summa Theologiæ Moralis*, III, n. 376, 5, b.

142 *De Absolutione Complicis et Sollicitatione*, n. 78.

143 *Theologia Moralis*, III, n. 559, 5. Non tamen adeo clare exprimit quid teneat.

144 *De Pœnitentia*, n. 684, 5o.

argumentum enim speciosum est, nec videtur posse componi cum lectione totius clausulæ in suo posita contextu. Ait Berardi:

> [Pontifex]... si dicere voluisset quod locus quilibet sufficiat, inepte prorsus prædicta tria loca adeo distincte designasset; neque dixisset *in loco ad audiendas confessiones electo*, si locum quemcumque, atque adeo etiam plateam indicare intendisset...; neque denique dixisset *in loco ad audiendas confessiones electo cum simulatione audiendi* IBIDEM *confessionem*, si locum nullo modo ad audiendas confessiones, sed solum ad simulandam unicam confessionem et peccatum committendum, electum, indicare voluisset. [145]

Ad hæc autem respondendum est: clausula prout exstat tum in Gregoriana tum in Benedictina constitutione, refertur in primis ad illos casus sollicitationis qui acciderint *extra occasionem confessionis*. [146] Non ergo refertur ad illos casus iam in aliis clausulis consideratos in quibus sive a parte confesarii, sive a parte pœnitentis, sive ab utroque *vera intendebatur confessio*, illa enim sollicitatio dicitur evenisse *occasione vel prætextu confessionis*, et quidem quocumque loco id contigerit. Superflua ergo esset clausula nova si in ipsa ageretur de *vera* confessione audienda, vel de loco electo *ad veram* confessionem audiendam; ideoque minus recte affirmatur clausulam non constare si locus electus intelligatur non ad audiendas *vere* confessiones, sed solummodo ad sollicitandum cum simulatione audiendi ibidem confessionem.

Nec argumentum videtur desumi posse ex eo quod in Benedictina constitutione, adhibito numero plurali, legatur *ad audiendas confessiones destinato aut electo*, ita ut præcise requiratur locum fuisse electum ad plures confessiones audiendas. Nam, primo, iuxta hanc interpretationem non videtur quomodo intelligatur casus sollicitationis quæ acciderit simulando confessionem in cubiculo infirmi, cuius tantum confessio esset audienda; hic

---

[145] *De Sollicitatione*, n. 160.
[146] Const. *Sacramentum Pœnitentiæ*, § 1, post medium.

autem casus admittitur ab ipsis patronis opinionis quæ restringit sensum *loci electi.* [147] Secundo, eadem norma interpretationis esset applicanda clausulæ prout invenitur in constitutione Gregoriana, in qua legitur *simulantes ibidem confessiones audire;* [148] unde videretur necesse ut confessarius *plures simularet* confessiones ibidem audire, quod nemo audebit affirmare.

Neque valet ratio ultimo loco allata a Berardi, scl. "[Pontifex]. . . non dixisset *in loco ad audiendas confessiones electo, cum simulatione audiendi* IBIDEM *confessionem* si locum nullo modo ad audiendas confessiones, sed solum ad simulandam unicam confessionem et peccatum committendum, electum, indicare voluisset." [149] Nam, ex prima parte totius clausulæ, sicut dictum est, excluditur iam quævis vera confessio per verba extra *occasionem confessionis;* deinde, ratio præcipua in hac clausula consideranda, ex qua sollicitatio nectitur cum confessione et ex qua abusus sacramenti oritur, non est præcise *locus* qua talis, sed locus confessionis *quatenus confessio simulatur ad sollicitandum,* ita ut quando locus ex natura sua vel ex prævia et stabili destinatione ad confessiones audiendas unice vel præcipue inservit, simulatio confessionis plerumque habetur ex facto dumtaxat quod persona in tali loco apud confessarium versatur. Quando vero locus non ex se, neque ex prævia designatione, sed hic et nunc eligitur a confessario, tunc explicita quædam simulatio confessionis opus est ad hoc ut sollicitatio evadat delictum qualificatum, ut statim clarius patebit cum quæstio erit de ipsa simulatione.

Alia insuper responsio dari potest quæstioni a Berardi propositæ, "cur Pontifex prædicta tria loca adeo clare distinxit, si locus quilibet sufficiat ad delictum committendum?" [150] Pontifex probabiliter illa tria loca singillatim distinxit quia, sicut vera confessio in illis tribus locis institui potest, ita etiam sollicitatio quæ contingat in illis evadere potest delictum, sed ex diverso modo

---

[147] Cappello, *De Pœnitentia,* n. 684, 5o.; Noldin-Schmitt, *Summa Theologiæ Moralis,* III, n. 376, 4, b.

[148] Const. *Universi Dominici gregis,* § 4; cf. *supra,* p. 43.

[149] Berardi, *De Sollicitatione,* n. 160.

[150] *De Sollicitatione,* n. 159.

eiusdem rationis. Nam, sicut sedes confessionalis est locus *ordinarius* confessionum, ita quoque sollicitatio ibidem facta plerumque seu *ordinarie* erit delictum denuntiandum. Et ratio est: aut agitur de vera confessione ibidem instituenda, et tunc sollicitatio continget in actu sacramentalis confessionis, vel ante, vel immediate post, vel occasione aut prætextu confessionis, aut, eo quod persona ibidem versetur apud confessarium, etiam extra occasionem confessionis, datur nihilominus ex communiter contingentibus *simulatio* confessionis, quæ sufficiens erit ad qualificandum delictum.

Deinde, sicut in casibus *particularibus,* v.g., pro monialibus, vel pro convictoribus, vel pro surdastris, vel occasione magni populi concursus, alia sedes potest designari, ita etiam in illis adiunctis accidere potest delictum, dummodo aliqua figura confessionis cum sollicitatione ibidem facta coniungatur, quæ ut plurimum habetur etiam eo ipso quod persona versatur *in illo loco* præcise *destinato ad audiendas confessiones.*

Tandem, cum in *extraordinariis* quibusdam circumstantiis *et casibus singularibus* confessio possit audiri ubique, ita etiam in illis extraordinariis et singularibus adiunctis contingere potest delictum, dummodo simul detur aliqua simulatio confessionis seu figura ipsius. Unde minime superflua est distincta illa enumeratio locorum, cum ratio delicti in illis diversis locis patrati, etsi ex una oriatur radice, tamen diverso modo contingit, quia figura confessionis non uno eodemque modo in illis habetur, prout mox declarabitur, ubi de simulatione.

Scripsit Reiffenstuel [1642-1703], agendo de verborum significatione:

> Verba intelligenda sunt cum effectu, ita ut aliquid operentur, et non sint superflua. Censentur autem aliquid operari, quando etiam solius maioris declarationis, cautelæ, et omnis dubitationis tollendæ, vel efficacioris voluntatis demonstrandæ gratia ponuntur, ut exprimant id quod tacite iam est, vel in genere continetur. [151]

---

[151] Anacletus Reiffenstuel, *Ius Canonicum Universum* (7 vol., Parisiis,

Quibus omnibus consid_eratis affirmandum videtur cum veteribus, *locum electum* indicare quemcumque locum pro opportunitate vel necessitate electum ad confessionem quæ apparenter
esset audienda, sed qui de facto eligitur solummodo ad delictum
perpetrandum sub apparentia confessionis.

2 — De Simulatione

Simulatio solet dici figura sine re, vel fictio unius rei pro alia.
Sunt ergo duo consideranda in simulatione: fictio nempe, seu figura illius rei quæ non est nec intenditur, et quod de facto est vel
agitur sub velamine fictionis. Ex quo sequitur obiectum formale
simulationis inveniri in ordinatione illius quod non est ad illud
quod inteditur, et quod non nisi fictione mediante attingitur. Ideo
S· Thomas asserit simulationem, a qua dependet aliquod peccatum,
sine dubio esse peccatum, quia inducit ad peccatum illudque
fovet. [152]

Simulatio confessionis est igitur figura confessionis sine vera
confessione. Fingitur confessio quæ non est, nec intenditur, in ordine ad id quod intenditur, et quod de facto est sub velamine fictæ
confessionis, i. e., in præsenti materia, ad sollicitationem patran-
dam. Porro cum simulatio secumferat figuram confessionis sine
confessione, patet haberi simulationem a momento quo, manenti-
bus signis externis sensibilibus confessionis a parte eorum qui in
sacramento perficiendo concurrunt, desit res ipsa quæ significatur
per illa signa, eo quod aliud fit et non sacramentum.

Hinc duplex attendi debet simulatio: altera materialis, altera
formalis. Prima ex facto dumtaxat exsurgens; altera ex facto simul
cum intentione agentis. Etenim, dari potest casus in quo persona

---

1889), VI, V Decretal., Tit. XL, n. 2. In eodem sensu Barbosa (1589-1649)
scribebat: "...frequenter in legibus et statutis semel dispositum etiam per
verba inculcata idem importantia disponitur, et plus non operatur, nisi maiorem declarationem... sæpe aliquid bis ponitur ad evitandam malitiosam et
sophisticam interpretationem." — *Tractatus Varii*, I, *De Axiomatibus Iuris
Usu Frequentoribus* (Lugduni, 1678), Axiom. CCXVI, n. 6.

[152] *Summa Theologica*, 2-2, q. III, art. 1, in corp.

quædam accedat in ecclesia ad confessarium sedentem in confessionali, ibique genuflexa apud illum versetur more aliorum pœnitentium, ex quo facto a quocumque ex adstantibus intelligi posset personam ibidem versari confessionis instituendæ causa. Nihil tamen obstat quominus non de confessione sed de simplici quadam consultatione agatur. Habetur ergo in huiusmodi casu figura confessionis sine confessione, et proinde materialis quædam simulatio, quæ si a pœnitente vel a confessario vel ab utroque, quacumque de causa intenderetur, tunc non modo materialis sed etiam formalis simulatio haberetur.

Quænam autem sint signa externa ex quibus figura confessionis constituitur pendet ex adiunctis, et præsertim *ex ipso loco* atque etiam ex tempore in quo simulata confessio instituatur. Ipsa in primis *sedes confessionalis ordinaria* quæ in ecclesia vel in oratio publico aut semi-publico collocatur, est *per se* signum confessionis, quatenus ex communiter contingentibus persona quæ illuc more pœnitentis ad confessarium se confert recte præsumitur ad confitendum accedere. "*In confessionali*", ait Iorio, "confessio semper præsumitur [unde simulatio aderit], nisi evidenter constet ex verbis aliisve signis vel cachinis confessarium et pœnitentem aliud agere." [153]

Alia insuper adesse possunt signa confessionis, tum ex parte confessarii, tum ex parte pœnitentis, quæ confessionem ostendant, at non omnia simul et semper requiruntur ad hoc ut simuletur confessio. Ex parte autem confessarii, signa esse possunt sedere *in loco proprio confessionum* vel *ordinarie designato*, vel *in loco hic et nunc electo* cum superpelliceo et stola, iuxta præscripta Ritualis, vel etiam absque ipsis, iuxta consuetudines probatas et circumstantias temporum atque locorum; signa etiam sunt applicare aures ad crates, se inclinare versus pœnitentem, manum ante faciem tenere, signum crucis facere ad modum benedictionis

---

[153] *Theologia Moralis*, III, n. 524. Idem sentiebat S. Alphonsus cum pluribus ex veteribus: "Cum confessarius adest in loco deputato ad audiendas confessiones, et fœmina genuflexa ibi adstat, eamque confessarius sollicitat, iam denuntiandus est. Quia ipse, manendo ibi audiens pœnitentem, iam satis ingerit spectantibus credulitatem quod illa confiteatur, ideoque iam ipso facto simulat confessionem audire." — *Theologia Moralis*, III, lib. VI, n. 680; cf. quoque Castro Palao, *Opus Morale*, I, tr. IV, disp. X, punct. VIII, n. 4.

vel absolutionis, manum supra caput pœnitentis extendere, et similia quæ fieri solent a confessariis, dum audiunt confessiones. Ex parte vero pœnitentis, signa possunt esse, inter alia, genuflexio, percutio pectoris, suipsius signatio signo crucis, manuum coniunctio, collocutio ad crates voce submissa et capite inclinato, et alia similia.

Plerumque tamen, tum ex parte sacerdotis, tum ex parte pœnitentis, sufficiet factum dumtaxat quod ambo *in tali loco* versentur, quia ambo ab aliis videri non possunt, eo quod ipsa structura sedis confessionalis talis sit quominus confessarius et pœnitens ab aliis conspici possint, prout accidit in confessionalibus pro monialibus, vel in ædiculis ad confessiones audiendias in monasteriis vel in aliis domibus piis. Immo magis, cum de confessionibus in loco extraordinarie *electo* agitur, tunc plura ex dictis signis omnino deficiunt, vel deficere possunt, et non nisi ex aliis adiunctis cognoscitur sacerdotem illuc esse ratione confessionis, atque proinde simulatio non per signa solummodo, sed præsertim per alia adiuncta diversa dari potest.

Sic, cum de confessione infirmorum agitur, plerumque non nisi ex dicto ipsius infirmi, vel ex dicto confessarii infirmum invisentis, qui discessum adstantium obsecrat, vel ostium claudit, vel aperte dicit se venire ad audiendam confessionem infirmi, cognosci potest ibidem agi de confessione instituenda, et proinde eodem modo simulatur confessio. Idem dicendum de locis quibusdam missionum, in quibus non raro confessio audiri debet in domibus fidelium, vel in stationibus sic dictis missionis, in quibus cubiculum adhibetur ubi confessarius excipit pœnitentes, adhibitis cautelis ab Ordinario loci probatis. [145]

---

[154] Ad rem legitur in statutis synodalibus Synodi Vicariatus Sutchuensis (in Sinis), anno 1803: "[Confessarii] sedeant pro confessionibus audiendis in loco decenti et omni suspicione carente, nec non ita patenti, ut ab aliis fidelibus quocumque tempore videri possint, non audiri. Mandamus igitur, ut ianua sit semper aperta; ipsorum autem est missionariorum, curare ut nemo proprius accedat, ne audiat... his cautelis adhibitis fiet, ut nemini detur offensio, nec oblocutionibus vel suspicionibus locus, plurimaque præcaveantur pericula tum pro sacerdote tum pro pœnitente, eo quidem maiora, quod in ædibus fidelium sæpe nullus alius reperiatur locus ad excipiendas confessiones idoneus præter sacerdotis cubiculum." —Ex Sess. II, cap. *De Pœnitentia*, XIII —*Collectio Lacensis*, VI, col. 616, c. d.

Ex dictis videntur iam posse solvi nonnullæ quæstiones quæ inter commentatores agitari consueverunt, in materia de sollicitatione quæ fiet *in loco confessionis cum simulatione audiendi ibidem confessionem.* Et in primis quæritur utrum simulatio confessionis in casu consistat *in solo facto* an simul *intentio simulandi* requiratur. Ad hoc autem respondetur requiri utique quamdam simulandi intentionem, non tamen reflexam. Et ratio est, cum iuxta hanc clausulam sollicitatio consideranda est illa quæ accidit *extra occasionem confessionis,* requiritur ex parte sacerdotis saltem quædam cognitio nexus inter sollicitationem et confessionem, secus non datur delictum, quia sacerdos tunc nullo modo est conscius abusus sacramenti.

Ex alia vero parte, non requiritur semper intentio reflexa, nam a momento quo sacerdos more confessarii excipit pœnitentem seu eo ipso quod accedat ad locum confessionum, et ibidem provocet ad turpia, iam sufficientem habebit cognitionem se abuti sacramento, adhibendo saltem figuram seu speciem confessionis ad tegendam sollicitationem, et hoc quidem etiam si alios non intendat decipere. Attamen in casu quo locus in quo versatur sacerdos non sit *ordinarie deputatus ad audiendas confessiones,* tunc requiri videtur intentio *magis explicita et reflexa* simulandi confessionem, quæ continetur vel in modo sese gerendi ad instar confessarii, vel in eo quod dicat se venisse vel adesse ad excipiendam confessionem determinatæ personæ vel infirmi.

Ex iis simul respondetur alteri quæstioni, utrum nempe requiratur actualis deceptio aliorum adstantium: Responsum est negativum, nam per accidens est ut alii adsint vel non, vel ut alii decipiantur vel secus. Ab aliorum enim præsentia nec abusus nec simulatio sacramenti pendet, sed unice ab ipso confessario, cum vel absque cooperatione pœnitentis.

Disputatur insuper utrum simulatio debeat decipere ipsum pœnitentem. Quæstio autem solvitur ex analysi eiusdem simulationis in casu. A momento etenim quo sacerdos incipit sollicitare, et pœnitens evadit conscius sollicitationis, non amplius habetur simulatio confessionis relate ad pœnitentem qui, si consentiat in sollicitationem, ipse vicissim una cum confessario cooperatur in simulatione. Imo magis, dicendum videtur requiri semper mutuum consilium ad simulandum, nam si confessarius sit solus qui simulat et pœnitens ad illum accedat animo serio confitendi causa, tunc, si interveniat sollicitatio, aderit quidem delictum *non ratione simulationis*, sed eo quod sollicitatio contingit *occasione* vel *prœtextu* confessionis. Iam vero iuxta constitutiones pontificias, sollicitatio in loco confessionis cum simulatione, dicitur contingere *extra occasionem confessionis*, unde videtur concludendum quod neque ex parte confessarii neque ex parte pœnitentis intenditur in casu vera confessio. Denique, videtur simultationem actionis quæ ab utroque pendet non posse consistere absque cooperatione utriusque. Et hæc fuit etiam opinio plurium veterum auctorum. [155]

3 — Sensus Totius Clausulæ

Non pauca exstant documenta S. Sedis in quibus, præ aliis rationibus huius clausulæ interpretatio fulciri debet. Opportunum videtur ergo illa omnia quæ ad præsentem quæstionem faciunt hic denuo ex integro referre, propter momentum quæstionis et propter obscuritates quæ in eadem tractanda inveniuntur apud commentatores. En textus illorum:

1) "Facta relatione quod multi confessarii tractant cum mulieribus in Confessionali extra occasionem Confessionis de rebus inhonestis: SS. decernit ut contra huiusmodi confessarios procedant in S. Officio." [156]

2) "An confessarius, qui fœminam in confessionario dicentem, se velle in crastinum confiteri, sollicitat, et a confessione dissuadet, sit denuntiandus? Si sollicitatio fiat extra locum confessionis et absque prætextu confessionis, censuerunt [Qualificatores] negativam opinionem esse pro-

---

[155] Escobar a Corro, *De Confessariis Sollicitantibus*, P. I, q. III, § I, n. 40; Io. Sanchez, *Selectæ Disputationes*, Disp. XI, n. 68, ubi expresse ait: "Si confessarius et fœmina decernant velamine confessionis turpiter confabulari, huius constitutionis [Gregorii XV] reus erit confessarius". Similiter Diana, *Resolutiones Morales*, V, tr. IX, resol. XXXIX.

[156] S. C. S. Off., 10 iul. 1614, ex Decreto Pauli V, in Congr. Generali S. Off. Cf. *supra*, p. 38.

babilem, secus si in confessionario seu in loco confessionis." [157]

3) An sit denuntiandus confessarius, qui sedens in confessionario sollicitat mulierem stantem ante confessionarium, non simulando confessionem? Censuerunt [Qualificatores] opinionem negativam non carere probabilitate." [158]

4) "An [Inquisitor]... procedere debeat contra sacerdotem extra locum et occasionem confessionis dicentem mulierem eidem confiteri volenti, ut accedat ad domum illius præsbyteri et profectam carnaliter cognovit... et an huiusmodi casus sit comprehensus in Bulla contra sollicitantes." [159] SSmus. mandavit... non esse casum comprehensum in Bulla contra sollicitantes."

5) "Inquisitor consulit an procedere debeat contra N. nobilem curatum, qui requisitam mulierem an velle confiteri, negative respondendo, sollicitavit ad turpia, deposita prius stola ac remoto a confessionario; fuit dictum huiusmodi casum non spectari ad S. Off." [160]

6) "Revelandi ac iuridice notificandi sunt S. Officio, qui contra decreta et Constitutiones Apostolicas abusi fuerint vel abutantur Sacramento Pœnitentiæ, adhibentes confessionem et confessionale ad inhonestos fines, sollicitando in ipsis pœnitentes ad turpia." [161]

7) "An per verba *simulantes confessiones audire*... requiratur copulative sollicitatio et confessio sive vera sive simulata, ita ut huiusmodi duabus circumstantiis non concurrentibus, non adsit obligatio denuntiandi. An quando confessionarium in monasteriis adhibetur a confessario tamquam collocutorium, casu quo ibidem sollicitationes contigerint sit obligatio denuntiandi? R. Ad 1. sufficere concursum alterutrius. Ad 2. Affirmative." [162]

---

[157] S. C. S. Off., 11 febr. 1661, ad IV; cf. *supra*, p. 55 et 68.
[158] S. C. S. Off., 11 febr. 1661, ad XV. Cf. *supra*, p. 56.
[159] S. C. S. Off., anno 1631 — *Collectio*, n. 1575; *supra*, p. 68.
[160] S. C. S. Off., anno 1532 — *Collectio*, n. 1577; *supra*, p. 68.
[161] S. C. S. Off., 10 mart. 1677; *supra*, p. 69.
[162] S. C. S. Off., 28 apr. 1700 — *Fontes*, n. 763; *supra*, p. 69.

Veniendum nunc est ad sensum clausulæ: *"vel etiam extra occasionem confessionis in confessionali, sive in alio loco ad audiendas confessiones destinato, aut electo, cum simulatione audiendi ibidem confessionem."* Equidem, prima verba extra *occasionem confessionis* similiter ac postrema *cum simulatione audiendi ibidem confessionem*, ad triplicem locum ibidem indicatum referuntur. [163]

Per illud *"extra occasionem confessionis"* præsens clausula ab anterioribus discernitur, et novam inducit circumstantiam attendendam in sollicitatione, locum nempe cum simulatione confessionis. Attamen, postrema verba *cum simulatione audiendi ibidem confessionem* summopere attendenda sunt eo quod per illa præcise in hac nova circumstantia delictum in sua specie constituatur suamque relationem cum confessione derivet. Etenim, sollicitatio facta in loco confessionis sed extra occasionem confessionis non nisi per simulationem confessionis lædit sacramentum, ut clare eruitur ex responsionibus S. Officii nuper citatis. Responsum fuit negativum cum, etsi adfuerit sollicitatio *in loco confessionis*, tamen defuit simulatio, ut habetur ex documento sub 3) relatum, atque idem eruitur ex responsionibus sub 4) et 5). Expresse autem declaratur, in responsione sub 7) citata, requiri concursum sollicitationis cum confessione *vera* vel *simulata* saltem, ad hoc ut adsit delictum denuntiandum. Ex quibus omnibus attente consideratis, affirmari posse videntur sequentia:

1o. Sollicitatio ad turpia facta in loco confessionis, sed extra occasionem confessionis, potest esse sed non semper est delictum qualificatum sollicitationis. (Cf. documenta citata sub 1), 3) et 7).

2o. Sollicitatio ad turpia est delictum qualificatum *ratione loci confessionis*, si et in quantum cum circumstantia loci concurrat vel actualis confessio, vel eius occasio aut prætextus, vel, denique, saltem ipsius simulatio. (Cf. documenta citata sub 7) et sub 2)·

3o. Non eadem species, gradus seu modus simulationis con-

---

[163] Bucceroni, *Commentarius de Sollicitatione*, n. 20; Salmanticenses, V, Tr. XXI, cap. IV, punct. III, § V, n. 57.

fessionis requiritur ad hoc ut sollicitatio sub ea facta in loco confessionis evadat delictum denuntiandum (Cf. documenta sub 1), 3), et 7) Ad 2., nuper citata). Quando sollicitatio contingit *in sede ordinaria* confessionum, seu in confessionali, vel *in alio loco antecedenter et stabiliter designato* ad audiendas confessiones, eo ipso quod confessarius et pœnitens ibidem versantur, habetur *regulariter loquendo simulatio confessionis.* [164]

Quando vero casus contingit *in alio quocumque loco, electo* iuxta opportunitatem et circumstantias ab ipso confessario, opus est ut positive, sive factis, sive signis, sive verbis, simuletur confessio. Hæc autem diversitas simulationis requisitæ pendet ex natura et ex destinatione ordinaria vel ex electione extraordinaria loci in quo confessio auditur, vel simulatur audiri; [165] ex quo simul apparet ratio cur in pontificiis constitutionibus singillatim fiat mentio triplicis loci in quo excipi potest confessio, ac proinde contingere sollicitatio qualificata. Ex dictis ergo demonstratur cur simulatio sit in primis attendenda, etsi non exclusive, in hac postrema clausula, et cur magis caute sit consideranda quando agitur *de loco electo,* quam cum agitur de sollicitatione in ipso confessionali aut in loco destinato ad audiendas confessiones.

4o. Semper ac adest simulatio confessionis et sub ipsa confessarius sollicitat ad turpia, adest delictum qualificatum denuntiandum. Hoc expresse declaratum fuit a S. Officio in supra citata

---

[164] Scribit Pignatelli: "Si mulier Pœnitens genibus flexis loquatur cum confessario, præsumitur confiteri, et in hac re sufficit apparens confessio, quæ si non est vera dicenda est simulata. Ideo, si confessarius sedens in confessionario cum fœmina ante se stante, vel sedente, illam sollicitet ad turpia, non subiicitur pœnis huius Constitutionis, ...quia non est confessio nequidem simulata... Contra vero ab inquisitoribus punitur confessarius, qui mulieri coram se genuflexæ, ac signo Crucis munitæ, inquit se nolle tunc eius confessionem audire, ac interim illam ad turpia sollicitat... In hoc tamen est discrimen, quod in dubio, an adsit confessio vera, vel simulata, præsumitur pro confessione, si sollicitatio sit facta in loco deputato ad confessiones audiendas, et præcipue si fiat diebus ad confessionem statutis." — *Consultationes,* cons. 117, § *Tertio...* Cf. quoque superius dicta, pp. 269-271.

[165] Cf. *supra,* p. 267.

responsione 28 Apr. 1700, sub 7) relata. [166] Et recte quidem, nam etsi in casu confessarius sollicitans non abutatur sacramento quod iam est, tamen eidem sacramento gravissimam infert iniuriam illud simulando ad turpiter peccandum, in quo invenitur malitia tota delicti qualificati sollicitationis, prout damnatur in apostolicis constitutionibus.

---

[166] 28 apr. 1700. Cf. *supra*, p. 375, documentum sub 7) Ad. 1.

CONCLUSIONES

1. Ea quæ, vix inchoato Aevo Medio, apud scriptores ecclesiasticos et in pœnitentialibus reperiuntur circa peccatum turpe confessarii cum sua filia confessionis, respicienda sunt tamquam prima vestigia futuræ legislationis contra sollicitantes.

2. Maxima cum probabilitate antiquissima hodie cognita lex diœcesana contra confessarios sollicitantes reperitur in statuto capituli VIII Concilii Trevirensis, anno 1227 celebrati. Ex quo simul infertur, saltem cum probabilitate, legislationem particularem contra sollicitantes originem vidisse in Germania, non vero in Hispania.

3. Prima lex pontificia, etsi particularis adhuc, contra sollicitantes, non est epistula Pii IV *Cum sicut nuper*, 16 aprilis 1561, sed epistula Pauli IV *Cum sicut nuper*, data 18 februarii 1559 ad Inquisitores Granatenses, in Hispania, cuius integra transcriptio ex originali MS Vaticano in textu dissertationis exhibetur.

4. Verba canonis 904, "ad normam constitutionum apostolicarum et nominatim constitutionis Benedicti XIV *Sacramentum Pœnitentiæ. . .,*" ita videntur intelligenda ut memorata constitutio una cum constitutione Gregorii XV, *Universi Dominici gregis*, necnon sexdecim responsiones S. Officii, 11 februarii 1661, tamquam ius adhuc vigens sint habendæ quoad earum partem desciplinarem, iuxta præscriptum canonis 6 Codicis Iuris Canonici.

5. Confessarius qui consentiat sollicitationi a pœnitente factæ reus erit delicti sollicitationis, si et in quantum externe aliquo modo suum consensum manifestaverit.

6. Ut probabilior sustinenda videtur opinio iuxta quam can. 904 respicit sacerdotes omnes cuiuscumque sint dignitatis *etiam episcopalis et altioris,* quoad obligationem ibidem statutam eosdem denuntiandi qui fortasse delicti sollicitationis rei evaserint.

7. Sustinetur etiam, ut probabilior, opinio iuxta quam adest sollicitationis delictum denuntiandum semper ac confessarius sollicitet pœnitentem simulando eius confessionem *quocumque loco id fiat*. Merito tamen triplex locus ad audiendas confessiones distinguitur in constitutionibus apostolicis eo quod in illis simulatio confessionis diverso modo se habeat.

[1] Refertur ad *Fontes Codicis Iuris Canonici* cura Emi Card. Gasparri editi.
[2] Indicatur pagina huius *Dissertationis* in qua documentum citatur vel in extenso exhibetur.

Data	*Documentum et Auctor*	*Fontes*	*pag.*
1626 3 oct.	Litteræ, S.C.S.Off.		82
1627	Resolutio, S.C.S.Off.		74
1627	Litteræ, S.C.S.Off.		79
1627	Resolutio, S.C.S.Off.		79
1627	Resolutio, S.C.S.Off.		62
1628 26 iul.	Declaratio, S.C.S.Off.		74
1630 21 febr.	Decretum, S.C.S.Off.		59
1631	Responsio, S.C.S.Off.		68
1632	Responsio, S.C.S.Off.		65
1632	Responsio, S.C.S.Off.		68
1633 7 iun.	Decretum, S.C.S.Off.		83
1633 15 dec.	Decretum, S.C.S.Off.		92
1635	Resolutio, S.C.S.Off.		77
1635 2 febr.	Resolutio, S.C.S.Off.		74
1635 [1636 ?]	Resolutio, S.C.S.Off.		75
1636 27 nov.	Responsio, S.C.S.Off.		79
1642	Resolutio, S.C.S.Off.		75
1642 1 oct.	Resolutio, S.C.S.Off.		80
1645	Resolutio, S.C.S.Off.		77
1647 11 mai.	Resolutio, S.C.S.Off.		80
1649	Responsio, S.C.S.Off.		66
1652 13 iul.	Resolutio, S.C.S.Off.		80
1656 31 oct.	Resolutio, S.C.S.Off.		75
1660 8 iul.	Decretum, S.C.S.Off.		75
1661 11 febr.	Responsiones 16, S.C.S.Off.		55,56
1665 24 sept.	Propositiones damnatæ, Alexander VII	n. 734	67,76
1667 24 ian.	Litteræ, S.C.S.Off.		80
1677 10 mart.	Decretum, S.C.S.Off.		76
1677	Edictum, S.C.S.Off.		69
1686 27 sept.	Resolutio, S.C.S.Off.		80
1690 1 mart.	Decretum, S.C.S.Off.		76
1700 29 apr.	Responsio, S.C.S.Off.	n. 763	69
1707 11 mai.	Responsio, S.C.S.Off.		64
1710 13 iun.	Decretum, S.C.S.Off.	n. 775	59
1725 7 iul.	Instructio, S.C.S.Off.		80
1726 23 mart.	Instructio, S.C.S.Off.		81
1727 22 ian.	Responsio, S.C.S.Off.	n. 787	59
1741 1 iun.	Const. *Sacramentum Pœnitentiæ,* Benedictus XIV		86
1742 26 mai.	Const. *Etsi Pastoralis,* Bened. XIV	n. 328	90
1745 8 febr.	Const. *Apostolici muneris,* Bened. XIV	n. 355	91
1745 5 aug.	Decretum, Benedictus XIV	n. 795	91
1748 11 nov.	Epistula, Benedictus XIV		92
1753 14 iul.	Responsio, S.C.S.Off.		96
1758 9 mart.	Decretum, S.C.S.Off.		96
1775 26 aug.	Instructio, S.C. de Prop. Fide		97
1832	Responsio, S. Pœnitentiaria Ap.		99
1839 6 mart.	Responsio, S.C.S.Off.	n. 878	99
1842 20 mai.	Litteræ, S.C.S.Off.	n. 889	99
1859 13 sept.	Resolutio, S.C.S.Off.	n. 955	100
1863 18 mart.	Declaratio, S.C.S.Off.	n. 974	100
1866 27 iun.	Decretum, S.C.S.Off.	n. 995	100

Data	*Documentum et Auctor*	*Fontes*	*pag.*
1867 20 febr.	Instructio, S.C.S.Off.	n. 990	106
1869 12 oct.	Const. *Apostolicæ Sedis*, Pius IX	n. 552	101
1874 25 nov.	Responsio, S.C.S.Off.	n. 1033	101
1883 25 iul.	Litteræ, S. C. de Prop. Fide	n. 4902	102
1885 6 aug.	Litteræ, S. C. de Prop. Fide	n. 4910	102
1890 20 iul.	Instructio, S.C.S.Off.	n. 1123	114
1897 6 aug.	Instructio, S.C.S.Off.	n. 1190	117
1901 20-22 mart.	Rescriptum, S.C.S.Off.		103
1901 15 mai.	Decretum, S.C.S.Off.		104
1904 2 sept.	Responsio, S. Pœnitentiaria Ap.		104
1922 8-9 iun.	Instructio, S.C.S.Off. [*Pagella*]		202
1937	Memoriale, S.C.S.Off.		193,198 213
1943 16 mai.	Litteræ, S.C.S.Off.		184,185

BIBLIOGRAPHIA

FONTES

Acta Apostolicæ Sedis, Commentarium Officiale, Romæ, 1909—

Acta et Decreta Concilii Plenarii Americæ Latinæ, in Urbe celebrati Anno Domini MDCCCXCIX, et Appendix, 2 vol., Romæ: Typis Vaticanis, 1900.

Acta et Decreta Sacrorum Conciliorum Recentiorum, Collectio Lacensis, 7 vol., Friburgi Brisgoviæ: Herder, 1870-1892.

Acta Sanctæ Sedis, 41 vol., Romæ, 1865-1908.

Bullarii Romani Continuatio, 14 vol., Prati, 1843-1867.

Bullarum, Diplomatum et Privilegiorum Sanctorum Romanorum Pontificum Taurinensis Editio, 24 vol., et Appendix, Augustæ Taurinorum, 1857-1872.

Catálogo de las Causas Contra la Fe, Seguidas Ante el Tribunal del Santo Oficio de la Inquisición de Toledo, Archivo Histórico Nacional, Madrid: Tipografía de la Revista de Archivos, Bibliotecas y Museos, 1903.

Codex Iuris Canonici Pii X Pontificis Maximi iussu digestus, Benedicti XV auctoritate promulgatus, Romæ: Typis Polyglottis Vaticanis, 1917.

Codicis Iuris Canonici Fontes cura Emi Petri Card. Gasparri editi, 9 vol., Romæ (postea Civitate Vaticana): Typis Polyglottis Vaticanis, 1923-1939; (Vol. VII-IX, ed. cura et studio Emi Iustiniani Card. Serédi).

Codificazione Canonica Orientale, Fonti, Città del Vaticano: Typografia Polyglotta Vaticana, 1930—

Collectanea S. Congregationis de Propaganda Fide, 2 vol., Romæ: Typographia Polyglotta, S. C. de Propaganda Fide, 1907.

Concilium Tridentinum —Diariorum, Actorum, Epistolarum, Tractatuum Nova Collectio, ed. Societatis Gœrresianæ, 13 vol., Friburgi Brisgoviæ: Herder, 1901-1938.

Corpus Iuris Canonici, ed. Lipsiensis II, post Aemilii Ludovici Richteri curas ...instruxit Aemilius Friedberg, 2 vol., Lipsiæ: Tauchnitz, 1879-1881; ed. anastatice repetita, Lipsiæ: Tauchnitz, 1928.

Decretum Gratiani emendatum et notationibus illustratum una cum glossis, Gregorii XIII. Pont. Max. iussu editum, Romæ, 1582.

Denzinger, H., Bannwart, C., Umberg, I., *Enchiridion Symbolorum, Definitionum et Declarationum de Rebus Fidei et Morum,* ed. 21-23, Friburgi Brisgoviæ: Herder, 1937.

Hardouin, J., *Conciliorum Collectio Regia Maxima, Acta Conciliorum et Epistulæ Decretales ac Constitutiones Summorum Pontificum,* 12 vol., Parisiis, 1715.

Hartzheim, J., *Concilia Germaniæ,* 11 vol., Colonia Augustæ Agrippinensium, 1759-1790.

Ius Pontificium de Propaganda Fide, cura R. de Martinis, Pars I, 7 vol., Romæ: ex Typographia Polyglotta S. C. de Propaganda Fide, 1888-1897.

Magnum Bullarium Romanum Cherubini, 5 vol., Lugduni, 1697.

Mansi, J. D., *Sacrorum Conciliorum Nova et Amplissima Collectio*, 53 vol., in 60, Parisiis, 1901-1927.

Martène, S., et Durand, U., *Veterum Scriptorum et Monumentorum Historicorum, Dogmaticorum, Moralium Amplissima Collectio*, 9 vol., Parisiis, 1724-1733.

Monumenta Historica Societatis Iesu, a Patribus eiusdem Societatis edita, 69 vol., Matriti, 1894-1929; Romæ: apud Monumenta Historica, 1929—

AUCTORES

Aertnys, J., Damen, C. A., *Theologia Moralis*, 15. ed., 2 vol., Taurini: Marietti, 1947.

Albitius (Albizzi), Cardinalis, *De Inconstantia in Fide*, Romæ, 1698.

Alphonsus Liguori, Sanctus, *Homo Apostolicus Instructus in sua Vocatione ad Audiendas Confessiones*, Augustæ Taurinorum, 1890.

Alphonsus Liguori, Sanctus, *Theologia Moralis*, ed. L. Gaudé, 4 vol., Romæ: Typis Polyglottis Vaticanis, 1905-1912.

Antoine, P. G., *Theologia Moralis Universa*, ed. amplificata a Philippo de Carboneano et Bonaventura Steidel, 2 vol., Matriti, 1790.

Arregui, A. M., *Summarium Theologiæ Moralis*, 12. ed., Bilbao: El Mensajero del Corazón de Jesús, 1934.

Astràin, A., *Historia de la Compañía de Jesús en la Asistencia de España*, 7 vol., Madrid, 1902-1927.

Augustine, Ch., *A. Commentary on Canon Law*, 8 vol., IV, 6. ed., vol. VIII, 3. ed., St Louis: Herder, 1931.

Ayrinhac, H. A., *Legislation on the Sacraments in the New Code of Canon Law*, revised ed., New York: Benziger and Co., 1944.

Ayrinhac, H. A., Lydon, P. J., *Penal Legislation in the New Code of Canon Law*, revised ed., New York: Benziger and Co., 1944.

Ballerini, A., Palmieri, D., *Opus Theologicum Morale*, 3. ed., 7 vol., Prati, 1898-1901.

Barbosa, A., *De Officio et Potestate Episcopi, Tripartita Descriptio*, 2 vol., Lugduni, 1678-1679.

Barbosa, A., *De Officio et Potestate Parochi, Tripartita Descriptio*, Lugduni, 1665.

Barbosa, A., *Tractatus Varii, quorum I. De Axiomatibus Juris usufrequentioribus; II. De Appellativa Verborum utriusque Juris significatione; III. De Locis Communibus Argumentorum Juris; IV. De Clausulis usufrequentioribus; V. De Dictionibus usufrequentioribus*, Lugduni, 1678.

Batzill, H., *Decisiones Sanctæ Sedis de Usu et Abusu Matrimonii*, 2. ed., Taurini: Marietti, 1944.

Benedictus XIV, *De Synodo Diœcesana*, 2 vol., Venetiis, 1792.

Benedictus XIV, *Opera Omnia*, 15 vol., Venetiis, 1767.

Berardi, Ae., *Casus Conscientiæ*, 2. ed., Faventiæ, 1903.

Berardi, Ae., *De Sollicitatione et Absolutione Complicis*, 2. ed., Faventiæ, 1897.

Berardi, Ae., *Examen Confessarii et Parochi*, 4 vol., Faventiæ 1885.

Berardi, Ae., *Praxis Confessariorum*, 4. ed., 4 vol., Faventiæ, 1905.

Berardi, C. S., *Gratiani Canones Genuini ab Apocryphi Discreti*, 4 vol., Matriti, 1783.

Beste, U., *Introductio in Codicem*, 2. ed., Collegeville, Minn.: St. John's Abbey Press, 1944.

Bonacina, M., *Opera Moralia*, Lugduni, 1624.

Bordoni, F., *Manuale Consultorum in Causis S. Officii*, Parmæ, 1693.

Bouscaren, T. L., Ellis, A. C., *Canon Law, A Text and Commentary*, Milwaukee: Bruce, 1946.

Bucceroni, I., *Commentarii de Casibus Reservatis, de Censuris, de Const. Pii IX Apostolicæ Sedis, de Const. Benedicti XIV. Sacramentum Pœnitentiæ, de Absolutione danda, differenda, deneganda*, 5. ed., Romæ, 1899.

Bucceroni, I., *Institutiones Theologiæ Moralis, secundum Doctrinam S. Thomæ et S. Alphonsi*, 3. ed., 2 vol., Romæ, 1898.

Cappello, F., *Summa Iuris Canonici*, 2. ed., 3 vol., Romæ: apud Aedes Universitatis Gregorianæ, 1932-1940.

Cappello, F., *Tractus Canonico-Moralis de Censuris*, 3. ed., Taurinorum Augustæ: Marietti, 1933.

Cappello, F., *Tractatus Canonico-Moralis de Sacramentis, II. De Pœnitentia*, 3. ed., Romæ: Marietti, 1938.

Castro-Palao, F., *Opus Morale*, Venetiis, 1721.

Cerato, P., *De Delicto Sollicitationis*, Patavii, 1922.

Cicognani, H. I., *Ius Canonicum: I. Prolegomena Iuris Canonici; II. Historia Fontium Iuris Canonici; III. Commentarium ad Lib. I Codicis*, 2 vol., Romæ: apud Aedes Facultatis Iuridicæ ad S. Apollinaris, 1925.

Ciolli, A., *Directoire Pratique du Jeune Confesseur*, 2 vol., Paris, 1900.

Cipollini, A. D., *De Censuris Latæ Sententiæ*, Taurini: Marietti, 1925.

Coronata, M. a Conte, *De Sacramentis*, 3 vol., Taurini: Marietti, 1943-1946.

Coronata, M. a Conte, *Institutiones Iuris Canonici*, 2. ed., 5 vol., Taurini: Marietti, 1939-1947.

Cozza, L., *Dubia Selecta circa Sollicitationem in Confessione Sacramentali*, Romæ, 1709.

D'Annibale, I., *In Constitutionem Apostolicæ Sedis Commentarii*, 4. ed., curante F. Polidori, Prati, 1894.

D'Annibale, I., *Summula Theologiæ Moralis*, 4. ed., 3 vol., Romæ, 1896-1897.

Davis, H. J., *Moral and Pastoral Theology*, 4. ed., 4 vol., London-New York: Sheed and Ward, 1943.

Del Bene, Th., *De Officio Sanctæ Inquisitionis circa Hæresim*, 2 vol., Lugduni, 1666.

De Lugo, I., *Disputationes Scholasticæ et Morales*, ed. nova curante J. B. Fournials, 8 vol., Parisiis, 1868.

De Smet, A., *De Absolutione Complicis et Sollicitatione*, 2. ed., Brugis: Beyaert, 1921.

De Smet, A., *Tractatus de Casibus Reservatis necnon de Sollicitatione et Absolutione Complicis*, Brugis: Bayaert, 1914.

Diana, A., *Resolutiones Morales*, ed. coordinata per M. de Alcolea, 10 vol., Venetiis, 1728.

Dictionnaire d'Archéologie Chrétienne et de Liturgie, ed. F. Cabrol et H. Leclercq, Paris: Letouzey et Ané, 1907—

Dictionnaire de Droit Canonique, ed. A. Villien, E. Mangin, A. Amanieu, R. Naz, Paris: Letouzey et Ané, 1924—

Dictionnaire d'Histoire et de Géographie Ecclesiastiques, ed. A. Baudrillart, A. Vogt, U. Rouziés, P. Richard, A. de Meyer, E. Van Cauwenbergh, Paris: Letouzey et Ané, 1909—

Dictionnaire de Théologie Catholique, ed. A. Vacant, E. Mangenot, E. Aman, Paris: Letouzey et Ané, 1903—

Diederichs, M. F., *The Jurisdiction of the Latin Ordinaries over their Oriental Subjects*, The Catholic University of America Canon Law Studies, n. 229, Washington, D. C.: The Catholic University of America Press, 1946.

Escobar, A., *Liber Theologiæ Moralis Viginti et Quatuor Societatis Jesu Doctoribus Reseratus*, Lugduni, 1644.

Escobar a Corro, I., *Tractatus de Confessariis Sollicitantibus Pœnitentes ad Venerea*, Lugduni, 1737.

Elbel, B., *Theologia Moralis per Modum Conferentiarum*, novis curis edidit I. Bierbaum, 2. ed., 3 vol., Paderbornæ, 1894.

Eubel, C., Brettle, Sig., Gauchat, P., *Hierarchia Catholica Medii et Recentioris Aevi*, 4 vol., vol. I et II 2. ed., Monasterii: Typis Librariæ Regensbergianæ, 1913-1935.

Ferraris, L., *Bibliotheca Canonica, Iuridica, Moralis, Theologica necnon Ascetica, Polemica, Rubricistica, Historica*, 8 vol., Romæ, 1885-1892, *Supplementum* ed. I. Bucceroni, Romæ, 1899.

Ferreres, I., *Compendium Theologiæ Moralis*, 16. ed., 2 vol., Barcinone: Subirana, 1940.

Forcellini, Aeg., *Totius Latinitatis Lexicon*, 5 vol., Londini, 1826.

Frassinetti, I., *Compendio della Theologia Morali di S. Alphonso*, 3. ed., 2 vol., Genoa, 1867.

Freitas, S. de, *De Confessariis Sollicitantibus*, Vallisoleti, 1632.

García Guerrero, F. , *El Decreto sobre la Residencia de los Obispos en la Tercera Asamblea del Concilio de Trento — Especial Intervención de los Prelados Españoles*, Tesis Doctoral presentada en la Facultad de Sagrados Cánones de la Pontificia Universidad Gregoriana, Cádiz: Sucesor de M. Alvarez, 1943.

Genicot, E., Salsmans, I., *Institutiones Theologiæ Moralis*, 14. ed., 2 vol., Bonis Auris: Debebec, 1942.

Giraldi, U., *Expositio Iuris Pontificii*, 2 vol., Romæ, 1829-1830.

Giribaldi, S., *Opera Moralia*, 2 vol., Bononiæ, 1758.

Gobat, G., *Experientiæ Theologicæ de Septem Sacramentis*, 2 vol., Venetiis, 1672.

Gury, P., Ballerini, A., *Compendium Theologiæ Moralis*, 3. ed., 2 vol., Romæ, 1874-1875.

Hefele, C. I., Leclercq, H., *Histoire des Conciles*, 10 vol., in 19, Paris: Letouzey et Ané, 1907-1938.

Hurter, H., *Nomenclator Literarius Theologiæ Catholicæ*, 3. ed., 5 vol., in 6, Oeniponte: Libraria Academica Wagneriana, 1903-1913.

Iorio, Th. A., *Theologia Moralis*, 3. ed., 3 vol., Neapoli: D'Auria, 1947.

Jone, H., Adelman, U., *Moral Theology*, 2. ed., Westminster, Md.: The Newman Bookshop, 1946.

Kober, F., *Die Deposition und Degradation nach den Grundsätzen des kirchlichen Rechts*, Tübingen, 1867.

Laurin, F., *Introductio in Corpus Iuris Canonici*, Friburgi Brisgoviæ, 1889.

Lega, M., *Prælectiones in Textum Iuris Canonici — De Delictis et Pœnis*, Romæ, 1910.

Lega M., *Prælectiones in Textum Iuris Canonici — De Iudiciis Ecclesiasticis*, 4 vol., Romæ, 1896-1901.

Lehmkuhl, A., *Theologia Moralis*, 12. ed., 2 vol., Friburgi Brisgoviæ: Herder, 1914.

Linahen, L. I., *De Absolutione Complicis in Peccato Turpi*, The Catholic University of America Canon Law Studies, n. 164, Washington, D. C.: The Catholic University of America Press, 1942.

Linenberger, H., *The False Denunciation of an Innocent Confessor*, The Catholic University of America Canon Law Studies, n. 236, Washington, D. C.: The Catholic University of America Press, 1949.

Loiano, S., de Varceno, G., *Institutiones Theologiæ Moralis*, 5 vol., Taurini: Marietti, 1934-1942.

Lombardus, P., *Sententiarum Libri Quatuor*, Venetiis, 1584.

Marc, C., *Institutiones Morales Alphonsianæ*, 6. ed., 2 vol., Romæ, 1891.

Marc, C., Gesterman Fr. X., *Institutiones Morales Alphonsianæ*, 20. ed., (5. post Codicem), recognita a J. B. Raus, 2 vol., Lugduni: Typis Em. Vitte, 1943-1946.

Merkelbach, B. H., *Opuscula Pastoralia*, IV. *Quæstiones de Pœnitentiæ Ministro eiusque Officiis*, 2. ed., Liège: La Pensée Catholique, 1935.

Merkelbach, B. H., *Summa Theologiæ Moralis ad Mentem D. Thomæ et ad Norman Iuris Novi*, 3. ed., 3 vol., Parisiis: Typis Desclée de Brouwer et Soc. 1939.

Michiels, G., *Normæ Generales Juris Canonici*, 2. ed., 2 vol., Tornaci: Desclée et Socii, 1949.

Migne, J. P., *Patrologiæ Cursus Completus, Series Latina,* 221 vol., Parisiis, 1844-1864.

Natalis, Alexander, *Historia Ecclesiastica,* ed. novissima notis et animadversionibus C. Roncaglia et D. Mansi castigata et illustrata, 11 vol., Venetiis, 1776.

Natalis, Alexander, *Theologia Dogmatico-Moralis,* ed. novissima, 2 vol., Venetiis, 1772.

Noldin, H., Schmitt, A., *Summa Theologiæ Moralis,* 27. ed., 3 vol., Oeniponte: Rauch, 1940.

Noldin, H., Schmitt, A., *De Sexto Præcepto et de Usu Matrimonii,* 31. ed., Oeniponte: Rauch, 1940.

Ojetti, B., *Synopsis Rerum Moralium et Iuris Pontificii,* 3. ed., 4 vol., Romæ: Ex Officina Polygraphica Editrice, 1909-1914.

Peña (Pegna), F., *Directorium Inquisitorum Nicolai Eymerici cum Commentariis,* Romæ, 1587.

Pennachi, I., *Commentaria in Constitutionem* Apostolicæ Sedis, 2 vol., Romæ, 1883.

Pignatelli, Iac., *Novissimæ Consultationes Canonicæ,* 2 vol., Romæ, 1711.

Pistocchi, F., *I Canoni Penali del Codice Ecclesiastico Esposti e Commentati,* Torino: Marietti, 1925.

Potestas, F., *Examen Ecclesiasticum,* Conimbricæ, 1714.

Prümmer, D., *Manuale Iuris Ecclesiastici,* 2. ed., Friburgi Brisgoviæ: Herder, 1920.

Prümmer, D., *Manuale Theologiæ Moralis,* 10. ed., 3 vol., Barcelona: Editorial Herder, 1946.

Regatillo, E., *Institutiones Iuris Canonici,* 2 vol., Santander: Sal Terræ, 1941-1942.

Regatillo, E., *Ius Sacramentarium,* 2 vol., Santander: Sal Terræ, 1945-1946.

Reiffenstuel, A., *Ius Canonicum Universum,* 7 vol., Parisiis, 1889.

Reiffenstuel, A., *Theologia Moralis,* Mutinæ, 1739.

Roberti, F., *De Delictis et Pœnis,* 2. ed., Romæ: Pontificium Institutum Utriusque Iuris, 1938.

Rota, P., *Enchiridion Confessarii et Iudicis Ecclesiastici,* Augustæ Taurinorum, 1884.

Sabetti, A., Barrett, T., Creeden, D. F., *Compendium Theologiæ Moralis,* 34. ed., (8. ed. post Codicem), Neo-Eboraci — Cincinnati: F. Pustet, 1939.

Salmanticenses, *Cursus Theologiæ \Moralis,* 6 vol., Matriti 1724.

Salvatori, Ph., Ballerini, A., *Practical Instruction for New Confessors,* London, 1885.

Sánchez, Io., *Selectæ et Practicæ Disputationes de Rebus in Administratione Sacramentorum,* Lugduni, 1643.

Sánchez, Th., *De Sancto Matrimonii Sacramento,* 3 vol., Viterbii, 1754.

Scavini, P., *Theologia Moralis Universa,* 15. ed., 4 vol., Mediolani, 1896.

Schoelling, O., *Les Sacréments,* Tournai: Casterman, 1938.

Scortia, J. B., *In Selectas Summorum Pontificum Constitutiones Epitome ac Theoremata*, Lugduni, 1625.

Sole, I., *De Delictis et Pœnis*, Romæ: Pustet, 1920.

Sommervogel, C., *Bibliothèque des Ecrivains de la Compagnie de Jésus*, 3. ed., 10 vol., Bruxelles, 1890-1909.

Sousa, A. de, *De Confessariis Sollicitantibus*, Ullysipone, 1623.

Sporer, P., Kazenberger, K., *Theologia Moralis*, 4 vol., Venetiis, 1731.

Summa Dianæ, Lugduni, 1657.

Tanquerey, Ad., *Synopsis Theologiæ Moralis et Pastoralis*, 5. ed., 3 vol., Romæ: Desclée, 1919.

Thesauro, C. A., Giraldi, U., *De Pœnis Ecclesiasticis*, Romæ, 1760.

Thomas Aquinas, Sanctus, *Opera Omnia*, ed. Vives, 34 vol., Paris, 1872-1880.

Thomas Aquinas, Sanctus, *Summa Theologica*, ed. Instituti Studiorum Medievalium Ottaviensis, 5 vol., Ottawa, Canada: Collège Dominicain, 1945.

Toso, A., *Ad Codicem Iuris Canonici Commentaria Minora*, 5 vol., Tiferni Tiberini: Typographia Vinciana, 1921-1927.

Ubach, I., *Compendium Theologiæ Moralis*, 2. ed., 2 vol., Bonis Auris: apud Sociedad San Miguel, 1935.

Van Hove, A., *De Legibus Ecclesiasticis*, Mechliniæ: H. Dessain, 1930.

Van Hove, A., *Prolegomena*, 2. ed., Mechliniæ: H. Dessain, 1945.

Vermeersch, A., *De Castitate*, Romæ: Università Gregoriana, 1919.

Vermeersch, A., *Theologia Moralis, Principia, Responsa, Consilia*, 3. ed., 4 vol., Roma: Università Gregoriana, 1933-1937.

Vermeersch, A., Creusen, J., *Epitome Iuris Canonici*, 5. ed., 3 vol., Mechliniæ: H. Dessain, 1933-1936.

Vilaplana, H., *Enchiridion Canonico-Morale de Confessario ad Inhonesta et Turpia Sollicitante*, Mexici, 1764.

Vindiciæ Alphonsianæ, cura et studio quorumdam theologorum C. SS. R., Dornik, 1873.

Wernz, F. X., *Ius Decretalium*, 3. ed., 6 vol., Prati: Giacchetti, 1913.

Wernz, F. X., Vidal, P., *Ius Canonicum*, 7 vol. in 8., Romæ: Universitas Gregoriana, 1923-1938.

Wetzer, H. I., und Welte, B., *Kirchenlexikon*, 2. ed., begonnen von I. Card. Hergenröther, fortgsetzt von F, Kaulen, 12 vol., Freiburg im Breisgau, 1882-1903.

Wouters, L., *Manuale Theologiæ Moralis*, 2 vol., Brugis: Beyaert, 1933.

PERIODICA

Analecta Ecclesiastica seu Romana Collectanea. Revue Romaine théorique et pratique de théologie, droit canonique et liturgie, etc. ed. F. Cadène, 1893-1907.

Apollinaris, Romæ, 1928.

Ephemerides Theologicæ Lovanienses, Louvain, 1924.

Ius Pontificium, Romæ, 1921-1940.

Le Canoniste Contemporain, Paris, 1878-1922.
Nouvelle Revue Théologique, Paris, 1869.
Periodica de Re Canonica et Morali utili præsertim Religiosis et Missionariis, Brugis, 1905-1927.
Periodica de Re Morali, Canonica, Liturgica, Brugis, 1928-1936; Romæ, 1937.
The American Ecclesiastical Review (*The Ecclesiastical Review*, 1905-1943), Philadelphia, 1889-1943; Baltimore, 1944.
Revista Española de Derecho Canónico, Madrid, 1946.

ARTICULI

Anonymus, "Commentaire sur la Constitution *Apostolicæ Sedis* de Pie IX. Excommunications non reservées" — *Nouvelle Revue Théologique*, XII (1880), 10-47.

Anonymus, "De Peccato Sollicitationis"—*Le Canoniste Contemporain*, XVIII (1895), 513-530; 705-723.

Dalpiaz, Vig., "De abusu matrimonii et de crimine sollicitationis"—*Apollinaris*, VI (1933), 244-249.

Gearing, M. A., "The crime of false accusation — Again"— AER, LX (1919), 61-69.

H. A. J., "Father Slater's view of reservation" — AER, LX (1919), 69-70.

H. A. J., "The censure for false accusation" — AER, LX (1919), 430-431.

Kaiser, M., "De obligatione denunciandi confessarios sollicitantes" — *Analecta Ecclesiastica*, VI (1898), 502-505.

López, U., "Casus Conscientiæ" — *Periodica*, XXVII (1938), 32-35.

Planchard, I., "Procedure contre les sollicitants" — *Nouvelle Revue Théologique*, XXIII (1891), 414-433; 538-552; 614-633.

Romani, S., "De absolutione complicis in peccato turpi. (Historica instituti progressio atque evolutio)" — *Apollinaris*, VIII (1935), 72-85.

Slater, T., "False accusation of sollicitation and the new Code" — AER, LIX (1918), 459-463.

Yanguas, A., "De crimine pessimo et de competentia S. Officii relate ad illud" — *Revista Española de Derecho Canónico*, I (1946), 426-439.

Yanguas, A., "De quibusdam S. Officii normis super agendi ratione confessariorum circa VI decalogi præceptum" — *Revista Española de Derecho Canónico*, II (1947), 565-604.

ABBREVIATIONES

AAS — *Acta Apostolicæ Sedis*
AER — *The American Ecclesiastical Review*
ASS — *Acta Sanctæ Sedis*
can. — *canon vel canones*
Collectio — *Collectio Resolutionum Responsorumque S. Officii, Card. Cassanatæ.*
Coll. Lac. — *Collectio Lacensis*
Fontes — *Codicis Iuris Canonici Fontes . . . cura Card. Gasparri editi.*
Hardouin — *Acta Conciliorum*
Mansi — *Sacrorum Conciliorum Nova et Amplissima Collectio*
MPL — *Migne, Patrologiæ Cursus Completus, Series Latina*
NRT — *Nouvelle Revue Théologique*
Periodica — *Periodica de Re Canonica, Morali, etc.*
S. C. de Prop. Fide — Sacra Congregatio de Propaganda Fide
S. C. S. Off. — Suprema Sacra Congregatio Sancti Officii
S. Pœnit. Ap. — Sacra Pœnitentiaria Apostolica

Ioannes Ortega Uhink, S. J., natus Mexici, D. F., 14 maii, 1908.—Stud. et educ.: Mexici, D. F., Collège Français, Fratrum Maristarum; B. S. Univ. Nationali Mexici, 1924.—Ingressus in Soc. Iesu, Fort Stockton, Texas, U. S. A., 1924. Stud. Litteraria et Philosophica, M. A. et Ph. D. Coll. Maximo Ysletensi Provinciæ Mexicanæ, S. J., 1926-1932. Prof. Scientiarum in Coll. Mexicopolitano et Angelopolitano Soc. Iesu, 1932-1935. Stud. Theologica in Pont. Univ. Gregoriana, Romæ 1935-1939. Sacerdotio auctus, Romæ, 1938. S. T. L. Pont. Univ. Gregoriana, 1939. Stud. specialia Paray-le-Monial et Fourvière, Lyon (France), 1939-1940. Prof. Theol. Moralis et Iuris Canonici in Pont. Seminario Nationali Mexicano (Montezuma, N. M., U. S. A.) et in Coll. Maximo Provinciæ Mexicanæ Soc. Iesu (El Paso, Texas, U. S. A.), 1941-1943, 1948-1953. Studia Iuris Canonici in Univ. Catholica Americæ (Washington, D. C., U. S. A.), 1943-1948; J. C. B., 1944; J. C. L., 1945; J. C. D., 1948.—(Curr. 1954) Prof. Theol. Moralis et Pastoralis et Iuris Canonici in Coll. Maximo Christi Regis, Provinciæ Mexicanæ Soc. Iesu, Mexici.—Domicilium: Río Hondo 1, Mexico 20, D. F.

286. O'BRIEN, REV. KENNETH R., A. B., J. C. D., The Nature of Support of Diocesan Priests in the United States, XVI-162 pp., 1949.

287. METZ, REV. JOHN E., S. T. L., J. C. D., The Recording Judge in the Ecclesiastical Collegiate Tribunal, X-130 pp., 1949.

288. REINHARDT, REV. MARION J., S. T. L., J. C. D., The Rogatory Commission, XIII—182 pp., 1949.

289. ORTEGA UHINK, REV. JUAN, S. J., J. C. L., De Delicto Sollicitationis.

290. CASEY, REV. JAMES V., J. C. D., A Study of Canon 2222 § 1, XII-127 pp., 1949.

291. ALLGEIER, REV. JOSEPH L., J. C. D., The Canonical Obligation of Preaching in Parish Churches, X—115 pp., 1949 (printed 1950).

292. CAHILL, REV. DANIEL R., J. C. D., The Custody of the Holy Eucharist, XVI—178 pp., 1949 (printed 1950).

293. CARR. REV. AIDEN, O. F. M. Conv., S. T. D., J. C. L., Vocation to the Priesthood: Its Canonical Concept.

294. KNOPKE, REV. ROCH F., O. F. M., J. C. D., Reverential Fear in Matrimonial Cases in Asiatic Countries: Rota Cases, XII—112 pp., 1949.

295. LAVELLE, REV. HOWARD D., J. C. D., The Obligation of Holding Sacred Missions in Parishes, XVI—142 pp., 1949.

296. MICKELLS, REV. ANTHONY B., J. C. L., The Constitutive Elements of Parishes.

297. NOONE, REV. JOHN J., J. C. D., Nullity in Judicial Acts, X—147 pp., 1949 (printed 1950).

298. SHEEHAN, REV. DANIEL E., J. C. L., The Minister of Holy Communion.

299. STATKUS, REV. FRANCIS J., J. C. L., The Minister of the Last Sacraments.

300. COOK, REV. JOHN P., J. C. D., Ecclesiastical Communities and Their Ability to Induce Legal Customs, XII—152 pp., 1949 (printed 1950).

---

* A complete list of the previous numbers of this series will be found in the earlier studies. For a complete list of the available numbers of the series apply to The Catholic University of America Press, 620 Michigan Ave., N. E., Washington 17, D. C.

CPSIA information can be obtained
at www.ICGtesting.com
Printed in the USA
LVHW030022060319
609611LV00003B/28/P